Saracino
Sanza
Policastro
Morano
Cassano
Altomonte
C. de Rosito
Trebisaccia
GOLFO
Gallipoli
Ugento
Carigliano
Rossano
S. Marco
Bisignano
CALABRIA
C. dell Alice
M. Alto
Longobuco
Cariati
Umbriatico
CITRA
Spezzane
Cerenza
Strongoli
Neeto Fl.
Calea
Sirella
Belvedere
Fiscalde
Cosenza
Fegline
S. Severino
Belcastro
Cotrone
Belmonte
Amantea
Martorano
Taverna
Cropani
Isola
Capo della Colonne
Golfo di
S. Eufemia
Nicastro
ULTRA
C. della Nave
C. Rizzuto
S. Eufemia
Tropea
Nicotera
Monte Leone
Mileto
Catanzaro
Squillace
Stallati
Stilo
GOLFO DI
SQUILLACE
Seminara
Rocella
Oppiodo
Gieraci
Sciglio
Regio
Bursano
C. Spartivento
Cap. dell Armi
Taormina
C. delli
Molini
di Catania
Augusta
Isola delli
Manghisi
Siracusa
Falconera
C. Passaro
ITALIA
in suos STATUS
divisa et ex pro-
totypo del ISLIANO
desumta
Elementis insuper Geogra
phiae Schazianis accommodata
Curantibus Homannianis
Heredibus
Cum Privil. S.C.M.

rowohlt

Joachim Fest

Im Gegenlicht

EINE ITALIENISCHE
REISE

MIT EINEM NACHWORT
VON WOLFGANG BÜSCHER

ROWOHLT

Für Nicolaus

INHALT

VORBEMERKUNG

Die Aufzeichnungen für dieses Buch entstanden im Verlauf mehrerer Jahre, in denen der Verfasser etappenweise den Süden Italiens bereiste. Den Beginn machte Sizilien, es folgten die Küsten des ionischen Meeres, dann Kalabrien, Neapel und schließlich Rom.
Diese Route, gleichsam vom Ende her, widerspricht dem herkömmlichen Weg. Aber manche Kenner des Landes geben ihr gerade deshalb den Vorzug. Denn sie vermeidet das unmerkliche Hinübergleiten in die Muster der Italienischen Reise, wie wir sie aus Dutzenden von Büchern und Berichten kennen. Eher als anderswo, schrieb Karl Philipp Moritz bereits gegen Ende des 18. Jahrhunderts, gewöhne man sich in Italien daran, »die Sachen bloß anzusehen und sie zum Zeitvertreib vor sich vorübergehn zu lassen, ohne Reflexionen darüber anzustellen«.
Diesem Erlebnisschema, das nur noch ausgefahrene Spuren kennt, kann die Reise vom »afrikanischen Süden« her entgegenwirken. Auf zahllosen Notizzetteln haben sich während der zurückliegenden Jahre Eindrücke aller Art angesammelt, Gesehenes, Gehörtes und das Gedachte, das sich dazu einstellte. Zunächst war nur der Wunsch bestimmend, es festzuhalten. Dann trat die Absicht hinzu, ihm Ordnung und Zusammenhang zu geben. Vielleicht ist es wirklich so, daß nur das Aufgeschriebene uns gehört. Jedenfalls reist man neugieriger, sieht kritischer und vergewissert sich umfassender unter dem Druck zu schriftlicher Rechenschaft. Das Schreiben steigert das Erleben.
Der Entschluß zu diesen Aufzeichnungen hat aber noch einen weiteren Grund. Wie alle Länder, zumindest des europäischen Kontinents, ist Italien in einem Wandel begriffen, der seine Traditionen, die gewachsenen Lebensformen und auch das äußere Bild des Landes erfaßt. Die schon im 19. Jahrhundert umgehende Besorgnis, daß

kommende Generationen den vertrauten Zustand der Welt nicht mehr vorfinden würden, beginnt wahr zu werden. Sizilien beispielsweise hat sich in wenigen Jahren von Grund auf verändert. Zum ersten Mal seit Generationen sind nicht nur die sozialen Verhältnisse sowie die lähmende Mischung aus Stolz, Armut und Fatalismus auf der Insel in Bewegung gekommen. Vielmehr hat sie auch den einstigen Charakter der tragischen Landschaft, der die Beschreibungen bei Verga und auch noch bei Lampedusa beherrscht, streckenweise zumindest, verloren.

Unbestreitbar ist dieser Wandel mit zivilisatorischem Gewinn verbunden. Aber die Einbußen sind auch unübersehbar. Eines der Motive dieses Tagebuchs ist es, das noch Bestehende festzuhalten, ehe es für immer aus unserem Blick verschwindet. Denn die Vielgestaltigkeit, das an jedem Ort andersartige Bild der Welt samt dem unverwechselbaren Profil der Menschen, waren lange einer der Beweggründe, fremde Länder aufzusuchen. Das Reisen, heißt es in einer Eintragung, verändere angesichts der stürmischen Prozesse überall in der Welt seinen Charakter. Es beziehe seinen Reiz weniger, wie eigentlich immer bisher, aus der Entdeckung neuer Räume. Vielmehr habe es nun seine Fluchtpunkte in der Zeit und suche Bilder in der Erinnerung zu verankern, die einmal waren, irgendwo vielleicht noch sind und jetzt von der alles einebnenden Weltzivilisation weggeräumt werden.

Diese Verluste, die der kaum vermeidbare Preis der Gegenwart sind, wiegen überall schwer. Stärker als anderswo werden sie aber in Italien spürbar. Solange man zurückdenken kann, hat das Land eine unwiderstehliche Anziehungskraft ausgeübt, und spätestens seit den Zeiten der Kavalierstour und den Bildungsreisen hat die Europäer, woher sie auch kamen, ein tiefes Herkunftsgefühl mit Italien verbunden: das Bewußtsein, die prägenden Bilder und Begriffe, die Kategorien der Wissenschaft, der Kunst und des geregelten Zusammenlebens von dort zu haben.

Dieser Gedanke hat seine Wirkungen früh entfaltet und nie verloren. Als das beherrschende Motiv so vieler Aufbrüche in den Süden standen am Anfang Glanz und fortdauernde Legitimität des untergegangenen Römischen Reiches, dann die Heilsversprechen der Kirche. Während diese Beweggründe weiterwirkten, entwikkelte Italien sich, in der Renaissance, zum reichsten, kultiviertesten und respektlosesten Land Europas, später zum Maßstab der Bildung, des Geschmacks und der urbanen Umgangsformen, und immer zog es mit alledem die Menschen an. Schließlich wurde es, in einer Zeit von Ohnmacht und Niedergang, zu einer poetischen Fiktion, jenem europäischen Mythos eines Landes von Marmor, Zitronen und südlicher Unschuld, der noch immer in vielen Köpfen nachwirkt. Wenn die Epochen, wie Walter Benjamin bemerkt hat, eine dem Träumen zugewandte Seite haben, dann war es im 18. und beginnenden 19. Jahrhundert Italien, das die Phantasie der Träumenden mehr als jede andere Weltgegend gefangennahm.

Mitunter drängt sich aber der Eindruck auf, die wechselnden Begründungen der Italiensehnsucht seien nur vorgeschoben und verdeckten ein elementareres Verlangen, das mit der freieren mediterranen Lebensform mehr als mit anderem zu tun hat. So, als seien die vielbeschworenen Beglückungen Italiens vor allem im leichteren Dasein gesucht und gefunden worden. Nicht wenige verbinden mit dem Land bis heute solche Erwartungen.

Die Sache ist wohl die, daß der Individualismus der Italiener, ihr Wirklichkeitssinn, ihr Beharren auf dem Eigenen dazu geführt haben, daß man in diesem Teil Europas auch jetzt noch weniger von dem antrifft, was überall ist. Weniger Reglementierung, weniger Disziplin und weniger Langeweile. Dafür mehr Häßlichkeit und Unordnung. Wenn die Reisenden aus früherer Zeit, neben den naturgegebenen Vorzügen und dem Bilderpalast, der Italien für sie war, nicht selten halb mit Bewunderung, halb mit Entsetzen auf die Verkommenheit des Landes deuteten, auf Verwahrlosung und moralische Korruption, sehen die Reisenden von heute, mit ähnlich fassungslosem Befremden, auf die Rückständigkeiten und tausend Anarchismen Italiens, seine oft chaotischen, für einen modernen Industriestaat schwer begreiflichen Zustände. Und ebenso macht es ihnen Mühe, die Erfolge des Landes auf so vielen Gebieten mit seiner unzureichenden Organisation zusammenzureimen, seinem Mangel an Effizienz sowie seiner Kunst der Krisenbewältigung, die oft nicht viel mehr als Illusionstheater ist.

Dennoch fahren jedes Jahr mehr und mehr Menschen nach Italien. Dafür gibt es die vielen touristischen Gründe. Aber nicht wenige reisen nach wie vor in dem oft uneingestandenen Verlangen dorthin, gerade jener perfektionistisch geordneten Welt ihres Zuhauses zu entkommen, all dem, was man früher die »fatigues du nord« nannte, also der Schwere und Farblosigkeit des Lebens im Norden, und was inzwischen als die »fatigues« einer ganzen Epoche zu erkennen ist. Nach außen scheint Italien von den Verheerungen der Gegenwart vielfach schwerer betroffen als andere Länder. Aber wie durch ein Wunder, vielleicht auch durch Verdienst, hat es sich im Wesen erfolgreicher dagegen behauptet.

Womöglich zeigt sich darin, unter veränderten Umständen, etwas von jener Beispielhaftigkeit, die das Land lange besaß. Im ganzen befindet es sich in den gleichen Entwicklungsbrüchen wie seine Nachbarn auch. Aber es begegnet ihnen mit größerer Gelassenheit, weil es durch Geschichte und Erfahrung gelernt hat, damit zurechtzukommen. Nach wie vor ist die Suggestion, die von ihm ausgeht, stark genug, um unsere Denkgewohnheiten und Vorurteile, aber auch die Beunruhigungen zu relativieren, denen wir im Blick auf Gegenwart und Zukunft soviel leichter erliegen.

Mehr als anderswo jedenfalls, schien mir häufig, kann der Reisende in Italien, neben den Belehrungen über das gemeinsame Herkommen, die Kunst und vieles andere, Einsichten über sich selber gewinnen. Daher ist in diesem Buch oft von Dingen die Rede, die weniger mit Italien als mit den heimischen Verhältnissen zu tun haben und die vom Blick auf das Fremde nur hervorgerufen wurden. Denn man nimmt sich überall hin mit, das Andere treibt das Eigene hervor. Man unternehme solche Reisen nicht zuletzt, schrieb Goethe aus Italien, um sich selber an den Gegenständen kennen zu lernen.

Neben so vielen, ins Allgemeine reichenden Gründen gibt es für solche Aufzeichnungen immer auch persönliche Motive. Zuerst und zuletzt habe ich sie mir und einigen Freunden zum Vergnügen geschrieben sowie allen denen zur Erinnerung, mit denen mich dieses Vorhaben zusammenführte und denen es das meiste verdankt.

ERSTE ETAPPE

Das Schweigen des Südens

Sizilianische Notizen

ÜBERFAHRT NACH SIZILIEN. Dunstiger Morgen. In Reggio hatte man mir von einer Fata Morgana erzählt. Unter bestimmten atmosphärischen Bedingungen könne man vom Ufer aus, während der frühen Dämmerung, Sizilien gleichsam auf dem Meer schweben sehen. Aber das Naturschauspiel stellte sich nicht ein. Nachdem die Fähre abgelegt hatte, über enge, polternde Treppen hinauf an Deck. Morgendliche Kühle, übernächtigte Gesichter, hochgeschlagene Kragen. Gedränge an der Reling. Alle sahen zur Insel hinüber, die über unruhigem Wasser rasch näher kam. Auf halber Strecke traten aus der Bergwand, die jäh hinter Messina hochsteigt, in gestrichelten, grauen Mustern die Umrisse des Häusergewirrs hervor und gewannen rasch an Fläche, Schatten und Tiefe. So, aus dem Dunstigen, ist die Insel immer wieder vor denen aufgestiegen, die sich ihr näherten. Jedes Mal, wenn das Schiff in eine Welle stieß, näßte die hochstäubende Gischt die Umherstehenden. Aber die Erwartung hielt sie, wo sie waren. Nur einige ältere Passagiere zogen sich in den Kajütenraum zurück.

NOCH ZUM VORIGEN. Die andersartige Empfindung des Ankommens, wenn man auf eine Insel reist. Man fährt nach Wien, Marseille, Florenz, tausend Kilometer oder mehr, und weiß sich noch immer in derselben Welt. Die kurze Strecke dagegen, die Reggio von Messina trennt oder auch Calais von Dover, führt auf fremderen Boden. Merkwürdige Distanz, die das Meer schafft.

MESSINA. Anruf beim Ingenieur. Wir verabredeten uns für den Abend. Er wolle mich, sagte er, mit ein paar Freunden zusammenbringen, denn er selbst müsse für einige Zeit in den Norden. Er sagte das, als mache er sich auf eine Reise nach Hamburg oder

Kopenhagen; doch fuhr er nur nach Turin. Immer wieder hatten mir Norditaliener Sizilien als eine fremde Welt beschrieben, archaisches Gelände, mehr Afrika als Europa und wie eine jener weißen Flächen, auf denen die alten Kartographen »hic sunt leones« vermerken. Aber auch Italien lag weit von Sizilien entfernt.

UNTERWEGS. Am Nachmittag Weiterfahrt nach Syrakus. Die hoch am Meer entlanggeführte Autobahn lag schon im Halblicht. In den Bergwänden zur Rechten hingen Nebelfetzen, die immer neue Formen hervortrieben. Das Bild Siziliens, zusammengelesen von da und dort, verflüchtigte sich schon bei der ersten Wahrnehmung. Dies war eine düstere, unerwartet nordische Walpurgiswelt, die eher an die Hexe Baubo als an Persephone denken ließ. Doch sooft sich der Blick in ein Tal öffnete, war im Hintergrund, blendend über schattenlosem Gelände, die Sonne.

AM RANDE. Alle Reisenden kommen mit einem falschen Bild und fahren mit einem falschen Bild wieder fort. Sie entdecken mehr die eigenen Vorstellungen und was die Phantasie schon sah, als das wirklich Fremde; so, wie man nur erkennt, was man schon weiß.

CATANIA. Ich verließ die Autobahn und fuhr über holprige Straßen, vorbei an einer elenden Vorstadtkulisse, hinunter in die Stadt. Freunde aus Ostia hatten eine Verabredung für mich getroffen mit »Gnu Carlo«, wie sie ironisch, unter Verwendung des sizilianischen Begriffs für »Signore«, sagten, und hinzugefügt, er sei ein »Freund der Freunde«; wenn irgendwer, dann könne er mir weiterhelfen.
Er erwartete mich in einem Restaurant in der Innenstadt. Ein kleiner, schwerer Mann, der sich mühsam hinter dem Tisch erhob, mit tief, fast auf der Mitte der Stirn ansetzenden Haaren. Er sagte, ich solle mir keine großen Hoffnungen machen, diese Leute seien scheu und überaus mißtrauisch gegenüber Fremden. Auch könne er sich nur an einen Mittelsmann wenden.
Er hatte am Nachmittag in Brùccoli zu tun und fragte, ob ich ihn begleiten wolle. Brùccoli, eine Ortschaft auf halbem Wege zwischen Catania und Syrakus, liegt an der Mündung eines schma-

len Flusses, der eine tiefe Schlucht in das poröse Erdgestein gegraben hat. Im Altertum, erzählte mein Begleiter, sei es ein befestigter Platz gewesen, durch den das landeinwärts gelegene Leontinoi Zugang zum Meer hatte.
Heute steht an der Uferspitze ein Kastell aus normannischer Zeit, dessen Mauern von einem dichten Teppich wilder, leuchtendgelber Margeriten eingefaßt waren. Die Straßen zur Stadt lagen wie ausgestorben. Nur aus der Feriensiedlung, ein Stück weit über dem jenseitigen Ufer, kam ein entnervendes Hämmern, als schlüge jemand unablässig gegen einen Eisenträger. Das Geräusch verstärkte den Eindruck der Stille noch. Am Marktplatz trennten wir uns.

WEITER NACH SYRAKUS. Zu beiden Seiten der ausgebauten Straße häßliche Häuserfronten, dann weite, ausgedorrte Landschaften, gehäufter Unrat. Irgendwo ein Wegweiser, der schief im Boden steht: Siracusa, Agrigento, Selinunte. Noch hat man Mühe, das Pathos dieser Namen mit dem äußeren Eindruck zusammenzureimen. Nur der Gedanke macht die Insel zum Platz großer Erinnerungen.

AUGUSTA. Als ich mich dem Hügelrücken vor der Stadt näherte, kam mir auf der anderen Seite der Straße ein Bauer auf seinem Maultier entgegen. Er wirkte, wie er hinter dem Kamm hochritt, als sei er plötzlich dem Boden entstiegen. Zu beiden Seiten des Sattels hingen hohe, geflochtene Körbe. Starr aufgerichtet, den Blick nach vorn gewandt, schien er keine Notiz vom vorüberflutenden Strom der Autos, Busse und Lastwagen zu nehmen. In der ausgeglühten Luft wirbelten Wolken von Staub hoch. Sie hüllten den Mann auf seinem Tier ein und setzten sich in jeder Falte ab. Auf dem Gesicht traten, weiß und verkrustet, die Augenbrauen hervor, und vielleicht war es dieses mehlige Grau über allem, was der Erscheinung den Zug ins Statuenhafte gab. In der steil abfallenden Bucht dahinter erstreckte sich das Labyrinth des Ölhafens von Augusta mit seinen Tanks, den Rohrsystemen und blakenden Abfackeltürmen. Es war, als begegneten sich, in extremen Symbolen, zwei Zeitalter.

SYRAKUS. Kommt man von Catania, so ist der erste auffallende Unterschied der Wechsel der Farben. Dort ein schwärzlicher

Lavastein, der das häufig exzentrische Spiel der barocken Fassaden einebnet und eine im ganzen melancholische, brandig wirkende Aura erzeugt; hier dagegen ein leuchtender, fast ins Silbrige gehender Kalkstein, der den Überschwang des Gebauten, vor allem im schräg fallenden Licht des Nachmittags, effektvoll modelliert.
Bei einbrechender Dunkelheit kam ich in der Unterkunft an. Es war Sonntag. Von der Piazza drang Stimmengewirr herauf, gedämpftes Gelächter und Schritte. Unten standen sie in Gruppen zusammen, und immer führte einer, pantomimisch ereifert, das Wort. Andere gingen Arm in Arm auf und ab, vertieft in bedeutsame Vertraulichkeiten, in Geschäfte, Intrigen oder Affären. Fast alle trugen dunkle Kleidung. In solchen Äußerlichkeiten, aber auch in der gänzlichen Abwesenheit der Frauen, lebt noch die Tradition der Agora fort, wie denn auch in nahezu allen italienischen Städten, die auf antike Gründungen zurückgehen, die Piazza an der Stelle der einstigen Agora oder des Forums gelegen ist.
Auf der gegenüberliegenden Seite, an der Einmündung einer engen Straße, standen einige junge Leute um ihre Motorräder zusammen. Von Zeit zu Zeit ließ einer von ihnen den Motor aufheulen, und die anderen fielen ein, wie berauscht vom potenten Lärm, der sich vielfach an den Häuserwänden brach. Als ich das Quartier verließ, fuhren sie, schreiend und gestikulierend, durch die Zurückbleibenden davon. Allmählich, in entfernten Straßen, verhallte der Lärm.

ACIREALE. Zum Essen abends am kleinen Fischereihafen. Ein paar vertäute Segelboote schlugen gegen die Mole. An der Straße, die das Hafenbecken säumt, hatten die Restaurants ihre Tische aufgestellt und nur eine schmale Verkehrsrinne freigelassen, durch die sich lärmend die Prozession der Fahrzeuge schob. Aus den im Dunkel liegenden Straßenzuführungen quollen unablässig neue Menschenmassen auf den engen, hell erleuchteten Platz.
Der Ingenieur hatte einige Freunde mitgebracht, die dem Fremden mit jener Mischung aus Neugier und Emphase begegneten, von der schon die Reisenden von früher sprechen. Flüchtiger Eindruck, das Interesse an Sizilien befriedige sie. Gleichzeitig aber schienen sie auch darunter zu leiden, so weit am kulturellen Rand zu leben, in einer Zone aus Geringschätzung und Gleichgültigkeit.

Der Wirt ließ ein paar Tische zusammenrücken, deren Ordnung schon bald in die festliche Verwüstung eines üppigen Mahls überging: ein Durcheinander von Schüsseln und Tellern, in denen gelbglänzend das Fett stand, von zersplitterten Krustentieren, Brotresten, verkohlten Knochen, Flaschen und Gläsern. Fast alle rieten dazu, die Reise nicht nach vorgefaßtem Plan zu unternehmen. Jeder Ort der Insel sei mit dem Wagen in einigen Stunden zu erreichen. Kreuz und quer fahrend gewinne man den besten Begriff davon, was es mit Sizilien auf sich habe.

Später, als das Revier am Hafen sich geleert hatte und nur noch vereinzelte Gruppen an den Tischen saßen, hörte man zum ersten Mal das Schwappen des Meeres. Auf dem Gitterbalkon eines der Häuser, die den Hafen einfassen, stand noch immer, wie schon vor Stunden, ein alter Mann. Reglos unter der heruntergelassenen Persiane und kaum unterscheidbar von dem Halbdunkel, in dem er lehnte, ließ er das Treiben an sich vorüberziehen.

Ich weiß nicht mehr, wer ihn zuerst gesehen hatte. Jetzt war es jedenfalls Don Calicchio, der von dem Mann auf dem Balkon zu reden begann. Er stehe da, meinte er, wie die Figur des Inselbewohners schlechthin: sich still haltend, aus dem Schatten beobachtend und voller schwermütigem Mißtrauen. Vom Gewesenen wisse er sicherlich so gut wie nichts. Und doch habe es sein ganzes Denken und Leben geprägt. Geschichte sitze den Leuten im Blut, sagte er, das ewige Kommen und Gehen von dreitausend Jahren. Immer wieder Eroberungen. Den Anfang hätten Dorer und Phönizier gemacht, dann griechische Tyrannen und die Prokonsuln aus Rom. Anschließend Imame und Normannenfürsten, die Heerzüge von Hohenstaufen und Anjous, die düsteren Statthalter der Katholischen Majestät, Garibaldi und der kleine König aus Piemont, schließlich Mussolini, die Deutschen und die Landungsflotten der Amerikaner. Und alle diese Eroberer, schloß er, ob sie für kürzer oder länger gekommen waren, hätten Unterwerfung bedeutet.

Und nun die letzte Invasion. Menschen von überall her, freundlich, laut und verschwitzt. Keine Ausbeutung mehr, geschweige denn Unterwerfung. Vielmehr brachten sie einigen Wohlstand auf die Insel. Legte ich zuviel hinein, wenn es mir vorkam, als sei den meisten am Tisch ihr Anblick schwer erträglich?

AUS DEN NOTIZEN. Die Insel gebe so gut wie nichts von selber preis, hatte einer am Tisch gesagt. Man müsse ihr alles entreißen. Die alten Abwehrinstinkte seien noch immer lebendig.

AM RANDE. Don Calicchio hatte mir beim Auseinandergehen geraten, nach Gutdünken die Begriffe und Bilder aufzuschreiben, die sich für den Fremden mit Sizilien verbinden, und am Ende der Reise die Vorstellung mit dem Erlebten zu vergleichen.
Nach der Rückkehr ins Hotel notiere ich: Gewalt von Natur und Mensch, Altertum, exzentrische Architektur. Zusammenhanglose Geschichte, deren Ablagerungen sich unentwirrbar ineinanderdrängen, wobei einzelne Details überscharf hervortreten. Stolz, Armut, Rückständigkeit. Kleine Dörfer, wie im Schlaf unter der Mittagsglut. Ein undeutlicher Heroismus, der mit Alter und vergeblicher Auflehnung, mit Vergänglichkeit eher als mit Vergangenheit zu tun hat. Et cinis et nihil, hatte ich vor Jahren, in Spanien, auf einem Fürstensarkophag gelesen.

SYRAKUS. Das Poltern der Metallrollos, die, eines nach dem andern, an den umliegenden Geschäften hochgezogen wurden, holte mich aus dem Schlaf. Die unverwechselbaren Geräusche Italiens. Die kleine Straße lag noch im Schatten. Vor dem Lebensmittelladen schräg gegenüber besprengte der Inhaber das Pflaster und streute dann Sägemehl darüber. Aber die Piazza lag schon im hellen Licht und füllte sich mit Menschen und Lärm.
Unten, die Loge des Conciergen, war leer, als ich aufbrach. Auf dem Ledersofa, zwischen Zeitungen und abgestelltem Geschirr, spielte eine junge Katze mit dem eingetrockneten Kopf eines Fischs. Kaffee in der Bar am Ende der Straße.

SYRAKUS. Beim Schritt hinaus auf die Piazza, jetzt erst, der mediterrane Schock, der sich stets einstellt, wenn man aus dem Norden kommt, am heftigsten wohl in Neapel bei der Ankunft mit dem Flugzeug. Das Erlebnis der überfallartigen Gewalt des Südens. Zuerst die Leere des Himmels, seine Bläue und die daraus herabschlagende Glut. Überall ungebrochene Farben. Und dann das Menschengetümmel, in das sich der Ankommende unversehens hineingestoßen sieht, das regellose, wüste Durcheinandergeschiebe. Die Intensität der Szenerien, die naive Gier der Lebensäußerungen. Stets aufs neue die Vorstellung seltsam entblößter Menschen. Und das Brodeln der Stimmen, der offene und kehlige Ton des Südens. Jedesmal die gleichen Empfindungen von Befremden und Glück. Noch vor dem ersten Zurechtfinden aber auch stets das unvermittelte Abbrechen des merkwürdigen Sabbats, wenn gegen Mittag die Plätze und Straßen sich von einem Augenblick auf den anderen leeren, alles wie vom Nichts verschluckt scheint und die eben noch überschwappende Vitalität urplötzlich in Lethargie umschlägt.

SYRAKUS. Am Morgen Gang über die Insel Ortygia, das Gründungsgebiet des alten Syrakus. Nirgends wird so greifbar anschaulich, daß Verschmelzung das Genie Italiens ist. Wohin das Auge fällt, trifft es auf Hinterlassenschaft. Wie ein langgestrecktes Vorgebirge in die Meere hineinragend, hat es sich aus dem Strandgut der Zeiten seine Paläste errichtet. Aber alles ist verwandelt und ins Unverwechselbare gesteigert. Die Kathedrale von Syrakus ist der umbaute Athena-Tempel aus dem fünften vorchristlichen Jahrhundert, dessen Säulen zu Stützpfeilern einer dreischiffigen Basilika wurden, und das 18. Jahrhundert gab ihr eine malerische Barockfassade. Der Apollo-Tempel wiederum war zeitweilig eine byzantinische Kirche, wurde dann zu einer Moschee umgebaut, später in einen normannischen Dom und diente schließlich, unter spanischer Herrschaft, als Kaserne.
Dergleichen überall. Kaum ein Gebäude in den alten Stadtbezirken, das sich aus dem Bestand der Epochen nicht einige Stücke geholt und sie ebenso willkürlich wie instinktsicher gemischt hätte. Hier wurde der Säulenstumpf eines ionischen Tempels zum Rammstein eines Eckhauses, eine Renaissancefassade nimmt im Portikus das Schnörkelwerk islamischer Architektur auf, dort wird unter dem abgelösten Putz eines Stadttors altes Zyklopengemäuer sichtbar. Die verwitternde Zeit hat ein übriges getan und die ursprünglich wohl schroffer wirkenden Bruchstellen gemildert. Nur an einer der Gassen, die von dem Platz mit dem Café abgehen, in dem ich sitze, treten ein paar Meter des Neubaus einer Bank ins Blickfeld: elo-

xiertes Aluminium, großflächige Glasscheiben, Sichtbeton. Dies ist ein Bruch, den keine Zeit heilen wird.
Ist es schwindende Assimilationskraft, die darin zum Vorschein kommt, oder der Einbruch einer Welt, die fremder ist als alles Bisherige und von weiter herkommt als von den gegenüberliegenden Küsten des Mittelmeers?

SYRAKUS. Mittags in einem Restaurant nahe der Piazza Pancali mit Professor Voza, dem Soprintendente für den östlichen Teil der Insel. Man hatte ihn mir als strengen Gelehrten beschrieben, ohne alle mediterrane Aufgeregtheit. Aber dahinter kam ein beweglicher Kopf zum Vorschein, reich an Kenntnissen und mit einer Vorliebe für Paradoxien.
Die Grabräuber, sagte V., bald nachdem wir uns zu Tisch gesetzt hatten, seien die besten Helfer der Archäologen. Sie verfügten über Geld, ganze Maschinenparks, aber auch über Instinkt und Leidenschaft für Altertümer. Er erzählte von einer Gruppe sogenannter Tombaroli, die unlängst im Nordosten der Insel über einen verlassenen Weinkeller beim Durchstemmen einer Wand eine römische Villa freigelegt hätten. Habgier sei womöglich produktiver als Wissensdurst.

SYRAKUS. Nach dem Essen mit Voza durch die Stadt. Noch einmal über die anverwandelnde Energie Siziliens. Voza erwähnte als Beispiel dafür den Code Napoléon. Das Gesetzeswerk sei zwar übernommen, innerhalb einiger Jahre aber so weit den eigenen Rechtsvorstellungen angepaßt worden, daß die französischen Juristen es nicht mehr wiedererkannten. Die sizilianische Lebensmaxime laute: Widerstand durch Nachgiebigkeit, durch Ausweichen, scheinbares Sich-Ergeben. Das sei noch heute so, und keiner der Veränderer, die da am Werk seien, könne je wissen, worauf eine Sache hinausläuft.
Voza kam ins Dozieren und gab von seinen Kenntnissen zum besten, denen er mitunter ungewöhnliche Gedanken abgewann. Während wir durch die Straßen gingen, schien mir, ich sähe uns da herumlaufen, ihn mit seinem Mitteilungsbedürfnis, mich mit meinem sonderbaren Wissensdrang. Fast alle Weltgegenden, wo-

hin man auch kommt, wecken das Interesse erst durch die Nähe oder Ferne zum Eigenen. Sobald man dagegen auf italienischen Boden gerät, gewinnt selbst das geringste Detail den Rang des Wissenswerten an sich. Wer glaubt schon Thomas Mann, wenn er Tonio Kröger sagen läßt, er fahre, statt nach Italien, lieber »ein bißchen nach Dänemark«? Der Anblick der Reisenden, die, in ihre Bücher vertieft, Ruinen und altes Gemäuer abwanderten, belustigte schon Byron. Im Grunde gleichen wir ihnen alle. Und wohl auch darin, daß das Wissenwollen den Blick verdirbt. Aber was wäre Anschauung ohne das Gewußte und Gedachte?

AM RANDE. Noch einmal die Überlegung, daß allein der Gedanke einem Gegenstand zur Bedeutung verhilft. Ein Säulenrest, ein Kastell oder gar eine umkämpfte Grenze, die von der Zeit eingeebnet und wieder zur ununterscheidbaren Landschaft wurde, gewinnen erst durch die Imagination den besonderen Platz im Bewußtsein. Was wären Syrakus, auch Thermopylae oder Canossa ohne die Geschichten, die sich daran knüpfen? Der bloße Augenschein ist immer weniger als die Wirklichkeit. Gedanken und Erinnerungen verwandeln alles, die Trümmer, die Paßhöhen und die Burgruinen. Ohne sie blickte man nur ins Leere.

SYRAKUS. Zur Latomia dei Cappuccini, einem der weitläufigen Steinbrüche, aus denen sich das antike Syrakus mit Baumaterial versorgte und die unterdessen ein offenes Treibhaus mit wilder, subtropischer Vegetation ist. Die Latomia dei Cappuccini diente den Syrakusanern als eine Art Zwinger für die gefangenen Athener. Tausende kamen darin um. Welcher Veredlungswille hat das 18. Jahrhundert dazu gebracht, in der Antike nur das Schöne, Wahre, Gute zu entdecken und deren mörderische Kehrseite zu übersehen?

SYRAKUS. Vor dem Apollo-Tempel erläuterte Voza Idee und ästhetische Bedeutung der Entasis, der Verdickung antiker Säulen auf halber Höhe. Die Griechen hätten frühzeitig gesehen, daß eine in gerader Linie sich verjüngende Kontur gleichsam entseelt wirke. Wie sie sich in allem von der Natur anregen ließen, bildeten sie auch die Säule einem leicht gespannten Armmuskel nach, der in der

Schwellung jene Belebung gewinne, die er im entspannten Zustand nicht zeige.
Der Apollo-Tempel, in Jahrhunderten zerstört, vermauert und wieder freigelegt, auch er nur noch ein »lakonisches Fragment«, ist der älteste griechische Tempel auf Sizilien und zugleich eines der ersten signierten Bauwerke der Geschichte. Am Sockel der rückwärtigen Seite ist zu lesen: »Kleomenes von Knidos hat das gebaut. Auch die Säulen. Kala Erga. Ein schönes Werk.«
Was ist es, das an dieser Inschrift erstaunt? Ist es die Erkenntnis, daß aus der scheinbar überpersönlichen dorischen Ordnung plötzlich ein individueller Bauherr hervortritt, der das alles auf dem Papier entwerfen ließ und es nicht nur als Heiligtum eines Gottes, sondern als Werk der Kunst empfunden hat? Oder ist es der unverhohlene Stolz, mit dem in so früher Zeit ein Künstler gefeiert wird?

SYRAKUS. Der Fischer am Porto Piccolo, der ein paar Fische aus dem Netz klaubt, sagt, das Meer gebe kaum noch etwas her. Mehr Ölklumpen als Fische. Augusta und alles andere, was die Region beleben sollte, habe den Tod gebracht.

NOTO. Vor der Kathedrale, aber auch an einigen Plätzen der Barockstadt, die jedem geläufige Empfindung, dies alles schon gesehen zu haben: die Treppen, die Terrassen und die gebrechlichen, von Alter und Erdstößen zerbrochenen Fassaden, aus deren Rissen verdorrtes Gras in Büscheln herabhängt; die Pfeiler und Balkone mit dem schweren, aus Winkeln und Stützgebälk überall hervorquellenden Ornamentenwerk. Man ahnt noch, wie festlich es gewesen ist.
Aber es war mehr die Stimmung, was man wiedererkannte. Das Ineinander von Stille, Steinfraß und gespensterhaftem Erstorbensein wie in so vielen Städten des Südens. Später kam ich darauf, daß größere Partien von Antonionis »L'Avventura« die Kulisse der Stadt zum Hintergrund haben. Nicht nur das Gelesene, auch das Gesehene beeinträchtigt die Unmittelbarkeit der Anschauung.
Auf der Rückfahrt nach Syrakus kurz hinunter ans Meer. Über der weiten Fläche lag blaßbrauner Hitzedunst. Hinter altem, von den Wellen und dem Salz zerfressenen Mauerwerk ein paar verkohlte

Baumstümpfe. Im Wasser standen, leicht schaukelnd im trägen Wellengang, Schwärme kleiner Fische. Von Zeit zu Zeit schossen sie, wie auf ein Zeichen hin, ein Stück weit über den Grund und kamen dann ebenso abrupt zum Stillstand. Auch das kurze, silbrige Aufblitzen, das von nichts anderem als dem gleichzeitigen Abkippen der Leiber herrührte, wirkte ganz kommandohaft.
Gegen Mittag, als die Hitze auch am Wasser unerträglich wurde, zurück ins Hotel.

SYRAKUS. Von Dr. Johnson, dem Meister der erhabenen Platitüde, dessen Ruhm der im Literarischen einschlägige Ausdruck des englischen Spleens ist, steht in einem Reiseprospekt ein Satz, dem wie immer nichts entgegenzusetzen ist: »A man who has not been in Italy, is always conscious of an inferiority, from his not having seen what is expected a man should see. The grand object of travelling is to see the shores of the Mediterranean.«

AM RANDE. Natürlich reist man mit großem Gepäck, das Gewicht ganzer Bibliotheken ist immer dabei: dreihundert Jahre Reiseliteratur, Tagebücher, Travelbooks, Gelehrtes und Banales. Italien war stets die klassische Landschaft Europas, und im Grunde brach man dorthin zur Pilgerfahrt auf: anfangs im ganz buchstäblichen Sinn auf spirituellen Gewinn bedacht, mit Rom als Zielort. In der Kavalierstour seit dem späten 16. Jahrhundert, die von England ihren Ausgang nahm und bald zur europäischen Kulturmode wurde, hat sich diese Vorstellung zwar veräußerlicht. Der Gewinn, den sich die Söhne vor allem des Adels von der Reise versprachen, hatte eher urbanere Lebensformen, sprachliche Kenntnisse und erotische Abenteuer im Blick. Aber die Ahnung, von hier abzustammen, stand auch hinter dieser Wanderbewegung, selbst wenn die Aufzeichnungen, die davon erhalten sind, nicht selten von einer schwer faßbaren Banalität sind; auch von einer nie erschütterbaren Arroganz, die, wohin sie auch blickt, nur Vulgarität, Aberglauben und Faulheit entdeckt.
Erst Winckelmann hat dem Italienerlebnis wieder Ernst und Pathos verschafft und nicht nur den Begriff der »Grand Tour« mit dem hohen Anspruch zur Deckung gebracht, den er erhob. Viel-

mehr hat er der Reise in den Süden auch den Charakter der Pilgerfahrt, wiewohl humanistisch verweltlicht, zurückgegeben. Es war immer Arkadien, was die romantisch bewegten Reisenden seit Goethe in Italien suchten, eine ursprünglichere Daseinsform, die zugleich Befreiung von der Schwere und Verbindlichkeit verhieß, mit der überall sonst die sozialen Normen auf den Menschen lasteten. Die Beobachtungen und Gedanken, in zahllosen, oft wie erlöst wirkenden Rechenschaften festgehalten, offenbaren aber zugleich auch den inneren Widerspruch dieser Sehnsucht; weil niemand die Naivität und zugleich das Bewußtsein davon haben kann.

NOCH ZUM VORIGEN. Alexander Mitscherlich war konsterniert, als ich ihm vor Jahr und Tag von dem Plan eines Reisetagebuchs erzählte. »Was für ein lustiger Gedanke«, spottete er, »sich aus den Katastrophen des Jahrhunderts geradewegs in die Gefilde der Seligen zu retten.« Er konnte nicht begreifen, wie man noch immer im Stil der Bildungsreisenden des 19. Jahrhunderts nach Rom oder Neapel fahren könne. Er mißtraute dieser ganzen Tradition. Die Deutschen hätten sich aus Italien stets eine Phantasielandschaft zurechtgemacht. In allen »Italienischen Reisen« trete das Volk nur als fidel verarmtes Personal auf, und jedenfalls sei die deutsche Sehnsucht nach dem Süden immer blind oder gleichgültig gewesen für die Wirklichkeit gesellschaftlicher Zustände. Er erwähnte Goethe, von dem, wie so häufig, die irreführendsten Stichworte herkämen: Et in Arcadia ego. Immer nur die Sonne Homers, das milde Licht Lorrains und die Idolatrie mit der eigenen, aufgetriebenen Persönlichkeit. Alles Fluchtversuche, hatte er zum Schluß gesagt.

Aber vielleicht ist die gegenwärtige Vorliebe für das Gesellschaftliche nur eine andere Art der Blindheit. Und womöglich gehört zu allem Reisen seit zweihundert Jahren das Motiv der Flucht. Die englischen Aristokraten des 17. und 18. Jahrhunderts, auch Winckelmann oder der Baron von Riedesel, reisten noch irgendwohin; seit Goethe reist man von irgendwo weg. Aber man hat schon bessere Gründe dafür, als die Augen zuzumachen.

Auch soll man nicht übersehen, daß Arkadien, seit der Wiederentdeckung im Barock, weniger ein Flucht- als ein Vergänglichkeitsmotiv war. Sehnsucht nach den Ursprüngen, aber nie ganz frei von der pessimistischen Ahnung, daß alles immer so ende. Fuimus Troes. Da war vermutlich mehr Wirklichkeitssinn im Spiel als in der gegenwärtigen Besessenheit von der gesellschaftlichen Realität und all der angestrengten Passion für die kleinen Leute.

SYRAKUS. Aus der Kathedrale strömt eine Menge schwarzgekleideter Menschen auf den in der Hitze liegenden Platz, viele Frauen darunter, die meisten in den sackartigen Kleidern sizilianischer Witwen und ein Tuch um den Kopf. Ein hochgewachsener Mann mit gewaltigem Körperumfang tritt ins Freie, setzt einen unansehnlichen Filzhut auf und bleibt inmitten der Leute stehen, die sogleich zurücktreten und einen Abstand aus Respekt und stummer Scheu um ihn bilden. Mit langsamen Bewegungen und während die Augen aus dem Schatten heraus über den Platz wandern, beginnt er, die Jacke aufzuknöpfen, die eng über den Leib spannt. Als sie zurückfällt, werden breite Hosenträger über dem Hemd sichtbar.
Plötzlich löst sich ein alter Mann aus den Umstehenden, stürzt auf den Gewaltigen zu und küßt ihm, einen Kniefall andeutend, die Hand. Halblaut spricht er dazu ein paar Worte. Dann verharrt er einen Augenblick, als erwarte er eine Anweisung. Doch der andere nimmt ihn überhaupt nicht wahr, und der alte Mann tritt wieder in die Menge zurück. »Bacio le mani!«, erläuterte Don Calicchio, »der traditionelle Gruß der einfachen Leute in Sizilien für die Hochgestellten.«

SYRAKUS. Mittags im Hotel, die Luft in dem kleinen Zimmer war schwer von Hitze und altem Napthalin. Solche Leute wie der Mann vor der Kathedrale, hatte Don Calicchio gesagt, seien ins Heutige reichende Überbleibsel der Feudalzeit. Ihr Wille sei noch immer die oberste Gewalt. Sie regierten das Leben und den Tod. Wenn er den Satz höre, der Tod sei ein Herr aus Sizilien, denke er an Figuren wie ihn.

SYRAKUS. Am späten Nachmittag, als die Hitze nachließ, zur Villa Landolina. Die einstigen Gartenanlagen mußten dem Mu-

seum weichen, dem V. vorsteht. Modernistischer Bau, über den er sich leicht geniert äußert.
Im hinteren Teil des Grundstücks, dicht am Rande der noch offenen Baugrube, liegt August von Platen begraben, Germaniae Horatio, wie Graf Landolina ihm auf den Stein setzen ließ: Dem Horaz Deutschlands. Die Formel verdeckt, wie sehr er mit sich selber und seinem Land zerfallen war. Felix Mendelssohn schrieb nach einer Begegnung in Neapel, Graf Platen sei ein verschrumpfter, goldbebrillter Greis von fünfunddreißig Jahren, dessen Reden aus Schimpfereien über Deutschland bestanden habe. Auf dem Rückweg über das abschüssige Gelände versicherte der Kustode, daß Woche für Woche rund hundert Besucher kämen. Deutsche vor allem und romantische Engländer, wie er meinte.
Mit einem dieser Besucher geriet ich ins Gespräch. Er leitet im Fränkischen einen kleinen Familienbetrieb, vierte Generation, Herstellung von Kunstpapieren, und er hatte, um das Unternehmen weiterzuführen, vor geraumer Zeit das Studium der Alten Geschichte aufgegeben. Aber noch immer reiste er Jahr für Jahr ins Mittelmeergebiet und erwies sich als Kenner der Insel, bewandert auch in Abgelegenem.
Wir kamen auf den merkwürdigen Umstand, daß die Geschichte der Magna Graecia, der glanzvollen griechischen Tochtergründungen in Süditalien, weithin unbekannt geblieben und alles historische Interesse an der hellenischen Welt von Athen aufgezehrt worden ist. Das hat seine leicht erkennbaren Gründe. Athen wies in allem, was es hervorbrachte, über sich hinaus. Dennoch bleibt erstaunlich, daß Städte wie Agrigent, Selinunt oder Metapont nie über einen Randplatz im Bewußtsein hinausgelangten und selbst Syrakus allenfalls in einer Schillerschen Ballade weiterlebt. In Wirklichkeit besitzt es eine großartig bilderreiche Geschichte, war für die Dauer einer Epoche die politische, militärische und kulturelle Vormacht des Griechentums, stieß Athen aus der Geschichte, machte dem mächtigen Karthago zweimal erfolgreich die Herrschaft über Sizilien streitig und dehnte seine Besitzungen bis tief nach Kalabrien aus, ehe es gegen Ende des dritten Jahrhunderts von den Römern unterworfen wurde. »Aber Vergil und Ovid, immerhin, haben seine Größe gefeiert«, warf ich dazwischen. Doch

meine Zufallsbekanntschaft entgegnete geringschätzig: »Das ist nur literarischer Ruhm.«

Man kann aber fragen, ob es anderen als literarischen Ruhm überhaupt gibt. In den »Troerinnen« des Euripides wird dieser Gedanke auf die Spitze getrieben:

»Die Götter wollten also nichts als unsre Not, / Und unser Troja haßten sie wie keine Stadt: / Wir brachten fruchtlos Opfer. Doch, hätt' uns ein Gott / Nicht aus den Höhen in den Tod hinabgestürzt, / Wir lebten ruhmlos, kein Gesang verherrlicht' uns, / Durch den im Mund der Enkel unser Name lebt.«

AM RANDE. Siegte Rom, weil es die überlegene zivilisatorische Idee verkörperte? So verstand es das 19. Jahrhundert, das in geordneten und friedenssichernden staatlichen Bildungen den höchsten Ausdruck menschlicher Kultur sah. Selbst Mommsen blickte nicht ohne Geringschätzung auf die Griechen herab, die dazu unfähig waren.

Wir denken skeptischer. Zu den erkauften Lehren der Epoche zählt, daß nicht immer der für höher gehaltene Gedanke sich behauptet. In den Auseinandersetzungen Roms mit Karthago, mit den Galliern, den Germanen und den anderen Randvölkern des Imperiums verhielt es sich wohl so. Mit den Griechen dagegen kommen die Zweifel.

Die Geschichte ist ohne Moral. Sie beugt sich auch der inferioren Kraft und selbst dem Widersinn. Ich erinnere mich, wie mein Vater erzählte, man habe angesichts der Machtergreifung Hitlers, besonders aber nach den stupenden Erfolgen der ersten Regierungsjahre, mitunter das quälende Gefühl gehabt, nicht von einem rücksichtslosen Gegner, sondern von der Geschichte selber besiegt worden zu sein. Und während ringsum uneinnehmbar scheinende Machtbastionen einstürzten, Mauern lautlos niedersanken und so viele erbitterte Gegner von gestern dem neuen Mann mit Unterwerfungsgesten nahten, innen wie außen und Tag um Tag, sei bei den Zusammenkünften in irgendwelchen Hinterzimmern wiederholt der Argwohn aufgestiegen, ob man nicht den Wind eines übermächtigen historischen Prinzips gegen sich habe.

Besser mißtraut man solchen Eingebungen. Die einen reklamieren den Gang der Geschichte für sich, um ihren anstößigen Triumphen den Schein und die Weihe des Unvermeidbaren zu geben. Die andern suchen den Niederlagen, die sie erlitten, der Schwäche und der Resignation, ein Stück des Stachels zu nehmen. Und auch die unendliche Masse der Anpassungswilligen hat ihre Gründe, die Geschichte übermächtig zu nennen. Aber wer kann sagen, er sei dabeigewesen?

SYRAKUS. Gegenüber der Bar, in der wir saßen, hatte ein Eisverkäufer seinen Karren aufgestellt, ein altertümliches Gefährt mit Speichenrädern, das an das Vorderteil eines Fahrrads montiert war. Er hatte einen Sonnenschirm über sich aufgespannt, der rundum mit Orangen und dem dunklen Blattwerk der Früchte dekoriert war. In die langgedehnte Mittelsilbe des »Gelati«, das unaufhörlich über den kleinen Platz hallte, flocht er kunstvolle, manchmal ins Falsett umschlagende Koloraturen ein. Nie endender Infantilismus des Südens. Das Eis holte er aus drei Behältern, die von hohen, kegelförmigen Hauben abgedeckt waren.
Das war einer jener Wagen, wie sie früher auch durch unsere Straßen kamen. Erst in solchen unvermuteten Wiederbegegnungen gerät ins Bewußtsein, was alles, ganz unvermißt, aus dem Bild der Städte verschwunden ist.

SYRAKUS. Auf der Straße treffe ich Barbaro L., den Viveur unter den Freunden des Ingenieurs. Jedes Jahr verbringt er einige Wochen in Monte Carlo, von wo er mit einer Unzahl exzentrischer Geschichten zurückkehrt: über Liebestragödien, Bankrotteure, Hochstapler sowie haarsträubende Obszönitäten, mit denen er die Runde für den Rest des Jahres unterhält.
Aber seine Freunde bezweifeln alles, es sei zu nah an billigen Romanen, meinen sie, und in Wirklichkeit fahre er nur zu Verwandten auf ein Dorf bei Taranto. Aus der kurzen Unterhaltung blieb mir der Satz in Erinnerung: »Wo vom Vermögen, von der Frömmigkeit und der ehelichen Treue die Rede ist, darf man nie mehr als die Hälfte für bare Münze nehmen.«

IM HINTERLAND VON SYRAKUS. Es gibt hier einen sattblauen Himmel, und davor, die Hänge hinauf, karstiges Gestein, dessen Grau die andere vorherrschende Farbe ist. Etwas tiefer, wo in schwarzen Flecken die Macchia einsetzt, beginnt manchmal eine Schaftrift: zwei flache, aus Feldstein gezogene Mauern, die steil nach unten laufen. Im Vordergrund, über verholzten Stämmen, das Gespinst von Olivenzweigen, das am Abend, beim Bleicherwerden des Himmels, als erstes die dunklen Farben annimmt, als sei es dem, was bald alles zudeckt, stets einen Schritt voraus. Daneben Kakteen, von denen dürres Gras herabhängt, und zur Seite ein paar eingestürzte Bretterbuden. Im Umkreis liegen Blechdosen, Ölpapier und Plastikfetzen. An einem Stall in Sprühschrift die Losungen: »Viva Gaddafi!« Und darunter: »Non piangeremo mai!«. Wir werden niemals weinen!

SYRAKUS. Die Reisenden der Grand Tour, die noch in der alten Welt beheimatet waren, haben die Stadt mit einer Ergriffenheit aufgesucht, die heute mehr rührt als der Gegenstand, dem sie galt. »Seit der Einfahrt in Rom«, schrieb einer von ihnen, »hatte uns kein so gewaltiges Gefühl durchdrungen als jetzt, da wir die traurige Öde durchritten und die toten Klippen, wo sonst das Brausen der größten Stadt der Welt ertönte, sowie den blauen Guß des Hafens vor uns liegen sahen.«
Die Insel Ortygia schließt und teilt das Meeresbecken vor der Stadt und bildete, zusammen mit vier landeinwärts gelegenen Städten, das alte Syrakus. Der Tyrann Dionysios baute nicht nur die Insel zu einer gewaltigen Bastion aus, von der er die Stadt beherrschte und überwachte. Vielmehr errichtete er an ihren Grenzen auch Türme und Bollwerke, die durch eine fast dreißig Kilometer lange Mauer zu einem ausgedehnten Festungssystem verbunden waren. Eine breite Prachtstraße, über einen Damm errichtet, führte vom Apollo-Tempel auf der Insel durch ein fünfbogiges Tor hinüber zur Agora und in die Stadt.
Nur wenige Spuren sind noch da, die der Vorstellung weiterhelfen. Und aus dem verödeten Kleinen Hafen, der konfusen Gegenwartssilhouette von Häuserfassaden, Schuppen und rostigen Fangbooten, steigt das Bild des alten Syrakus herauf: die schimmernde, wenn

auch leicht prahlerische Kulisse der Stadt an dem mit Marmor ausgelegten Hafenbecken, dessen Umfassungsmauer Gesimse trug und mit einem Saum von Skulpturen geschmückt war. Darin ein Wald von Masten und Segeln, Handelsschiffe aus Griechenland und Karthago, aus der Levante und von Rom. Syrakus war nicht die Stadt gewöhnlicher Geldleute, sondern verband Macht mit Kunstverstand und Handelssinn mit spekulativer Phantasie. Zuzeiten war der gesamte Vorhof des Tyrannenpalasts mit Sand bedeckt, auf dem sich Hofstaat und Kaufleute an der Lösung geometrischer Probleme versuchten. Aischylos und Pindar waren an den Hof gerufen worden, Archimedes und der Dichter Theokrit leben in Syrakus, Dionysios schreibt Verse und Tragödien, das Theater faßt vierzigtausend Zuschauer. Auf den Hügeln, bis hin zum Vorgebirge Plemmyrion, liegen, zwischen Kunstgärten und Terrassen, die Villen der Notabeln. Von hier geht der Blick zum Großen Hafen hinunter, in dem die Flotten der Athener und Karthager versanken.
Kurze Jahrzehnte der Größe, und alles erzwungen. Eine Zeitlang beherrschte Syrakus fast ganz Sizilien, die mächtigste politische Gründung, die den Griechen je gelang. Aber ihrem Stadtdenken blieben die Formen weiträumiger, auf große Zwecke gerichteter Macht immer fremd. Daran ist jede Tyrannis schließlich gescheitert. Nicht zufällig stammt aus Syrakus die Episode vom Höfling Damokles, der das Glück der Tyrannen pries, woraufhin Dionysios die Güter der Erde vor ihm ausbreitete und zugleich ein Schwert an einem dünnen Haar über ihm aufhängte.
Aus den Wirren und Unruhen, von denen die Geschichte der Stadt durchsetzt ist, erhob sich immer wieder, von den aufgeklärten Tyrannen befördert, der Traum der Versöhnung von Geist und Macht. In dem Garten neben der Herrscherresidenz steht das Haus, das Platon bewohnte. Als er zum ersten Mal in Syrakus eintraf, wurde er im Triumph vom Hafen eingeholt. Aber auch die Zeit der Täuschungen war kurz. Zwar erzählt Plutarch, der launische Dionysios habe allmählich Platons Gespräche ertragen gelernt, »wie ein wildes Tier das Betasten durch die Menschen«. Doch am Ende verstieß er ihn und ließ ihn in die Sklaverei verkaufen. Der Hochmütige sei immer einsam, hatte der Philosoph gesagt. Der Satz galt, auf größere Verhältnisse übertragen, auch für das stolze Syrakus.

Ohne Verbündete stand die Stadt, die so viel ungriechische Unterwerfungslust bewiesen hatte, auf verlorenem Posten, als rund anderthalb Jahrhunderte später Rom heranrückte. Länger als zwei Jahre belagerte Marcellus Syrakus, ehe es endlich durch Verrat fiel. Außerstande, seinen Soldaten das Recht auf Plünderung zu versagen, soll er, »da er von einer Anhöhe aus die Größe und Schönheit der Stadt überblickte, lange Zeit geweint und ihr Schicksal beklagt haben, weil er voraussah, daß es in kurzer Zeit um alle die Pracht und Herrlichkeit würde geschehen sein«. Die alten Schriftsteller versichern, in Syrakus seien nicht weniger Reichtümer erbeutet worden als später bei der Eroberung Karthagos.
Rom, so heißt es, habe erst durch die Plünderung von Syrakus die griechische Kunst wahrhaft kennengelernt. In der Tiberstadt waren bis dahin vor allem »barbarische Waffen und blutbefleckte Beute«, die Trophäen eines Kriegervolkes, aufgestellt. Jetzt kamen Statuen und Säulen, Gemälde und glanzvolles Kunsthandwerk. »Rom erstrahlte von Diebesgut«, schreibt Cicero. Die strengeren Römer warfen den Heimkehrenden vor, sie hätten sich vom Glanz der eroberten Stadt blenden lassen. Der Preis für das Schöne sei die Kraft, und wo die Kunst anfange, höre die Macht auf.
Syrakus ist nie wieder in die Geschichte zurückgekehrt. »Ortygia schwimmt da verlassen im Meere, gleich als beweine es, in ein Trauergewand gehüllt, noch unablässig den Verlust der großen Stadt«, schrieben später die Reisenden. »Die Bühne, worauf eines der mächtigsten Völker der alten Welt ein so schönes Schauspiel gab, ist abgeschlagen, die Rollen sind ausgespielt, die Menschen sind weggezogen.« Und was geblieben sei, gleiche den Spuren, »die der Fußtritt eines Mannes im Sande zurückläßt, und die keine Auskünfte darüber geben können, was da war«.

AM RANDE. Immer wieder unbeantwortbare Fragen: Rom wurde dutzendfach erobert, geplündert, verheert. Nie abreißender Sacco di Roma.
Warum kehrt es stets aufs neue in die Geschichte zurück? Bleibt, wenn man Rom gewesen ist, etwas bestehen, was stärker ist als aller Ruin? Das mächtige Syrakus jedenfalls ging mit der einen Eroberung aus der Geschichte. Ebenso Karthago. Vielleicht ist so

viel Vergangenheit, wie Rom sie hatte, nicht nur eine Last, sondern auch ein Halt.

SYRAKUS. In der Post ein Brief von H., der mich darauf aufmerksam macht, daß 1854, im Alter von zweiundzwanzig Jahren, der preußische Kronprinz, der spätere Kaiser Friedrich, in Syrakus war. Überraschenderweise fühlte er sich hier an sein Zuhause erinnert. »So überall Anklänge an das gute Potsdam, selbst in dieser südlichen Gegend«, schreibt er und hat, angesichts des morastigen Geländes um die Stadt, die Sümpfe der Mark vor Augen. Das ist ein treffendes Beispiel dafür, daß Reisende meist nur entdecken, was sie schon kennen.

Zum schon Bekannten zählte für den Kronprinzen vermutlich auch die Verbindung von Wüstenlandschaft und zivilisatorischem Ehrgeiz, die er beim Blick auf die Stadt wahrzunehmen meinte und die auch zum Pathos des alten Preußen gehört. Unübersehbar, daß diese Anstrengung hier gescheitert war. Aber noch die Trümmer sprachen davon.

Doch beruhte der Eindruck des Prinzen auf einem Irrtum. Denn das Hinterland von Syrakus gehörte durch die Jahrhunderte zu den fruchtbarsten Gebieten der Insel, berühmt für sein schweres Getreide, seine Weiden, für Wein und Honig. Dennoch auch hier der Zusammenhang von Machtdenken und unzureichenden Mitteln, ein Eroberungswille, der seine naturgegebene Unterlegenheit nicht zur Kenntnis nahm. Oder seine Verwundbarkeit zu stark empfand und imperial aus Nötigung war. Immer jedenfalls übermächtige Gegner. Am wenigsten bedrohlich war noch der griechische Städtebund auf der anderen Seite des Meeres. Aber dann Karthago und später Rom. Unausweichlich der Untergang.

SYRAKUS. Von den Anhöhen ringsum meint man noch immer das Bild einer verwüsteten Stadt zu sehen. Mehr als zweitausend Jahre haben die Spuren nicht beseitigt, und die wie zufällig in den noch erkennbaren alten Grundriß gestellten Wohnblöcke machen sie noch auffälliger. Auch hatte das alte Syrakus die fünffache Ausdehnung der gegenwärtigen Stadt.

Das kalkige Grau der Häuser tief unten läßt nichts von der bewegten Buntheit in den Straßen ahnen. Gänzliche Stille, bis ein dreirädriger Lieferwagen den Weg heraufschaukelt. Im Hang, etwas unterhalb, ein paar Zypressen, deren tiefes Blau zur Straße hin ins Staubige übergeht. Salzgeruch vom Meer. Die wenigen Segelyachten im Hafen wirken aus der Ferne wie eine Ansammlung aufgespießter Insekten, die mit hochstehenden Gliedmaßen auf einer spiegelglatten Fläche liegen.

AM RANDE. Das Beispiel von Syrakus offenbart, was ein Untergang in der antiken Welt war: die buchstäbliche Auslöschung einer Stadt. In aller Regel wurde die Bevölkerung unterschiedslos niedergemacht, der Platz ausgeraubt, gebrandschatzt und geschleift, bis nur noch ein riesiger Steinhaufen übrig war.
Die Untergänge dagegen, von denen wir im Blick auf die neuere Geschichte sprechen, waren meist nur Niederlagen. Nicht einmal das »Finis Germaniae«, das Hitler angedroht und zuletzt mit aller Energie betrieben hat, das zeitweilig aber auch in den Überlegungen der Kriegsgegner herumspukte, hat stattgefunden. Erst die atomare Drohung hat dem Krieg jenen totalen Charakter wiedergegeben, der aber nicht, wie viele glauben, das ganz Neue, sondern gerade das Uralte ist.

NOCH ZUM VORIGEN. Janssen fiel mir ein, der auf einer seiner Fluchten, von einem Freund überredet, mit dem Auto nach Neapel und von dort mit dem Schiff ohne Unterbrechung bis hierher, nach Sizilien gefahren war – und dann, von der Sonne und den Gespenstern des Mittags in neue Panik versetzt, auf der Stelle kehrtmachte und die Strecke zurückjagte. Und wie er mich vor Jahren triumphierend anrief, nachdem er gerade von der Erfindung der Neutronenbombe gehört hatte. Sie zerstöre, meinte er, zwar alles Leben, lasse aber die Werke unversehrt. Die zartesten Linien und die gestrichelten Schrecken seien jetzt unvergänglich. Sie hätten außerdem nichts mehr von der Zudringlichkeit derer zu fürchten, die sich als Liebhaber aufspielten. Für den Künstler sei diese Bombe das Versprechen wirklicher Unsterblichkeit. Den naheliegenden Einwand, daß die Unsterblichkeit der Sterblichen bedürfe, überhörte er.

SYRAKUS. Das Ende des Archimedes, der während der Eroberung von Syrakus, in die Lösung einer mathematischen Aufgabe vertieft, von einem römischen Soldaten erschlagen wurde, galt lange als bewegendes Beispiel spekulativer Selbstversenkung und hat das wissenschaftliche Ethos Europas mitbegründet. Nicht anders verhielten sich, in späterer Zeit, die Gelehrten von Byzanz, die sich in der belagerten Stadt über das Geschlecht der Engel stritten, doch haben sie dafür den Spott aufgeklärter Köpfe geerntet. Hätten sie aber die Eroberer durch die Erörterung der Lage, durch die Einmischung in die politischen Fragen aufgehalten? Zur Leidenschaft für das Denken gehört, daß sie nur das Denken will.
Diese Einsicht zählt zu den Erfahrungen auch unseres Jahrhunderts, doch werden die falschen Schlüsse daraus gezogen. Als sei der Platon von Syrakus das Vorbild, und nicht Archimedes. Man erzählt, Wolfgang Schadewaldt sei Anfang 1934 in einer Freiburger Straßenbahn Martin Heidegger begegnet, der gerade seine ersten Enttäuschungen mit den Gewalthabern hinter sich hatte. Schadewaldt soll ihn mit den Worten begrüßt haben: »Na, Herr Heidegger, zurück aus Syrakus?«

AUF DER FAHRT NACH RAGUSA. Vorbei an den Cave d'Ispica. Die erhöht in die Felswand geschnittenen Höhlen waren ursprünglich eine Nekropole der Sikuler, später auch christliche Katakomben und Einsiedeleien. Ein Teil davon ist noch immer bewohnt, wie alte Gelasse von Fledermäusen. Der Ingenieur hatte gesagt, es mache große Mühe, die Höhlenbewohner umzusiedeln, und mir geraten, ohne Aufenthalt weiterzufahren; er selber war kürzlich bei dem Versuch, die Leute in ein Gespräch zu ziehen, mit Steinen beworfen worden.
Dann windet sich die Straße in immer neuen Kehren durch enge Täler mit leuchtenden Felspartien nach oben. An einer überhängenden Bergnase, stufenförmig in die Wände einer Schlucht gebaut, liegt Modica. Etwas weiter, in ähnlich phantastischer Umgebung und durch den schmalen Rücken eines Steilhangs verbunden, die Stadtgebiete von Ragusa. Trotz aller ins Geschichtliche zurückreichenden Vergangenheit, aller Menschenspuren immerfort, hat die Landschaft ihren urweltlichen Charakter behauptet.

In einem Reiseführer ist von »romantischen Panoramen« die Rede. Aber in Wirklichkeit besitzt die romantische Natur, in einem genaueren Sinne, durchweg menschenfeindliche Züge. Das Naturglück der Gegenwart ist darüber ganz ahnungslos.
Mir kam Kolakowskis verwunderte Frage in den Sinn: Welche eigenartige Verkehrung des Denkens das zivilisationskritische Bewußtsein eigentlich dazu gebracht habe, daß ihm eine schroffe, vergletscherte Felswand »menschlicher« erscheint als eine Maschine. Und warum die meisten sich weniger vom Anblick eines Urwalds als von dem einer automatisierten Fertigungshalle gedemütigt fühlen. Dabei würden sie im Urwald, allen Robinsonträumen zum Trotz, kaum längere Zeit überleben, während die Fertigungshalle doch gerade der Vermenschlichung des Daseins dient. Der zeitgenössische Rousseauismus ist daher auch entweder trügerisches Sentiment oder Rückfall ins Dumpfe, Vorkulturelle, das nicht immer »Blut und Boden« heißen muß.

RAGUSA. Abends, in einem Gasthof am Rande der Stadt. Rund dreißig Personen saßen am langen Nebentisch. Die Familienfeier dauerte bis tief in die Nacht, und die Kinder waren bis zum Ende dabei. Kleine Erwachsene mit großen Augen in den verschreckt wirkenden Gesichtern, wie Figuren aus den Spieluhren des Barock. Die Mädchen trugen Schleifen im Haar und waren in halblange Kleider gesteckt, die aussahen, als seien sie aus abgelegtem Sonntagsputz gearbeitet. Mit eingelernter, puppenhafter Geziertheit hielten sie sich aufrecht. Als einer der Jungen zu vorgerückter Stunde, den Kopf auf die Stuhllehne gelegt, einzuschlafen begann, wurde er von seiner Mutter wachgerüttelt: »Ein Junge hält sich aufrecht! Sieh Dir Rosalia an! Ein Junge soll einmal befehlen!« Als wolle es den Jungen zu seiner Rolle verführen, stellte sich das Mädchen wenig später vor ihm auf und begann mit affektierten Bewegungen zu tanzen. Von Zeit zu Zeit streckte es ein Bein vorwärts, und jedesmal raffte es dann den Rock ein Stück weit nach oben. Eine kleine, noch halb ahnungslose Lilith, deren Bewegungen aber schon dem alten Urbild folgten.
Ich dachte mir, was sich da andeutete, ein Stück weiter. Der verträumte, weichliche Junge, das herausfordernde Mädchen. Verfüh-

rung, Inzest, Familientragödie. Zuletzt kommt man immer an Gelesenes. Jedenfalls geriet ich zu Gerhart Hauptmann, der darauf beharrte, der Tanz sei der Ursprung allen Dramas, Wort und Gedanke seien spätere Hinzufügungen.

AM RANDE. Die seltsame Gravität solcher Feiern im Sizilischen. Vom Ritual der Begrüßungen über die Placierung bei Tisch bis hin zu den wechselnden Auftritten vor dem Fotografen schien alles einem Muster zu folgen, das Alter, Status und Erfolg in undurchschaubaren Abstufungen widerspiegelte. Die Familienfeiern der eigenen Erinnerung waren dagegen Orgien der Unbefangenheit.

AUF DEM LANDE BEI VIZZINI. Der Ingenieur hatte mir sein Landhaus zur Verfügung gestellt, kein Mensch könne unablässig durch die Hitze fahren, hatte er gemeint, und das Nichtstun sei nichts Unmoralisches, wie man im Norden glaube. Wer das nicht begreife, dem bleibe Sizilien fremd.
Das alte Ehepaar, das ihm das Haus in Ordnung hielt, führte mich durch abgedunkelte Räume nach oben ins Gästezimmer. In der Bibliothek standen Mineralwasser und Eis bereit. Fast den ganzen Tag über gelesen. Vor allem von John Julius Norwich die Geschichte der sizilischen Normannen, jener erstaunlichen fünf Brüder Hauteville, die als blutige Räuberhauptleute begannen und sich unvermittelt, kaum daß sie mit Gewalt und Wortbruch zur Herrschaft gelangt waren, zu weit vorausdenkenden Staatsmännern und Dynastiebegründern wandelten. Wie in fast jeder Bibliothek gebildeter Italiener gab es die Werke von Ariost und Petrarca, Tasso und Leopardi, aber daneben auch, in Leder gebunden, einige Jahrgänge des »Playboy«. Ferner die Tagebücher von James Boswell.
Das Tagebuch, meint Boswell, sei immer eng mit der Zeit und den Ereignissen verbunden, von daher beziehe es einen Teil seines Interesses. Allerdings müsse der Autor auch Berichtenswertes erleben. Aus keinem anderen Grunde und angeblich nur, um sich einen Vorrat an Erlebtem zu verschaffen, begibt er sich einmal zu den Huren in die Parks von London, um dort eine »höchst männliche Vorstellung« zu geben, und setzt sich auch im Folgenden immer neuen

Exzessen und Abenteuern aus. Es wirke ermüdend, fährt er fort, nur zu erzählen, daß man aufgestanden sei, herumgesessen, Tee getrunken und ein Buch gelesen habe. Und als ihn einmal weder die Welt noch die eigenen Unternehmungen mit Stoff versorgen, jammert er: »What will now become of my journal?«

AUF DEM LANDE BEI VIZZINI. Die Fensterläden waren geschlossen, die alten Samtvorhänge übereinandergezogen, um die betäubende Hitze draußen zu halten. Aber ein scharfer Lichtstrahl drang ins Innere, zog eine dünne, leuchtende Spur durch den Raum und prallte gegen den Marmor des Kamins. Obgleich von den Steinfliesen Kühlung kam, meinte man zu spüren, wie die Mittagsglut heiß und sengend in den schattenlosen Straßen stand und drüben über den Höhenzügen, deren Gelb von riesigen schwarzen Brandflecken zerfressen war. Und mit diesen Bildern fühlte man plötzlich den Schweiß auf der Haut und wie er allmählich zu brennen begann.

CALTAGIRONE. Früh nach Caltagirone, das seiner einzigartigen, über annähernd einhundertfünfzig Stufen zählenden Keramiktreppe wegen berühmt ist. Doch als ich ankam, war schon die Hitze da. Auf der fast menschenleeren Piazza, im Schlagschatten vor der Bar, saßen einige Männer, schweigend und ein Glas vor sich. Einer stand, in Gedanken versunken, wenige Schritte abseits und ging dann quer über den Platz davon. Ich dachte an die Bemerkung des Ingenieurs über die Würde des Müßiggangs.

WIEDER AUF DEM LANDE BEI VIZZINI. Weiter bei Boswell. Auch das Unbedeutende sei für ein Tagebuch von Wichtigkeit, schreibt er jetzt, weil für eine so geringe Kreatur, wie der Mensch es sei, das Geringfügige eben doch Beachtung verdiene. Mit dieser Rechtfertigung: nur aufgestanden, herumgesessen, Eiswasser getrunken. Gelesen.

Dennoch der Vorsatz, morgen früh weiterzufahren. Der alte Hausdiener schüttelte beim Abschied verständnislos den Kopf und blieb im Schatten der Tür zurück. Er meinte, für solche Reisen sei es viel zu heiß. »Wenn einmal Regen käme«, sagte er dann mit fast poetischem Ernst, »das wäre für uns wie das Ende der babylonischen Gefangenschaft.«

AM RANDE. Das Lächeln der Sizilianer. Mir fiel auf, daß es oft nur aus einem Verziehen der Mundwinkel besteht und mehr die Geste eines Lächelns ist. Zurückhaltung, Skepsis, sogar Ironie drükken sich stärker darin aus als Einverständnis. Als bliebe der Abstand unüberbrückbar und der Fremde immer der Fremde. Er muß nicht aus Italien oder noch weiter aus dem Norden kommen.

PIAZZA ARMERINA. Fahrt durch Eukalyptus- und Orangenwälder zur Villa del Casale, einem Herrensitz aus dem letzten Jahrzehnt des dritten Jahrhunderts, den die einen dem römischen Gouverneur der Insel oder einem wohlhabenden Kaufmann, die anderen Kaiser Maximinianus Herculius zuschreiben.
Das Anwesen, das Säulenhallen, Höfe und Treppensysteme, ausgedehnte Wohntrakte und Wirtschaftsräume phantasievoll verschachtelt, zeugt mit seinen Achsbrechungen und schiefwinkligen Raumstellungen vom hohen zivilisatorischen Raffinement jener Zeit. Noch immer kann man die aus gebrannten Ziegeln verfertigten Rohrsysteme ausmachen, durch die das Gebäude mit Warmluft beheizt wurde. Dicht benachbart die Räume, die zum Kühlen der Speisen und Getränke gedient haben. Ein Staubecken in der Nähe besorgte den Wasserdruck, der für Schwimmbäder und Springbrunnen nötig war. Man kennt solchen kunstreichen Komfort zwar aus den Palästen der alten Metropolen und den Sommersitzen in ihrer Umgebung. Hier aber liegt das alles im Innern Siziliens, im unscheinbaren Tal von Mangone, weitab von allem städtischen Zusammenhang.
Die Villa, dem Urteil der Archäologen zufolge über ein Jahrtausend hinweg bis in die normannische Zeit bewohnt, geriet auf ungeklärte Weise in Vergessenheit, obwohl die Erinnerung an die Anlage nie ganz aus dem Gedächtnis der Leute schwand. Nach ersten Funden im 18. und 19. Jahrhundert begann man 1929, inmitten des tief verstrüppten Waldgebiets systematisch zu graben und den Gebäudekomplex freizulegen. Die fast vollständig erhaltenen Fußbodenmosaiken, die eine Fläche von dreieinhalbtausend Quadratmetern bedecken, erregten damals beträchtliches Aufsehen. Sie wurden

vermutlich von Hunderten nordafrikanischer Fachleute ausgeführt und zeigen neben geometrischen Mustern, erfindungsreich stilisierten Pflanzen- und Tiermotiven sowie mythologischen Kompositionen vor allem Szenen aus dem Alltagsleben eines begüterten Römers. Die Bilder von Jagd, Ernte und Sport, von Fischfang und häuslichem Dasein besitzen die naive Wirklichkeitstreue und Fabulierlust der Genremalerei, wie sie die bürgerliche Kunst des 19. Jahrhunderts auf andere Weise entwickelt hat. Berühmt ist ein Raum geworden, der gymnastische Spiele junger Mädchen zeigt, deren Bekleidung die Bikinimode unserer Tage aufs verblüffendste vorwegnimmt.

Überraschend auch ein unscheinbares Detail: eines der Mosaiken zeigt ein geflügeltes Greifentier, das in den Vorderklauen einen Käfig trägt, durch dessen schmale Öffnungen ein Mensch mit angstvoll geweiteten Augen blickt. Die Tiere, so wird der Bildeinfall gedeutet, entledigen sich ihres großen Feindes, des Menschen. Er unterwirft sich die Natur, bleibt aber, in all seiner Macht, stets ihr Gefangener. Die Kühnheit, mit der jener unbekannte Künstler die Ordnung der Dinge umkehrt und das gejagte Tier den Menschen fangen läßt, deutet auf das frühe Bewußtsein von der Schutzbedürftigkeit der Tierwelt hin, das in zahlreichen Mythen von Sibirien bis ins Innere Afrikas, aber auch in der Edda, anzutreffen ist.

Desgleichen haben manche Jagdrituale diese Vorstellung bewahrt. Die Idee der »Opferteilung« mit den Göttern durch das Verbrennen von Knochen oder Innereien sucht Entsühnung des Menschen, der im Jagen und Schlachten gegen das Prinzip des Lebens verstößt, sein Vergehen verlangt symbolische Wiedergutmachung. Aus keinem anderen Grunde wurden häufig gerade die Fortpflanzungsorgane geopfert, und die vielen Brüste der Artemis von Ephesos sind in Wahrheit die Hoden von Opferstieren, durch die der schuldig gewordene Mensch der Natur Abbitte leistet.

PIAZZA ARMERINA. In der Nähe der Stadt ein kleiner, abseits der Ausfallstraßen gelegener Gasthof. Während der Ankunft ging, nach wochenlanger Trockenheit, ein heftiger Regen nieder. Das Wasser vereinigte sich zu sprudelnden Bächen, brach tiefe Rinnsale in den Blumengarten neben dem Eingang und ergoß sich dann, in zunehmend größeren Stürzen, über den dahinter liegenden Olivenhain. Zwei Stunden später, über abendlichem Dunst, war der Himmel wieder wolkenlos, das Erdreich hatte die Wasser verschluckt und schien so ausgedorrt und verkrustet wie zuvor.

NOCH ZUM VORIGEN. Immer wieder wird berichtet, daß ganze Städte, Tempel oder Anwesen wie die Villa Casale in Vergessenheit geraten und nach Jahrhunderten wiederentdeckt werden. Wie kommt dergleichen aus der Erinnerung?
Zum Unterhalt der Villa waren Hunderte von Sklaven erforderlich. Irgendwann, im Niedergang des Römischen Reiches, werden es weniger geworden sein, und endlich reichte ihre Zahl nicht mehr aus, die Versorgung sicherzustellen und die komplizierte Apparatur der Leitungssysteme zu bedienen. Teile der Anlage zerfielen, und seit der Besitzer ausblieb, sorgte niemand mehr für deren Wiederherstellung. Vielleicht kamen von Zeit zu Zeit noch die Enkel und bewohnten, anspruchsloser geworden, die notdürftig erhaltenen Teile des Haupthauses. Einige Nebenräume dienten womöglich dem Personal zur Unterkunft, während die ins Gelände ausgreifenden, im angrenzenden Wald sich verlierenden Außenflügel schon für das Vieh verwendet wurden. Schließlich haben die Nachkommen das ferngelegene Besitztum vor allem als Last empfunden, und jedenfalls werden sie die ersten gewesen sein, die es vergaßen. Bauern nahmen es ein. Aber für die Landwirtschaft war das enge Tal mit seinem dichten Baumbestand nicht geeignet, es gab anderes, freieres Gelände, und eines Tages machten auch sie sich davon.
Die Villa, im Winkel zwischen den Straßen nach Gela und Agrigent gelegen, mag dann zum Stützpunkt von Wegelagerern geworden sein. Auch galt sie als unheimlich, abergläubische Neigungen bevölkerten sie mit Geistern und Spukgestalten. So mied man die Gegend und machte weite Umwege, um nicht in ihre Nähe zu kommen. Als auf der verarmten Insel selbst die Räuberei nicht mehr einträglich war, kehrte allmählich die Natur zurück. Sonne und Kälte zerbrachen das Gebaute, der Regen unterspülte die Fundamente, Gehölze und Wurzelwerk überwucherten die Mauern der Villa und verschlangen zuletzt das Ganze. Nur einen Augenblick noch, und sie war vergessen.

AUF DER FAHRT NACH GELA. Ich kam an einem Bunker vorbei, der, zum Meer hin, neben ein paar eingestürzten Hütten aus grauem Feldstein stand. Dazwischen eine Horde von Kindern, die einem Hund eine brennende Puppe an ein Hinterbein gebunden hatten. Kreischend vor Glück und Aufregung verfolgten sie, wie das verängstigte Tier über das hofähnliche Geviert jagte, während die Puppe torkelnd über den Boden hüpfte. Schließlich blieb der Hund erschöpft stehen, scharrte ein paarmal mit der Pfote, an der die Puppe weiterbrannte, und fiel unter dem Gejohle der Kinder steif zur Seite.

GELA. Als ich mich der Stadt näherte, brach gerade die Dämmerung herein und milderte den Eindruck ihrer monströsen Häßlichkeit. Die Straßen waren fast menschenleer, aus wenigen Fenstern fiel Licht über die aufgebrochene Asphaltdecke, den Unrat und die Schuttberge zu beiden Seiten. Dahinter leere Fassaden, immer neue Skelette von unfertigen Gebäuden. Mitunter standen nur die tragenden Pfeiler, anderswo war das untere Stockwerk fertiggestellt und bewohnt, während darüber Betonpfähle hochstiegen, aus denen verbogenes Metallgestänge ins Leere ragte.
An der Küste von Gela hat man vor Jahren Ölvorkommen entdeckt und, beflügelt vom Goldgräberrausch, eine Stadt errichtet. Doch die Hoffnungen erfüllten sich nicht, die Quellen waren wenig ergiebig. Zurück blieben zerbrochene Erwartungen sowie das uralte Gefühl, vom Glück gemieden zu sein; und eine Geisterstadt von 65.000 Einwohnern.
Vom alten Gela, das der Stadt den Namen gegeben hat, sind nur noch wenige Trümmer und Mauerreste erhalten, die kein Bild mehr hergeben. Doch kann der Gedanke daran anknüpfen. Die modernen Baumaterialien dagegen altern nicht, sondern verrotten nur. Rostige Schlieren laufen die Stützen herab. Vielleicht ist das der Grund dafür, daß sie nicht über sich hinausweisen und nur als Monumente ihrer eigenen Häßlichkeit dastehen.

AGRIGENT. Morgens auf der Terrasse, als drüben, über dem Meer, die Sonne aufgeht. Das Hotel liegt außerhalb der Stadt. Von der schmalen Anhöhe, auf der die Tempel stehen, ist es nur durch

eine Bodensenke getrennt, in der sich während der milderen Jahreszeiten eine regellose, exotisch anmutende Vegetation entfaltet. Die Olivenhaine, die sich von der Tempelfläche herab erstrecken, gehen allmählich in ein dichtes Gemenge aus Palmen, Eukalypten, Zitronenbäumen und Feigen über, dies alles durchsetzt von mancherlei krauchendem Gehölz.
Bei dem Versuch, sich den Tempelbezirk in der Antike vorzustellen, geht dem Betrachter unvermittelt auf, daß jene Epoche nur die wenigsten dieser Gewächse kannte. Ungewohnt der Gedanke, daß kein griechischer Tempel auf der Insel je einen Zitronenbaum sah, der, ebenso wie Mandeln, Flieder, Zuckerrohr und Palme, erst durch die Araber nach Europa kam. Die Bewegungen der Geschichte hinterlassen auch in der Pflanzenwelt ihre Spuren, und die Phantasie muß sich, sucht man nach dem verbürgten Bild, die Welt immer wieder neu erschaffen.

AGRIGENT. Um die Mittagszeit im überfüllten alten Viertel hinter der Via Atenea mit den gewundenen Gassen und Treppen. Aus allen Häusern dringt der schwere Dunst von Olivenöl, Knoblauch sowie scharf gebranntem Kaffee und mischt sich mit dem Geruch von schimmeligem Mauerwerk und den Abgasen der Autos. Als ob das intensivere Leben des Südens auch in der Aufdringlichkeit der Gerüche zur Geltung komme.

AGRIGENT Beim Aufbruch stieß ich auf den Hotelportier, der in einem Durcheinander von Koffern und Gepäckstücken stand. In zwei Reisebussen waren gerade die rund hundert Gäste einer Familienfeier eingetroffen. Aber der Portier meinte, damit werde er fertig; und ob ich nicht wisse, daß es ganz in der Nähe von Agrigent einen Ort mit Namen »Kaos« gebe? In Kaos wurde Luigi Pirandello geboren.

AM RANDE. In Anspielung auf seinen Geburtsort hat Pirandello bemerkt, er sei ein Mensch von Chaos, und das nicht nur im allegorischen Sinne, sondern ganz buchstäblich. Als ich die ärmliche Ortschaft durchquerte, fragte ich mich indessen, was den sophistischen Maskenspieler mit der archaischen Enge seiner Herkunft

verbinde. Ganze Literatursoziologien können an solchen Unvereinbarkeiten zuschanden werden.
Aber G., mit dem ich am Abend darüber sprach, meinte, das »Sizilianische« an Pirandello sei die Einsicht in die Vergeblichkeit aller Versuche, hinter den Rollen den wirklichen Menschen zu entdekken und hinter dem Schein die Realität. Die Welt verschlossener Mienen und trügerischer Gebärden habe den Dichter tief geprägt, und die großstädtische Welt des Nordens ihm nur die Spielformen für diese Einsicht geliefert.
Pirandello war ein virtuoser Skeptizist. Seine Maximen: Nichts ist wahr. Alles ist Irrtum, Täuschung, Chimäre, der glaubwürdige Mensch nur der bessere Schauspieler. Und zuletzt: Ich weiß nicht, wer ich bin - also bin ich. Aber manchmal, meinte G., dringe für den genauer Hinhörenden aus seinen Werken ein markerschütternder Schrei. Auch das sei sizilianisch.

AGRIGENT. Zum Tempel der Concordia dringt unablässig, vom Morgengrauen bis zum Einbruch der Nacht, das Dröhnen der Lastwagen und das Gekreisch der Mopeds herauf, begleitet vom Dauerlärm hektischer Hupsignale. Auch lagern, über das ganze Gelände verteilt, Picknickgruppen um die mitgeführten Körbe, und jede hat ein Radio dabei, dessen Lautstärke alle anderen Geräte übertönen soll.
Die Antike errichtete die Tempel meist in abgelegenen Bezirken. Das sogenannte Temenos sollte dem geschäftigen Treiben der Städte entrückt sein und die Stille schaffen, die sich auch für uns mit der Idee von Andacht und Verehrung verbindet.
Das muß man im Sinne haben, wenn man auf den Stufen solcher Bauten sitzt. Nur das Singen der Zikaden, das Blöken der Herden und die Geräusche der Feldarbeit drangen zu den abgeschiedenen Orten. Nicht nur das Auge, auch das Ohr muß an der Wiederherstellung des Einstigen mitwirken.
»Eines Morgens beim Aufwachen hörte ich das Klappern von Bambusstöcken in den Mandelbäumen. Im Tal drunten und auf den Hügeln drüben schlugen Hunderte von Bauern, im Familienverband arbeitend, die Mandeln herunter, lasen sie dann vom Boden auf; und dabei sangen sie sich zu, eine Stimme führte die anderen;

es waren maurische, flamencoähnliche Stimmen, deren Lieder nirgendwo begannen und nirgends endeten und die doch das Wesen von Arbeit, Glut und Ernte enthielten. Eine Woche brachten sie die Mandelernte ein, und jeden Tag erreichte der Gesang eine leicht verrückte Intensität. Ich konnte seinetwegen nicht mehr denken ... Wenn die Dunkelheit kam und die Stille, hörte ich noch immer, noch im Einschlafen, den Gesang.«
Das könnte die Beschreibung einer zeitlosen Szene sein, wie sie ein Schriftsteller der Antike erlebt hat oder ein vom pastoralen Sentiment beflügelter Bildungsreisender des 19. Jahrhunderts. Die Sätze schrieb aber vor nur drei Jahrzehnten Truman Capote in Taormina. Sizilien, dessen Eroberer sich überwiegend mit den Küstenstreifen begnügten, ist im Innern, über alle Wechselfälle seiner Epochen, in einer Art geschichtslosem Stillstand verblieben und eigentlich erst jetzt in die Zeit eingetreten, der Lärm der vorüberdröhnenden Autokarawanen zeigt es an. Capotes Text aber hat schon den melancholischen Reiz des unwiderruflich Vergangenen.

AGRIGENT. Die berühmten sizilianischen Carretti, die geschnitzten und bemalten Karren, stehen inzwischen in Museen und Antiquitätenläden. Aber die Tradition hat sich in abgewandelter Form erhalten. In den Hof des Hotels fuhr heute morgen ein Dreirad ein, das über und über in der naiven Bilderbogenmanier der Carretti bemalt war: mit den Rittern der Rolandssage, einer Feuersäule über dem Ätna, ein paar Heiligenfiguren. Dazwischen das Heutige: Zorro, Elvis Presley sowie mehrfach Hammer und Sichel. Auf der rückseitigen Ladeplatte war Marilyn Monroe zu sehen und das Osterlamm, aus dessen Brust der Blutstrahl hervorspringt.

AGRIGENT. Vor der Holzbude eines Andenkenverkäufers stoße ich auf den Papierfabrikanten. Er meint, man müsse einen Katalog dessen zusammenstellen, was im Lauf der eigenen Lebenszeit alles abging, man käme an kein Ende: Landschaften und Farben, Tiergattungen, Pflanzenarten, Spielformen, die ganze Tendenz richte sich gegen die Vielfalt und begünstige die Norm. Der womöglich größte Verlust beträfe aber das Gedächtnis des Verlorenen. Er fragte, ob nicht alle Schriftstellerei daran zu denken habe, und sprach sogar, sich ereifernd, von der »Apotheose des Verschwindens«. Ich nahm ihn so ernst, wie er war, und sagte, daß Denkgebote nichts ausrichteten und auch die Vielfalt behinderten.

AGRIGENT. Anruf von Don Calicchio. Wir verabredeten uns für den nächsten Tag, an dem er in Agrigent zu tun hat. Er erzählt, daß die jahrhundertealte Regel, wonach die Eroberer sich an den Küsten festsetzten und die ins Innere Vertriebenen zu Unterdrükkung und Stillstand verurteilten, noch immer gültig sei. Im Innern der Insel lebe jedenfalls nur eine verschwindende, häufig rückständige Minderheit, nicht mehr als jeder zehnte Sizilianer.

AGRIGENT. Inmitten der gewaltigen Trümmerstätte, die einst der Tempel des Olympischen Zeus war, zwischen ausgewaschenen Quadern, liegt der Abguß eines der vierundzwanzig geborstenen Giganten, die als Abbild der besiegten Phönizier den Triumph Agrigents über Karthago verewigen sollten. Etwa acht Meter hoch, standen sie als Gebälkträger auf halber Höhe der Wand, die den Tempel nach außen abschloß. Das Bauwerk, an dem fast drei Generationen arbeiteten, zählt mit einer Grundfläche von einhundertdreizehn mal siebenundfünfzig Metern zu den gewaltigsten Denkmälern des dorischen Stils. Die Kannelüren der Halbsäulen waren so groß, daß sich ein Mann mühelos in sie hineinstellen konnte. Was, in äußerster Steigerung, die Überwindung der Barbaren durch das Griechentum festhalten sollte, war, im Rückgriff auf die orientalische Pfeileranlage und das exzessive Figurenwerk, selber schon Ausdruck barbarischen Geistes.
Nach siebzig Jahren ununterbrochener Bautätigkeit wurde der Tempel, noch unvollendet, im Jahre 406 v.Chr. vom siegreich zurückkehrenden Karthago dem Erdboden gleichgemacht. Nur das titanische Geröll der Trümmerberge erinnert an das Maßstablose des Vorhabens. In solchen Herausforderungs-Architekturen pflegen sich geschichtliche Katastrophen anzukündigen.
Im Jahre 1938 kam Albert Speer, mit den Entwürfen für die Welthauptstadt »Germania« befaßt, nach Agrigent. An den Trümmern des Zeustempels suchte er seine Vorstellung von dem geplanten Führerpalast zu überprüfen.

AM RANDE. Man hat an den Griechen gerühmt, daß sie alles Gigantische vermieden und sich von der Größe nie um der bloßen Größe willen imponieren ließen. Vielleicht wußten sie, daß das Zyklopische als das Naturwidrige zugleich das Kunstverneinende ist. Vor solchen Bauten erfaßt man etwas von der ungeheuren Anstrengung, die es erfordert, gerade nicht an die äußerste Grenze oder gar darüber hinaus zu gehen.

NOCH ZUM VORIGEN. Wer war es, der von Bauten wie diesen gesagt hat, sie würden errichtet, um die Zeit das Fürchten zu lehren? Die Zeit fürchtet sich aber nicht. Shelleys Ozymandias. Ich scheitere bei dem Versuch, die Verse zu rekonstruieren. Nur bei den Anfangszeilen gelingt es, und dann beim Schluß: »My name is Ozymandias, King of Kings: / Look on my works, ye Mighty, and despair! / Nothing besides remains. Round the decay / Of that colossal wreck, boundless and bare / the lone and level sands stretch far away.«

AGRIGENT. Den Abend zusammen mit Don Calicchio. Wir fuhren zu einem Restaurant in den nahegelegenen Hügeln. Der Parkplatz war vollgestellt von Wagen, noch immer trafen Gäste ein.
Türenklappen und Begrüßungen. Auf der Treppe hatte sich ein kleines Empfangskomitee für den Bischof aufgestellt, der vor uns aus dem Auto stieg. Unablässig scheinen die Leute Anlaß zum Feiern zu haben oder doch zu suchen.
Diesmal war es eine Hochzeitsgesellschaft, die sich um einen langen, hufeisenförmigen Tisch versammelt hatte. Und während neben uns Reden gehalten und Trinksprüche gewechselt wurden, erzählte Don Calicchio mir, daß der Tyrann Phalaris, der in der ersten Hälfte des 6. Jahrhunderts über Agrigent herrschte, das farbige Hemd als politisches Bekenntnissymbol erfunden habe. Aus den Bauarbeitern, die den Zeustempel und die Befestigungsanlagen errichteten, formte er eine Bürgerkriegstruppe, die er nach der Farbe ihres Arbeitszeugs »Blauhemden« nannte, und mit deren Hilfe er die Macht an sich riß. Wahrheit des Satzes, daß Sizilien das Mutterland aller Tyrannen sei. Mein Gesprächspartner wußte auch, daß der

Begriff Faschismus von der Insel stamme. Im Jahre 1894 nannte sich eine sozialrevolutionäre Bauernbewegung »fasci siciliani«.

NOCH DAZU. C. erzählte von seinen persönlichen Umständen, von seiner Frau und einem Bruder, der, wie er sagte, nach Italien emigriert sei. Sein Urgroßvater sei Verwalter auf einem Gut gewesen. Das Haus, in dem er wohne, habe der Urgroßvater gebaut, auf dem nahegelegenen Friedhof seien seine Vorfahren begraben. Auch er selber habe dort vor Jahren einen Grabstein aufstellen lassen, mit seinem Namen, der emaillierten Fotografie und dem Geburtsdatum. Es fehle nur der Sterbetag, den der Steinmetz am Tag seines Todes einsetzen werde. Von Zeit zu Zeit suche er die Stelle auf, er denke dort gern nach.
Der Grabstein schon zu Lebzeiten, sagte C., sei ein alter Brauch auf Sizilien, der aber jetzt verlorengehe. Er habe sich dazu entschlossen, weil es sich besser mit dem Tod als ohne ihn lebe.

AGRIGENT. Am Morgen kam G. Auf dem Weg vom Hotel in die Stadt, vorbei an den Fundamenten der antiken Unterstadt, kamen wir auf den Satz, daß jeder Mensch auf der Suche entweder nach der verlorenen oder der erwarteten Zeit sei. Mein Begleiter meinte, daß dieser Gedanke in der Tat die beiden Muster des Weltverhaltens erfasse. Aber das gelte nur, sofern der Mensch an der Gegenwart leide.
Die beiden großen politischen Heilsreligionen des Jahrhunderts sind der extreme Ausdruck dafür: das in die Zukunft entworfene Gaukelbild der herrschaftsfreien oder klassenlosen Gesellschaft auf der einen, und die in geschichtsloser Ruhe zum Stillstand kommende Vorväterwelt auf der anderen Seite. Beiden gemeinsam ist die Zurückweisung der Welt, wie sie ist: das Pathos ihrer Überwindung, sei es in ein verheißenes, sei es in ein verlorenes Paradies. Als sei gerade die eigene Zeit das, was sich am schwersten ertragen läßt.
Es ist diese Nähe im Gegensätzlichen, die den häufig überraschend anmutenden Sprung aus dem einen Lager ins andere so leicht macht. Desgleichen sind manche Rückzüge aus der Welt nicht der Bruch, für den sie gehalten werden. An die zwanzig Jahre hatte

Mazzino Montinari der Weltrevolution angehangen und zuletzt im kommunistischen Buchladen von Rom gearbeitet. Aber eines Tages traf er auf der Straße seinen einstigen Lehrer Giorgio Colli. Sie sprachen über Sinn und Unsinn ihres derzeitigen Tuns und nahmen sich schließlich vor, Nietzsche ins Italienische zu übertragen. Daraus ist in vielen Jahren die vermutlich definitive Ausgabe der Werke geworden.
Gewiß ist vor allem Montinari durch diesen Entschluß dem Gefühl vergeudeten Lebens entkommen. Aber in seinem Verhältnis zur Realität änderte sich nichts. Bezeichnend ist seine gesprächsweise Bemerkung: »Zeitgenossenschaft ist vom Übel und mir vollkommen gleichgültig.« Der Unterschied ist: Früher, in seiner politischen Phase, lebte er nur in der Fiktion der Gegenwart. Später bekannte er sich zu seiner Unlust daran.

AGRIGENT. Don Calicchio hatte mir einige Reisetagebücher mitgebracht, alle von vergessenen Autoren während der zwanziger und dreißiger Jahre in England veröffentlicht. Viel Anschaulichkeit und manchmal auch das Komische streifende Verwunderung über die Eigentümlichkeiten des Südens. Doch war ich bald gelangweilt von soviel sorgfältig verzeichneten Ankünften und Abreisen sowie dem Hotelgeplauder zwischendurch.
Solche Reisebücher geraten unversehens in Gefahr, das Alltägliche als bemerkenswert auszugeben und den Leser in ein Vertrauen zu ziehen, das weder durch die Person des Verfassers noch durch den Rang des Mitgeteilten gedeckt ist: »Spät abends kamen wir im Hotel an. Der Portier zeigte sich mürrisch und war erst durch längeres Zureden sowie durch ein paar Geldscheine zu bewegen, unser Gepäck auf das Zimmer zu schaffen. Die Küche, sagte er im Hinausgehen, sei schon geschlossen ...« Was macht den unverminderten Reiz aus, den Reiseberichte dieser Art für viele haben?
In Wirklichkeit rechtfertigen sich solche Aufzeichnungen einzig durch den Versuch, aus Bruchstücken ein Bild des Gewesenen herzustellen. Angesichts der Beschleunigung aller Lebensprozesse ist selbst das Gegenwärtige schon das Vergangene. Erinnerung als Beweggrund.

AGRIGENT. »Nie waren wir so frei wie in der Zeit, als die Deutschen hier waren«, sagte G., der damals in den Bergen seinen Vater verlor. »Wer gegen die Gesetze verstieß, konnte immer auf die Hilfe der Nachbarn zählen und manchmal sogar auf das Schweigen der Fremden. Es dauerte nur zu kurz.«
Ich erinnerte mich an Eva Reichmann, die im Berlin der dreißiger Jahre, zusammen mit ihrem Mann, eine jüdische Hilfsorganisation gegründet hatte. Auf die Frage, mit welchen Empfindungen sie an jene Zeit zurückdenke, erwiderte sie ohne langes Besinnen: »Es waren die glücklichsten Jahre.« Immer stehe man vor der Alternative von Abenteuer oder Sinn. Entweder führe man ein aufregendes und zugleich ziemlich sinnloses Leben. Oder man unternehme etwas Sinnvolles, dann sei das Leben überaus eintönig. »Damals kam beides zusammen. Alles, was wir anstellten, war gefährlich bis zur Verrücktheit. Aber alles hatte den höchsten Sinn, den man denken kann.«

AM RANDE. G. bemerkte auch, unter Berufung auf eine alte sizilianische Redensart: Erst der Mißbrauch der Macht, der Schritt über das Erlaubte hinaus, offenbare, wie mächtig einer wirklich ist. Macht sei nichts anderes als das Recht, Leiden zuzufügen.

AGRIGENT. Den ganzen Vormittag am Telefon. Noch einmal die Freunde der Freunde der Freunde. Oder vielleicht schon die Freunde der Freunde selber? Zu den Eigentümlichkeiten dieser Gespräche gehört, daß man nie weiß, auf welcher Ebene man gerade spricht. Eindruck, daß man dem engeren Zirkel um so näher ist, je unbestimmter die Auskünfte werden.

AGRIGENT. Pindar hat Agrigent die glänzendste und zugleich sterblichste aller Städte der Welt genannt. Auf archäologischem Grunde, auf dem Gelände der alten Akropolis, unter der man ungehobene Vermächtnisse vermutet, sind vor wenigen Jahren moderne Wohnquartiere errichtet worden: Gettoarchitektur, wie man sie im Berliner Märkischen Viertel, in Glasgow oder Eindhoven auch findet. Zwischen den abstandslos nebeneinandergestellten Blöcken ist zu dieser späten Stunde kein Mensch zu sehen, und nur der Unrat

auf den Straßen, die schwarzglänzenden Abfallsäcke vor den Hauseingängen deuten auf Bewohner.
Ein junger Mann, der sich unter der Tür seines Balkons niedergelassen hat, übt auf einer elektrischen Gitarre mit jaulenden, weit ins Leere hallenden Tönen die immer gleichen Sechzehntel. Offenbar fliehen die Bewohner die neuen Quartiere und drängen sich an den Abenden auf den Straßen und Plätzen der älteren Stadtteile zusammen.
Um so merkwürdiger mutet die Widerstandslosigkeit an, mit der sich die Menschen dem Neuen fügen. Denn die modernen Wohnbezirke bedeuten den Verzicht auf die althergebrachten Formen des Daseins. Seit je spielte sich das Leben in dieser Region auf den Plätzen ab, und alles Gebaute war die intime oder theatralische Kulisse dafür. Gewiß ist der zivilisatorische Gewinn, den die neu errichteten Hochhäuser bieten, unübersehbar. Aber spüren ihre Bewohner die Verluste, mit denen er erkauft wurde? Anders als im Märkischen Viertel oder in Eindhoven geht hier eine jahrhundertealte Lebensform zugrunde. Es könnte sein, daß, nach weiteren Jahrzehnten des Fortschritts, auch in Sizilien der Standard Nordeuropas erreicht ist. Dann erst wird man wissen, was es mit der Sterblichkeit des alten Agrigent auf sich hatte.

AM RANDE. In der Zeitung die Meldung, wonach eine Zürcher Schulklasse auf die Frage nach ihren Weihnachtswünschen an vorderer Stelle nannte: »Es soll nicht mehr so viel gebaut werden!«

WEITER DIE KÜSTE ENTLANG. Am Morgen Weiterfahrt nach Selinunt. Zur Linken, im Dunst verschwimmend, das Meer und, weiter draußen, ein paar Schiffe, die riesige, schwarze Rauchfahnen hinter sich herziehen. Landeinwärts bergige Erhebungen mit schütteren, ausgeglüht wirkenden Dörfern, die sich an die Abhänge klammern und etwas von der Melancholie des Geländes ahnen lassen, das sich dahinter erstreckt.

SCIACCA. Es gibt auf Sizilien die sogenannten Herrenstädte, die von aufgeklärten Adligen, mitunter nach den Träumen und Traktaten der idealen Stadt, errichtet wurden. Noto ist so entstan-

den, nachdem das Erdbeben von 1693 die Stadt verwüstet hatte: mit drei parallel verlaufenden Hauptstraßen, mit Plätzen, Kirchen und Adelssitzen, auch mit Bürgerhäusern und Werkstätten, zwischen denen sich eine städtische Geschäftigkeit und auch urbane Lebensformen entwickelten.
Viel häufiger kommt man aber, vor allem abseits der Küstenstraßen, durch graue Ortschaften, die oft die Ausdehnung einer Stadt erreichen, doch ohne jeden städtischen Charakter sind. Um einen Platz stehen eine barocke, mit Säulen und Ornamenten geschmückte Kirche, ein Palast und ein paar einfache Gebäude. Im weiteren Umkreis dann, oft über die Kuppe eines Berges gestülpt oder stufenförmig, in kleinen Kuben einen Abhang herabkommend, drängt sich die Masse kaum unterscheidbarer, meist einstöckiger Behausungen. In den engen Straßen herrscht eine Atmosphäre von Stillstand, Armut und Monotonie. Obwohl manche dieser Ortschaften zehn- oder fünfzehntausend Einwohner haben, wirken sie menschenleer. Mitunter begegnet man, in den schmalen Schattenstreifen der einen Straßenseite gedrückt, einer alten Frau, einem Mann auf einem Maultier.
Diese sogenannten Bauernstädte, der andere Typus der sizilianischen Stadt, sind viel eher Massenansiedlungen von Landarbeitern, die früher jeden Morgen auf die umliegenden Latifundien zogen und heute als Kleinbauern, Pächter oder Saisonarbeiter die Umstände von einst in anderer Form weiterführen: geprägt von generationenalten Feudalstrukturen, die in der Wirklichkeit verschwunden sind, doch noch immer die Köpfe und die Gewohnheiten beherrschen.

SELINUNT. Vor dem Tempelbezirk ein Stück der alten Stadtmauer. Das aufeinandergetürmte Steinwerk erweckt den Eindruck, als verdanke es seinen Halt einem kunstvollen System der Gewichte. Kleist, als er ein Torgewölbe durchschritt: »Es steht, weil alle Steine auf einmal einstürzen wollen.«

SELINUNT. Am Apollon-Tempel hat die Stadt, nach einem Sieg über Segesta, die Inschrift angebracht: »Durch diese Götter siegen die Bewohner von Selinunt: Durch Zeus siegen sie, durch

Herakles, durch Apollon, durch Poseidon, durch die Tyndariden, durch Athena, durch Malophoros, durch Pasikrateia und durch die übrigen Götter. Aber vor allem durch Zeus.«

Die Geschichte des stolzen Selinunt hat nicht länger als zweihundert Jahre gedauert, und die Anlage, auf der acht Tempel standen, ist die größte Trümmerstätte der antiken Welt. Auf einer abgelegenen Ebene, nahe dem Meer, liegen in wüstem Durcheinander Säulentrommeln mit einem Durchmesser bis zu drei Metern, Steinquader und riesige Gebälkstücke. Auch hier ungriechisches Übermaß. Aus dem hohen Schutt wachsen Disteln, Lentisken und wilder Sellerie.

Nicht weit davon, in Rocche di Cusa, kann man den Steinbruch sehen, aus dem die Tempel kamen. Unter offenen Bäumen, die kaum einen Schatten werfen, liegen behauene Kapitelle und unfertige Trommeln, aus der Wand dahinter treten, halb aus dem Fels geschlagen, riesige Säulenschäfte hervor, alles wie überstürzt aufgegeben. Der Ort hält für immer den Augenblick fest, als die Karthager vor Selinunt auftauchten und das Ende kam.

Das Laub des wilden Selleries, der von der Stadt seinen Namen hat, war das Wahrzeichen Selinunts. Man bekränzte damit, wie G. mir sagte, die Sieger, legte ihn aber auch, als Zeichen der Trauer, auf die Gräber der Toten.

SELINUNT. Zu den Erstaunlichkeiten der gewaltigen Tempelanlage von Selinunt zählt, daß sie in annähernd hundert Jahren errichtet wurde. Bis heute hat man keine Gewißheit darüber, worauf die beispiellose Zertrümmerung, in deren Verlauf buchstäblich kein Stein auf dem anderen blieb, zurückzuführen ist. Einige glauben an ein Erdbeben, doch unterschätzt man den Grad der Erbitterung, mit der die Kämpfe um die Vorherrschaft über die Insel ausgetragen wurden. Zweimal hat Karthago die Stadt erobert und zerstört. An den Tempeln, die mehr als zweitausend Jahre später aus dem Dünensand ausgegraben wurden, machte Hittorf die entscheidenden Beobachtungen über die Farbigkeit griechischer Sakralbauten.

Inzwischen hat man auf dem Plateau, das sich an seinem Ende dem Meer zuneigt, aus Trümmern und Bruchstücken zwei der Tempel aus griechischer Zeit wieder aufgerichtet. Den Reisenden des 18. Jahrhunderts wäre solche Rekonstruktion des einmal Gestürzten sicherlich als Akt gröbsten Unverstands erschienen. Noch Gregorovius hat, als er 1886, nach mehr als dreißig Jahren, Selinunt wieder besuchte, nicht ohne Bekümmerung vermerkt, wie die Archäologie die Poesie verdränge. Denn die Ruinen weckten in ihm wie in allen früheren Reisenden Gefühle von Ehrfurcht und Trauer, die vom genaueren Wissen über die einstige Gestalt bei weitem nicht aufgewogen wurden. Sie suchten weniger das historische Bauwerk als die Stimmung, nicht die Kenntnis, sondern den Schauder des Vergangenen. Daß alle Geschichte, nach kurzen Aufstiegen, in lange Verfallsphasen übergeht, ist ein Gedanke, der das Jahrhundert, auch wo es sich zukunftsgläubig gab, immer überschattet hat.

NACHTRAG. Die Stelle bei Gregorovius lautet: »Als ich im Jahre 1853 Selinunt besuchte, waren die Tempelreste des Osthügels durch die Ausgrabungen Serradifalcos zugänglich gemacht; weil aber diese nicht mehr fortgesetzt wurden, boten die Trümmer noch das schöne landschaftliche Schauspiel der Versunkenheit in die Naturwildnis dar. Myrten, Mastix und Fächerpalmen quollen überall zwischen den riesigen Steinblöcken hervor, und der Schritt des kletternden Besuchers störte dort die buntgefleckten Schlangen auf. Heute ist der Ausgraber im Kampf mit der Wildnis wieder Sieger geworden, und wie fast überall in der klassischen, von der Wissenschaft eroberten Trümmerwelt ist die Poesie der Ruine gründlich zerstört. Statt der vom Pflanzenwuchs umschlungenen Steinblöcke gestürzter Tempel, deren tragischen Untergang die Natur selbst zu sühnen schien, indem sie diese zerstörte Pracht unter Blumen bestattete, sieht jetzt der zu künstlerischen oder dichterischen Empfindungen geneigte Wanderer mit Unwillen nur kahle, sorgsam gereinigte Architrave, Metopen, Triglyphen, Säulenstücke auf nacktem Erdboden gruppenweise hingelagert, und es fehlen nur die Nummern oder Aufschriften auf den Blöcken, um ihm darzutun, daß er Gegenstände eines wohlgeordneten archäologischen Museums vor sich habe.

Der Gewinn für die Wissenschaft ist bisweilen ein Verlust für die Phantasie; denn Dichtung und Kunst ziehen ihr innerstes Leben aus dem Geheimnis. Die nackte Wirklichkeit schreckt sie als Tyrannei der Tatsache ab, und niemals würde Homer die ›Ilias‹ gedichtet haben, wenn ihm ein Archäolog oder Anthropologe die Mumien des Agamemnon und Achill vorgezeigt und nachgewiesen hätte, daß jeder dieser Heroen zwar über sechs Fuß lang gewesen sei, daß aber ihre Schädelbildung eine sehr kleine Gehirnmasse voraussetze; woraus auch der trojanische Krieg zu erklären sei. Denn bei mehr Gehirn würden jene Könige nicht wegen einer weggelaufenen liederlichen Prinzessin zehn Jahre lang Troja bestürmt haben. So widerspruchsvoll ist unser Verhältnis zu den Dingen der Welt. Wenn Fiorelli und Schliemann Ursache zum Jubeln haben, trauern vielleicht Geister wie Lord Byron und Claude Lorrain ...«

AM RANDE. Die Empfindungswelt, von der diese Sätze sprechen, setzt Sympathie zum Vergangenen voraus und das Bewußtsein eines Zusammenhangs, den die Ruine wie ein Grabstein beschwört. Der Verlust dieses Gefühls erklärt vielleicht, warum unsere Zeit von der Idee des Untergangs, fremdem wie eigenem, so wenig berührt wird. Denn im Grunde bietet die Vergangenheit dem Zeitgeist nur noch die Vorwände, Gericht zu halten. Allem Zurückliegenden nähert er sich nicht in der verstehenden Haltung des Historikers, sondern mit den Werkzeugen des Entlarvungstechnikers.

Es hat, durch die Jahrhunderte, ein nie abreißendes europäisches Romgespräch gegeben. Von Polybios und Augustin über Dante, Petrarca und Machiavelli bis hin zu Montesquieu und Gibbon ist in einem endlosen Disput über die Ursachen für den Untergang des Römischen Reiches nachgedacht worden; noch Nietzsche hat sich in schrillen und apodiktischen Wendungen daran beteiligt: das Paradigma einer Verfallsgeschichte, die das Denken mit nahezu magischer Kraft auf sich zog.

Inzwischen ist diese Auseinandersetzung verstummt, und das nicht etwa, weil wir selber Zeugen weit verheerenderer Untergänge geworden sind. Zu den überraschenden Aspekten der Gegenwart zählt, daß auch die Katastrophen der eigenen Epoche die allgemeine Vorstellungskraft kaum bewegen. Habsburg und das britische Empire sind zerschlagen, Deutschland als Reich ist eine ver-

blassende Erinnerung. Aber diese Prozesse erschüttern niemanden, und von den Ruinen, die uns umgeben, wenden sich die Mitlebenden mit einer Ungerührtheit ab, die weniger Gelassenheit als Empfindungsarmut verrät. Wolf Jobst Siedler hat in einem Essay dargelegt, daß der Teilnahmslosigkeit an der Tragödie, die mit dem Wort Auschwitz verbunden ist, die gleiche Apathie zugrunde liegt wie der Unfähigkeit, den Verlust Ostpreußens oder Schlesiens als Schmerz zu empfinden.
Abends zurück nach Catania. Morgen Verabredung mit Gnu Carlo, dem Verbindungsmann zu den Freunden der Freunde.

AUF DER FAHRT NACH CATANIA. Der Himmel im Süden besitzt nicht die immaterielle, im Luftigen sich verlierende Blässe, die er weiter nördlich selbst an strahlenden Sonnentagen hat; seine Farbe enthält mehr Tinte, die ihn undurchdringlicher macht und nach oben abschließt. Mitunter wirkt er ganz nah, wie ausgewalztes Metall, das tiefblau, dünn und heiß über die Erde gespannt ist.

UNTERWEGS. Vielleicht hat es mit den vielen offenen Tempelbauten zu tun, die man sah, auch mit den zur Straße hin so beredten Barockpalästen der Insel, daß der sich abschließende, gegen die Außenwelt versperrte Charakter der Häuser auf dem Lande um so stärker ins Bewußtsein tritt. Es scheint, als gebe es keine bäuerlichen, aus einfachen Vorstellungen von Schönheit und Zweckmäßigkeit entwickelten Bauformen, wie jenseits der Meerenge von Messina. Die meisten Häuser, auch die seltenen hofähnlichen Anwesen, machen den Eindruck von kunstlosen, rohen Einmauerungen, mit denen sich die Bewohner gegen die Bedrängnisse der Natur, aber auch der Menschen zu sichern versuchen.

AM RANDE. Vincenzo Tusa, den ich treffe, sagt, natürlich sei die Tempelanlage von Selinunt nicht durch ein Erdbeben eingestürzt, wie oft behauptet werde. Das schöne Bild vom Altertum mache sich keinen Begriff von der Zerstörungswut der Zeit. Angesichts der ungezählten Erdbeben, die Sizilien seit Jahrhunderten heimsuchen, hätten irgendwann auch der Concordia-Tempel von Agrigent oder der Tempel von Segesta zusammenfallen müssen.

Auch habe er Gebälk und Metopen als Mauerteile in der Stadtbefestigung gefunden, die Selinunt zwischen der ersten und der zweiten Eroberung durch Karthago aufgeführt hat. Für ihn sei das der Beweis, daß die Anlage geschleift worden ist. Von Selinunt sei bisher nicht mehr als der zehnte Teil ausgegraben.

CATANIA. Das Gebäude war einer jener Prunkbauten, mit denen die Jahrhundertwende die Vorstellung von Luxus und aufwendigen Umständen verband. Doch die Stuckgesimse waren grau von Staub und die Portieren auf den hervortretenden Falten lange farblos geworden. In der Halle wartete Gnu Carlo, er war in Begleitung eines hageren, hochgewachsenen Mannes, der mir als Don Piddù vorgestellt wurde. Er hatte Augen, die tief in den Höhlen lagen, und einen runden Schädel mit kurzgeschorenem Haar, das ihm wie eine Haube aufsaß. Alles zusammen ließ unwillkürlich an die Maske eines Toten mit aufgeschlagenen Augen denken.
Wir gingen in die Bar hinüber. Auf die Frage nach meinen Eindrücken kamen wir bald auf die baulichen Verheerungen von Syrakus und Agrigent. Don Piddù meinte, das sei nie anders gewesen. Jede Zeit räume das Vergangene ab. Man könne eine Stadt nicht unter Glas tun. Sie sei etwas Lebendiges, kein Museum für Touristen, die sich nach einem Blick darauf wieder davonmachten.
Meinen Einwand, daß die Neubauten, anders als in der Vergangenheit, die Lebensgewohnheiten der Insel verleugneten, ließ er nicht gelten. Alle Touristen, bemerkte er, seien sentimental und mitleidlos. Man mache sich keinen Begriff von der Verwahrlosung hinter den Fassaden, die auf den Fotos so malerisch wirkten. Um die Menschen schere sich keiner. Das Italienbild der meisten komme noch immer aus der Oper. Und sich an Gnu Carlo wendend, mit Schärfe: »Da sitzen sie im Parkett und erwarten ein Spektakel mit Darstellern, die arm sind und pittoresk. Das geht schon lange so, auch wenn die Erwartungen sich ändern. Winckelmann und Goethe suchten alte Römer und Griechen, die Engländer Frauen oder auch junge Männer, die schön und verrückt nach Verführung waren. Und die heutigen Reisenden sind auf Tempel aus, auf Haine und Statuen. Jedenfalls auf irgendeine Form von Altertum. Aber diese ewige Rührung vor der Geschichte ist widerwärtig.«

Die Heftigkeit überraschte mich, aber zweifellos war manches, was er sagte, zutreffend. Ich erwiderte, daß die Insel nicht zuletzt von den Leuten im Parkett lebe und ich keinen Sinn darin sehen könne, die Sitzreihen leerzufegen. Das seien nicht Sentimentalitäten, sondern ökonomische Überlegungen. Er gab das zu und meinte dann, daß Sizilien nach den mehr oder minder gescheiterten Anläufen industrieller Entwicklung nun vor allem dabei sei, den Tourismus und die Landwirtschaft zu fördern. Als ich von Gnu Carlo wissen wollte, ob er schon eine Verbindung zustande gebracht habe, schaltete sich der andere ein. »Sie meinen zur ›Ehrenwerten Gesellschaft‹?« Dann versicherte er, es sei ganz und gar unsinnig, darauf zu warten. Die Leute seien lichtscheu und die Geheimnistuerei eine Bedingung ihres Einflusses. Der Abschied war fast herzlich.

CATANIA. Abends im Hotel. Von dem merkwürdigen Gespräch blieb die Überlegung, was es wohl sei, das die Antike noch immer so anziehend macht. In einem der Reisebücher aus dem frühen 19. Jahrhundert berichtet der Verfasser, ein Sizilianer habe, auf ihn deutend, zu einem Nachbarn gesagt: »Das ist einer von den Leuten aus dem Norden, die durch die ganze Welt laufen. Sie laufen den Altertümern nach.«

Dieses Nachlaufen gibt es noch immer. Und stärker, als viele glauben, ist und bleibt die Antike der Maßstab, der selbst in den Verformungen der zeitgenössischen Kunstbemühung noch als Spannung mitempfunden wird. Davon kommt keiner los, auch wenn er sich des zwiespältigen Einflusses der Antike bewußt ist. Denn aufs Ganze gesehen hat sie, gerade in Deutschland, das Denken produktiv gemacht. »Laokoon« und »Iphigenie«, der Helena-Mythos, die Götter Griechenlands und das Werk Hölderlins bis hin zur »Geburt der Tragödie« sind die Wegmarken einer beispiellosen Inspiration.

Doch auf der Gegenseite stehen die lähmenden Wirkungen der Antike, die Verwandlung des Lebendigen in Gips und Rhetorik. Wie oft ist darüber gestritten worden, ob Goethe oder Schiller in der Verfolgung eines fernen Ideals mehr gewannen, als sie verloren haben. Der vertrackte Mythologismus der deutschen Klassik, die Entwirklichung des Denkens, die seither zu den charakteristischen

Zügen deutschen Weltverhaltens zählt, und vieles andere zeigen die problematischen Seiten dieses Gewinns. Manch einer würde zuletzt doch den »Faust II« hergeben für die frühe Lyrik Goethes, deren impulsive Wärme unter dem Eindruck der Antike erkaltete und, wo sie spürbar bleibt, eher als Erinnerung und Verlust vorhanden ist. Vielleicht ging von dem Zauber, den die alte Welt seit Winckelmann übte, mehr an Verhängnis aus, an fruchtlosen Kämpfen und Verbiegungen, als vielen je bewußt wurde. Auch Hölderlin ist womöglich eher an der Antike zerbrochen als an der fehlgeschlagenen Revolution, als deren Opfer man ihn gestern sehen wollte. Eliza Butlers »The Tyranny of Greece over Germany« beschreibt diesen Vorgang.

CATANIA. Überraschend der Gedanke, daß die Dichter der deutschen Klassik nie ernstlich erwogen, nach Griechenland zu reisen, aus dessen Vergangenheit sie ihre Mythen, Normen und die Denkbilder einer idealen Welt bezogen. Goethe selber hatte, als er 1786 nach Italien und Sizilien fuhr, nur noch das Meer zu überqueren, doch den Vorschlag des Prinzen Waldeck, gemeinsam nach Griechenland aufzubrechen, wies er zurück, als handle es sich um ein Hirngespinst. Zwar war das Land zu jener Zeit noch unerschlossen und infolge der osmanischen Herrschaft schwer zugänglich. Aber war es das allein? Zu Sulpiz Boisserée äußerte Goethe 1815, »er habe gewiß schon einmal unter Hadrian gelebt. Alles Römische ziehe ihn unwillkürlich an. Dieser große Verstand, diese Ordnung in allen Dingen, sagte ihm zu, das griechische Wesen nicht so«. Dennoch holte Goethe seine Stoffe fast durchweg aus der hellenischen, nicht aus der römischen Welt, Prometheus, Helena und selbst Nausikaa beflügelten seine Phantasie, nicht Marius, Scipio oder Antonius. Mitunter scheint es, als sei bei ihm ein tiefreichender Vorbehalt im Spiel, der sich des Kunstcharakters aller Idealwelten bewußt war und es vorzog, das Land der Griechen besser nur mit der Seele zu suchen.

Auf ähnliche Besorgnisse deutet eine Äußerung Goethes zu Riemer. Die »Iphigenie«, versicherte er, sei ein Produkt seiner ungenügenden Kenntnis der griechischen Dinge, er hätte sie nie schreiben können, wenn er mehr von den Griechen gewußt hätte. »Nur mangelhafte Kenntnis ist produktiv«, fügte er, wie Riemer berichtet, hinzu.

NOCH ZUM VORIGEN. Für diese Überlegung spricht auch das Verhalten Winckelmanns, der immer wieder die Absicht äußerte, nach Griechenland zu reisen. Aber als ihn der Schotte Adam und später Lady Oxford, Edward Wortley Montague und vor allem der Baron von Riedesel dazu überreden wollten, lehnte er jedesmal ängstlich ab, baute selber Hindernisse auf oder erklärte schließlich, er sei zu alt. Die Sehnsucht nach Griechenland erschrecke ihn, meinte er, und nannte sie seinen »Erzfeind« und »bösen Geist«.

AM RANDE. Die Ahnung Goethes und Winckelmanns, daß der Reisende soviel verspielt, wie er gewinnt, steht in einem Brief, den Gérard de Nerval 1843 aus Konstantinopel schrieb: »Ich habe bereits, Königreich um Königreich, Provinz um Provinz, die schönste Hälfte des Universums verloren. Bald werde ich nicht mehr wissen, wo meine Träume noch eine Zuflucht finden.«

CATANIA. Alles ging rascher als erwartet. Gestern abend, während der Niederschrift der Notiz, erhielt ich den Anruf eines Unbekannten. Mit altmodischen Höflichkeitsfloskeln stellte er sich als der Mittelsmann vor und fragte dann, wann die Begegnung erwünscht sei. Als die Stunde ausgemacht war und ich wissen wollte, wen ich treffen würde, kam in geringfügig entschiedenerem Ton die Antwort: »Una persona importante!«
Schon heute morgen, kurz vor dem Aufbruch ins Innere der Insel, meldete sich der Unbekannte aufs neue. Man wolle mir, sagte er, als Ortsfremdem alle unnötigen Mühen ersparen und erwarte mich um zwölf Uhr mittags an der südlichen Autobahnausfahrt von Catania.
Etwa zehn Minuten vor dem anberaumten Zeitpunkt war ich an der vereinbarten Stelle. Die Autobahn war um diese Stunde menschenleer. Nur einmal kam ein Wagen mit bläulich getönten Scheiben langsam die Auffahrt herauf, wendete und fuhr ebenso langsam die Strecke zurück. Kaum war er hinter einer Wegbiegung verschwunden, tauchte ein alter Fiat Seicento auf und hielt einige Meter ent-

fernt an. Ein Chauffeur in uniformähnlichem Anzug quälte sich heraus, ging um den Wagen herum und öffnete unter Verbeugungen den Schlag.
Der Mann, in der Mitte der Sechziger, der mir entgegenkam, war klein, zur Fülle neigend und trug einen dunkelblauen Anzug mit blassem Nadelstreifen. Das im Ansatz zurücktretende Haar war glatt nach hinten gekämmt, und der korrekte, unauffällige Zug, der über der Erscheinung lag, ließ auf einen Anwalt oder Bankier schließen. Bei der Begrüßung nannte er seinen Namen nicht und überging alles Unerwünschte, indem er, nicht ohne einen Anflug von Ironie, seine Pünktlichkeit herausstrich, einige Worte über unsere gemeinsamen Bekannten äußerte und sich schließlich für seine unzureichende Kenntnis der deutschen Sprache entschuldigte.
Es war ein einfaches Restaurant mit dem üblichen folkloristischen Dekor, in das er mich führte; mit Fischernetzen an den Wänden, bepflanzten Amphoren und bunten sizilianischen Holzschnitzereien. Eine ungelenke Freskomalerei zeigte den geblendeten Polyphem, wie er Odysseus und dessen Gefährten jene Felsbrocken nachschleudert, die von der Terrasse aus, unweit vom Ufer, zu sehen waren. Im Eingang wartete, beflissen und geschmeichelt, der Wirt, ein Aufgebot dienerhaft mitnickender Köpfe hinter sich. Mit jener unerlernbaren Beiläufigkeit, die aus niemals angefochtener Autorität kommt, richtete mein Begleiter ein paar Worte nach hier und dort, stellte mich vor, ließ sich zu Tische führen und gab die Bestellung auf.
Schon während der kurzen Fahrt hatte er geäußert, daß zu seinen besten Freunden einige Deutsche rechneten, er sei in den späten dreißiger Jahren mehrfach in Berlin und im Rheinland gewesen, und auch aus dem Krieg habe er noch Verbindungen. Aber das verliere sich jetzt. Nicht nur das Alter trenne die Menschen.
Während des Essens kam er noch einmal darauf zurück. Er sprach vom Abstand der Kulturen, der schon von Neapel aus riesengroß sei. Von Sizilien her sei er aber unüberbrückbar. Als ahne er, was ich einwenden wollte, fügte er mit einer abwehrenden Geste hinzu: »Die deutsche Liebe für dieses Land ist immer unerwidert geblieben.« Und während er einiges zu den Vorgerichten sagte, die gerade auf den Tisch kamen, zwischen Rezepten zur Zubereitung von Sau-

bohnen und seltenen Fischarten, sprach er vom »gotischen« Charakter der Deutschen, von unverträglicher »Chemie« im Wesen der einen wie der anderen und redete sogar von Tragik. »Die Franzosen oder die Spanier«, meinte er dann, »haben uns nie geliebt, sondern Sizilien nur als Objekt der Macht und der Ausbeutung begehrt. Vielleicht haben wir sie deshalb verstanden. Und sie uns. Mit den Deutschen war es immer anders. Es ging einfach nicht.«
Einen Augenblick schien mir, als sei diese Bemerkung ein taktischer Eröffnungszug, um gleich zu Beginn eine gewisse Distanz herzustellen und alle Zudringlichkeit zu entmutigen. Doch der Verdacht unterschätzte ihn offenbar. Und nach einigen Worten zu den Spaghetti in schwarzer Tintenfischsauce, die unterdessen serviert worden waren, kam er zu meiner Überraschung auf ganz anderes: »Wie hat zum Beispiel Visconti, der immerhin aus dem Norden kam, in dem Film ›Die Verdammten‹ die deutsche Vergangenheit mißverstanden, was hat er aus Thomas Manns ›Tod in Venedig‹ gemacht!« Jeden Einspruch wies er zurück. Ich müsse nicht höflich sein. Die Erzählung, die doch nur aus Andeutungen lebe, habe Visconti in eine kleine, schmutzige Hurengeschichte umgefälscht. »Alles ordinäre Schminke«, steht dazu auf einem der Zettel, die meine Gesprächsnotizen festhalten. »So dick aufgetragen wie auf dem Gesicht am Ende des Films.« Und: »Viscontis falsche Tränen.« Noch ehe ich meiner Verblüffung über die Geläufigkeit Ausdruck geben konnte, mit der er über Namen und literarische Inhalte gebot, meinte er, das Beispiel sei vielleicht schlecht gewählt. Visconti habe auch von den Sizilianern nichts verstanden. Aus dem tragischen Epos Lampedusas über diese Insel habe er eine dekadente Revue gemacht mit einer Tanzerei, die nicht ende. Anders als in dem Buch lasse sie auch nichts von dem Abgrund ahnen, dem die Paare entgegentanzten. Und: »Am Ende wieder die Tränen. Die Weinerlichkeit eines dirty old man.«
Wir sprachen dann über die Lebensverhältnisse auf der Insel, die Entwicklung seit dem Krieg, und ich fragte ihn nach Rolle und Bedeutung der Mafia. Einen Moment lang schien er verblüfft und mißtrauisch. Doch dann sagte er, die Mafia sei ein Mythos. Das mache ihren Einfluß und ihre Grenze aus. Wirklich mächtig sei sie im 19. Jahrhundert gewesen. Aber das sei vorbei, auch wenn es ein

paar romantische Dickschädel nicht wahrhaben wollten. Denn ihre Macht beruhte auf einem kohärenten, für alle sozialen Schichten gültigen System von Anschauungen und Prinzipien; auf alledem, was jetzt zugrunde gehe. Die Morde, von denen ich hörte, seien nur Rückzugsgefechte und hätten mehr mit der »Cosa Nostra« zu tun als mit der Mafia. Und wie mehrfach schon, schloß er seine Überlegungen mit einer sentenzhaften Wendung ab: »Die moderne Welt ist unerbittlich. Sie erträgt das Besondere nicht.«
Er saß aufrecht, fast steif bei aller Korpulenz, und obwohl die Hitze schwer in dem kleinen Raum stand, wirkte er unbehelligt davon, kein Schweißtropfen zeigte sich auf seiner Stirn. Er habe die Mafia vor niemandem zu verteidigen, meinte er nach einer kurzen Pause doppelsinnig. Aber sie sei niemals eine bloße Verbrecherorganisation gewesen. Dazu habe sie erst die weltweite Verschwörung der Fortschrittsenthusiasten gemacht: »Die einfachste Überlegung wird Ihnen sagen, daß man ein derart stabiles Gebilde nicht ausschließlich auf die Angst und die Rückständigkeit der Menschen gründen kann. Damit übersteht man so lange Verfolgungen nicht. Die Dauer braucht immer auch starke Motive der Anhänglichkeit. Die Mafia ist tief in Charakter und gesellschaftlicher Struktur dieser Insel verwurzelt - oder richtiger: sie war es. Ihr Untergang ist ein Symptom, das auf den Zusammenbruch einer ganzen Weltordnung hindeutet: der Sicilianità. Mit ihr geht ein Stück unserer Seele dahin.« Und indem er aus seinen emotionslos vorgebrachten Worten in einen sarkastischen Tonfall überwechselte, fügte er wiederum eine jener rhetorischen Maximen hinzu, auf die ich unterdessen geradezu wartete: »Wir werden jetzt alle moderne Menschen: aufgeklärt, borniert und ununterscheidbar.«
Dann kam er auf die Industrialisierung Siziliens und deren Folgen. Sie habe sich, erklärte er, als ein Fehlschlag erwiesen und die Menschen nur begehrlicher, doch nicht glücklicher gemacht. Das Problem sei, daß aller Wohlstand dem Wesen nach unersättlich ist. Man könne die Menschen nicht mit halben Angeboten abspeisen, zumal wenn sie aus ihrer vertrauten Ordnung herausgebrochen würden: »In der alten, hierarchisch starren Welt, die wir gern zurückhätten, hatte jeder seinen festen Platz. Das ging nicht ohne Schrecklichkeiten - es wäre unsinnig, das zu beschönigen. Aber sie

bot auch Sicherheit, Zutrauen ins Geltende, in dem jeder sich auskannte. Manchmal, wenn ich diese neue Welt betrachte, frage ich mich, ob unsere Vorfahren unter der unentrinnbaren Armut je so gelitten haben wie die Menschen heute unter dem Neid: auf eine größere Wohnung, ein schnelleres Automobil, eine bessere Partie. Dieser Neid zerfrißt alles.« Und mit einem Anflug von Pathos setzte er hinzu, das seien die Linsengerichte der Modernität. Die Menschen drängten sich mit ihren Näpfen an die Tische. Alle wollten davon. Doch hätten sie ihren Stolz, ihre Härte, ihr Ehrgefühl dafür hergegeben.

Er sagte das, ohne die Stimme zu heben, mit einer einfachen Entschiedenheit. Die Kellner, die in einiger Entfernung den Tisch umstanden, traten heran und räumten Teller und Schüssel fort. Mein Gegenüber wartete, bis sie damit zu Ende waren. Niemand, fuhr er dann fort, habe noch ein Gefühl dafür, was ein Mann tut oder läßt. Das reiche schon einige Zeit zurück, er selbst habe es gegen Ende des Zweiten Weltkriegs beobachtet. Erst seien die Deutschen dagewesen, dann die Alliierten. Aber die Sizilianer, in ihrer gesichtslosen Schlauheit, hätten immer auf seiten der Sieger gestanden.

Ich wandte Don Calicchios Gedanken ein, daß dieser Anpassungssinn vor allem mit der Geschichte der Insel zu tun habe und der Reflex von immer aufs neue Eroberten sei. Aber er winkte fast ungeduldig ab: »Man wahrte das Gesicht. Vergessen Sie nicht: Die Ehre ist eine soziale Tugend. Das weiß zum Unglück keiner mehr.«

Auf dem Notizzettel steht an dieser Stelle: Episode mit Amerikaner. Er erzählte: »Kurz nach der alliierten Landung lud ein amerikanischer Kommandeur mich zu einem Essen ein und konnte nicht begreifen, daß ich sein Angebot ausschlagen mußte. ›Ich respektiere Ihre Geste‹, sagte ich zu ihm, ›und ich weiß, sie gilt einem Mann der Resistenza. Aber als Italiener bin ich ein Besiegter, und es ziemt sich nicht, daß der Besiegte das Haus des Siegers betritt!‹ Doch der Offizier schien überhaupt nicht zu begreifen, was ich meinte. Das ist es, worauf ich hinauswill: Heute sind wir alle Amerikaner.«

Er hob die Hand zu einer kurzen, resignierten Geste. Ich wolle Sizilien kennenlernen. Aber ich würde nicht mehr viel davon entdecken. Das Sizilien, das er meine, gebe es längst nicht mehr. Eine Sache für Archäologen. Mehr erfahre man, wenn man sich an Bücher halte. An Giovanni Verga, zum Beispiel. Dieser Fischerhafen da vor uns sei der Schauplatz seines Romans »I malavoglia«. Und dann, an den Ausgangspunkt des Gesprächs zurückkehrend: »Lampedusa hat, was ich sagen will, beschrieben. Er hat die Stimmung ausgedrückt, die eine schrumpfende Minderheit bewegt. Wir wollen den Schritt in die Zukunft nicht tun, der nur den Kapitalisten im Norden zugute kommt. Es ist schon so: Sizilien wollte nie geweckt werden, es wollte träumen und endlich von der Geschichte vergessen sein. Nun werden diejenigen, die es aus dem Schlaf geholt haben, sehen müssen, wie sie damit fertig werden.«

Das Lokal hatte sich unterdessen geleert, und die Kellner standen, um einige vermehrt, im Halbkreis um uns herum. Mein Gastgeber fragte, ob er mir das Castello Ursino zeigen dürfe, das Friedrich II. Mitte des 13. Jahrhunderts erbaute. Ich fuhr ihn in die Stadt zurück, in die Gegend am Hafen, zu dem in pompösem Schwarz starrenden Gebäude mit den vier gewaltigen Rundtürmen, das stark genug gewesen war, dem Lavastrom beim großen Ätnaausbruch von 1669 zu widerstehen. Vor dem Eingang hatten sich an die vierzig Personen eingefunden, enttäuscht, aufgebracht darüber, daß ihnen der Zutritt verwehrt wurde. Das Museum sei unvorhergesehenerweise geschlossen, erklärte der Kustode. Er folge nur den Anordnungen, sie kämen von höherer Stelle.

Mit einem Zeichen, ihm zu folgen, ging mein Begleiter auf den Wachmann zu und flüsterte ihm nicht mehr als zwei oder drei Worte ins Ohr. Augenblicklich riß der Mann seine Dienstmütze herunter und bat uns herein. Als messe er dem Vorgang keine weitere Bedeutung zu, führte mein Begleiter mich über den mit Skulpturenresten geschmückten Innenhof und erläuterte anschließend, seinen Sachverstand nicht ohne Behagen ausbreitend, die Sammlung von alten Waffen, Mosaiken, antiken und mittelalterlichen Statuen. Seine Vorliebe gehörte einem reich gearbeiteten Renaissanceschrein aus Elfenbein und Knochen, dessen Kunstfertigkeit er fachmännisch rühmte.

Als wir eine halbe Stunde später, an den noch immer Wartenden vorbei, wieder ins Freie traten, empfahl er eine Besichtigung des Doms. Auf der Fahrt dorthin sprach er von Vaccarini, der den Bau entworfen habe; von der Heiligen Agatha, deren Reliquien in der

Kirche verehrt würden, von Vincenzo Bellini, dessen sterbliche Überreste von Paris hierher überführt worden seien. An einer belebten Straßenkreuzung brach er mitten im Satz ab und bat anzuhalten. Dann reichte er mir die Hand und war wenig später im Menschengewühl verschwunden.
Wiederholt versuchte ich herauszufinden, wie wohl die zwei oder drei Worte gelautet haben mochten, die er dem Kustoden ins Ohr geflüstert hatte. Niemand wußte eine Antwort. Una persona importante.

CATANIA. Anruf vom Ingenieur. Die Geschäfte haben ihn in Turin aufgehalten. Er hatte der Begegnung mit dem »uomo di rispetto« nicht ohne Besorgnis entgegengesehen: man gerate bei solchen Unternehmen entweder in Gefahr oder in eine Komödie, meinte er, beides sei gleichermaßen unnötig.

CATANIA. In der Innenstadt, wo das Gewirr der Gassen auf einen kleinen Platz mündet, hat man, am Eckstein einer Kirche, in einem Blecheimer einen Gladiolenstrauß aufgestellt. Auf einem Pappschild steht in roter Farbe, daß an dieser Stelle von der Mafia zwei Brüder erschossen worden seien.

CATANIA. Ein Motorschaden nötigte mich, mir den Tag in der Stadt zu vertreiben. Von der Werkstatt, die in einem der Außenbezirke lag, ging ich zu Fuß ins Zentrum zurück, vorbei an heruntergekommenen modernen Bauten, an Elendsquartieren dicht daneben und dem Unrat in den Straßen hier wie dort. Woher kommt der Verlust an ästhetischem Sinn in einem Lande, das wie kein anderes gerade das Öffentliche in allen seinen Erscheinungsformen zum Kunstwerk erhöht hat? In der Renaissance wurden selbst private Gebäude nicht selten aus keinem anderen Grund errichtet als der Verschönerung des Stadtbildes oder einer urbanistischen Inszenierungsidee zuliebe. In vielen Dokumenten der Zeit ist davon die Rede. Und irgendwo las ich, daß Siena schon im 13. Jahrhundert eine Art Denkmalpflege einrichtete. Andere Städte folgten diesem Beispiel.
Ich durchquerte eines der traurigen Viertel am Rande der Altstadt.

Neben brüchigen, durch wirre Holzkonstruktionen abgestützten Häusern hing über einem offenen Eingang ein Brett, auf das mit blauer Farbe »Bar Smeralda« geschrieben war. Auch das fällt auf, daß die Bewohner dieses Landes stets eine besondere Begabung besaßen, die Tristesse des Wirklichen durch Worte und Fassadenputz zu verblenden. Hier endet diese Kunst, und zurück bleibt nur noch das Empfinden eines absurden Widerspruchs.

Die Altstadt selber wirkte in der Mittagszeit, bei leeren Straßen, noch bedrückender als ohnehin. Das schwarze Lavagestein, aus dem sie gegen Ende des 17. Jahrhunderts, nach den Verheerungen eines Ätnaausbruchs und kurz darauf auch eines Erdbebens, neu aufgebaut wurde, widersetzt sich hartnäckig der barocken Stilgebärde. Eindruck der Unvereinbarkeit von Idee und Material. Auf dem Domplatz der berühmte schwarze Elefant aus Lavastein mit dem ägyptischen Obelisken auf dem Rücken. In Rom und anderswo wirkt dergleichen, bei aller rätselhaften Fremdheit, eingefügt in den Zusammenhang von allem mit allem. Hier dagegen bleibt es unzugehörig, wie aus unerforschlichen Verhältnissen hergeholt, und zu Recht hat man diese Skulptur mit einem heidnischen Totemtier verglichen.

In einer Bar kaufte ich mir einen Stadtplan. Der Text in der reich verschlungenen Kartusche am unteren Bildrand beschwor Größe und Glanz der Stadt. Auch Catania rühmt sich seiner Schönheit, der historischen Plätze und Sehenswürdigkeiten, und viele, ungleich bedeutungsärmere Städte auch. Der Grund dafür ist in dem tiefen Bedürfnis zu sehen, jede Zugehörigkeit, welcher Art sie auch sei, wichtig zu machen und auf diese Weise zu rechtfertigen, daß man ist, wo man ist.

SYRAKUS. Abends wieder in Syrakus. Zusammen mit den Freunden des Ingenieurs. Als ich von dem Treffen mit dem »uomo di rispetto« berichtete, waren sich alle einig, daß der resignative Zug meines Gesprächspartners durchaus nicht vorgetäuscht gewesen sei: die bürgerliche Mafia der Advokaten und Honoratioren sei dabei, ihren Einfluß zu verlieren. Statt dessen stoße eine Art Syndikat nach oben, das skrupellos, gewalttätig und voller Verächtlichkeit für die atavistischen Moralbegriffe der »Gesellschaft« von einst

sei. Weit über die Insel ausgreifend, mit vielfältigen internationalen Verbindungen, höhne sie über den sizilianischen Provinzialismus und betreibe Prostitution, Schmuggel und Rauschgiftgeschäfte großen Stils. Gleichzeitig dringe sie in die staatliche Verwaltung ein, unterwandere die Behörden, die über die öffentlichen Gelder verfügten, und lege in Baugesellschaften und Versicherungsfirmen riesige Summen an. Die alte Mafia sei nicht so sehr auf Reichtum aus gewesen, sondern auf brutalen Respekt. Und ihre erpresserischen Machenschaften waren eher als Steuererhebungen der Nebenregierung zu verstehen, als die sie sich begriff. Jetzt sei sie zu einer kriminellen Investmentgesellschaft geworden.
Nur Carmelo G., der dicke Professor, widersprach allem. Schon die Unterscheidung in eine alte und eine neue Organisation, in »Mafia« und »Cosa Nostra«, sei grundfalsch. Wer dem glaube, gehe nur einer betrügerischen Strategie in die Falle, die nichts anderes bezwecke, als die »Ehrenwerte Gesellschaft«, die diesen Namen nie verdient habe, doch noch ehrbar zu machen. Die gleiche Absicht verfolge die Formel von der »Kultur der Mafia«, die man unterdessen überall höre. Jeder wisse, daß kein wahres Wort daran sei. Aber alle diese sentimentalen, in ihre Ohnmacht verliebten Sizilianer redeten sie gedankenlos nach.
Sie konnten sich nicht einigen. Bis wir auf Salvatore Giuliano kamen, der nach dem Krieg die Berge südlich von Palermo unsicher machte, von dem aber alle meinten, daß er kein Mafioso gewesen sei, sondern nur ein »piciotto«, ein kleiner dreister Bandit, der an seiner Überheblichkeit zugrunde ging.
Ähnlich werde es Tagliaculo ergehen, meinte Voza, einem Messerhelden, der in einer leuchtend roten Hose in Syrakus herumlaufe und eines Tages, in einem Akt kindischer Herausforderung, seine Hose über die Brüstung zwischen die Säulen des Apollo-Tempels geworfen habe. Man entfernte sie, doch lag am nächsten Tag das gleiche Kleidungsstück wieder da. Am Ende erreichte Tagliaculo, daß die Behörden sich zu Verhandlungen bereitfanden, und er, Voza, sei beauftragt worden, die Gespräche zu führen. »Ich redete auf ihn ein«, berichtete er, »versuchte, ihm den Unfug auszureden und hätschelte seinen lächerlichen Stolz. Es war alles vergebens. Bis man mir nahelegte, ›elastischer‹ zu reagieren. Der Kompromiß, auf

den wir uns einigten, sah vor, daß die rote Hose an einer Leine zwischen den Säulenresten hängen solle, so daß sie von Zeit zu Zeit weggezogen werden kann.« Halb belustigt, halb verzweifelt fügte Voza hinzu: »Wie wollen Sie die Dinge ändern, wo dergleichen möglich ist?«

AM RANDE. Auf dem Weg ins Hotel sagte G., für die Reisenden des 18. Jahrhunderts seien die Tempel auch eine Metapher politischer Kritik gewesen. In der Tat schien ihre einfache, strenge Geometrie den denkbar schärfsten Gegensatz zur Verkommenheit feudaler Lebensverhältnisse auszudrücken und an die Größe griechischer Freiheit zu erinnern. Die suggestive Gleichung von Tempelgrundriß und Weltgrundriß als Antriebselement der Aufklärung.

CATANIA. Landeinwärts bei F., der als Stadtplaner tätig ist. Er bewohnt einen der Bungalows, die sich Jahr für Jahr ein Stück weiter die milden Hänge des Ätna hinauffressen, wo sich unlängst noch jene Mandel- und Orangenhaine erstreckten, die Goethe so liebte. Die Räume waren mit ausgesuchten alten Möbeln eingerichtet, deren museale Aura durch weniges, aber sicher placiertes modernes Design aufgelockert war. Barcelona-Chairs und ein Tisch von Saarinen, dazwischen technisches Gerät von Brionvega.
Der Gastgeber war in der englischen und französischen so gut wie in der deutschen Literatur belesen und konnte mir auch den »Ozymandias« aus dem Stegreif vervollständigen. Kenntnisreich beschrieb er, wie die Weltveränderungs-Philosophie des alten Bauhauses im amerikanischen New Bauhaus zur Design-Industrie geworden sei; die Umgebung des Exils habe den deutschen Ernst urban gemacht und verdorben.
Dann sprach F. über Sizilien, seine Geschichte und die Mentalität der Bewohner. Auf die Frage, warum die Planung in Agrigent und anderswo sich über alles Herkommen hinweggesetzt, die alten Straßenfluchten begradigt, Hochhäuser neben Tempel, Beton neben Barock gestellt und die Plätze zu bloßen Verkehrspunkten entwertet habe, sah er überrascht auf. Nach einigem Zögern setzte er zu einer Antwort an, verwarf sie offenbar wieder und meinte dann,

als stoße er jetzt zum ersten Mal darauf: »Ja, tatsächlich, das ist eine interessante Frage. Sie haben ganz recht. Eigentlich sonderbar... Darüber müßte man einmal nachdenken.«

AM RANDE. Leonardo Sciascia im Gespräch: »Früher gab es eine Dummheit, die sich untätig verhielt und deren träge Ruhe doch eine Art Lebensklugheit verriet. Heute dagegen stößt man zusehends auf eine Dummheit, die mit nie nachlassender Energie, rastlos schuftend, alles angreift und zugrunde richtet.«

CATANIA. Mit Mauro Levi, dessen Name etwas von dem Völkerwirrwarr der Insel widerspiegelt, in einer Bar nahe dem Dom. Er sagte, Rom sei auf dem Höhepunkt seiner Macht gewesen, als es das überfeinerte Griechenland unterwarf. Aber an diesem Sieg sei es zugrunde gegangen. Jedenfalls trug es ganz wesentlich dazu bei, die Kraft des nüchternen, von disziplinärem Ethos geprägten Bauern- und Soldatenvolkes mit den schönen Giften einer Spätkultur zu infizieren. Die Formel, die das überwältigte Griechenland als Überwältiger Roms feiert, laute, in Abwandlung eines Wortes von Horaz: »Graecia capta Romam captavit.«
Noch über andere Gründe für den Niedergang Roms. Aber am Ende kam er wieder darauf zurück. Vielleicht überschätze er dieses Motiv, bemerkte er. Aber für einen Sizilianer sei der Gedanke verführerisch, daß der Sieger im Grunde der Verlierer sei, und der Verlierer, wenn die Dinge ihr wahres Gesicht offenbarten, als Sieger dastehe.

AUF DEM ÄTNA. Auf der Straße, kurz hinter Nicolosi, standen die Carabinieri, umringt von Schaulustigen, die vergeblich wegen einer Durchfahrterlaubnis verhandelten. Uns machte das Passepartout des Präfekten, das Folco Quilici beschafft hatte, den Weg frei. Im Tageslicht waren die blutroten Rinnen, die bei Nacht wie in den Berg geschnittene Wundmale wirkten, nicht zu sehen. Nur die weißlichen Rauchwolken, die weiter oben, in Gipfelnähe, von Zeit zu Zeit in die Höhe pufften, und das dumpfe, polternde Grollen, das ihnen folgte, verrieten, daß der Berg in Tätigkeit war.
Ganz allmählich veränderte sich das Bild der Landschaft. Anfangs ging die Fahrt vorbei an Gärten und Feldern, durch üppigen Baum-

bestand auf grau gebleichtem Boden. Ein erloschener Krater zur Linken war dicht von leuchtend grünen Kastanien überwachsen. Dann wurde die Vegetation spärlicher, auf einem Geröllfeld aus zerstoßenem Lavagestein verloren sich einige Reihen junger Reben. Das Alter der Zonen läßt sich annähernd genau aus den Pflanzen erschließen. Erst brechen Moose und Flechten die Lavadecke auf, dann folgt der Ginster, später die Kaktusfeige, schließlich wachsen Pistazien und Mandelbäume. Nach einer langen Kurve fanden wir uns unversehens inmitten einer Mondlandschaft. Zu beiden Seiten der Straße türmten sich erratische Brocken, scharfkantig, staubig und schwarz. Doch sobald die Spur jüngerer Lavaausbrüche passiert war, setzte das krasse Grün wieder ein.
Die Vorsicht der Behörden schien übertrieben. Die Häuser am Wege waren bewohnt, wie üblich standen die Menschen auf den Straßen zusammen, die Geschäfte hatten geöffnet. Einer der Herumstehenden trat an den Wagen heran und meinte, als habe er diese Sehenswürdigkeit eigens bestellt, daß die Spitze des Lavastroms nicht weit entfernt von uns sei. Er erbot sich, den Führer zu machen.
Von einer kleinen Anhöhe aus war die lange, gewundene Spur zu überblicken, die sich die Lava gebahnt hatte. Sie war an ihrem Auslauf in ein Eichenwäldchen eingedrungen, hatte die schwächeren Bäume niedergewalzt und lag nun reglos, wie endlich zum Stillstand gekommen, zwischen den schweren Stämmen. Erst nach geraumer Zeit gewahrte man, wie trügerisch der Eindruck war. Denn fast unmerklich begann das Laub sich zu verfärben, zu schrumpfen und plötzlich, ohne sichtbare Ursache, brach einer der Bäume ächzend zusammen. Noch im Stürzen ging die Krone in Flammen auf, Feuer und Funken loderten hoch, erstarben aber sogleich wieder. Für einen Augenblick geriet auch die Lava im Umkreis des Baums in mahlende Bewegung und begrub das Astwerk unter sich.
Kurz vor Sapienza, der Bodenstation der Schwebebahn, endete die Fahrt. Ein Lavawall hatte sich wie eine gewaltige Kohlenhalde über die Straße geschoben und versperrte den Weg. Wir ließen den Wagen zurück und gingen über bröckliges, rutschendes Gestein weiter aufwärts. Nach einigen hundert Metern wurde, eingeschlos-

sen von zwei riesigen Armen aus erkalteter Lava, weit unten die Bergstation sichtbar. Ein scharfer Geruch von Schwefel, Asche und Verbranntem erfüllte die Luft. Und immer wieder das Grollen, das sich aber mehr im Innern des Berges fortzusetzen schien, als polterten riesige Steine durch unterirdische Schächte.
Beim Betreten der Grate, die der Lavastrom aufgeworfen hat, bietet sich ein überwältigender Anblick. In unmittelbarer Nähe wälzt sich durch ein fünf Meter breites Bett, träge und mit zermalmendem Gleichmut, die Lava bergab. Ihre Glut wirft einen blutigen Schein auf die Gesichter. Die Langsamkeit, mit der sie vorrückt, und die Stille, die über allem liegt, steigern noch den Eindruck phlegmatischer Gewaltsamkeit. An der Oberfläche des Geschiebes, auf den unablässig durcheinanderfallenden, sich drohend aufstülpenden und zurücksinkenden Massen bilden sich immer wieder dünne, halberkaltete Ascheschichten, krümmen sich an den Rändern hoch, blättern ab und bringen die Glut darunter zum Vorschein.
Der Anblick ist weitaus atemraubender als später, in größerer Höhe, das Vorfeld der Hexenküche selber, wo die Lava noch flüssig ist und als kochender Brei, gurgelnd und mit aufspritzenden Magmafontänen, zu Tal fließt. Wo der Strom sich tiefer ins Gestein fraß, hat er brückenähnliche Bogen aufgeschichtet, die nun wie aufgerissene Schlünde den glühenden Schlamm erbrechen. Dicht über uns, etwas seitlich der Ausbruchstellen, stand unterdessen ein Hubschrauber, und das metallische Kreischen der Rotoren, verstärkt durch die Echowirkungen der Bergwand, hallte betäubend in den Ohren. Während noch alles zu ihm hinübersah, löste sich ein mächtiger Geröllklotz und rollte mit zögernd taumelnder, sich plötzlich jedoch beschleunigender Bewegung abwärts, eine breite Spur von kleingebrochenen, rieselnden Steinmassen hinter sich herziehend. Über der glühenden Mulde, die zurückbleibt, scheint die Luft buchstäblich zu brennen. Ringsumher steigt aus Vertiefungen und Erdspalten schmutziggelber Qualm empor, den der kalte Wind augenblicklich erfaßt, durcheinanderreißt und in wechselnde Richtungen stößt. Von Catania, tief unten im Dunst, ist nichts zu sehen. Wären die Menschen nicht, die auf den weiten Hängen herumlaufen, läge die Vorstellung nahe, einem der Schöpfungstage beizuwohnen und den Planeten im Zustand der Entstehung zu beobachten.

NOCH ZUM VORIGEN. Auf der Rückfahrt, kurz vor Belpasso, war an einer Hauswand zu lesen: »Forza Etna! La Sicilia è tutta tua!« Man versicherte uns aber, das habe kein Sizilianer geschrieben. Die Formel sei zum ersten Mal, einige Tage zuvor, im Veneto aufgetaucht.

AUF DEM ÄTNA. Es gibt die Überlieferung, Empedokles habe sich, um seine Sterblichkeit zu verheimlichen, in den brodelnden Krater geworfen, doch habe der Berg die bronzenen Sandalen des Dichterpropheten wieder ausgespieen und dadurch den frommen Betrug verraten. Der sogenannte »Turm des Philosophen« erinnert daran.

In der Vorstellung sieht man Empedokles immer in der Nachbarschaft von Hesiod und Homer, ein anderer Sänger aus irgendeiner Vorzeit. In Wirklichkeit war der merkwürdige Mann ein Zeitgenosse des Sokrates und von Homer weiter entfernt als Goethe von Jakob Böhme. Er muß in seinem priesterlich raunenden Poetentum reichlich absonderlich gewirkt haben, wo die griechische Welt sich gerade anschickte, die Last des Mythos abzuwerfen.

War es diese Fremdheit zur eigenen Zeit, in der Hölderlin sich wiedererkannte, so daß er über die Jahre hin nicht davon abließ, in immer neuen Anläufen ein Empedokles-Drama zu schreiben? Jedenfalls drängt dieses Motiv in allen Fassungen des Fragments nach vorn.

AM RANDE. Für die Nachwelt ist Empedokles tatsächlich in den Krater der Zeit gesprungen. Ein paar Philologen ausgenommen, zeugt in den folgenden Jahrhunderten so gut wie nichts von ihm. Es bedurfte erst des Zöglings aus dem Tübinger Stift, ihn nach zweieinhalbtausend Jahren wiederzuentdecken. Ins breitere Bewußtsein trat er aber erst hundert Jahre später, als er, zusammen mit Hölderlin, durch Nietzsche und Stefan George aus dem Vergessen geholt wurde.

Zwar waren der eine wie der andere unterdessen der Zeit noch fremder geworden, aber eben das machte sie im modernen Sinne interessant. Die Schauder vor der heraufziehenden Industrie weckten das Verlangen nach dem Frühen, Unzeitgemäßen. Sonderbare

Neigung, sich aus der Gegenwart herauszudenken. Während die Welt zusehends komplizierter wird, sucht man beim Allereinfachsten Zuflucht und entdeckt sich Sänger und Propheten. Wie Nietzsche selber, der nicht nur als Fürsprecher Hölderlins in diesen Zusammenhang gehört, sondern auch als Verfasser des »Zarathustra«, in dem er einen parsischen Lichtpropheten gegen die eigene Zeit aufbietet.

NOCH DAZU. Die Gegenwart sieht Hölderlin weniger als Fremdling in seiner Zeit, sondern eher als Vorläufer, der an seiner utopischen Ungeduld zugrunde ging. Vor allem aber feiert sie ihn als einen der großen Zerbrochenen, mit deren Hilfe sie ihre Wehleidigkeiten kultiviert. Kleist, Büchner, Heine zählen ebenfalls dazu; während Goethe, gefährdet wie jene auch, aber zur Selbstnötigung fähig, derzeit keine Gnade findet. Die Vorliebe der literarischen Präzeptoren gehört den Gescheiterten, den unvollendeten Lebenswerken, in denen sich das eigene Scheitern, noch dazu tragisch erhöht, widerspiegelt.

UNTERWEGS. Fahrt am Ätna vorbei nach Westen. Die immer ernste Physiognomie dieser Landschaft. Ihr Wüstenkolorit, das aber zeigt, wie viele Töne eine einzige Farbe haben kann. Nur manchmal, wenn das Meer in den Blick gerät, wechselt das Bild. Das Blau des Wassers ist abgesetzt durch den schmalen, blendend weißen Saum, der die Uferlinie einfaßt. Die Dörfer wirken oft wie bloße Steinhaufen, von irgendwoher achtlos ins Gelände geworfen. Kein Anzeichen von Leben. Nur einmal jagen drei Ratten, hastig übereinanderstürzend, am Mauerwerk eines Hauses entlang. An den Straßenrändern Hecken von Aloe, einige haben den Blütenstengel ausgetrieben, man weiß aber nicht, für welche Trostaria.

NAHE LENTINI. An einer Tankstelle traf ich Carmelo G., den sie auch den »verdrehten Professor« nennen, und obwohl er in großer Eile war, lud er mich zu einem Kaffee ein, er habe mir überaus Wichtiges mitzuteilen. Er war fett und geistvoll und wirkte bei Tage, im kunstseidenen Hemd, noch massiger als an dem Abend, an dem ich ihn zum ersten Male gesehen hatte. Doch auf dem Weg

zur Bar lief er mit zierlichen, fast hüpfenden Schritten neben mir her, als wolle er, nach Art der Überdicken, sich und die Welt über sein Gewicht betrügen. Er war Junggeselle, und es hieß von ihm, daß er seine Abende am Klavier verbringe, wo er sich die immer gleichen elegischen Stücke von Schumann und Notturnos von Chopin vorspiele.
Er war ein Liebhaber der schwarzen Romantik, des Marquis de Sade, Mary Shelleys und d'Annunzios und kannte sich in allerlei Abseitigem aus, in satanistischen Theorien und in der Galerie verbrecherischer Helden vom edlen Banditen bis zur Belle Dame sans Merci. Vor Jahren hatte er einen Essay über das Lächeln der Gioconda verfaßt, das, wie ich ihn verstand, eine vampiristische Ikonographie begründet hatte.
Nachdem er den Kaffee bestellt hatte, zog er mich zur Seite und sagte in einem Ton unterdrückter Begeisterung, er habe eine atemberaubende Entdeckung gemacht. Alle Welt werde aufhorchen, wenn er damit hervortrete. Wie bei jeder großen Entdeckung habe sich zugleich mit der Erleuchtung auch die Beweisführung, Seite für Seite, sogar Satz für Satz, wie von selber eingestellt.
Erst nach längerem Drängen rückte er mit der Sache heraus. Borges, sagte er, habe unter Hinweis auf den Vogelflug den mathematischen Gottesbeweis erbracht. Ihm sei etwas weit Dramatischeres gelungen. Ich solle mir vorstellen, die Lust- und Fortpflanzungsorgane des Menschen lägen in den Fingerenden, an den Ohren oder sogar in Nähe der Schulterblätter. Es wäre lachhaft. Denkbar ganz gewiß, wenn auch lachhaft. »Aber sie sind da, wo sie sind«, bemerkte er, jedes der kurzen Wörter mit fast feierlichem Nachdruck betonend. Nur ihre zentrale Lage erlaube es, das ganze Wesen eines Menschen, alle elektrischen Kraftlinien auf einen äußersten Steigerungspunkt hin zu versammeln. Jene Abfolge von Implosion und Explosion, die den Geschlechtsakt kennzeichne, sei nicht ohne lange Radialen möglich, und daher verdiene der Unterschied, von dem er im Blick auf die Fingerspitzen spreche, mehr als die sprichwörtlichen »three cheers«. Der Unterschied sei im Gegenteil gewaltig und nicht ohne überirdische Bewandtnisse, das heißt einen lenkenden Schöpfergeist, vorstellbar. Man könne ihn Gott oder Teufel nennen, er selber ziehe den Begriff Teufel vor. Aber

etwas später kam er doch wieder auf die Gegenfigur zurück und sprach vom »genitalischen Gottesbeweis«. Vermutlich imponierte ihm die sakrilegische Formel mehr.
Meine Ironie enttäuschte ihn, fast schien er ungehalten. Später überlegte ich, daß dergleichen Narreteien, wenn sie überhaupt einen Gedanken lohnen, entweder erheiternd oder abstoßend sind. Beunruhigend war nur der Schatten des Eiferertums, der für einen Augenblick an dem sonst so kritischen Mann sichtbar geworden war. Denn welche Absurditäten sind nicht in die Welt getreten und haben, zunächst belacht oder verachtet, am Ende doch Schrecken verbreitet?

AM RANDE. Einer Figur wie dem »verdrehten Professor« begegnet man häufig in Italien. Aber nirgendwo kam er mir authentischer vor als in Sizilien. Wie zur tragischen Maske immer auch die komische gehört.

PALAGONIA. Am Rande der unweit des Ätna gelegenen Stadt die ausgetrocknete Mulde eines kleinen Sees. Sobald er sich im Herbst oder Winter mit Wasser füllt, steigt vom Grunde her perlende Kohlensäure auf. Dann bilden sich auf der Wasseroberfläche Blasen und springende Fontänen. Die Leute hier sagen, unter dem See befinde sich eine der Essen des Hephaistos, des Gottes der Schmiede, der über Feuer und unterirdische Erze gebietet. Die Blasen seien die Tränen der Persephone, die Hephaistos einst von der Erde geraubt und in die Unterwelt entführt habe. Auf diese Weise wolle sie den Göttern zeigen, wie unglücklich sie sei.
Es macht den Leuten nichts, daß die Mythologie die Geschichte anders überliefert. Danach ist Persephone, alsbald in Liebe zum göttlichen Schmied entbrannt, freiwillig in der Unterwelt geblieben. Aber die Erfahrung der Inselbewohner, alt wie der Mythos selber, spinnt dessen Stoff mit dem eigenen Lebensgefühl zusammen und weiß von keinem Dasein, das nicht mit Gefangenschaft und Jammer zu tun hätte.

CATANIA. Sobald man die Uferstraßen erreicht, aber auch im küstennahen Hinterland, stößt man auf die Reste von Kastellen und

Beobachtungsposten. Sie machen deutlich, was es hieß, nach allen Seiten hin offen zu sein, immer nur unendliche Horizonte vor sich und kaum schutzbietendes Hinterland.

ZUM VORIGEN. Ist es mehr als ein archäologischer Zufall, daß man auf Sizilien, häufiger als anderswo im Gebiet der Magna Graecia, Darstellungen der Medusa antrifft? Ihr Blick galt als unheilabwehrend. Auch das Wappen Siziliens, der sonderbar hilflos und wie von Kinderhand entworfene Kopf mit den drei umlaufenden Beinen, ist eine stilisierte Fassung des Gorgonen-Motivs und ein altes Symbol. Es erscheint auf dem Schild der Athena und auf Münzen, die in Athen, Aegina und in Pamphilien geprägt wurden. In Sizilien fand es seit der Herrschaft des Agathokles im 4. Jahrhundert zunehmend Verbreitung und wurde damals schon zum Wahrzeichen der Insel.
Später, in der Gotik, tauchte das sogenannte Triëder auch anderwärts in Europa auf, in der deutschen und schweizerischen Heraldik sowie in der bildenden Kunst, etwa bei Hieronymus Bosch in dem Fragment eines »Jüngsten Gerichts« aus der Münchner Pinakothek. Doch während hier der Eindruck sich einstellt, als schlage das Ungeheuer mit den Beinen um sich, hält die sizilianische Variante die Jahrtausenderfahrung einer ständig im Kreis verlaufenden Verfolgung und Flucht fest, die kein Entrinnen kennt.
Don Calicchio, in solchen Dingen bewandert, wies mich darauf hin, daß eine andere Insel, die Isle of Man, seit dem 13. Jahrhundert ebenfalls das Triëder als Wappenzeichen führt.

ENNA. Nächtliche Fahrt auf der alten Straße von Catania nach Enna, das zu den Ursiedlungen der Insel zählt und jahrhundertelang Sitz des Kults der Demeter, der Erdmutter, war. Der Landstrich scheint nahezu unbesiedelt. Gegen den Nachthimmel treten, nur durch unterschiedliche Schwärzegrade voneinander abgehoben, bergige Silhouetten hervor. Kegelförmige Gebilde deuten auf vulkanische Bedingungen. Dicht oberhalb des scharf zeichnenden Scheinwerferlichts taucht hinter einer Wegbiegung ein einzelner, verlorener Stern auf. Das Auge, an elektrifizierte Landschaften gewöhnt, empfindet plötzlich das Bedrohliche einer unbewohnten

Gegend. In solchen nächtlichen Fahrten werden jene Ängste greifbar, die in den Reiseberichten früherer Jahrhunderte, bei Swinburne oder Riedesel, so beherrschend sind. In einem Bericht von Patrick Brydone aus dem Jahre 1770 heißt es:
»Sobald es finster wurde, begaben wir uns wieder in unser kleines Schiff, und ruderten ohngefähr hundert Ellen weit in die See, wo wir uns vor Anker legten. So wollte es nämlich unser Steuermann, welcher uns erklärte, daß zu unserer Sicherheit während der Nacht dies durchaus nöthig wäre. Denn, sagte er, die Bewohner dieser Gegend wären nicht viel besser als Wilde; und wenn wir am Lande blieben, könnte es sich leicht fügen, daß sie zur Nachtzeit von den Gebirgen herabkämen, uns beraubten oder gar ermordeten. Auch vor den Seeräubern müsse man hier wohl auf der Hut seyn, und daher zur Nachtzeit eine solche Stelle unweit der Küste wählen, die für die Landräuber zum Durchwaten zu tief, für die Schiffe der Korsaren hingegen zu seicht, für beide also unzugänglich wäre. Wir folgten seinem Rathe.«
Die Lektüre von Berichten dieser Art macht nicht nur den Fortschritt an Komfort deutlich, sondern auch den Gewinn an Sicherheit, der in Sizilien erst in den zurückliegenden Jahrzehnten erlangt wurde. Zugleich aber gewahrt man die Einbußen für Vorstellungskraft und Empfindungswelt. Aufragende Felsstücke, hinter denen der Reisende des 18. Jahrhunderts Briganten vermutete, waren für die griechischen Bewohner dieser Insel die Heimstatt von Zyklopen und Lästrygonen, den gewaltigen menschenfressenden Riesen der Odyssee. Es ist nicht nur die gestaltschaffende Phantasie des Altertums gewesen, die Sizilien mit Göttern, Halbgöttern und Ungeheuern bevölkerte; auch die Angst schuf sie sich nach ihrem Bilde. Im Mythos der Mafia sind noch Spuren dieses Vorstellungsmusters erkennbar; wozu paßt, daß auch in ihr oder doch in dem Ruf, der ihr lange voraufging, bedrohliche und helfende Eigenschaften sich trafen.

ENNA. Die Stadt liegt auf einem fast tausend Meter hohen, steil aus der Landschaft aufsteigenden Felsplateau, die Abstürze sind mit heruntergeworfenem Müll bedeckt. Jetzt erst gewahrt man, wie sehr das Inselgebiet, auch jenseits des Ätna-Gebirges, mit Kratern übersät ist. Manchmal trieb, etwas tiefer, eine Wolke vorbei, und ihr Schatten lief, weiter draußen, eilig über das Schachbrettmuster der Felder, die braun, ocker und gelb im kalten Licht lagen.

ENNA. Orazio Zichichi, einer der Freunde des Ingenieurs, brachte mich mit einem ehemaligen Landarbeiter zusammen. Der Mann hatte früher auf einer der Latifundien im Innern der Insel gearbeitet und sich in jüngeren Jahren, während der Bauernunruhen, als lokaler Wortführer hervorgetan, indem er die Aufteilung des brachliegenden Gutslandes versprach, das Ende der Korruption unter dem Sozialismus und daß niemand mehr dem Priester ein paar Eier oder ein Bund Gemüse geben müsse, damit er ihm einen Brief vorlese. Von ihm waren Geschichten im Umlauf, die zum kleinen Legendenbestand jener Jahre zählten. Er habe sich, so hieß es, bei einer der symbolischen Inbesitznahmen des Bodens einem Carabiniere entgegengestellt und ihn aufgefordert, zu schießen: er vertrete die Gerechtigkeit des Volkes. Im Zuge der Bodenreform war ihm ein Stück steinigen, schwer zu bewirtschaftenden Grundes zugeteilt worden, und mein Begleiter meinte, bald schon sei ihm aufgegangen, daß die Hoffnung, mit der er gelebt und gekämpft hatte, sein bester Besitz gewesen war. Er war klein, krummbeinig und hatte ein altersfleckiges Gesicht. Wir fuhren zu einem der armseligen Häuser, die rundumher vereinzelt auf dem flachen Lande lagen.

Hier habe er viele Jahre gelebt, sagte der Mann mit einer Stimme, aus der Verwunderung über die Kümmerlichkeit seiner Umstände von ehemals herauszuhören war. Die Landflucht während der sechziger Jahre hatte ihn mitgezogen, inzwischen bewohnte er eine Zweizimmerwohnung in der Stadt.

Sich unwillkürlich niederbeugend, betrat er den engen Raum. Auf dem Boden lag, was der Wind der Jahre hineingeweht hatte, nur vereinzelt waren noch die schmutzigroten Ziegel zu sehen. Es komme ihm merkwürdig vor, meinte er, aber am Anfang sei es nicht leicht gewesen, das alles aufzugeben.

Auf die Frage nach den Ursachen für das Scheitern der Landreform kam statt einer Antwort nur ein Achselzucken. Auf dem Rückweg sagte er: »Wir Sizilianer neigen dazu, Rom und den Leuten aus

dem Norden die Schuld zu geben. Sie sind die Fremden, und die Fremden bringen das Elend. Aber diesmal vielleicht nicht. Der Boden hier ist nicht aufteilbar. Was wir bekamen, jeder von uns, war zu klein, um davon leben zu können. Auf anderem Land, mit mehr Macht, auch mit anderen Menschen hätte es gelingen können. Aber alles kann man nicht ändern.« Und dann das Erwartete: »Sizilien ist das Unglück.«
Meine Fragen überhörte er. Es sei nicht so, daß er am Gewesenen hänge, weil er ein alter Mann sei. Aber damals sei alles einfach gewesen. »Da war der Verwalter, er machte uns das Leben schwer. Doch wußte man, woran man war; und irgendwo, sehr weit, in der Stadt oder im Norden, gab es den, dem alles gehörte. Er kam nur selten, und wir haßten ihn. Und dann die Nachbarn, Landarbeiter und Tagelöhner wie alle. Der Zusammenhalt, der da war, die Verwandtschaften von hier nach da. Und die ererbten Feindschaften natürlich, deren Gründe in vergessenen Gräbern lagen, so daß niemand mehr etwas über die Ursachen sagen konnte. Das war die Ordnung, nach der wir lebten.«
Sie hätten gewollt, daß alles besser würde; aber daß es auch so einfach bliebe, wie es immer war. »Es ging nicht«, sagte er, jetzt wisse er nicht einmal, wem das Haus gehöre, in dem er wohne. Es gebe keinen Besitzer, sage man ihm, sondern eine Gesellschaft in Palermo. Die Leute von der Gesellschaft, die manchmal vorbeikämen, wüßten nichts von ihm. Und er nichts von ihnen. So gehe es allen.
Als wir uns verabschiedeten, meinte er, er habe mich sicherlich enttäuscht. Aber was hätte ich hören wollen? Ich solle seine Kinder fragen. Sie lebten in den Städten, in Messina, Trapani, Augusta. Sie sagten, daß sie halbwegs zufrieden seien und daß er nichts mehr begriffe.
Was er tatsächlich nicht begriff, war der Einbruch der Gegenwart in eine uralte, von überlieferten Regeln und Zusammenhängen geprägte Lebensform. Solange sie dauerte, hatte man im Unglück, was es auch war, einen Halt; während die moderne Welt alle Bindungen auflöst und nicht einmal das Bild eines Gegners zurückläßt, der dem Widerstand wie der Hoffnung eine Richtung geben könnte. Die unter immer anderen Parolen inszenierten Protestaktionen

auf unseren Straßen dementieren diese Einsicht nicht, bestätigen sie vielmehr.

ENNA. Nachdem wir uns von dem Mann getrennt hatten, Gang über die Via Roma, eine Art Corso, der die langgestreckte Bergstadt in der Mitte durchschneidet. Auffällig der blonde Menschentypus, der hier deutlicher als anderswo auf die normannische Epoche der Insel verweist. Als wir noch einmal auf den Landarbeiter zurückkamen, versicherte Zichichi, es sei nicht nur die moderne Welt, die den Mann so ratlos stimme. Vielmehr mischten sich die neuen Erfahrungen mit dem überkommenen Empfindungshintergrund, der von Fatalismus und Selbstmitleid beherrscht sei. Dafür stehe der Begriff des »vittimismo«. Auch durchaus unsentimentale Sizilianer höre man, wie in einem ererbten Reflex, nicht selten über die »Opferrolle« der Insel klagen: »Siamo tutti sfortunati!« Über die Motive dafür waren wir uns bald einig. Sie haben mit der jedem Zugriff offenen Lage der Insel zu tun, an deren Küsten seit dem achten vorchristlichen Jahrhundert immer andere Eroberer ihr Unterjochungswerk begannen, ehe sie selber unterworfen und von Beherrschern gleichsam zu Einheimischen wurden. Auch Z. wies darauf hin, daß zum Begriff des Einheimischen das Element der Unterdrückung gehöre. Zwar entspreche das unterdessen nicht mehr der Wirklichkeit, aber als Grundgefühl habe es sich dem allgemeinen Bewußtsein unverlierbar eingeprägt.

NOCH ZUM VORIGEN. So fern, wie es zunächst scheint, ist uns dieses sizilianische Wesen gar nicht. Auch die deutsche Mentalität neigt zum Selbstmitleid und kostet ihre Opferrollen aus. Nicht anders verhält es sich mit den geschichtspsychologischen Hintergründen. Zwar hat die Geographie Deutschland weit weniger dramatisch exponiert als Sizilien; aber zum Objekt der Geschichte ist das Land auch geworden, und alle seine Ausbruchsversuche haben nur Unglück und Zerstörung gebracht. So daß als Unterschied am Ende bestehenbliebe, daß der sizilianischen Dauerklage ein Element der theatralischen Verliebtheit in die große Unglücksgeste innewohnt, während der deutsche Jammer ganz distanzlos zu sich selber ist.

AUS DEN NOTIZEN. Als wir über die sizilianische Schicksalsergebenheit sprachen, sagte Z., Fatalismus sei nur ein anderes Wort für Alter und Geschichtsmüdigkeit.

CALATAFIMI. Gestern abend bei Don Calicchio. Durch die offenen Türen konnte man auf die Terrasse und den dahinterliegenden Garten sehen, aus dem, nach der Hitze des Tages, der Duft von Zitronenbäumen kam. Don Calicchio schreibt seit Jahren an einem Buch über Sizilien, von dem er selber sagt, er werde es nie zu Ende bringen. Es sei zuviel, meinte er, zuviel jedenfalls für den, der die Dinge kennt. Und eigentlich, fügte er mit einem entschuldigenden Lächeln hinzu, als wolle er seine produktive Unlust rechtfertigen, sei er an die Geschichte nur geraten, weil er die Gegenwart ablehne und aus ihrer Verneinung lebe. »Mein intellektueller Hochmut«, sagte er, »findet seine Rechtfertigungen nur im Gewesenen.« Er besitzt eine umfangreiche Bibliothek und versorgt mich mit Büchern über die Insel.
Seine Frau war eine matronenhafte Erscheinung, die ihren Mann um fast einen Kopf überragte. Es war zu erkennen, daß sie schön gewesen war, aber die Jahre hatten alles an ihr in das verwandelt, was man Gesundheit nennt und sich aus Breite, Speck und Energie zusammensetzt. Sie hatte ein Essen »nach der Tradition« zubereitet: Als Vorgericht pasta di cito alla siciliana, die aus Maccheroni mit kleingeschnittenem Fleisch, Auberginen und Basilikum bestand, anschließend gab es Kaninchenragout in scharfer Pfeffersauce und zuletzt einen Orangensalat, der mit Öl, Salz und Knoblauch angemacht war. Don Calicchio riet mir, von Enna aus zunächst nach Westen und dann allmählich nach Norden zu fahren; da gerate man noch in Landstriche, die etwas vom afrikanischen Charakter der Insel bewahrt hätten.
Am Vormittag brach ich auf, fuhr am Lago di Pergusa vorbei nach Süden und bog hinter Mazzarino nach Westen ab. Auf gewundenen, nur streckenweise asphaltierten Wegen, eine riesige Staubfahne emporwirbelnd, gelangte ich bald in jene Landschaft aus Armut, Durst und sonnengreller Düsternis, die so viel zum Bild pathetischer Schwermut beiträgt, das die Vorstellung mit dem Begriff Sizilien verbindet. In den Farben herrschen die grauen und sandigen

Töne vor, und nur die oft schädelförmig gerundeten Bergkuppen sind von dunklen Moosflechten oder flacher, verbrannter Macchia wie mit Blattern und Narben übersät. Man kommt durch sanft abfallende, in der Hitze kochende Talsenken und über immer neue Höhenzüge, deren Rücken sich in der Ferne, Schicht für Schicht, in zunehmend blasseren Farben übereinanderlegen, bis die Konturen sich am Horizont in flimmernder Unschärfe auflösen.

Überall in den Hängen klaffen tiefe Erdrisse, die von den Regengüssen des Frühjahrs herstammen, sie gleichzeitig aber auch verschlucken: das Wasser dient nur der Zerstörung, nicht dem Hervorbringen. Mitunter ist das Gelände von schroffen Abstürzen durchsetzt, in denen die Landschaft, wie erschöpft von den Gewalttätigkeiten der Natur, von der Sonne, der Kälte und den Winden, buchstäblich zusammengebrochen scheint. Nur wenig Vegetation, die alledem standhält. Verdorrte Grasflächen, etwas Gestrüpp und hin und wieder auch verrenkte, fast blattlose Olivenbäume, grau von Alter und Staub. Hinter einem Bergvorsprung tauchen ein paar Schafe auf, die mit gesenkten Köpfen im Geröll stehen und bewegungslos verharren, bis sie in der Staubwolke verschwinden. Verschiedentlich überquert man schmale Brücken, die sich unsinnig und theatralisch in dieser wasserlosen Einöde ausnehmen, das Flußbett zeichnet sich nur durch die bleichere Farbe des steinigen Grundes ab. An den Rändern stehen manchmal einige Stangen dürren Röhrichts, dem von der gleichmacherischen Sonne das alles beherrschende fahle Kolorit eingebrannt ist. Während der Rast im Schatten eines Felsens stößt ein kurzer, unmerklicher Windzug Glut, Staub und trockenen Geruch heran, in den sich, mehr wie eine Ahnung, der Hauch von Rosmarin und Majoran mischt, man weiß nicht, woher. Wenige Dörfer liegen geduckt am Wege, die Straßen sind menschenleer.

Einmal, gegen Mittag, wird inmitten eines dieser steingrauen, namenlosen Orte ein bescheidener und doch herrschaftlicher Landsitz sichtbar, das Tor ist mit Efeu verhangen, neben der weiten Auffahrt stehen im hohen, verbrannten Gras einige Pinien und Korkeichen. Um das Anwesen zieht sich eine Lorbeerhecke, und das unvermutete Grün nimmt sich fremd und künstlich aus nach so viel gebleichtem Graugelb. Als der Wagen hält, ist von der Toreinfahrt her das Rieseln eines Brunnens zu hören. Mitunter stockt der Wasserfluß, als habe die Quelle alles, was sie herzugeben hatte, erschöpft. Dann aber setzt sie wieder ein, und ein aufgerissenes Löwenmaul zerteilt das Naß in wenige dünne Rinnsale.

AUF DER WEITERFAHRT. Etwas später ändert sich das Bild. Zusehends führt der Weg an neu angelegten Kulturen von Zitrusfrüchten oder Oliven vorbei, die kleinere oder größere Grünzonen aus dem monochromen Grau herausschneiden. Die jungen, teilweise hochstämmigen Pflanzen sind in strenger Ordnung und wie mit dem Richtmaß gesetzt, als sollten sie den zivilisatorischen Willen demonstrieren, der sie da hingestellt hat. Am Rande große Tanks, die das Wasser über Aquädukte aus Fertigbeton führen, und es schließlich in Rohrsysteme verteilen, verschiedentlich ragen windgetriebene Pumpen aus dem Gewächs hervor. Später auch ausgedehnte Rebenanpflanzungen, und selbst dort, wo erst ein Anfang gemacht ist, bleibt die Kultivierungsanstrengung unübersehbar. Sie prägt die Landschaft um und verwandelt Sizilien wieder zurück in jene fruchtbare Insel, die es jahrhundertelang war.
Der Gewinn ist beträchtlich, auch wenn sich verschiedentlich schon ahnen läßt, wie der Zwang zur Großproduktion Schritt um Schritt die einzelnen Feldstücke zusammenschließen und in kilometerlangen Plantagen eine neue Form der Einöde herstellen wird. Goethes »traurige Fruchtbarkeit« der sizilianischen Weizenfelder. Zugleich geht damit auch eine historische Siedlungsform zugrunde. Die Gutshöfe sowie die dunkelroten oder ockerfarbenen Pächtersitze von ehedem stehen leer, bisweilen erinnern nur noch Trümmer und Mauerreste an die einstigen Behausungen. Die Rückeroberung des Landes bedeutet auch dessen Enthumanisierung, und jedenfalls fehlt jener gewachsene Zusammenhang, der sich erst durch die allmähliche Zähmung der Natur, die generationenlange Wechselbeziehung zwischen Mensch und Boden herstellt. Aber stellenweise hat die Landschaft idyllische Züge zurückgewonnen, und nur die verkarsteten Höhen haben den melancholischen Charakter von einst bewahrt.
An einer Schranke mußte ich halten. Das Bahnwärterhäuschen war verwahrlost, auf dem Fenstersims, hinter den halbgeschlossenen

Läden, lag ein verlassenes Vogelnest. Ein paar Reben waren zur Hauswand hinübergezogen, daneben ein Feigenbaum mit heruntergebrochenen Ästen. Inmitten all der ringsum sichtbaren Kultivierungsenergie wirkte die Behausung wie ein Überbleibsel aus alter Zeit.

Auch als die Sonne sich dem Horizont nähert, kommt keine Abkühlung. Noch immer steht die Glut über den Hügeln, und die Straße löst sich, einige Meter voraus, in zitternde Schwärze auf. Es ist, als hauche der Boden die Hitze des Tages aus. Vor der Linie der Berge im Hintergrund liegt ein Band aus rauchigviolettem Dunst. Das Hotel, in dem ich bei Dunkelheit eintreffe, nennt sich übertriebenerweise »Mille Pini«.

AM RANDE. Jede Landschaft ist zugleich das Spiegelbild der Vorurteile, Kenntnisse und Ideen, die der Betrachter in sie hineinlegt. Auch seiner Augenblicksempfindungen. Zunächst ist sie nur Terrain, regellos bestückt mit Bäumen, Flußläufen, Hecken, öden Partien, Abhängen oder Erhebungen. Aber unmerklich ordnet sich das Durcheinander, gewinnt Umriß, Charakter und nimmt schließlich die Gestalt der idealen Landschaft an; ihrer heroischen, pastoralen oder romantischen Spielart. Man fragt sich, welchen Anteil die reine Wahrnehmung, ohne alles Vorwissen, an dem entstehenden Bild hat.

CALATAFIMI. Über hundert Jahre bestimmte das westliche Sizilien jenes Bild von Elend und Erschöpfung, das die Vorstellung mit der Insel im ganzen verbindet. Aber in aller Zeit davor war Sizilien begehrt und umkämpft auch als Kornkammer der Welt, und noch die Reisenden der Grand Tour priesen es als den »schönsten Garten Europas«, in dem die Jagdhunde, wie es in einer der überschwenglichen Schilderungen heißt, verwirrt vom Durcheinander der Blütendüfte, die Fährte des Wildes verloren. Der Hamburger Johann Heinrich Bartels berichtete von den immer neue Frucht tragenden Ebenen und ihrem ewigen Frühling, und weniger schwärmerisch notieren ähnliches auch Goethe, Gregorovius oder Swinburne.

Zwar ist in diesen Aufzeichnungen meist der Ostteil der Insel, vor allem die Gegend zwischen Catania und Agrigent, gemeint. Aber auch die unlängst noch verödeten Landstriche im Westen waren gegen Ende des 18. Jahrhunderts ertragreiches Gelände, und in einer dieser Beschreibungen heißt es, Marsala schien, vom Hinterland aus gesehen, auf »Wellen von Kornfeldern« zu schwimmen. Was ist im 19. Jahrhundert geschehen, daß die Insel ihre Fruchtbarkeit verlor und zu einer der tragischen Landschaften Europas wurde?

NOCH ZUM VORIGEN. Darüber mit G. Er nannte die unerträgliche Steuerbelastung als Ursache des Landsterbens, die Auspresserei durch das Königshaus in Neapel, durch die Großgrundbesitzer und die Kirche. Andere führen den Utilitarismus der Italiener ins Feld, die auch die Natur ausschließlich auf ihren Nutzen hin ansehen und die Möglichkeiten rascher Verwertbarkeit höher veranschlagen als jeden anderen Gesichtspunkt. Das habe vor allem im 19. Jahrhundert zu ausgedehnten Entwaldungsaktionen geführt und jenen Erosionsprozeß in Gang gesetzt, dessen Folgen bis heute andauern. So daß man sagen kann, das Ausbeutungsprinzip des feudalen Regimes gegenüber der Insel sei auf unterer Ebene, im Verhältnis der Bevölkerung zur Natur, noch einmal anzutreffen gewesen. Dieser doppelten Gier aber war das Land nicht gewachsen.

SANTA MARGHERITA IN BELICE. In der Erinnerung war das Donnafugata des Romans noch ganz gegenwärtig: der schmale Platz vor dem Palast, dessen Portal an diesem Tag weit geöffnet war und den Blick in die Tiefe dreier hintereinanderliegender Höfe freigab. Dicht gegenüber, halb verdeckt von staubigen Platanen, eine Front kleiner, flacher Häuser, deren Fluchtlinie sich weiter hinten ins Innere des Platzes vorschob und ihn noch enger machte: einige von ihnen nahmen in einem Balkon, einem Giebel die Architektur des Palasts auf und ahmten dessen herrschaftliche Fassade nach. Im Hintergrund, über Mauern und Vorsprüngen, die Baumkronen des tiefer gelegenen Parks, und im Rücken, neben der einmündenden Straße, die Kirche.
Als die Wagen, weiß vom Staub, das Geviert erreichten, setzte die Musikkapelle ein, Böllerschüsse, Glocken und das Gedränge der

Honoratioren. Allen voran Don Calògero, der Bürgermeister, mit der Trikolorenschärpe über der Brust, daneben Monsignor Trottolino, der Pfarrer, dann der Notar, der Arzt und der Organist. Hinter ihnen, neugierig und still, die Bewohner des Ortes. Nach altem Brauch gingen die Ankommenden vor dem Betreten des Palasts zum Tedeum in die Kirche hinüber. Vor dem Haupttor erwartete sie Don Onofrio, der Verwalter, ganz alt, gebeugt und weißbärtig, ihm zur Seite seine pompöse Frau, die Diener und die acht Männer der fürstlichen Schutzwache, in den Händen lange Flinten und goldene Leoparden an den Mützen. »Alles ist geblieben, wie es war, ja besser, als es war«, versicherte Don Fabrizio ein ums andere Mal, als suche er Trost in der Vorstellung, daß die Welt hier noch war wie ehedem.

Vom Schauplatz dieser sommerlichen Idylle, ihrer unvergeßlichen Atmosphäre aus Hitze, Festlichkeit und Abschiedsahnung, ist buchstäblich nichts mehr. Schon in Montevago, einige Kilometer vor Santa Margherita, stößt man auf die ersten Vorzeichen: Ruinen, Notunterkünfte, ein paar unfertige Neubauten. Alles andere ist nur noch planiertes Gelände. Im Jahre 1968 hat ein Beben die Ortschaften im Tal des Bélice zerstört.

Auch Santa Margherita ist nicht mehr. Die Straßen liegen verlassen, vereinzelt ragen Mauerreste ins Leere, dann und wann eine stehengebliebene Wand. Fast alle Häuser sind geräumt und dem Verfall preisgegeben. Dazwischen, wie zufällig aufgestellt, Wellblechbaracken und die schematischen Konturen vorgefertigter Siedlungshäuser. Wie es da liegt, ist Santa Margherita weniger eine Geisterstadt; viel eher eine Stadt, die es nicht mehr gibt.

Unvermittelt öffnet sich der Straßenbogen zu einer abgeräumten, vom Gestrüpp überwucherten Fläche, die weit im Hintergrund von einer Silhouette aufgerissener Häuser begrenzt wird. Nur das immer noch sichtbare Gitternetz der Straßen läßt erkennen, daß dies einmal die Ortsmitte von Santa Margherita war, mit dem Platz als Mittelpunkt, den die Wohnquartiere einschlossen.

Wie die Ankommenden von einst, nähert man sich der Villa von der Längsseite her. Sie enthielt über hundert Räume, Quartier für dreißig Gäste, dazu Remisen, Stallungen und ein eigenes Theater. Im vorderen Querflügel war eine Kirche untergebracht, und es ist deren Innenwand, die hinter der niedergebrochenen Außenfront jetzt ins Freie steht: Altarnischen, feierliche Bögen und Pilaster, Fresken von Heiligen und Päpsten, dies alles umrahmt vom Überschwang sizilianischer Stukkaturen. Auf halber Höhe hängt noch die Empore aus vergittertem Eisenwerk, deren Brüstung mit vergoldeten Emailarbeiten ausgelegt ist, im Mittelfeld der Doppeladler, flankiert von Blüten und geometrischen Figuren. Dahinter standen die Sessel und Betbänke, auf denen die Bewohner der Sonntagsmesse beiwohnten.

Die zum Platz hin gelegene Hauptfassade ist nicht mehr als sechzig Meter breit und reich gegliedert, so daß das »mastodontische Haus« sich doch mühelos seiner bescheidenen Umgebung einfügte. Das Portal mit dem aragonesischen Wappen im Rundbogen ist im unteren Teil vermauert, durch die Öffnung kann man die baumbestandenen Innenhöfe bis hin zum Abschlußtrakt sehen. Die leeren Fensterrahmen sind von heruntergebrochenem Gebälk durchschnitten, auf dem Gemäuer ist noch die verwaschene Spur der einstigen Bemalung zu erkennen: »An der Decke segnete Jupiter, in eine purpurne Wolke gehüllt, Aruggiero, der sich anschickte, von der heimischen Normandie nach Sizilien abzusegeln: Tritonen und Seejungfern tanzten wie toll um die Galeeren, die im Begriff waren, in See zu stechen – in ein perlmutterfarbenes Meer.«

Zu beiden Seiten des Portals sind steinerne Tafeln angebracht. Darauf bezeugt Ferdinand II. dem Besitzer seinen Dank, nachdem er während der revolutionären Unruhen von 1848 seinen Thron in Neapel hatte räumen müssen und für einige Zeit in Santa Margherita Zuflucht fand. Auch die Treppenanlagen zu den seitlich vorgebauten Terrassen stehen noch, doch die Baluster liegen verstreut am Boden und die marmornen Handläufe enden im Leeren. Überall ziehen durch das Mauerwerk Sprünge und tiefe Risse. Die Balkone vor dem Piano nobile, hinter denen der Ballsaal lag, sind heruntergebrochen, die gebauchten Schmiedegitter hängen zerrissen aus der Fassade. Jenseits der Umfassungsmauer und mehr noch im Innern der Villa türmen sich die Schuttberge, überdeckt von wildem, blühendem Gewächs. Hier und da ragt ein Trümmerstück des schweren Stuckgesimses aus dem Boden, Akanthusblatt oder Ochsenauge.

Im Park der Ruine ist einmal, aus undurchdringlichem Dickicht, das plätschernde Geräusch des Brunnens zu hören. Dort stand, auf einer kleinen Insel aus künstlichen Ruinen, die Göttin des Überflusses und schüttete, umgeben von Najaden und Meerungeheuern, Wasserbäche in das moosige Grün des darunterliegenden Beckens. Vergebens sucht man die Wege ausfindig zu machen, die nach der Mode der Zeit in Mäandern und Irrgängen verliefen und die Anlage in einen labyrinthischen Märchenwald verwandelten. Auch die Figuren sind nicht mehr da, die mythischen Helden und nasenlosen Göttinen, die in den gewölbten Lorbeerhecken standen. Weiter hinten liegt, überwuchert von Myrthe und Katzenminze, eine umgestürzte Steinbank im Gestrüpp, schwarz vom Schimmel unvordenklicher Zeiten. Die Hitze unter dem lichtdurchbrochenen Blätterdach treibt den Schweiß hervor. Kaum ein Weiterkommen. Zwischen den Steineichen, die den Ruhm des Ortes ausmachten, zwischen Araukarien und Palmen, stehen einige Orangen- und Mandarinenbäume, die Äste voll von Früchten.
War das der Ruin, den Giuseppe Tomasi Caro, Fürst von Lampedusa, Herzog von Palma und Träger zahlreicher weiterer Titel von heraldischer Bedeutung, im Auge gehabt hat, als er, in romanhafter Ausspinnung, jenes Stück Familienbiographie aufschrieb, das ihn berühmt machte? Lampedusa hat die Zerstörung von Santa Margherita, dem Donnafugata des Romans »Der Leopard«, nicht mehr erlebt. Aber er hatte schon erfaßt, daß er einer Schicht angehörte, deren Daseinsgrund im Entschwinden war, das Buch beschreibt nichts anderes als den Beginn dieses Prozesses. Glücklich, die Reise überstanden zu haben und den Staub aus den Kleidern schlagend, war Don Fabrizio nach dem Gang zur Kirche unter den Dorfbewohnern umhergegangen. Er hatte Begrüßungsworte nach hierhin und dorthin gerichtet, Erkundigungen über die Angehörigen eingeholt und dann gesagt: »Und nach dem Essen, um neun Uhr, werden wir glücklich sein, alle Freunde bei uns zu sehen.« Die Dorfbewohner, heißt es dann, kamen immer wieder auf diese Worte zurück. »Der Fürst zwar hatte Donnafugata unverändert gefunden; ihn hingegen fand man sehr verändert, denn nie hätte er früher eine so herzliche Art zu sprechen gehabt; und mit diesem Augenblick begann, unsichtbar, sein Prestige zu schwinden.«

Das war, kaum merklich, der Anfang gewesen, drei Generationen zurück. Der Minderung des Ansehens war, mit den Jahren und den Ereignissen, der Verlust der Güter, des Erbes und des Einflusses gefolgt. Lampedusa hatte nach dem Krieg ein kleines, heruntergekommenes Haus in Palermo, in der Via Butera nahe dem Hafen, erworben, das der Urgroßvater Giulio, der Leopard des Romans, rund achtzig Jahre zuvor gekauft hatte: »Ich habe ein Haus am Meer, mit dem Blick auf die See«, sagt der Fürst, »mit einem Dachgarten, von dem aus man die Hügel rund um die Stadt sehen kann.« Aber nicht die Lage war es, die den Nachfahren zum Rückkauf bewogen hatte, sondern Familiensinn und Anhänglichkeit an eine Welt, deren Überbleibsel er, noch im Vergehen, festhalten wollte.

Er lebte ganz im Gewesenen, ein unauffälliger, in seine Gedanken verlorener Mensch, der kaum ein Wort sprach. Nach seinem Tod versuchten viele, sich seiner zu erinnern. Auf einer Gesellschaft, in der Buchhandlung Flaccovio, wo alle Welt sich traf und die auch Lampedusa fast täglich aufsuchte, oder im Café Mazzara, in dem er, an einem der hinteren Tische, große Teile des Romans schrieb, mußten sie ihm begegnet sein. Aber keinem hatte er sich eingeprägt, kaum einer wußte seine Erscheinung zu beschreiben, ohne eine Erinnerungsspur hatte er sich unter ihnen bewegt, still und von einer Höflichkeit, die eher abwehrend als verbindend war. Die elegische Zähigkeit, mit der er am Vergangenen festhielt, mag vielen als die einsame Marotte eines Einzelgängers erschienen sein.

Auf die Frage nach seinem Beruf pflegte Lampedusa bis zuletzt zu antworten, er sei Fürst. Es war die Weigerung, die Dinge hinzunehmen, nur weil sie übermächtig schienen. Aber noch weniger war er bereit, dagegen aufzubegehren. Sein sizilianischer Fatalismus, gemischt aus Stolz und Ergebung, beobachtete sie wie aus unendlicher Entfernung: Alles im Auf und Ab, ein ewiges Kommen und Gehen zwischen zwei Finsternissen, und mittendrin, als Gegenstand des Widerwillens wie des Mitleids, die Menschen, berechnend, zügellos und in alledem gefangen in einer Blindheit, die so vergänglich war wie sie selbst. Die Leoparden weichen schon, heißt es einmal, niemand werde es verhindern können, und ihren

Platz werden die kleinen Schakale einnehmen, deren Urbild Don Calògero Sedàra war, wie er in dem Roman geschildert ist, schlau, gierig und unwissend. Am Ende, nach dem Tod des letzten Fürsten Salina, bleiben von der alten Welt und ihrem Glanz nur der von den Motten zerfressene Balg des einstigen Lieblingshundes sowie einige erbrochene Reliquienrahmen, die Symbole einer inhaltlos gewordenen, ihres Zaubers verlustig gegangenen Lebensform.
Er schreibe, hat Lampedusa versichert, nur für sich selber, er habe keine andere Absicht, als mit der Traurigkeit fertig zu werden. Und dieses ganz persönliche Motiv, der fast hochmütige Verzicht auf jeden, selbst den literarischen Ehrgeiz, hätte fast zur Folge gehabt, daß das Manuskript des »Leopards« verlorengegangen wäre. Nach einigem Zögern hatte Lampedusa sich bereit gefunden, das abgeschlossene Werk unter einem Pseudonym an Elena Craveri, eine Tochter Benedetto Croces, zu schicken. Als keine Antwort kam, sandte er das zweite Exemplar, wiederum nicht ohne Zweifel und Bedenken, an Elio Vittorini, der als Lektor für Einaudi und Mondadori tätig war. Vittorini lehnte den Roman jedoch mit der Begründung ab, er sei zu essayistisch und habe keine Poesie. Lampedusa erhielt den Bescheid auf dem Krankenbett, er habe nur »Schade!« gesagt, so wird erzählt, und das Manuskript beiseite gelegt. Schon bald darauf verschlimmerte sich sein Zustand, und als er kurze Zeit später starb, vergingen noch einmal acht Monate, ehe sich Elena Craveri der anonymen Zusendung erinnerte. Sie gab das Manuskript an Giorgio Bassani weiter, der augenblicklich die literarische Bedeutung der Arbeit erkannte und sie Feltrinelli empfahl. Vom Tag des Erscheinens an war »Der Leopard« ein überwältigender Erfolg.

NOCH WEITERES. Lampedusa hat, was Sizilien im späten 19. Jahrhundert und bis an die Schwelle der Gegenwart war, mit einer definitiven Eindrücklichkeit beschrieben: die ungestüme Poesie der Insel und ihrer Menschen, ihre Trägheit und hingebungsvolle Erstarrung unter einem Himmel, aus dem es, wie auf die Städte der Bibel, Feuer regnet; desgleichen den geschichtslosen Pessimismus, dem sie sich seit alters unterworfen hat und der alle gesellschaftlichen Änderungen, Revolutionen und Machtverschiebungen mit der verzweifelten Ungerührtheit dessen verfolgt, der weiß, daß dem alten Leiden nur ein anderes folgen und am Ende alles schlimmer sein wird, als es jemals war. »Ihr werdet sehen«, sagt eine der Figuren aus dem »Leopard« nach dem Sieg Garibaldis und der Inthronisierung des Königs aus dem Piemont, »sie lassen uns nicht einmal mehr die Augen zum Weinen.«

Es ist anders gekommen. Doch sonderbarerweise begegnet dem Buch, mit wem man auch spricht, uneingeschränkte Bewunderung, selbst von den Anwälten des Neuen. »So ist Sizilien«, hört man immer wieder, »das und nichts anderes sind wir!« Dabei ließe sich denken, daß es gerade der von dem Roman nicht ohne wehmütige Verklärung beschriebene Geist der Apathie ist, der dem Schritt in die Gegenwart den stärksten Widerstand entgegensetzt. »Alle Offenbarungen des sizilianischen Wesens«, sagt der Fürst an einer Stelle, auf die häufig verwiesen wird, »kommen aus krankhafter Träumerei, auch die heftigsten: unsere Sinnlichkeit ist Sehnsucht nach Vergessen; unsere Flintenschüsse und Messerstiche Sehnsucht nach dem Tod; eine Sehnsucht nach wollüstiger Unbeweglichkeit – das heißt: wiederum nach Tod – sind unsere Trägheit und auch unsere Eisgetränke; unsere grüblerische Art richtet sich auf das Nichts, als wollten wir die Rätsel des Nirwana lösen ... Etwas Neues zieht uns nur an, wenn es schon verblichen ist.«

Vielleicht beherrscht diese Todesstimmung, mehr als den meisten bewußt ist, auch noch das gegenwärtige Sizilien und zersetzt alle Anläufe ins Heutige, so daß es am Ende doch wieder zurückfällt in seine Bewegungslosigkeit. Ein »Fürst ohne Hoffnung« wird Don Fabrizio einmal genannt. Unter den Notizen aus dem Gespräch mit dem »uomo di rispetto« aus Catania fand ich den Satz: »Jeder Sizilianer trägt etwas von diesem Fürsten und seinen Untröstlichkeiten mit sich herum. Zumindest ist er sich, seit es dieses Buch gibt, dessen bewußt.«

In einem der wenigen nachgelassenen Prosastücke Lampedusas, einer Erinnerungsskizze an die Stätten seiner frühen Kindheit, wird die Villa in Santa Margherita »eine Art Pompeji aus dem Jahre 1800« genannt. Gemeint ist eine Welt, die alle Eruptionen der Geschichte unversehrt überstanden hat. Was im historischen Pompeji durch Lava und Aschenregen bewahrt worden war, hatte hier die

Abgeschiedenheit des innersten Siziliens bewirkt. Jedenfalls, solange es dauerte und bis das Erdbeben kam.
Aber das Zerstörungswerk war schon früher begonnen worden, und Lampedusa selber hat sich zeitlebens geweigert, den Besitz in Santa Margherita noch einmal wiederzusehen. Ein Onkel, dem das Anwesen zugefallen war, hatte es bald nach dem Ersten Weltkrieg verkauft, und die neuen Eigentümer hatten große Partien des Gebäudes modernisiert und bis zur Unkenntlichkeit verändert. Lampedusa wollte sich das Bild, das er seit Kindheitstagen davon hatte, durch die Wirklichkeit nicht verderben lassen: »Es kam ihm vor wie ein Haus, das einem im Traum erschienen ist.« Da er sich nicht so sehr als Schriftsteller und mehr als Mensch mit Erinnerungen empfand, suchte er es festzuhalten. So geriet er an die Literatur, deren eigentliches Interesse, wie er einmal bemerkt hat, die »Verlorenen Paradiese« sind.

VENARIA. Auf der Rückfahrt, kurz hinter Montevago, schlug ich den Weg nach Venarìa ein, dem sonntäglichen Ausflugsort der Leute von Santa Margherita. Nach einer Brücke geht es noch ein Stück abwärts und dann die Straße steil hinauf bis zu einem herrschaftlichen Tor, von dem nur noch die steinernen Pfosten stehen. Lampedusa hat beschrieben, wie es einst war: »Die Allee war prächtig: etwa dreihundert Meter zog sie sich ganz gerade zum Gipfel hinauf, auf jeder Seite mit einer doppelten Reihe Zypressen besetzt. Und es waren keine jungen Zypressen wie die von S. Guido, sondern mächtige, fast hundertjährige Bäume mit dichtem Wipfel, die in jeder Jahreszeit ihren strengen Duft verströmten. Die Reihen waren ab und zu wechselweise von Bänken unterbrochen und einmal von einem Brunnen. Man klomm im duftenden Schatten nach der Venarìa hinauf, die in die mächtige Sonne getaucht da oben thronte. Sie war ein gegen Ende des 18. Jahrhunderts errichteter Jagdpavillon, der als ›sehr klein‹ galt – aber in Wirklichkeit hatte er mindestens zwanzig Zimmer. Seine Front lag auf der entgegengesetzten Seite: der Pavillon stand steil über dem Tal, das von hier, aus größerer Höhe, noch weiter und trostloser wirkte.«
Heute führt keine Allee mehr auf die Höhe, die feierliche Doppelreihe der Zypressen ist gelichtet und nur die gärtnerische Idee noch

erkennbar. Der Weg ist vom Regen ausgespült und die dünne Humusschicht von tiefen Rinnsalen zerschnitten, auf deren Grund das nackte Gestein hervortritt. Von den Bänken zu beiden Seiten des Weges liegen geborstene Teile im Unkraut, vergebens sucht man den Brunnen.

Auch der Pavillon steht nicht mehr. Auf der Anhöhe erhebt sich statt dessen, auf stelzenartigen Pfeilern, ein kastenförmiger Betonbau, der offenbar eine Zisterne enthält. Vom Jagdhaus sind nur die Grundmauern geblieben, die das Plateau gegen den Hang abstützten. Zwei Landarbeiter, die auf dem Gelände waren, wußten nichts von dem Pavillon und auch nichts von den einstigen Besitzern. Dreizehn Generationen lang hatte das Anwesen der Familie Salina gehört, die Spuren ihres Hierseins noch sichtbar. Emphatischer Verschönerungswille unter der Wüstensonne des südlichen Siziliens. Jetzt nur noch Geschichte, oder weniger als das.

SEGESTA. Von Venarìa auf der Autobahn nach Norden. Kurz hinter der Abzweigung nach Trapani folgte ich den Richtungsanzeigern nach Segesta. Man hatte mir geraten, zunächst an dem Tempel vorbei zu dem höhergelegenen Theater zu fahren. Von dort blickt man hinab auf den pathetisch einsamen, dicht an den Rand einer Schlucht gestellten Bau, hinter dem eine mächtige Felswand hochsteigt. Auf der anderen Seite, jenseits der langgestreckten Ebene, das Meer. Schon die Reisenden von einst bemerkten, daß, so weit das Auge reicht, keine Behausung zu entdecken sei. Das antike Segesta, im Flachland gelegen, ist bislang nicht ausgegraben, und von seinen Bewohnern, den Elymern, weiß man nur aus dritter Hand. Es waren kaum Touristen da. In der Nachmittagsstille hörte man, von weit unten, das Gekrächze der Dohlen, die aufgeregt den Tempel umflatterten.

Auffallend ist, daß die Säulen keine Kannelüren haben, wie die griechischen Tempel sie, im Gegensatz zu den römischen, stets aufweisen. Auch fehlt die Cella, desgleichen die Entasis, die Schwellung der Säulenschäfte, und das alles gibt dem Bau eine starre, sogar ins Klobige reichende Schwerfälligkeit. Man hat daraus geschlossen, er sei unvollendet geblieben. Aber einleuchtender ist die Überlegung, der Tempel habe den barbarischen, wenn auch in den griechischen

Kulturkreis eingezogenen Elymern als Kultstätte eines unbekannten Gottes gedient.
Kein anderer Tempel verbindet sich mit seiner Umgebung zu einer vergleichbaren Szenerie. Eindruck von menschenloser Abgeschiedenheit. Zugleich die Überlegung, daß Natur zur Landschaft erst durch Gebautes wird.

AM RANDE. Eine frühe Erinnerung, vor aller Kenntnis derartiger Zusammenhänge: die sonntäglichen Ausflüge in den Grunewald oder nach Potsdam. Nur Gehölz, Kiefern und sandige Grasstücke am Wasser. Aber dann tauchte, entfernt zwischen Bäumen, einer der Rundtürme von Schloß Babelsberg auf, die Kirche in Sakrow oder die Meierei auf der Pfaueninsel, und immer verwandelten diese sentimentalischen Versatzstücke alles. Etwas Mauerwerk, ein paar Säulen oder Spitzbögen, irgendein point de vue machten die märkische Poverté ringsum unversehens zum Klein-Arkadien, so daß sie Feierlichkeit gewann und sogar rührende Würde. Im Osten der Stadt, am Müggelsee oder in Niederfinow, wo wir öfter waren, gab es nichts dergleichen. Da die Klassik, sagte mein Vater, und hier Napfkuchen und gewürfelte Tischdecken.

AUS DEN NOTIZEN. »Jeder Mensch trägt eine Welt in sich, die aus den Bruchstücken all dessen gemacht ist, was er je gesehen und geliebt hat. Dorthin kehrt er immer wieder zurück, auch wenn er glaubt, in einer fremden Welt zu sein und zu wohnen.« Aus Chateaubriands Reisebuch.

MARSALA. Die schäbige Bar am Ortseingang führte, nach einem dunklen Vorratsraum, in eines jener Restaurants mit gefliestem Fußboden, deren reichgedeckte Tische eine Gesellschaft zu erwarten scheinen. Aber meine Aufmerksamkeit zog eine alte Frau auf sich, die in rabenhaftem Schwarz vor der Hauswand auf der gegenüberliegenden Straßenseite saß. Den Körper vornübergebeugt, stützte sie sich mit der einen Hand auf ihren Stock, in der anderen hielt sie das Ende einer Schnur, an der eine Ziege mit schwarzen Zitzen angebunden war. Sooft das Tier an der Leine zerrte, drehte sie den Kopf kurz zur Seite und musterte mißtrauisch die Lage. Von Zeit zu Zeit holte sie tief Luft, wobei die Wangen weit in die zahnlose Mundhöhle zurücktraten und der winzige Körper sich unter der Anstrengung ein wenig aufrichtete. Dann erschien zwischen den Lippen eine widerwärtig rosa Blase aus Bubble-Gum, die bald das ganze Gesicht verdeckte. Sooft die Blase lautlos zerplatzte, meckerte die Alte vergnügt vor sich hin und stieß mit dem Handballen die über das Kinn hängenden Gummifetzen in den Mund zurück.

MARSALA. Der Kellner erzählte, wie er als Halbwüchsiger, im Süden der Insel, die Landung der Amerikaner erlebte. Erst seien die Flugzeuge gekommen und hätten die Lichtsignale gesetzt, bis das Ufer taghell war. Wenn die Maschinen abdrehten, habe für kurze Zeit jene unheimliche Stille geherrscht, in der man kommendes Unheil spüre. Bald darauf sei draußen, auf dem Wasser, eine Nebelbank aufgestiegen, aus der etwas später die Schatten der Schiffe hervorkamen, langsam und riesenhaft, sagte er, und viel größer als alles, was er je in Palermo gesehen hätte. Aber auch jetzt noch sei es still gewesen, und auch die Schiffe hätten nur dagelegen, als wüßten sie nicht weiter. Endlich seien, wie auf ein Zeichen, die Ladetore aufgegangen und aus dem Innern seien die Landungsboote herausgekommen, schwarze Boote mit lärmenden Motoren. Da er nahe am Ufer lag, habe er das klatschende Geräusch der Wellen hören können und wie die Boote den Strand heraufsetzten. Noch immer sei aber kein Schuß gefallen.
Erst als das Ufer voll von Booten lag und die Soldaten ausgeschwärmt waren, habe das Schießen eingesetzt, ganz plötzlich und als sei nun der Augenblick da. Die Deutschen und die andern, sagte er, alle auf einmal. Das Schießen sei aus jeder Richtung gekommen, auch vom Meer und von den Schiffen her. Zwischen dem Aufblitzen und dem Donner seien am Nachthimmel weiße Wolken zu sehen gewesen, die wie aus dem Nichts kamen, kurz bewegungslos dastanden und dann davontrieben. Bis nach Licata hin habe es dieses Blitzen gegeben.
Von den Deutschen habe er nichts entdecken können und von den Italienern auch nicht. Doch bei Tagesanbruch sei in das Sandloch, wo er lag, ein Amerikaner hineingesprungen, der ihn in seiner

Sprache angeredet habe. Er war aus Caltavuturo, sagte der Kellner, und wollte in einer Woche bei seiner Familie sein. Bevor er weiter den Strand hinauflief, habe er ihm einen Kaugummi gegeben, und einen Augenblick lang habe er Stolz empfunden über diesen Sizilianer, der als Eroberer gekommen war. Aber gleich darauf sei ihm zum Heulen gewesen, weil es schließlich auch eine Niederlage war, und er nicht gewußt habe, wohin er nun gehöre, zu den Siegern oder zu den Besiegten.

MARSALA. Im Hafengelände von Mazara am frühen Morgen dichtes Gedränge. Was am stärksten ins Auge fiel, war die orientalische Farbigkeit nach all dem sizilianischen Schwarz. Auch lag eine bazarhafte Unruhe über der Szenerie, obwohl die Menschen nur herumstanden und zu warten schienen. Meist waren es Tunesier oder Marokkaner, die sich als Tagelöhner anboten. Wer immer eine Arbeit gefunden hatte, war lange abgezogen. Viele der Zurückgebliebenen hockten längs den Mauern auf einem Fell oder einer Decke, die neben der Geduld ihr einziges Mitbringsel war, und mitunter schien es, als hockten sie schon seit Tagen so unbewegt da. Ihre schläfrige Ergebenheit wirkte wie eine Drohung.

AM RANDE. Die nordafrikanischen Tagelöhner könnten für die Sizilianer buchstäblich die Welt verwandeln. Denn zum ersten Mal seit Menschengedenken hat ihr Haß nun einen Gegner, vor dem sie weniger Ohnmacht als Verachtung empfinden können. Man haßt anders, wenn man nach unten haßt.

MOZIA. Mit dem Ruderboot hinüber auf die kleine vorgelagerte Insel. In dem seichten Wasser sind noch die Spuren antiker Straßen zu sehen. Im bescheidenen Museum der Insel ist erst kürzlich die mehr als lebensgroße Jünglingsfigur aufgestellt worden, die man hier gefunden hat. Noch steht sie in dem Metallgerüst, das der Beförderung diente, und am Kopfende ist ein eiserner Haken in den Marmor eingelassen, der ihren Stand sichert.
Die Verbindung von Kraft und virtuosem Spiel, von Monumentalität und Eleganz wirft Fragen auf, die nicht nur kunsthistorisch zu beantworten sind. Während der Kopf der Skulptur und insbeson-

dere die Haarbildung an ein Werk aus der Epoche des Strengen Stils denken lassen, deuten Rumpf, Haltung und Oberflächenbehandlung auf eine Arbeit aus späterer Zeit. Im Raffinement, mit der das enganliegende, plissierte Gewand die Nacktheit der Figur weniger verhüllt als steigert, zeigt sich ein hohes Maß artistischer Bewußtheit an. Das Spiel der Falten, die sich über den Muskelpartien und dem Geschlecht weich öffnen und an den zurückliegenden Körperstellen wieder zusammenlaufen, die übermäßig ausgestellte Hüfte, auf der sich die Finger der linken Hand plastisch ins Fleisch drücken, überhaupt der graziöse Naturalismus des Werkes besitzen einen Zug ins Erotische, fast Laszive, wie er nur den Spätphasen eigen ist.

Noch streiten die Fachleute über Herkunft, Zuordnung und Stil. Manche denken an Dädalos, andere an Dionysos und deuten die effeminierte Figur als Versuch, durch die Darstellung selber das Zwitterwesen des Gottes zur Anschauung zu bringen, der bei Aischylos, auch bei Euripides, männliche und weibliche Merkmale vereint. Einigkeit besteht nur darüber, daß es sich um eine Skulptur des höchsten Ranges handelt, die weniger unsere Kenntnis erweitert, als das Maß unserer Unkenntnis über die rätselhaften Griechen offenbart.

MOZIA. An der Anlegestelle auf das Boot wartend, das mich zurückbringen soll. Der Fährmann hatte während der Überfahrt erzählt, an klaren Tagen könne man am Meereshorizont die Küste Afrikas ausmachen.

Mozia war lange Zeit einer der Stützpunkte Karthagos, und so ist denkbar, daß die Jünglingsfigur phönizische Einflüsse aufgenommen hat. Überlegung, daß dies einer der Kreuzungspunkte ist, von denen alles herkommt. Goethe in der »Italienischen Reise«: »Sizilien deutet mir nach Asien und Afrika, und auf dem wunderbaren Punkte, wohin so viele Radien der Weltgeschichte gerichtet sind, selbst zu stehen, ist keine Kleinigkeit.«

AM RANDE. »Daß Goethe nie ein echtes griechisches Bildwerk mit Augen gesehen hat, ist seltsam zu denken«, steht bei Hugo von Hofmannsthal.

Es ist noch mehr, was er nicht gesehen hat. Jedenfalls ist er an Syrakus vorbeigefahren und hat auch in Palermo die Möglichkeit vertan, jene morgenländische Welt kennenzulernen, die er Jahre später im »West-östlichen Diwan« gefeiert hat. Statt dessen ist er seinen geologischen Neigungen gefolgt, der Idee der Urpflanze, hat sich auch, als sei er Schiller, mit Herkunft und Hintergrund Cagliostros beschäftigt sowie mit dem Nausikaa-Plan. Merkwürdiges Ausweichen. Am Ende schreibt er, er habe Sizilien zum Teil verträumt.

NACHTRAG. Mit Vincenzo Tusa über die Deutungen der Figur von Mozia. Er sagt, ihn überzeuge keine. Sicher sei nur, daß der Marmor aus Griechenland stamme und ein bedeutender griechischer Bildhauer das Werk geschaffen habe. Er nennt die Zeit zwischen 460 und 450 v.Chr. Sowohl das Gewand als auch das Band um die Brust, von denen sich die Phantasie der Interpreten so sehr beflügeln ließen, seien gänzlich ungriechisch. Dagegen fänden sich im Phönizischen zahlreiche Belegstücke für die gleiche Kleidung.
Griechische Kunsthistoriker schrieben das Werk Pythagoras zu, von dem aber keine Arbeiten überliefert sind. Man könne nicht übersehen, daß die Statue im karthagischen Mozia gefunden worden sei. Er denke an den Auftrag eines wohlhabenden Phöniziers. Ganz unbegreiflich finde er, daß alle Erklärungsversuche bei der griechischen Mythologie ansetzten oder doch bei ihr endeten. Immer wieder Dädalos, Dionysos, Wagenlenker oder Ähnliches. Für die Mehrzahl der Kunsthistoriker existiere offenbar nur Griechenland, sie seien noch immer Winckelmänner.

PARTINICO. Hinter Trapani landeinwärts nach Erice hinauf. Die Stadt liegt auf dem höchsten Punkt eines sanft und ebenmäßig ansteigenden, doch auf der anderen Seite steil abfallenden Berges, der an einen niedergebrochenen Altarklotz denken läßt.
Im Altertum war der Eryx der heilige Berg der Aphrodite. Von wenigen baulichen Zutaten des frühen 19. Jahrhunderts sowie der Gegenwart abgesehen, ist der Ort aus porösem Sandstein und gebrochenem Fels errichtet, alles im gleichen schütteren Grau, das ihm einen archaischen Charakter verschafft, außerhalb aller Zeit.

Die ganze Einwohnerschaft schien auf den Beinen und mit den Vorbereitungen für ein Motorradrennen beschäftigt, dessen Strecke über die Serpentinen der Steilwand führte. Die jungen Leute mit ihren blitzenden Hondas und Yamahas wirkten wie irrtümlich vor eine alte Kulisse versetzt.

UNTERWEGS. Fahrt durch die Berge nach Castellammare und weiter am Meer entlang. Der Budencharakter solcher Strandstraßen überall in Italien, die Bars heißen »Hawaii«, »Rio Bravo« oder »Schwabilon«. Kurz hinter der Abzweigung nach Partinico kam ich an einem alten Bauernhaus vorüber, dessen Vorderfront über und über mit Ketten tiefroter Paprikaschoten behängt war. Zum Eingang führten Hecken von buntblühenden Sträuchern. Nur die alte Frau im offenen Fenster war trotz der Hitze in schwarze Wolltücher gehüllt.
Partinico galt lange Zeit als bedrückendes Beispiel für Rückständigkeit, Analphabetentum und Aberglauben sowie für den Zusammenhang, der zwischen alledem und dem Banditenwesen besteht. Hinter dem alten Rathaus liegt das berüchtigte Viertel »Madonna«, einige Straßen weiter »Sante Spine«. Es war Sonntag und der Corso voll von Menschen, die vom Kirchgang kamen. Am dichtesten war das Gedränge auf dem kleinen Platz vor der Kathedrale, zu der ein paar Stufen hinaufführten. Noch vor einigen Jahren waren sie Schauplatz einer gespenstischen Prozession. Auf dem Boden liegend, krochen die Frommen am Tag des Ortsheiligen die Stufen hinauf und durch das Innere des Gotteshauses zum Altar, den Boden Zentimenter für Zentimeter mit der Zunge leckend. Eine Geste von Reue, Devotion und Selbstkasteiung. Inzwischen hat die Kirche diesen Brauch, der auch anderswo im Süden verbreitet war, untersagt.

AM RANDE. Selbst im Menschengewühl auf den Straßen, im schiebenden, stoßenden Durcheinandergewoge das Gefühl unüberbrückbarer Entfernung. Die Distanz des Nahen. Und noch über dem aufgeregten Sonntagslärm diese sonderbare Stille. Das Schweigen des Südens.

PARTINICO. Das Andenken Salvatore Giulianos wird in diesem Landstrich, in dem er nach dem Krieg sein Räuberwesen trieb, noch immer mit einer Mischung aus Ehrfurcht, Stolz und Trotz bewahrt, und selbst die Salven, mit denen er im Jahre 1947 eine ländliche Maifeier sozialistischer und kommunistischer Genossen zusammenschoß, haben seinem Ruhm nur wenig anhaben können. »Die Bewunderung für den Rebellen wird in Sizilien immer stärker sein als der Abscheu vor seinen Untaten«, meinte Indro Montanelli, der auf der Insel war, als Giuliano gejagt wurde. Aus dieser Zeit erzählte er eine charakteristische Episode.

»Einmal begleitete ich die Carabinieri auf einem ihrer Streifzüge in den Steinbrüchen von Montelepre. An einem steinigen Hang fanden wir einen jungen Hirten mit durchschossener Stirn. Natürlich hatte er keine Papiere bei sich, und die Leute von Montelepre wollten ihn nie gesehen haben.

Daraufhin wurde die Leiche in die Kirche des Dorfes geschafft und die Bevölkerung aufgefordert, im Defilee vorüberzugehen. Zusammen mit den Carabinieri beobachtete ich die Mienen jedes einzelnen. Ohne eine Regung zu zeigen, zogen die Dorfbewohner an der Bahre vorüber. Gesichter wie von Arabern. Dem Kommandanten der Carabinieri, der selber von der Insel stammte, kam darauf ein Einfall, wie er nur der atavistischen Schlauheit eines sizilianischen Fallenstellers entspringen kann. Er verordnete eine Polizeistunde: bei Anbruch der Dunkelheit mußte jeder Einwohner von Montelepre in seinem Hause sein. Dann schickte er seine Leute aus. Barfuß sollten sie sich den Häusern nähern und an Türen und Fenstern horchen, ob etwas Verdächtiges zu vernehmen sei.

In der Tat hörten zwei der Kundschafter aus einer kleinen Hütte das unterdrückte Schluchzen einer Frau. Als sie an die Türe klopften, brach das Weinen augenblicklich ab. Endlich öffnete die Frau, und die Carabinieri fragten in sizilianischem Dialekt: ›Madri, picchi cianci?‹ – ›Mutter, warum weinst du?‹ Ohne Zögern erwiderte die Frau: ›Ich weine, weil mein Esel eingegangen ist.‹ Die beiden sagten ein paar bedauernde Worte, denn sie wußten, welche Tragödie der Tod eines Esels für einen sizilianischen Bauern bedeutet. Als sie aber erfahren wollten, wo der Esel begraben sei, erwiderte die Frau, wiederum ohne die geringste Verlegenheit: ›Aber ich habe ihn doch

nicht begraben! Glaubt Ihr, ich könnte einen Esel einfach in die Grube werfen? Ich habe ihn an den Abdecker verkauft.‹
Alsbald stellte sich heraus, daß der Abdecker keinen Esel gekauft hatte, und so kam man dahinter, daß die Frau die Mutter des erschossenen Hirten war. Selbstverständlich kannte sie den Mörder ihres Sohnes. Vielleicht war es Giuliano, vielleicht einer seiner Gegner. Aber es war unmöglich, ihr auch nur eine Andeutung zu entlocken.«
»Salvatore Giuliano war kein Mafioso«, fuhr Montanelli fort, »sondern ein gewöhnlicher Bandit. Aber er hat die romantische Phantasie der Sizilianer entzündet und sein Räuberdasein mit einer mythischen Aureole geschmückt. Sein Unglück kam, als er den eigenen Mythos ernst zu nehmen begann. Das ist ein Verhängnis, das vielen droht, die ihre Macht zu intensiv auskosten. Es gilt überall. Feldherren und Staatsmänner sind daran zugrunde gegangen. Denn ein Mythos sagt nichts über die Größe der Großen, sondern nur etwas über das Verlangen der Kleinen.«

NACHTRAG. Indro Montanelli bemerkte auch: »Man darf den sizilianischen Charakter nicht mit dem des Neapolitaners verwechseln. Denn der Neapolitaner ist weich, hinterhältig und feige; er ist auf elende Weise geschwätzig und ausschließlich auf den persönlichen Vorteil bedacht. Der Sizilianer dagegen ist hart, stolz, verschlagen und auf grandiose Weise aggressiv, kurz, er besitzt einen überaus männlichen Charakter. Aber alle seine Tugenden sind aufs merkwürdigste ins Amoralische und Verbrecherische verdreht. Wenn es gelingen könnte, den sizilianischen Charakter gewissermaßen umzukehren, ihm ein anderes Vorzeichen zu geben, könnte Italien wie mit einem Schlage viele seiner Nöte überwinden. Aber ich weiß natürlich, daß dies nur ein Gedanke ist, mit dem man sich in Stunden der Depression zu helfen versucht.«

AUS DEN NOTIZEN. Dazu Leonardo Sciascia, im Blick auf die Mafia, in einem Zeitungsinterview: »Die Mafia vertritt eine tragische Vision der Existenz. Sie steht für eine große Strenge und Steifheit im Verhalten. Sie geht Risiken ein und verbindet diese mit einem Willen zur Totalität, den man bei den Mafiosi aller hierarchischen Stufen findet. Sie verkörpert das, was Montesquieu die »Tugend der herrschenden Klassen« nannte. Aber die Mafiosi sind auch in einem einfacheren Sinne extrem tugendhaft. Es ist unmöglich, bei ihnen den leisesten Skandal auszumachen. Es gibt keinen Ehebruch, keine Drogen und keine linksextremen Sympathien. Sie hassen die Unordnung und die Mißachtung der Normen. Der Mafioso ist puritanisch, im individuellen wie im sozialen Bereich. In einer Gesellschaft, die völlig hilflos der Auflösung ihrer Werte zusieht, lebt der Mafioso in einem kohärenten System, an dem Calvin durchaus Gefallen finden würde.«

VON PARTINICO NACH SAN GIUSEPPE. Auf einer Nebenstraße begegneten mir zwei Bauern auf Eseln. Sie saßen, wie üblich, hintenauf und hatten weite Pelerinen umgehängt. Im Gegenlicht waren nur die einfachen Umrisse erkennbar. Diese Bilder, dreitausend Jahre alt, ziehen sich jetzt aus der Welt zurück. Gedanke, zu den Letzten zu zählen, die sie sehen.

LERCARA FRIDDI. In der Nähe des Ortes, dessen Straßenfluchten, eine neben der anderen, wie Ackerfurchen über eine flache Erhebung verlaufen, liegen jene Schwefelgruben, die generationenlang als Symbol für entwürdigende Arbeit und Ausbeutung galten. Noch bei Danilo Dolci oder Carlo Levi kann man darüber lesen. Inzwischen sind die Gruben stillgelegt, und der Ort, der soviel Anlaß zur Empörung war, fällt ins Vergessen zurück. Heute, wo das Elend wieder nur das Elend ist, wirkt er womöglich noch trostloser als früher.
Der Verlust erfaßt auch die Hoffnungen von einst. Vor Jahren jedenfalls, so hatte Don Piddù erzählt, gab es in dem Ort eine Patronatsfigur, deren Name eine Art abgöttischer Verheißung barg: in Lercara Friddi wurde Lucky Luciano geboren. In einer Bar befragte ich einige der Männer, die an den Tischen herumsaßen. Aber sie gaben sich ahnungslos. Am Ende meinte einer, Luciano sei nicht hier, sondern im wenig entfernten Corleone geboren.

ZUM VORIGEN. Lucky Luciano, mit richtigem Namen Salvatore Lucania, wurde 1898 in Lercara Friddi geboren und ging schon als Kind in die Schwefelgruben. Als er noch keine zehn Jahre alt war, wanderten die Eltern in die Vereinigten Staaten aus. In den Slums der Eastside von Manhattan arbeitete Salvatore in einer Hutfabrik, bis er eines Tages alle seine Ersparnisse in einer Spielbude einsetzte und auf einen Schlag 244 Dollar gewann. Der unvergessene Tag und die immer wieder beschworene Glückssumme haben bei zahllosen Auswanderern und mehr noch bei den Zurückgebliebenen wie ein Unterpfand des amerikanischen Traums gewirkt. Seither nannte Salvatore sich »Lucky«.

Sein Aufstieg begann, als die amerikanische Regierung 1920 die Prohibition einführte. Luciano wurde Chauffeur und Leibwächter von Joe Masseria, dem Anführer einer Bande von Gelegenheitsdieben und Raubmördern aus dem Gangsterbezirk um die Mulberry Street. Als der »Boss«, wie Masseria genannt wurde, von seinen eigenen Leuten umgebracht wurde, machte sich Lucky Luciano zu deren Chef.

Lucianos Erfolg beruhte nicht zuletzt darauf, daß er eine neue, soziale Strategie des Verbrechens entwarf. Das Ziel aller kriminellen Aktivitäten, behauptete er, dürfe nicht in schneller Bereicherung oder gar im Krieg aller gegen alle liegen, sondern müsse auf gesellschaftlichen Aufstieg gerichtet sein. Wenn Geld nicht Ansehen bringe, bringe es gar nichts, und Kaviar im Arme-Leute-Viertel schmecke weniger nach Kaviar und mehr nach Arme-Leute-Viertel. Es war die Sehnsucht des Slumbewohners nach der Märchenwelt der Salons. Er rief die Chefs der verfeindeten Banden zusammen und formte daraus eine Organisation, die, nach dem Vorbild eines Kartells, die Märkte unter sich aufteilte: Alkoholschmuggel, Zuhälterei, Rauschgifthandel und Buchmacherwesen wurden nach Gruppen und Bezirken vergeben. Luciano selber bezog eine Luxus-Suite im Waldorf Astoria und verschaffte sich Zugang zu einflußreichen Kreisen. In ihnen bewegte er sich um so selbstsicherer, als er alle offene Gewaltanwendung strikt untersagte und sie nur aus einem Grund billigte: als »Hinrichtung« derer, die gegen die rigorosen Gesetze der Organisation verstießen. Wer Verrat übte oder die Grenzen seines Distrikts überschritt, wurde ein Opfer der »Murder Inc.«.

Diese Gesetze bewährten sich, bis der spätere Gouverneur von New

York, Thomas Dewey, Mitte der dreißiger Jahre daranging, das Syndikat aufzubrechen. Dewey verfügte über eine Liste von neunzig Morden und anderen schweren Verbrechen, doch fand sich über Jahre hin kein einwandfreier Beweis gegen Luciano. Erst aufgrund der Aussagen einer einzelnen Dirne konnte der »Boss der Bosse« schließlich verurteilt werden. Das FBI ermittelte ein Vermögen von 23 Millionen Dollar, doch ist wahrscheinlich, daß er über weit mehr verfügte. Nach fast zehn Jahren Haft wurde Luciano 1946 vorzeitig aus dem Zuchthaus entlassen und nach Italien abgeschoben. Die Gründe dafür blieben immer unaufgeklärt. Gerüchte sagen, Lucky Luciano habe, vor allem mit Hilfe von Don Calògero Vizzini aus Villalba, die Mafia zu einer Widerstandsorganisation umgewandelt. Die Ehrenwerte Gesellschaft war unter Mussolini erstmals in ernsthafte Bedrängnis geraten. Aber jetzt half sie, die amerikanische Landung auf Sizilien vorzubereiten und ihre führenden Leute wurden später, nach der Eroberung der Insel, von den Amerikanern mit Ämtern, Ehren und Freibriefen überhäuft.
Auch in Italien blieb Lucky Luciano seinem Begriff gesellschaftlicher Reputierlichkeit treu. Er ließ sich als Geschäftsmann in Neapel nieder, kaufte eine Spaghetti-Fabrik, ein Möbelunternehmen und spendete große Summen an Notleidende. Aber bald schon hieß es, er leite eine weitverzweigte, mit Schnellbooten und Flugzeugen operierende Schmuggelorganisation, die vor allem den Rauschgifthandel nach den Vereinigten Staaten betreibe. Unmittelbar vor seiner Verhaftung, als er auf dem Flugplatz von Neapel einen Komplizen erwartete, erlag er Anfang 1962 einem Herzschlag.
Damals, als Don Piddù in Lercara Friddi gewesen war, lag dieses Ende gerade kurze Zeit zurück, und der Ort war voll davon. Überall sprach man mit Bewunderung von Lucky Luciano, der sich den sizilianischen Traum erfüllt und die Mächtigen ein Leben lang genarrt hatte. Auch stupor mundi. Und manchmal schien es, als mische sich in die Bewunderung zugleich der Respekt vor einem Mann, der selbst seinen Tod benutzt hatte, um dem Gesetz zu entkommen.

VON LERCARA FRIDDI ZUR KÜSTE. Verspäteter Aufbruch, die Sonne war schon hinter dem Kamm der Berge verschwunden. Ein Straßenarbeiter, der außerhalb der Stadt dabei war, ein Richtungsschild einzugraben, erklärte mir, wie ich auf wenigen Seitenwegen am besten zur Küste komme. Mit dem Spaten markierte er ein Gewirr von Umleitungen und Kreuzungen in den Sand; der Weg sei dennoch nicht zu verfehlen.

Nach einiger Zeit endeten an der kleinen Seitenstraße, die er mir empfohlen hatte, die Bäume zu beiden Seiten. Ein Stück weit fuhr ich über Schotter, und als ich auf eine halbfertige, abwärts führende Trasse geriet, war plötzlich die Nacht da. Einige Male stieß ich auf Weggabelungen, an denen ich nur noch nach Gutdünken die Richtung wählen konnte. Es herrschte schon tiefe Dunkelheit, als die Straße sich in einem Feldweg fortsetzte, in den die Karren und die Regengüsse des Frühjahrs tiefe Spuren eingegraben hatten. Immer wenn das Chassis über den nackten Fels schleifte oder gegen hervorstehendes Gestein schlug, dröhnte das ganze Wagengehäuse. Rechts und links war hügeliges Gelände, versteppte Flächen, die sich in der nahen Finsternis verloren. Einmal stand oben am Straßenhang, schwarz gegen den Nachthimmel, ein Hirte. Als ich ihn anrief, um nach dem Weg zu fragen, sah er schweigend auf mich herab und wandte sich, als ich die Frage wiederholte, einfach ab. Nirgends ein Licht oder ein Zeichen, das auf Menschen deutete, nur dann und wann am Straßenrand, gegen einen Stein gelehnt, staubige Pappschilder mit dem handgeschriebenen »In lavoro«.

Etwas später kam ich wieder auf die planierte Straßenführung, in kurzen Abständen waren Bohlen quer über die Straße gelegt, über die der Wagen schwer und polternd hinwegsetzte. Aber schon nach einigen hundert Metern, hinter einer Brücke mit weggebrochenem Seitengemäuer, begann wieder der Feldweg und das schleifende, dröhnende Geräusch im Wageninnern.

An einer Kreuzung ließ ich den Wagen stehen und stieg seitlich einen Hügel hinauf, um mich an einem Licht, einer entfernten Ortschaft, zu orientieren. Draußen war es inzwischen kühl, und obwohl sich kein Windhauch regte, spürte man mit nahezu jedem Schritt nach oben die steigende Kälte und wie sie allmählich zu schneiden begann. Aber auch von der Höhe aus kein Zeichen einer Behausung. Nur die Sterne, deren blasses Leuchten gerade ausreichend war, um die Bewegung der Hügel zu erkennen, und wie sie sich bis ins Weite in menschenleerer Gleichgültigkeit fortsetzte.

Ich ging zum Wagen zurück. Einen Augenblick lang beunruhigte mich der Gedanke, ich könnte in der vergangenen Stunde nur im Kreise gefahren sein. An einer Abzweigung wählte ich wider alle vernünftige Erwägung den schmaleren, steil abwärts führenden Weg, der in eine überhängende Wand geschnitten war, und geriet weiter unten auf eine enge Talsohle. Als die Berge etwas zurücktraten, erfaßte der Scheinwerfer im Vorüberschwenken eine abseits gelegene Wellblechbaracke. Noch während ich hielt, um hinüberzusehen, trat aus der Dunkelheit ein Mann, der eine weite Wolldecke über den Schultern trug.

Die Geschichte meiner Irrfahrt hörte er wortlos an und forderte mich dann auf, zu warten; er werde »den anderen« holen, sagte er, sie seien gerade dabei, aufzubrechen. Es dauerte beunruhigend lange, und unterdessen malte ich mir aus, wie sie darüber verhandelten und vielleicht in Streit gerieten, ob es nicht eine nie wiederkehrende Gelegenheit sei, den einsamen Fremden mit der Lupara zu beseitigen und den Wagen an Freunde in Palermo zu verkaufen. Endlich, nach fast einer halben Stunde, kamen sie heftig redend aus der Tür und gingen hinter die Baracke. Wieder verging einige Zeit, bis ein kleiner Wagen aus dem Schatten gefahren kam. Erst als er wenige Meter heran war, leuchteten die Scheinwerfer auf, und aus dem Seitenfenster heraus gab mir der eine der beiden ein Zeichen, zu folgen. Nach einer wiederum verwirrenden Kreuzundquerfahrt über zerrüttetes Gelände, durch Täler und über Hänge, hielt der Wagen an.

Diesmal kam der andere. Er blieb in einigem Abstand stehen, musterte mich kurz und zeigte dann stumm und mit ausholenden Armbewegungen auf die geradeaus führende Strecke. Ich wartete, bis er zu seinem Wagen zurückgegangen war. Und während die beiden einen kleinen Feldweg nach rechts, auf einen der Hügel hinauf einschlugen, setzte ich zögernd die Fahrt fort. Sonderbare Obsessionen, vielleicht bestärkt durch den Verruf dieser Gegend, die Beschäftigung mit Salvatore Giuliano und Lucky Luciano. Jedenfalls kam mir der Verdacht, die beiden könnten den Berg umfahren und mir auf der gegenüberliegenden Seite auflauern. Aber nur wenig später, als ich in der Ferne noch die Rücklichter ihres Wagens erkennen konnte und wie sie sich schlingernd in die

Höhe kämpften, erreichte ich eine befestigte Straße. Erleichterung, als ich an einem Haus vorüberkam, in dem ein Fenster erleuchtet war.

NOCH ZUM VORIGEN. Solche Erfahrungen schärfen auch das Sprachempfinden. Ich dachte an die Wendung, daß bei Nacht, wenn nur ein einzelnes Licht aus einem Fenster falle, das Auge etwas habe, woran es sich festhalten könne.

PALERMO. Der Eindruck könnte kaum ernüchternder sein. Von Westen her kommend durchquert man, Kilometer um Kilometer, die Badeorte vor der Stadt: mittelpunktlose Siedlungen, die das ewig gleiche Schema kubischer Flachbauten mit wenigen Abwandlungen wiederholen. Wären die Berge im Hintergrund nicht, könnte dies irgendwo in Florida sein. Allmählich deutet der anschwellende Strom der Fahrzeuge an, daß Palermo näher rückt. Nach mehr als zwei Stunden treffe ich im Hotel »Igiea« ein.
Der Baedeker aus den dreißiger Jahren rühmt die Schönheit des klassizistischen Baus vor der Stadt und dessen weiträumige Parkanlagen. Inzwischen ist er von Lagerhallen, Wohnblocks und Kleinfabriken umringt, und selbst vom Meer her sind die Masten der Ladekräne und die Werftanlagen bis dicht an den geschrumpften Ufergarten herangerückt. Während des Tages dringt pausenlos der Lärm der Maschinen und das kreischende Geräusch eines Schiffsbaggers herüber.

PALERMO. Heute morgen mit dem Motorboot ein Stück weit aufs Meer hinaus, um jenen Eindruck zu gewinnen, der die Sizilienreisenden, die in aller Regel zu Schiff kamen, seit je bezwungen hat: die sanft gekehlte Bucht mit dem Monte Pellegrino zur Seite, dem schönsten aller Vorgebirge der Welt, wie Goethe überwältigt vermerkte.
Aber der Anblick enttäuscht. Das mag mit der krebsartigen Ausweitung der Stadt, dem Betonfraß über die ganze Conca d'Oro hinweg, zusammenhängen. Doch schwerer wiegt wohl, daß die Phantasie, nach so viel Literarischem, ein Bild von dem Prospekt hat, dem keine Wirklichkeit standzuhalten vermag. Ich mußte an jene Fünf-

zehnjährige denken, die ihre Weigerung, Florenz zu sehen, mit den Worten begründet hat, daß sie an solchen Orten immer so unerträglich viel staunen müsse.

PALERMO. Bald nach dem Krieg hat man mitten in der Stadt, nahe dem Hafen, ein Kraftwerk errichtet, das nicht nur das berühmte Panorama zerstört, sondern auch die umliegenden Bewohner mit Ruß und dauerndem Brandgeruch belästigt. Weder Gedankenlosigkeit noch Korruption hätten es gerade dahin gestellt, sagte man mir, sondern die unaufhörliche Sorge des Südens, als rückständig zu gelten.

AM RANDE. »Sight-seeing is the art of disappointment«, notierte Robert Louis Stevenson. Wenn man den Satz so ernst nimmt, wie er nicht gemeint ist, ließe sich der Gedanke dahin fortführen, daß auf Reisen nur der Naive dauernd überwältigt ist. Doch sind seine Beglückungen gänzlich inhaltsleer und daher nicht der Rede wert.

PALERMO. Der Ingenieur hatte mir empfohlen, nur die Gassen am Rande der Altstadt zu durchqueren, er stammte selber von dort und meinte, tiefer im Innern könne der Ortsunkundige sich leicht verlieren. Auch sei die Gegend nicht ungefährlich.
Vorbei an zugemauerten Straßen und verlassenen Hausruinen. Bis hoch in die Fensterhöhlen häuften sich Schutt und Abfälle. Die immer gleichen Bilder des Elends. Lärmende Kinder hockten auf den Haustürschwellen. Ein alter Mann saß zwischen Körben mit buntbemalten Blechstücken, die er zu martialisch bestückten normannischen Rittern zusammenhakte, ein anderer war dabei, eine Lederhaut in schmale Streifen zu schneiden. Sobald man herankam, hielten die Menschen in ihren Beschäftigungen inne und musterten den Fremden mit mißtrauischen Blicken. Aus den Fenstern hingen geraffte Bahnen grauer Wäsche. Mitunter taten sie sich zu einem Spalt auf, hinter dem, aus dem Dunkel, ein Frauengesicht sah. Ich verstand den Satz des Ingenieurs, die Stadt wehe einen wie mit kranker Luft an. Aber er sei unglücklich, seit er nicht mehr dort lebe.

PALERMO. Noch einmal in der Altstadt. Solche Elendskulissen üben eine sonderbare Anziehungskraft aus, die gegen den eigenen Voyeurismus ebenso unempfindlich macht wie gegen die spürbare Abwehr der Bewohner. Als ich die Eindrücke später jedoch ordnete, meldeten sich die Einwände. Jede Schilderung verleiht selbst dem abstoßenden Bild einen Reiz des Pittoresken, der sich mit der Genauigkeit der Beschreibung noch steigert. Alle Form tendiert zur Beschönigung.

ZUM VORIGEN. In diesen Zusammenhang gehört meine Auseinandersetzung mit amerikanischen Historikern, die mir vor Jahren vorgeworfen hatten, in meinem Buch die Judenvernichtung nicht im erschütternden Detail dargestellt zu haben. Sie meinten, daß diese Unterlassung, wie ungewollt auch immer, eine Art stiller Komplizenschaft enthülle. Vergeblich hielt ich dagegen, daß solche Schilderungen unvermeidlicherweise in Gefahr gerieten, das Schreckliche zu Glanzstücken zu mißbrauchen und an der Faszination des Bösen zu partizipieren, das sie vermeintlich bloßstellen.

PALERMO. Die Marina der Stadt war im 18. Jahrhundert eine breite, verkehrsreiche Uferpromenade mit zahlreichen Brunnen, Skulpturen, vor allem aber einem tempelartigen, offenen Theater, zu dem an den Nachmittagen das einfache Volk, zur Nacht dagegen der Adel Zutritt hatte. Die Besonderheit bestand darin, daß die Anlage unbeleuchtet war, alle Besucher hatten ihre Fackeln an der Porta Felice, dem Eingang zur Marina, zu löschen. Zur Begründung hieß es, das Publikum solle durch den Dampf und das brennend abfliegende Pech der Fackeln nicht belästigt werden; in Wahrheit aber geschah es, um, wie Brydone berichtet, »die Liebesintriguen zu begünstigen«. Er nennt diese Einrichtung bewundernswert, und ein anderer Reisender der Zeit vermerkt, die Marina von Palermo sei ein Ort mit Generalablaß: »Alle Welt vermischt, verliert, sucht und findet sich wieder.«

Bemerkenswert daran ist, daß die Regelung das gemeine Volk von der Libertinage ausschloß, die Promiskuität folglich als soziales Privileg verstanden wurde. Man hat darin eines der hauptsächlichen Indizien ständisch geschlossener Ordnungen zu sehen, und vermutlich hat die Freigabe der Sexualität, über die Standesbarrieren hinweg, mehr zur Demontage der Klassengesellschaft beigetragen als alle sozialökonomischen, auf materielle Gerechtigkeit abzielenden Postulate. Das egalitäre Pathos hat sich, seit es in die Welt kam, nirgends so einleuchtend machen können wie auf dem Gebiet, auf dem die Menschen tatsächlich gleich sind.

PALERMO. Es war eine nicht endende Namensgirlande, die man mir genannt hatte, und in ihre Verschlingungen waren berühmte Geschlechter des europäischen Hochadels eingeflochten. Doch auf der blanken Klingelleiste am Eingang des Mietshauses stand nur ein einzelnes Wort. Nicht einmal ein Vorname oder gar Titel waren dabei. Oben, im sechsten Stock, wurde ich erwartet. Der alte Herr trug einen weit gewordenen Sommeranzug von altmodischem Schnitt, einen schiefsitzenden Strohhut, der ihm einen unbeholfen verwegenen Zug gab, und am Revers eine welke Blume. Etwas gebeugt, mit einer steifen Bewegung, streckte er mir einen überlangen Arm entgegen und bat mich herein. Er sprach stockend, als müsse er sich auf jedes Wort erst besinnen, und mit brüchiger Stimme. Das Gesicht war bleich, wie gepudert, und die leicht aufgestülpten Lider bildeten einen roten Rand um die wässrigen Augen.

Der kleine Balkon lag um diese Zeit noch im Schatten, und wir nahmen auf Korbstühlen Platz, hinter denen, in feierlicher Armseligkeit, eine Topfpalme mit verstaubtem Blattwerk stand. Auf dem Tisch waren eine Flasche Wasser und zwei Gläser bereitgestellt. Er fragte mich nach den Eindrücken meiner Reise und sah, während ich sprach, mit höflicher Teilnahmslosigkeit vor sich hin. Nur dann und wann, wenn ein Name fiel, mit dem er eine Erinnerung verband, zeigte er eine Regung flüchtigen Interesses, doch schien es eher, als wolle er die Formen der Konversation wahren. Er hatte zur Schicht der Großgrundbesitzer gehört, war vor Jahren enteignet worden und hauste nun, beengt von alten Möbeln und Erinnerungsstücken, in diesem Neubau unweit vom Zentrum der Stadt, ein »Leopard« in der Etagenwohnung.

Ich fragte ihn schließlich, ob man den nach wie vor unübersehbaren Abstand zwischen Sizilien und Europa auf eine kurze Formel bringen könne. Zunächst erschien die Andeutung eines Lächelns. Dann aber, sich sammelnd und wiederum die Worte bedächtig zusammensuchend, erwiderte er: »Wir wissen noch, was Schicksal ist.« Mit einer verlegenen Bewegung zog er dabei den Hut noch tiefer ins Gesicht, als sei ihm so viel Pathos unbehaglich und die bloße Frage schon ein Einbruch in Intimes, auf das ein Fremder keinen Anspruch habe. Und wie um das Thema zu wechseln, wies er zu der scharfen Schattenlinie hinüber, die, wenige Meter entfernt, auf der vorspringenden Hauswand näher rückte: »Gleich wird uns die Sonne vertreiben.«

Vielleicht kam er, weil ich nicht weiter drängte, noch einmal von sich aus auf seine Bemerkung zurück. Was er, ungeordnet und mit langen Pausen, vortrug, lief darauf hinaus, daß Europa immer noch, trotz aller Einbrüche der jüngeren Zeit, im Erbe des späten 19. Jahrhunderts lebe. Nach wie vor halte es daran fest, daß die Welt in die Macht des Menschen gegeben sei. Diesem Lebensgefühl sei der Schicksalsbegriff unerträglich. Der aufgeklärte Europäer verweise statt dessen auf Gesetze, die gemacht seien, Gerechtigkeit und Glück herzustellen; auf die Systeme sozialer Sicherung; auf die Ärzte; auf die Polizei; auf eine Gleichheit, die alle Unterschiede als menschenunwürdig ansehe: »Alles bloß Versuche, das Schicksal abzuschaffen«, sagte er.

Sizilien jedoch, das uralte, häretische Sizilien, fuhr er fort, habe diesen modernen Glauben niemals angenommen. Seine Bewohner beharrten darauf, daß es noch Unterschiede gebe: verdienstloses Glück ebenso wie Verhängnisse, denen nichts auf dieser Welt abhelfen könne und die auf unerklärliche Weise mit Blut, Magie, Besessenheit und Sünde zusammenhingen. Vom archaischen Stolz, mit dem sie an diesen Überzeugungen festhielten, rühre die Stärke der Sizilianer im Ertragen wie im Aufbegehren her. Und nach einigem Nachdenken fügte er hinzu, nur wer sich dem Schicksal unterwerfe, der sei ihm auch gewachsen.

Inzwischen hatte die Sonne den Balkon erreicht. Als wir hineingingen, sagte ich, seine letzte Äußerung erinnere an den Satz Lampedusas, daß man alles ändern müsse, damit es bleibe, wie es ist. Auf solche Paradoxe, meinte er, würde ich in Sizilien immer wieder stoßen. Sie gehörten zu einem Lebensgefühl, das mit Widersprüchen

umzugehen gewohnt sei. Er schien jetzt nicht mehr ganz so abwesend und sprach von der Villa in Bagheria, in der er seine Jugend verbracht hatte, vom Sommer auf dem Lande, den Besuchen in »La Favorita«: eine verlorene Zeit, bemerkte er mit höflichem Lächeln. »Alles vorbei.« Aus dem Ton seiner Stimme war nicht einmal ein Bedauern herauszuhören.
Als ich ihn fragte, ob wir gemeinsam essen wollten, lehnte er ab. Er verlasse seine Wohnung nur ungern. Auch seien die Menschen ihm lästig nach so vielen Jahren, er sei sich manchmal nicht einmal sicher, ob er noch zu ihnen gehöre. Beim Abschied bat er mich, seinen Namen nicht zu erwähnen.

ABENDS IM HOTEL. Vielleicht hat es mit der so skurril wirkenden Lebensweisheit des alten Mannes mehr auf sich, als ich zunächst erfaßt hatte. Das von ihm Angedeutete ließe sich dann dahin ergänzen: Überall dort, wo man den Schicksalsbegriff unter den Verdacht der Rückfälligkeit gestellt hat, bricht bei allem, was dem einzelnen widerfährt, entgeisterte Ratlosigkeit aus. Er glaubt zu wissen, daß jedes Geschehen eine benennbare Ursache hat, und gibt es Ursachen, muß es auch Schuldige geben. Auf der Suche nach ihnen verbringt der Gegenwartsmensch, in zunehmender Aufgebrachtheit, sein Leben.
Darin kann man einen der Gründe für den moralischen Furor der Zeit sehen, das allgemeine Demonstrationswesen und Bezichtigungsgeschrei, die sämtlich nur Ausdruck unbegriffener Verhältnisse sind. Es gehört in diesen Zusammenhang, daß nach Auskunft der Anthropologen die Suche nach Schuldigen zur charakteristischen Reaktion der Primitiven rechnet. Zugleich aber ist es die Kehrseite einer abstrakten, nach Art hochkomplizierter Apparate funktionierenden Weltkultur.

PALERMO. Abends mit dem Ingenieur. Ich erzählte ihm von meiner Beobachtung, daß viele Italiener dazu neigten, den aufwertenden Komparativ für ihre eigene Umgebung, den Ort ihrer Herkunft oder Ansässigkeit, in Anspruch zu nehmen, und führte das auf die noch immer, seit dem Mittelalter, nachwirkenden Stadtrivalitäten zurück. Er bestritt alles. Als wir unmittelbar darauf von Palermo sprachen, meinte er: »Aber Sie müssen zugeben, daß diese Stadt, wieviel davon auch nur noch als Erinnerung lebt, aufregender, auch aristokratischer als Rom oder Mailand ist.«

BAGHERIA. Für den Nachmittag hatte ich den Taxifahrer bestellt, an den ich gleich nach der Ankunft in Palermo geraten war. Er war ein bauchiger, unaufhörlich enthusiastischer Mann, der den ganzen Pitaval der Stadt im Kopfe hatte. Jeder Palast, an dem wir vorüberfuhren, jedes halbwegs alte Gebäude war für ihn von wildem historischem Leben erfüllt, Geschichten von Fürsten und Marchesen, von Wüstlingen, edelmütigen Frauen und rachsüchtigen Männern. Viel war von einer Principessa Draguna die Rede und den beiden großen Leidenschaften ihres Lebens: das erste Mal mit einem normannischen Prinzen, von dem sie, bei Abwesenheit des Fürsten, ein Kind gebar, und einige zwanzig Jahre später mit einem spanischen Edelmann, den sie jedoch in der Liebesnacht, schwankend zwischen Glück und Entsetzen, als ihren verlorenen Sohn erkannte, gerade ehe der aufgestörte Ehemann hinzugekommen war und den Zurückgekehrten erdolcht hatte. Er sei ein Liebhaber der Geschichte, versicherte der Taxifahrer, »appassionato della storia«. Schon als Kind hätten ihn in der Bibel die Geschichten von Samson und von Judith bis hin zum bethlehemitischen Kindermord am stärksten beschäftigt. »Sie müssen wissen«, sagte er, »in unserem Leben gibt es so etwas nicht. Das sind Sachen für die ›Signori‹. Aber wir haben wenigstens die Geschichten.«
Wir fuhren nach Bagheria hinaus, wo der palermitanische Adel einst seine Sommerresidenzen hatte. Inzwischen haben die Außenbezirke der Stadt sich auch im Osten weit über die alten Randquartiere vorgeschoben und schließen die ländlichen Herrensitze zusehends ein. Aus den weiträumigen Parkanlagen sind Vorgärten oder bloße Auffahrten geworden, um die sich regellos Häuschen, Buden und Werkstätten drängen.
Der Zugang zur Villa Pallagonia, deren Vorhof und Umfassungsmauern bis zur Mitte des 18. Jahrhunderts von den exzentrischen Besitzern mit Monstern, Ausgeburten und allerlei mißgebildetem Zwergenvolk geschmückt wurden, liegt, kaum erkennbar, zwischen den Fassaden eines kleinen Platzes. Rund sechshundert Figuren hat

man einst gezählt: affenartige Wesen mit einem Hasenkopf am Schwanz, eine Harlekingruppe im Kampf mit einer Riesenschlange, die den Laokoon parodiert, Esel mit Gelehrtenkrausen oder eine Europa mit einem Raubtierkopf, die den Stier züchtigt.
Paradoxerweise ist, um die Villa dem Publikum zugänglich zu machen, das Mobiliar weggeschafft worden, soweit es nicht schon in früherer Zeit abhanden kam. Vergebens sucht man die Stühle mit den ungleich abgesägten Beinen oder den Dornen im Polster, auf denen man nur mit dem Rücken zueinander sitzen konnte; oder die schiefen Tische und die aus chinesischem Porzellan und Nachtgeschirr zusammengekitteten Vasen. Desgleichen den Raum, der mit zerschnittenen Bilderrahmen getäfelt war: die Öffnung ins Museale tilgte zugleich das authentische Bild. Goethe hat die »Tollheiten« des Prinzen von Pallagonia verabscheut und sich durch »Spitzruten des Wahnsinns« laufen sehen. Die schrägen Gesimse und verzerrten Proportionen weckten in ihm die Empfindung, daß »das Gefühl der Wasserwaage und des Perpendikels uns eigentlich zu Menschen« mache.
Als Zeugen weit wilderer Kunstausschweifungen denken wir gelassener über dergleichen. Auch war es offenbar nicht nur verrückte Laune und barocke Verhöhnung der Antike, wie Goethe ungehalten vermutete, was den Prinzen zu jenen sonderbaren Mißbildungen trieb, sondern ein pessimistisches Lebensgefühl, Hohn über den Stolz und die Eitelkeit der Menschen. Das tritt besonders in dem Hauptsaal der Villa hervor, der jene Idee des Spiegelkabinetts travestiert, in der sich die narzißtische Introspektionslust und Selbstverliebtheit des Rokoko offenbaren. Die Decke des Raumes ist ganz mit unterschiedlich großen, von der Zeit trübe gewordenen Zerrspiegeln verkleidet. Bevor man den Saal betritt, liest man über den Eingangstüren: Specchiati in quei cristalli, e nell'istessa magnificenza singolar contempla di fralezza mortal l'immago espresso. Das heißt etwa: Spiegle dich in diesen Kristallen und betrachte in dieser einzigartigen Pracht die sterbliche Zerbrechlichkeit des zur Erscheinung kommenden Bildes.

NOCH ZUM VORIGEN. Man hat Goethe vorgeworfen, daß er sich zwar ausführlich über die Verstiegenheiten der Villa Pallagonia

verbreitet habe, an den normannischen Bauten von Palermo und Monreale aber vorübergegangen sei. Auch er sah nur, was ihn bestätigte oder verneinte. Die Villa Pallagonia war eine Ausgeburt barocker Übertreibungslust und Vergänglichkeitstrauer, deren Nachwirkungen noch den Klassizismus jener Jahre in Frage stellten. Zugleich mochte sie Goethe als Vorahnung jener »kranken« Romantik erscheinen, die seine Abwehrinstinkte wachrief.
Die romantische Phantasie hat sich denn auch immer wieder der Villa zugewandt: in Arnims »Gräfin Dolores« finden sich Anspielungen darauf, bei Wieland und Heine desgleichen, und noch der Zwergengarten in Adalbert Stifters »Hagestolz« zitiert, was Goethe so sehr verwirrte.

PALERMO. Am Hafen, wo ich das Taxi verließ, standen ein paar Droschken. Die Pferde waren im Silberzeug und hatten Federbüsche auf dem Kopf. Der Taxifahrer machte mich auf die blaue Kugel aufmerksam, die sie auf der Stirn trugen; sie sei ein Zaubermittel gegen den bösen Blick.

PALERMO. Auf der Via Maqueda Carmelo G., er war wie immer in Eile und sagte, die Schrift über den Gottesbeweis sei fast fertiggestellt; er sei auf dem Weg zu seinem Verleger. Während der Fahrt nach Palermo habe er sich die Zeit mit einem Buch vertrieben und darin die Frage gefunden: Die jungen, unschuldigen Mädchen mit dem sanften Blick, die so gern romantische Gedichte in den Frühlingswind sprechen, aus abgegriffenen Notenalben Etüden spielen und, wenn der Abend kommt, am offenen Fenster stehen und verträumt in den dunklen Himmel seufzen – wovon träumen sie wohl? Und noch ehe ich einen Gedanken fassen konnte, stieß er hervor: »Von fetten, reichen, alten Männern!« Dann machte er eine knappe Abschiedsgeste und lief weiter.

PALERMO. Vom Balkon einer kleinen Trattoria, die sich »Shanghai« nennt, aber nur einige einfache sizilianische Gerichte anbietet, geht der Blick auf das pittoreske Getümmel der Vucceria, eines der Märkte von Palermo. Der enge, von schmutziggrauen Häusern umstellte Platz ist überzogen von einem unentwirrbaren

Geflecht von Drähten, die teils auf die am Mauerwerk angebrachten Isolatoren zuführen, teils als Laufschienen für die großen orangefarbenen Planen dienen, die bei hochsteigender Sonne über dem Markt ausgezogen werden. Sobald der Platz abgedeckt ist, schalten die Händler die übergroßen elektrischen Birnen ein, die dicht über ihren Köpfen hängen.
Die Fischstände werfen das Licht in grellen, fast blendenden Reflexen zurück. Perlmuttsilberne Leiber in allen Größen und Formen sind auf schräggestellten Bohlen aufgeschichtet, die Rückenpartien in reichgemusterte, schillernd blaue, violette oder smaragdene Töne übergehend. Dazwischen die erdfarbene, weiche Masse der Tintenfische, das bleiche Rosa von Garnelen und Langusten, Körbe voller Muscheln und bizarr geschnörkelter Meeresbewohner. Über einer zerkerbten Marmorplatte liegt ein riesiger, in der Mitte zerteilter Thunfisch, die kreisrunden, blutigroten Schnittflächen sind den Passanten zugewendet. Von Zeit zu Zeit schleppen die Verkäufer Plastikeimer heran, schütten zerstoßenes Eis über die Fische und ordnen die schwarzgrünen Algen neu, die das kunstvolle Arrangement zugleich unterteilen und dekorieren.
Daneben die Obsthändler, hinter grünen Bergen hochgeschütteter Trauben, zwischen Aufbauten von Tomaten, Feigen, Auberginen, Zucchini. Alles ist mit sicherem malerischem Effekt in überbordenden Mengen gehäuft, als förderten Farbe und Fülle zugleich die Kauflust. Um eine gewaltige Pyramide blaßgrünen Blumenkohls mit dunklem Blattwerk sind, sockelartig, mehrere Reihen leuchtendgelber Pfirsiche gelegt, die, einige Schritte weiter, ihrerseits zur Pyramide getürmt sind, doch diesmal von einem Wall giftgrüner, narbiger Limonen eingefaßt werden. Dazwischen Stände mit schwarzen und grünen, fettglänzenden Oliven, mit Wachteln, Singvögeln, Fasanen und weißlicher Trippa. Über einer ganzen Wand unstatthaft nackt wirkender, an den Hälsen aufgespießter Hühner starrt, mit glasigen Augen, eine Strecke kopfüber aufgehängter Kaninchen, an deren Schnauzen kleine blutige Tropfen stehen. Als solle gesagt sein, daß alle Herrlichkeit ihr Opfer verlangt. Und Stände mit Blumen, Käse, Fleisch. Dann und wann greifen die Händler nach einer Zeitung, einer Schürze, und scheuchen mit weitausholenden Bewegungen die Fliegenschwärme hoch, die gleich

darauf wie ein schwarzer, sich rasch verdichtender Schleier wieder auf die Tische niedergehen.
In den schmalen Gängen, die der generationenalte Kampf um die Verkaufsplätze freigelassen hat, herrscht ein tausendfaches Gedränge. Die Menschenmasse schiebt und stößt sich schwerfällig voran. Mitunter besteigt einer der Jungen, die an der auf den Platz mündenden Treppe Zigaretten zu Schmuggelpreisen verkaufen, ein Moped und fährt, einen eleganten Bogen andeutend, mitten in die Menge, mit aufheulendem Motor und lautem Geschrei Platz schaffend. Aus Dutzenden von Transistorgeräten dröhnt ein chaotischer Lärm und bricht sich, das Durcheinander der Töne und der Rhythmen noch verstärkend, an den nahen Häuserwänden. Hier und da steigen zwischen den Planen bläulich-schwarze Rauchfahnen auf und verbreiten den scharfen Geruch verkohlten Fleisches oder in altem Fett gesottener Fische. Von der Piazza laufen winklige, enge Gassen ab, in denen sich, auf steileren Gestellen und bei größerem Gedränge, der Markt fortsetzt, bis er sich irgendwo verliert.
Gegen Ende der Mittagszeit betritt der Wirt des »Shanghai« den Balkon und mustert, mit verschränkten Armen gegen den Türrahmen gelehnt, das allmählich verebbende Treiben. Vor dem Eingang des Lokals hat sich ein Akkordeonspieler niedergelassen, der sich als blind ausgibt und ausgerechnet »La Paloma« spielt. Dann beginnt der Platz sich zu leeren, die Obstberge und Fischmassen verschwinden in kleinen Lieferwagen, die Händler bauen ihre Stände ab und waschen den zurückgebliebenen Unrat mit Schläuchen weg.
Als die Planen eingeholt werden, liegt der Ort wieder in der sengenden Sonne, ein Rudel streunender Hunde leckt aus stehengebliebenen Pfützen blutversetztes Wasser. Aus dem Nachbarhaus tritt ein Mann mit nacktem Oberkörper unter der Schlachterschürze und beginnt ein Gespräch mit dem Akkordeonspieler. Auf dem Dachbalkon schräg gegenüber hängt eine junge Frau Wäsche auf. Dicht über ihr, aus dem brüchigen Kieselzement des Firstgemäuers, wächst, leuchtend gelb, ein blühender Ginsterbusch.

AM RANDE. Skizzen wie diese werfen die Frage auf, woher der Reiz des bloß Beschreibenden, der bis ins Genrehafte reichenden

Detailzeichnerei kommt. Die adjektivischen Exzesse zielen zunächst auf nichts anderes, als eine exzeßhafte Farbigkeit und Fülle annähernd genau festzuhalten. Es ist die Aufdringlichkeit südlicher Sinneneindrücke, die in solchen Stücken ihr Recht verlangt.
Aber Bilder sind auch eine unzulängliche Form der Wahrnehmung, sofern sie nicht über sich hinausgehen. Was wäre das Sichtbare, wenn es nicht das Denken mobilisierte? Aus sich selber ist das Wirkliche platterdings nichts, oder fast nichts. Es ist da, Anstöße zu schaffen. Man sieht Gedanken - oder kann das Sehen auch bleibenlassen.
Merkwürdig Schiller, der seine »Armut der Anschauungen und Erfahrungen nach außen« gestand und in diesem Zusammenhang schrieb: »Leider ist Italien und besonders Rom kein Land für mich, das Physische des Zustandes würde mich drücken und das ästhetische Interesse mir keinen Ersatz geben.« Noch merkwürdiger Thomas Mann, der geradezu ein Deskriptionsnarr war und doch versicherte: »Im Grunde will ich nichts sehen.« Es gibt daher auch, bei sehr wenigen Ausnahmen, keine Naturschilderungen bei ihm, eigentlich nur Dünen und Meer und Schnee, und im Josephsroman die Wüste. Viel eher hat man den Eindruck, er komme erst vom Gedanken zum Bild oder suche geradezu die Bilder, die den Gedanken stützten.

NOCH ZUM VORIGEN. Vielleicht gehen solche Überlegungen viel zu weit. Womöglich spiegelt die Marktnotiz nur die Empfänglichkeiten eines Beobachters wider, der aus Lebensverhältnissen kommt, in denen der Überfluß nie zügellos, sondern immer nur sortiert und abgepackt in Erscheinung tritt und die Kultur des Frischhaltebeutels triumphiert.

PALERMO. Beim Verlassen des Restaurants an der Macelleria vorbei. Neben den mit bunten Kettenschnüren verhängten Eingang hat der Schlachter unterdessen den gewaltigen Schädel eines Ochsen geschafft. Zwischen den hochstehenden Hörnern klebt, schwarz und noch feucht von Blut, das Gewöll der Stirnhaare. Die unteren Partien, zum Maul hin, sind zerstückelt, Haut- und Fleischfetzen hängen zu den Seiten herab, hier und da tritt der blanke Knochen

hervor. Schwärme von Fliegen haben sich darauf niedergelassen, vor allem in den leeren Augenhöhlen herrscht ein gieriges Durcheinander und füllt sie mit phosphoreszierendem Leben. Neben dem Bordstein rinnt eine dünne, rote Spur.
Aber schon im Weggehen verflüchtigt sich der Ekel vor dem Anblick. Wie immer in diesen Gegenden, schieben sich mythologische Vorstellungen davor. So endet Minotaurus.

PALERMO. Sonderbares Erlebnis in der Innenstadt. Auf der Kreuzung von Via Vittorio Emanuele und Via Maqueda ein Menschenauflauf, fuchtelnde junge Männer in Lederjacken. Im Schritt fuhr ich durch die Menge. Plötzlich polternde Schläge gegen den Wagen. Im gleichen Augenblick schob sich der Lauf einer Maschinenpistole durch das offene Seitenfenster. Das trockene Geräusch des Durchladens. Einer der Männer mit Sonnenbrille und Dreitagebart rief Unverständliches über die Köpfe hinweg. Andere sprangen heran und rissen die Türen auf.
Es war eine Drogenfahndung, wie sich bald herausstellte. Offenbar hatte ich den Eindruck erweckt, die Sperre ohne Kontrolle passieren zu wollen. In der Mafiastadt, deren Polizei bei der Festnahme von Verdächtigen immer mit Schießereien rechnen muß, nimmt dramatische Formen an, was andernorts nur Routine ist. Während die Männer den Wagen durchsuchten und den Kofferinhalt vor den Gaffern Stück für Stück auf dem Asphalt ausbreiteten, hatte ich das Gefühl, eine stumme Rolle in einem südländischen Straßentheater zu spielen. Zugleich Erheiterung über den unvermittelten Rollentausch. Seit Wochen war ich Beobachter von Vorgängen und Akteuren gewesen, jetzt aber, ohne zu wissen wie, selber zur Figur in einem Spektakel geworden. Der Schrecken kam später.

PALERMO. Besuch der historischen Altstadt, des Normannenpalasts und der einstigen Moschee San Giovanni degli Eremiti, deren fünf rote Kuppeln aus einem begrünten Innenhof emporwachsen, als habe man eine Kirche aus Tausendundeiner Nacht vor sich. Sonderbar zusammengestückt und ohne alle normannische Monumentalität der Dom. Enttäuschung über manche kunstgewerblich wirkende Zutat. Mein Taxichauffeur hatte schon während der ersten Fahrt auf den Besuch des Doms gedrängt, alle Deutschen müßten zuerst dahin, denn dort sei ein Kaiser begraben. Er verehre ihn auch, versicherte er, andere aber bekreuzigten sich, sobald sein Name falle. Und als ich wissen wollte, was es damit auf sich habe, meinte er nicht ohne Getue, manche nennten ihn den Antichrist. Vielleicht störte ihn meine Ironie; jedenfalls war er zu Weiterem nicht zu bewegen. Immerhin offenbarten seine wenigen Worte, daß selbst in alten, lange abgesunkenen Geschichten, über alle Verstümmelungen der Zeit hinweg, ein Rest von Wahrheit sich erhält.

Von der Straßenseite her kommend, stößt man, unmittelbar hinter dem Portal, auf die Doppelkapelle mit den vier riesigen Sarkophagen aus dunkelrotem Porphyr, in denen einige der Herrscher ruhen, die Sizilien nie aus dem Gedächtnis verlor. Unter dem Normannenkönig Roger II. war es glücklich wie später vermutlich nie mehr; der Staufer Heinrich VI., Gemahl von Rogers Tochter Konstanze, erschien den Mitlebenden so finster wie groß, während ihr gemeinsamer Sohn, Friedrich II., bis in die Gegenwart jene Aura aus Bewunderung und Grauen verbreitet, die er vor mehr als siebenhundert Jahren um sich geschaffen hat. Vor seinem Grabmal lagen verstreut ein paar Blumen.

Am Nachmittag, beim Gang durch die Straßen, der Versuch, aus lange zurückliegenden Leseerfahrungen ein Bild Friedrichs zusammenzufügen. Die Reisebücher helfen wenig. Anruf bei Don Calicchio. Er wird morgen in Palermo sein und will, was er finden kann, mitbringen.

ZUM VORIGEN. Friedrich II. hatte die Endzeitstimmung der Epoche für sich. Schon seine Geburt am zweiten Weihnachtstag des Jahres 1194 war von Legenden und Prophezeiungen umwoben. Konstanze, vierzig Jahre alt und bis dahin kinderlos, habe, so heißt es, um alle Zweifel abzuwehren, den Sohn in einem Zelt auf dem Marktplatz von Jesi, in Gegenwart von sechzehn Kardinälen und Bischöfen, geboren und anschließend allem Volk wie zum Beweis ihre prallen Brüste vorgezeigt. Eine Fülle von Weissagungen begleitete die Geburt. Joachim von Fiore, so hieß es, habe Konstanze mit einem Dämon schwanger gesehen und bezeichnete nun den

Neugeborenen als den kommenden Widerchrist, der die Welt züchtigen und verwirren werde. Petrus von Eboli hingegen begrüßte in ihm den Beginn eines neuen saturnischen Zeitalters der Eintracht.

Solche religiös versetzten Bilder und Metaphern hefteten sich auch dem Halbwüchsigen an, kaum daß er, nach dem frühen Tod der Eltern und der halbwegs herrenlosen Erziehung in den Straßen von Palermo, die Kindheit hinter sich hatte. Im ganzen hat man darin wohl Versuche zu sehen, das Rätsel früher Unwiderstehlichkeit durch die Mitwirkung außerirdischer Kräfte zu erklären. Als Friedrich, gerade achtzehn Jahre alt, mit kleinem Gefolge nach Deutschland aufbricht und, nach anfänglichem Widerstand, überall waffenlose Triumphe erringt, wird er als »Engel des Herrn« gefeiert. Die Wendung vom »Puer Apuliae«, dem Kind aus Apulien, wie er bis zum Ende genannt wird, ist nur ein anderer Versuch, das Unerklärliche zu erklären und für eine durchweg unheimlich empfundene Macht über die Menschen, statt des Übernatürlichen, den Zauber der Jugend ins Spiel zu bringen.

Friedrich selber hat diese Wirkungen später, in seinem lebenslangen, erbitterten Streit gegen die Päpste, nicht ohne Bedacht eingesetzt und beispielsweise Jesi als »Bethlehem« gefeiert, in dem die »göttliche Mutter« niedergekommen sei. In zusehends kühneren Anspielungen auf seine Gottesebenbürtigkeit ließ er sich als »wahren Friedensfürst« ausrufen, als »Gleichnis Gottes«, auch als »Messias-Kaiser«, und das staufische Haus als das Geschlecht aus dem Baume Davids rühmen, das letzte aller Geschichte, das bis zum Ende der Tage herrschen werde.

Eine beispiellose eschatologische Erregung begleitete seine Unternehmungen, seit er sich am 18. März 1229 in der Grabeskirche von Jerusalem die Krone aufs Haupt gesetzt und alte Prophezeiungen wahrgemacht hatte. Seine Ankunft in der Stadt wurde mit dem Einzug Jesu am Palmsonntag verglichen, und im päpstlichen wie im kaiserlichen Lager glaubte man seither, daß die Erfüllung der Zeit bevorstehe – ob man Friedrich nun als Vorläufer des Antichrist oder als Davidskönig, »rex inclitus Israel«, betrachtete, mit dem, wiederum nach einer Weissagung Joachims von Fiore, das dritte und letzte Zeitalter, das des Heiligen Geistes, anbrechen werde. Jedenfalls war seine Gestalt vom Schein apokalyptischen Lichts umgeben und das Kaisertum damit wieder in jenen, wenn nun auch unruhig flackernden, sakralen Glanz getaucht, den es mit dem Investiturstreit verloren hatte. Voller Unruhe vermerken die Chronisten, daß Friedrich auf einem seiner Feldzüge sein Heranrücken mit den blasphemisch eingesetzten Worten der Schrift habe ankündigen lassen: »Das Volk, das im Finstern wandelt, sieht ein großes Licht.« Hinter einem Kreuz hergehend, habe er der herbeigeströmten Menge mit der erhobenen Rechten den Segen erteilt.

Ganz im Sinne solcher Entrückungstechniken ließ Friedrich sich »Sanctus« oder »Dominus Mundi« nennen und seine Kundgebungen »Orakel«, die er, schweigend unter einer gewaltigen Krone thronend, von einem Hofbeamten vortragen ließ. Auch verlangte er, wie freilich seine Vorväter schon, die Proskynese, den Sturz in den Staub. Sein Herrscherbegriff verband staufisch-normannische Elemente mit dem Anspruch römischer Imperatoren, die seit alters als »Divus« gefeiert worden waren: »Wir, den des Caesarentitels Strahlen umsprühen«, heißt es in einer Verlautbarung. Zugleich ging darin ebensoviel byzantinische Despotenhoffart ein wie antikes sizilisches Erbe. Mit jener Lust an der herausfordernden Geste, die ihm eigen war, hat er einen seiner strengen Erlasse mit den Worten eröffnet: »Sizilien ist der Tyrannen Mutter ...«

Tatsächlich verkörperte er, wie kaum ein Herrscher vor oder nach ihm, das Bild des aufgeklärten Tyrannen. Normannisches Erbteil war sein Genie für den Staat. Als er nach seinem ersten, acht Jahre dauernden Aufenthalt in Deutschland in seine sizilischen Länder zurückkehrte, benötigte er drei Jahre, um aus dem chaotisch zerfallenen, in Fehden und regionalen Wirren verstrickten Erbland einen straff organisierten Staat zu formen, dessen sämtliche Kraftlinien auf die eigene Person zuliefen.

Sie gingen zugleich über die eigene Person und über die Zeit hinaus. Die von Friedrich geschaffene, dicht kontrollierte und ganz dem Staatszweck ergebene Bürokratie ist für Europa ebenso vorbildlich geworden wie das von ihm eingeführte Zollsystem, und mit den Konstitutionen von Melfi verabschiedete er, seit Justinian, die erste umfassende Kodifikation des Staats- und Verwaltungsrechts. Darin war das Gottesurteil ebenso abgeschafft wie der gerichtliche

Zweikampf und die prozessuale Zulässigkeit der Folter eingeschränkt. Zugleich führte er das sogenannte Offizialprinzip ein, wonach die Gerichte bei bestimmten Verbrechen auch dann tätig werden mußten, wenn kein Kläger auftrat, allein um der gestörten Rechtsordnung willen. Er vereinheitlichte das Münzwesen und betrieb durch die Errichtung von Manufakturen oder Hafenanlagen eine frühe Form wirtschaftlicher Strukturpolitik. Die von ihm ins Werk gesetzte Landreform diente zugleich der Melioration des Bodens und brachte dem Staat hohe, für den Export bestimmte Getreideüberschüsse, deren Absatz er durch ein weitgeknüpftes System von Handelsverträgen sicherte. Daneben erließ er Vorschriften gegen den Luxus, zur Förderung der allgemeinen Gesundheit oder reglementierte die dem öffentlichen Wohl verpflichteten Tätigkeiten durch besondere Berufsordnungen. Hinter alledem war ein rastloser, fremdartig aus der Zeit heraustretender Wille zum Vernunftstaat erkennbar, oder mehr noch, wie Jacob Burckhardt bemerkt hat, die Idee des Staates als »Kunstwerk«.
Vieles blieb dabei zwangsläufig bloßer Ansatz, anderes scheiterte, trotz aller Energie, mit der Friedrich zu Werke ging, an Indolenz und Ungunst der Verhältnisse. Wie Alexander vor ihm und mancher Autokrat noch nach ihm, war er einer der großen Halbfremden auf dem Thron, die ihr Herrschaftsgebiet als Experimentierfeld und die Menschen als Material hochgesteckter Absichten betrachteten. Aber das Königreich blühte durch ihn, und binnen kurzem galt er als der reichste Fürst Europas seit Karl dem Großen. Sizilien war, was es nach einer der pathetisch daherrollenden Weisungen Friedrichs sein sollte: »Ein Spiegel der Vorbildlichkeit allen, die es bestaunen, ein Neid der Fürsten und eine Norm der Reiche.« Und in einer anderen, wiederum ins Sakrilegische reichenden Äußerung behauptete er, der Gott der Juden würde das Land, das er seinem Volke gab, nicht so haben preisen können, wenn er »mein Sizilien« gekannt hätte.
Die unverkennbar modernen Züge, die alle Biographen an Friedrich ausgemacht haben, rühren aber nicht nur von seiner weit vorausgreifenden Begabung zum Zweckmäßigen her, die alle Kräfte auf den höchsten Nutzen hin zu versammeln wußte. Dem gleichen Persönlichkeitsgrund entstammt vielmehr auch die kühle, freigeisti-

ge Atmosphäre des Hofstaats, den Friedrich um sich her errichtete, jene Gelehrtenrepublik, in der Juden, Araber, Deutsche, Engländer und Italiener sich zusammenfanden, auch dies ein Vorgriff, etwa auf die Akademien der Renaissance. Im Stiftungsbrief für die Universität Neapel, die der Kaiser 1224 zu dem Zweck gründete, sich ein unabhängiges Beamtenkorps heranzubilden, schrieb er, der freie Geist wirke freundschaftsbildend, und die Freundschaft wirke beflügelnd auf den Geist zurück. Mit den Liedern des staufischen Hofes beginnt die Geschichte der italienischen Poesie, eine ausgedehnte Übersetzungstätigkeit machte nicht nur die Texte antiker Autoren zugänglich, sondern brachte auch die große arabische Gelehrsamkeit, die gerade in Erschöpfung überging, nach Westeuropa.
In all diesen Großartigkeiten steckte aber immer auch ein Zug von Kinderunruhe und Kinderneugier. Wiederholt schickte Friedrich Gesandte aus, um bei den namhaftesten Gelehrten in aller Welt Auskunft einzuholen: über die Unsterblichkeit der Seele, über geometrische, medizinische und astrologische Fragen, den Flug der Vögel, die Ursachen der Winde und welche Kräfte die Vulkane zum Ausbruch bringen. Im Vorwort zu seinem berühmten Buch über die Falkenjagd schrieb er, es sei seine Absicht, »die Dinge, die sind, so darzustellen, wie sie sind« - ein Satz, der das Weltbild der ganzen Epoche mit lakonischer Vermessenheit in Frage stellte. Durch wissenschaftliche Experimente versuchte er, die Behauptungen vor allem antiker Autoren zu überprüfen und ließ beispielsweise den Raubvögeln die Augen vernähen, um ihren Geruchssinn zu erproben, oder machte sich, dem Vernehmen nach, auf die Suche nach der Ursprache, indem er den Ammen untersagte, mit den Neugeborenen zu sprechen, um schließlich herauszufinden, daß die Kinder an der Stummheit starben.
Mit alledem steht Friedrich am Anfang der europäischen Erfahrungswissenschaft, und zu Recht spricht Ernst Kantorowicz von der gänzlich neuen Art des »Sichsehrverwunderns«, die den Zeitgenossen jenes nie ganz geheure Staunen abnötigte, das im Begriff des »stupor mundi« enthalten ist. Charakteristisch für den bohrenden Wissensdurst Friedrichs ist ein Katalog von Fragen, den er dem berühmten schottischen Philosophen und Astrologen Michael Scotus vorlegte. Es heißt da unter anderem:

»Wir bitten Dich, Du mögest uns die Grundlage der Erde erklären, nämlich wie hoch ihr fester Bestand über der Raumtiefe steht. Ob sie etwa auf sich selbst ruht oder auf Himmeln, die unter ihr sind? Und wie weit nach wahrem Maße ein Himmel entfernt ist von anderen, und was denn noch außerhalb des letzten Himmels ist, wenn es doch mehrere sind? Um wieviel größer ein Himmel ist als der andere? In welchem Himmel Gott seinem Wesen nach ist? Und wie er auf dem Himmelsthrone sitzt, wie er umringt ist von Engeln und von Heiligen, und was die Engel und Heiligen beständig tun im Angesicht Gottes? Ferner sag' uns, wo denn die Hölle sei und das Fegefeuer? Auch das himmlische Paradies? Unter der Erde, in der Erde oder auf derselben? Und wieviel Höllenstrafen es gibt?
Sag' uns weiter, welches das Maß des Erdkörpers der Breite und der Länge nach ist; und wie weit es von der Erde ist bis zum höchsten Himmel und von der Erde bis in die Tiefe. Ferner sag' uns, wie es kommt, daß die Wasser des Meeres so bitter sind, und daß es an vielen Orten Salzwasser, an anderen aber Süßwasser fern vom Meere gibt, da doch alle Wasser aus dem lebendigen Meere hervorgehen ...
Und wie verhält es sich damit: daß der Seele eines Menschen, wenn sie in das andere Leben übergeht, weder die größte Liebe einen Grund zur Rückkehr gibt, noch gar der Haß, als wenn gar nichts gewesen wäre? Oder meinst Du, daß sie sich überhaupt nicht mehr um die zurückgelassenen Dinge kümmert, gleichgültig ob sie nun selig ist oder verdammt?«
Zehn Jahre später, auf dem Höhepunkt des Kampfes gegen Innocenz IV., als die Stadt Viterbo ihn verriet, kam Friedrich auf die letzte Frage noch einmal zurück, nun aber ohne alle spöttische Neugier, wie sie in der dünnen, glanzerfüllten Luft am Hofe vorherrschte, und gab, im grenzenlosen Zorn, die Antwort gleich mit: Noch nach seinem Tode wolle er sich erheben, sollte er Viterbo zerstören können. Er werde sich am Blut der Viterbesen niemals satt trinken. Und stünde er schon mit einem Fuß im Paradies, so wolle er ihn zurückziehen, um der Rache an Viterbo willen; seinem Haß zuliebe sei er bereit, das ewige Heil herzugeben. Auch dies ein Vorgriff auf Denkmöglichkeiten, die man eher in einer Zeit brüchiger

Glaubensgewißheit vermutet, nicht dagegen im Mittelalter. In Heinrich von Kleists »Findling« kehrt das gleiche Motiv zurück.

AM RANDE. Den ganzen Tag auf der Terrasse mit den Büchern und Notizen. Einen Augenblick lang das Gefühl vergeudeter Zeit. Mir fiel die Anekdote ein, die von Edward Gibbon berichtet wird. Als er dem Herzog von Gloucester, dem Bruder Georgs III., bald nach dem ersten Band der »History of the Decline and Fall of the Roman Empire« den zweiten Band des Werkes überreichte, meinte der Herzog, »with much good nature and affability«, wie es heißt: »Another d-m'd thick, square book! Always scribble, scribble, scribble, Mr. Gibbon?« Doch auch auf die Gefahr hin, noch einen Tag mit der Lektüre hinzubringen, notiere ich einiges Weitere.

NOCH ZUM VORIGEN. Nicht drüben im Normannenpalast war der Mittelpunkt der kaiserlichen Hofhaltung. Weit häufiger hielt Friedrich sich in den nördlichen Provinzen des sizilianischen Königreichs auf, vor allem in der Capitanata, dem Gebiet um den Golf von Manfredonia. Meist residierte er in Foggia, dessen weitläufiges, von ihm selbst erbautes Schloß als ein Palast mit Säulen, Nischen, Statuen und Wasserspielen geschildert wird, hinter dessen Mauern die Einbildungskraft der Chronisten ausschweifende Feste, Wunder und erhabene Geheimnisse vermutete. Von hier aus brach Friedrich auch zu Inspektionsreisen, Fürstentagen oder Kriegszügen und einmal sogar in das staunende Deutschland auf, immer gefolgt von seinem legendären Hoflager, das er, einem morgenländischen Fabelkönig gleich, mit sich zu führen pflegte.
An der Spitze ritt die Sarazenen-Garde, dreihundert Männer in gleißenden Rüstungen, die Satteldecken mit Edelsteinen verziert. Ihnen folgte ein Zug von reichgeschirrten, mit Silberzeug und Glocken behängten Kamelen, die, geführt von gravitätisch schreitenden Eunuchen, auf ihren Prunksesseln tiefverschleierte arabische Sklavinnen trugen, den »gomorrhäischen Harem« des Kaisers, wie der Papst mißbilligend vermerkte. Den Viergespannen mit den Schatzfahrzeugen, die hochbeladen waren mit Gold- und Silbergerät, mit Byssus und Purpur, gingen Troubadoure und Gaukler nach, Jongleure und Musikanten, und hinter ihnen erst kam, in

gemessenem Abstand, der eigentliche Hofstaat: Friedrich zu Pferde, geschmückt mit den Insignien der Macht und umgeben von hohen Würdenträgern, von Pagen und Dienern in buntgestreiften Tuniken. Ihnen schlossen sich die rotbespannten Festwagen mit den Gelehrten an und das Gefolge der Falkner mit allen Arten von Jagdvögeln, weißen und farbigen Pfauen, afrikanischen Straußen, Papageien und seltenen Tauben, sodann die Hundetreiber mit der zerrenden Meute, und Dompteure, die an glitzernden Ketten Löwen und Leoparden, Affen, Bären und Panther führten. Den Beschluß bildete der Elefant, den der Kaiser vom Sultan zum Geschenk erhalten hatte und der ein leuchtend ausgeschlagenes Turmgestell trug, auf dem prächtig gekleidete Mohren mit silbernen Trompeten die Signale bliesen. Als Nachhut folgten die Packpferde mit dem Kanzleimaterial und der Bibliothek.

Das exotische Gewimmel dieser Aufzüge hat die Phantasie der Zeitgenossen ungemein erregt, und zwar nicht nur ihres majestätischen Märchencharakters wegen. Der tiefe Reflex der Epoche, alles in die Kategorien von Glaube und Häresie zu fassen, hat die Menschen vielmehr fast zwangsläufig darauf verwiesen, daß Friedrich hier als Kosmokrator auftrat, der gleichermaßen über Völker und Rassen wie über das Getier der Welt gebot, ganz im Sinne seines Diktums: »Unsere Zügel schwingen doch bis an die fernsten Enden der Welt.«

Er war in allem die große Gegenmacht zur Kirche der Päpste, und vielleicht lag seinem leidenschaftlichen Werben um Rom, das von jedem der vier Päpste, die Friedrichs Lebenszeit begleiteten, aufs neue ausgeschlagen wurde, ein äußerster Irrtum über die Unvereinbarkeit der Gegensätze zugrunde. Man hat es oft als die Tragik des Kaisers angesehen, daß gerade ihm so machtbewußte Herrscherpäpste entgegentraten. Aber womöglich erkannten sie schärfer, daß ihr Gegner nicht einfach die Teilung der beiden Reiche suchte, die er so ausdauernd beschwor, sondern ein Gotteskaisertum, das mehr als die weltliche Macht der Kirche in Frage stellte.

Darin täuschten sie sich nicht. Von der Reichsidee, an der Friedrich, allen Widerständen und Rückschlägen zum Trotz, so unbeirrbar festhielt, drohte nicht nur die Gefahr der machtpolitischen Umklammerung des Kirchenstaates von Süden und Norden. Vielmehr war sie auch, wie Friedrich sie verstand, ein Versuch, das größere und überlegene Gegenbild zur Kirche aufzurichten, mit ihm als Gegenkaiser, Gegenpapst und womöglich sogar als Gegenchrist an der Spitze. Darauf ging sein Ehrgeiz, und dafür war er zu beinahe jedem Zugeständnis bereit. Aus keinem anderen Grunde beispielsweise hat er, im Streit mit seinem Sohn Heinrich, die Macht der deutschen Territorialherren gestärkt. Das hat ihm den Vorwurf eingetragen, der Urheber der Zersplitterung und Ohnmacht des Landes und der eigentliche Begründer der »deutschen Zwietracht« zu sein. Dergleichen geht aber an der universalen Größe seines Traums vorbei.

Das war der Hintergrund. Die Streitschriften und Manifeste, deren Lärm die Zeit erfüllte und die Friedrich vor allem im Ringen mit Gregor IX. und Innocenz IV. zeigen, sind bis auf den heutigen Tag grandiose Zeugnisse eines elementaren, mit so viel aufwiegelnder Berechnung wie Wortgewalt ausgetragenen Jahrhundertstreits. Verschärft und ins Endzeitliche gehoben wurde er noch durch den Mongolensturm, der in eben jenen Jahren über Europa hereinbrach und bereits Schlesien und das Wiener Becken erreicht hatte. »Hebt auf, ringsumher, Eure Augen, öffnet, Ihr Söhne der Menschen, die Ohren!« beginnt eine der Anklagen Friedrichs, nachdem der Papst ihn zum zweiten Mal in Bann getan hatte: »Betrauert des Erdkreises Ärgernis und den Zwist der Völker! Die Niedertracht geht aus von den Ältesten des Volkes, die das Recht in Galle und die Frucht der Gerechtigkeit in Myrrhe verwandelt haben. Setzt Euch nieder, Ihr Fürsten, und Ihr, Völker, vernehmt unsere Sache!« In hochgezogenem Prophetenton trug Friedrich seine Anschuldigungen über die Verweltlichung des Papsttums vor, über dessen Habgier und das Bündnis mit den Ketzern, und eines dieser Schreiben endete mit der Drohung, er werde die Kirche auf den rechten Weg zurückzwingen und die Hörner der Stolzen ausreißen und zerbrechen.

Gregors Anklage wiederum begann, im Ton sehr ähnlich, mit der Beschwörung der Apokalypse: »Es steigt aus dem Meere die Bestie voller Namen der Lästerung. Mit der Tatze des Bären, dem Maul des Löwen und mit dem bunt übermalten Fell des Panthers öffnet sie ihren Mund zur Schmähung des göttlichen Namens. Blickt an Haupt und Mitte und Ende dieses Untiers FRIEDRICH, der sich

Kaiser nennt, der Vorläufer des Antichrist.« Dann führte er, Absatz für Absatz, die Untaten Friedrichs auf, die Leugnung der päpstlichen Gewalt, den geistlichen Machtanspruch sowie den irrgläubigen Skeptizismus, von dem das Wort stamme, der Mensch dürfe nichts anderes glauben, als was durch die Kraft und Vernunft der Natur beweisbar sei. Schwäche und Stärke der beiden Gegenspieler war, daß viele ihrer Behauptungen auf bloßer Erfindung beruhten und doch nicht ganz falsch waren.

Die Auseinandersetzung, die Friedrich mit zunehmender Grausamkeit führte, indem er den Vorwurf, »Verwirrer des Erdkreises und Hammer der Welt« zu sein, zu einer Art Ehrentitel machte, blieb offen bis zuletzt und wurde erst durch den unerwarteten Tod des Kaisers am 13. Dezember 1250 entschieden. »O dies festus festiva!« hieß es in einem der vielen Jubelschreiben auf päpstlicher Seite, »o mors placida, mors optata!« Und auch, was Innocenz IV. von seinen Aufgeboten verlangt hatte – »Rottet aus Namen und Leib, Samen und Sproß dieses Babyloniers!« –, wurde binnen weniger Jahre in einem buchstäblichen Sinne vollstreckt. Von der Menge seiner Söhne, deren Friedrich sich noch kurz vor seinem Tode gerühmt hatte, starb 1272, nach dreiundzwanzig Jahren der Gefangenschaft, mit König Enzio der letzte.

Aufs ganze gesehen aber triumphierte Friedrich. Schon bald nach seinem Tode kamen Gerüchte auf, er lebe noch, zurückgezogen als Einsiedler oder als Büßer. Ein Mönch gab vor, er habe ihn im Innern des Ätna, dem sagenumwobenen Reduit abgeschiedener Herrscher, verschwinden sehen. In Anknüpfung an solche Gesichte wurde er, vor allem in Deutschland, so wie Barbarossa auch, ihn aber bald verdrängend, zum schlafenden Kaiser, der zurückkehren und das Volk frei machen werde. Immer wieder, bis weit ins 16. Jahrhundert, tauchten Betrüger auf, die vorgaben, aus dem Innern der Erde zu kommen und Friedrichs Erbe zu vollenden, die Gefolgschaften sammelten und von despotischer Erlösungsherrschaft träumten – bis sie entlarvt, überwältigt und gerichtet wurden. Aber in ihnen lebten Hoffnung und Unruhe, die Friedrich verbreitet hatte, weiter.

Sein Nachleben geht jedoch über solche Randwirkungen weit hinaus. Wie kein anderer hat er dazu beigetragen, den Grund zu untergraben, auf dem das europäische Mittelalter ruhte. Er hatte, dem Typus wie den Intentionen nach, die Tür zu einer Zukunft aufgestoßen, hinter der inspirierende Geheimnisse, ein pietätloses Interesse sowie überhaupt eine neue Art des Fragens lagen. Erst spät holte die Zeit ihn ein. Die innerweltliche Denkrichtung der Renaissance hat von ihm ebenso viele Anstöße erhalten wie deren Machtpraxis, und mit Recht hat man darauf verwiesen, daß beispielsweise in seinen Generalkapitänen Enzolino, Guido di Sessa oder Umberto Pallavicini die Figur des Condottiere vorgebildet war. In der Reformation wiederum rumorte als treibende Kraft, hinter allen theologischen Streitfragen, der Vorwurf gegen die Verweltlichung der Kirche sowie die Idee ihrer Züchtigung und ihrer Rückführung auf den spirituellen Anspruch.

Doch steckte in diesen Wirkungen, wie in allen Triumphen, auch der Keim der Selbstzerstörung. Friedrichs Vorstellung vom überpersönlichen Charakter des Staates minderte zwangsläufig nicht nur Macht und Rang des einzelnen Herrschers. Vielmehr entzog der Gedanke der Trennung des geistlichen vom weltlichen Regiment der Kaiseridee auch die sakrale Weihe. Zusammen mit der alten Welt zerstörte Friedrich folglich die Fundamente, auf die seine eigene Herrschaft gebaut war.

ZUM VORIGEN. Don Calicchio, der am Abend vorbeikam, erzählte, von Zeit zu Zeit tauche, von unbekannter Hand geschrieben, auf dem Sarkophag im Dom ein Spruch der erythräischen Sibylle auf, der schon bald nach dem Tod Friedrichs in Umlauf gekommen war: Non vivit et vivit. Er lebt nicht und lebt doch. Stets werde aber das Geschriebene sogleich wieder entfernt. Immerhin, fügte er hinzu, sei dies vielleicht das treffendste Wort, um Friedrichs Wirkungen durch die Zeit zu beschreiben.

NOCH ZUM VORIGEN. Ich begleite Don Calicchio in die Stadt. Weiter über Friedrich. Er sagt, daß der Kaiser vor allem an seinen Ungleichzeitigkeiten gescheitert ist: ein Mensch des Mittelalters und der Neuzeit, zugleich mit stark byzantinischen und westeuropäischen Zügen. Einer wie er sei in der Tat eher zum Staunen als zum Erfolg geschaffen. Auch stehe Friedrich in der Lebenskurve

Siziliens ganz am Ende. Seine Herrschaft sei eine letzte Willensanstrengung des europäischen Ursprunggebiets, aus geographischer Lage und kultureller Anciennität einen hegemonialen Anspruch herzuleiten: politisch als Mittelpunkt der Welt und geistig als Vermittlungsraum zwischen Ost und West.
Doch kam er zu spät. Die Machtgewichte hatten sich schon zu den Rändern hin verlagert. Wie Friedrich eine Figur der fallenden sizilischen, sei er zugleich eine der aufsteigenden deutschen Geschichte, auch das ein Element seiner Ungleichzeitigkeit. Die historische Zeit, fügte Don Calicchio hinzu, sei immer auch eine Funktion des Raumes.

NOCH ZUM VORIGEN. Die deutsche Sehnsucht nach dem Süden setzt mit den Staufern ein. Bei Karl dem Großen ist die Romfahrt noch in der Absicht begründet, die eigene Macht durch das herrenlos gewordene Erbe des Römischen Reiches zu legitimieren und vom Papst die Weihe dafür einzuholen. Mit den Stauferkaisern jedoch gewinnen diese Aufbrüche erstmals breitere Motive. Italien lockte mit Reichtümern und Wundern, es war nicht nur das zivilisatorisch überlegene Land, sondern auch der Ursprung der Kultur – das übrige Europa mehr oder weniger alles Hinterland. Jedenfalls trat diese Vorstellung jetzt ins Bewußtsein. Zugleich begann die lichtere römische und griechische Mythologie die Sagenwelt des Nordens zu verdrängen. Zeus trat an die Stelle Wotans, der Olymp ersetzte das Niflheim, und für die Nornen, die Rheintöchter oder Siegfried kamen jetzt Proserpina, Arethusa und Herakles.
Am Horizont dieser Sehnsucht, weit und märchenhaft, lag Sizilien, das »irdische Paradies«, wie es einmal heißt, und »Nabel aller Königreiche der Welt«: ein von Orient und Antike verzauberter Montsalvat. Der Bischof Konrad von Hildesheim, der Friedrich Barbarossa nach Italien begleitet hatte, wußte zu erzählen, er habe Scylla und Charybdis gesehen, arabische Rosengärten und in Taormina sogar das Haus des Dädalus. Wolfram von Eschenbach verlegte Klingsors Zaubergarten nach Sizilien und Gervasius von Tilburg die Artus-Runde auf die Spitze des Ätna. Erstmals seit karolingischer Zeit fanden nun auch wieder Übertragungen römischer Dichtung statt. Ebenso wird in der bildenden Kunst sowie im

Rechtsdenken das Deutsche mit einem Element mediterranen Wesens imprägniert und seine Enge mit Weltläufigkeit durchsetzt. Solche Befreiung von sich selber haben die Deutschen auch später im Süden immer wieder gesucht. Gefunden haben sie, worauf sie aus waren, nie wieder so.

PALERMO. Auch der andere Friedrich II., der von Preußen, hat im mythensüchtigen Sizilien schon zu Lebzeiten Bewunderer gehabt. Goethe in der Italienischen Reise, im April 1787, als er auf dem Marktplatz von Caltanisetta mit einigen Bewohnern der Stadt ins Gespräch kam: »Wir mußten von Friedrich dem Zweiten erzählen, und ihre Teilnahme an dem großen Könige war so lebhaft, daß wir seinen Tod verhehlten, um nicht durch eine so unselige Nachricht unsern Wirten verhaßt zu werden.«

Vor Jahren machten Entlarvungsbücher von sich reden, die Friedrich aufs Gewöhnliche oder allenfalls Mittelgroße herabstutzten. Keines hat aber erklären können, wie er seinen Ruhm bis ins Innere Siziliens auszudehnen vermochte. Der »general enthusiasm of English mankind« für den König, von dem Carlyle gesprochen hat, mag politische Motive und Betreiber gehabt haben; der italienische sicherlich nicht.

Dachte an die skurrile Tante Jella, die fast täglich, selbst vor kleinen Entscheidungen wie beispielsweise der Frage, ob sie eine Gesellschaft besuchen oder eine Ungezogenheit bestrafen sollte, zur Belustigung der Kinder das Friedrich-Porträt über ihrem Schreibtisch konsultierte, indem sie fragte: »Und Du, mein großer König, was würdest Du dazu sagen?« Als der Onkel, nach ewigen Techtelmechteln, auch noch eine Affaire mit ihrer besten Freundin anfing, zog sie sich für Wochen auf den Dachboden zurück und kehrte erst zu Tisch und Bett zurück, als sie ihm die langersehnten Möbel für den Salon abgerungen hatte. Alle fragten sich, ob der große König auch dazu den Rat gegeben hatte, und sprachen seither vom »Friedrich-Zimmer«.

PALERMO. Am Nachmittag in der Villa Tasca, die am Ende der Stadt inmitten eines weitläufigen, tropischen Parks gelegen ist. Es war ein feuchtwarmer Tag, und die Dünste, die vom Boden her aufstiegen, verbreiteten ein milchiges Licht. Von den fremdartigen Bäumen hingen schwere, knotige Gewächse herab, aus denen Wurzelwerk oder grellfarbene Blüten hervortrieben. Ein Vorfahre des derzeitigen Besitzers war jener Graf Tasca, der zu den Freunden Richard Wagners zählte und während der Monate, die der Komponist gegen Ende seines Lebens in Palermo verbrachte, fast täglich Umgang mit ihm hatte.

Die Familienüberlieferung der Tascas behauptet, Wagner sei von dem Park zur Idee von Klingsors Zaubergarten inspiriert worden, und in der Tat hat er, der gern »die Kraft seines Empfängnisvermögens« rühmte, an dergleichen Eindrücken häufig seine Kunstphantasie entzündet: in La Spezia für das Vorspiel zu »Rheingold« oder in Biebrich beim Blick auf das »Goldene Mainz« zu den »Meistersingern«. In diesem Fall dagegen weiß man, daß Wagner zwei Jahre zuvor, bei einem Besuch des Palazzo Rufolo in Ravello, von der efeuverhangenen Anlage und der breiten, in einen Rosengarten hinaufführenden Treppe so überwältigt war, daß er in das Gästebuch eintrug: »Klingsors Zaubergarten ist gefunden!« Zudem war die Arbeit an der Partitur des »Parsifal«, als Wagner nach Palermo kam, nahezu abgeschlossen, in Palermo beendete er sie auch. Und Cosima notierte dort am 13. Januar 1882, in Anspielung auf den Passionscharakter des unter Qual und Krankheit zu Ende geführten Werks: »Es ist vollbracht!«

Gleichwohl möchte man der Familienüberlieferung der Tascas nicht vorschnell unrecht geben; sie hat vielleicht nicht die Richtigkeit, aber doch die Wahrheit für sich. Wer ins Halblicht dieses exotischen Kunstgartens tritt, vorbei an den morastigen Dickichten mit ihrem gewaltsamen Grün und all den verschwenderisch darüber hingeschütteten, giftigen oder kränklich verbleichenden Farben, kann unschwer nachempfinden, wie die Einbildungskraft Richard Wagners sich an diesen Bildern vegetativer Vermischung erregte. Die haarigen Palmschäfte und stillen Tümpel, zu deren Oberfläche kleine Blasen aufsteigen und geschäftige Lebensvorgänge im flachen Schlamm andeuten, haben vermutlich die verwunschene Märchenidylle von Ravello erst um jene erotische Dimension bereichert, die sich mit der tieferen Idee der Klingsorwelt weit genauer deckte. Cosimas Tagebuch vermerkt denn auch, daß Wagner zuzeiten täglich zur Villa Tasca hinauswanderte, dem »zaubrischen Garten«, der seiner Doppelvorstellung von Sünde und Reinheit, Begierde und Unschuld ein ebenso einfaches wie anschauliches Sinnbild bot.

PALERMO. Anschließend den Hang hinauf zum Haus des Conte Naselli. Er führte mich durch die »Camere dello scirocco«, unterirdische Verliese mit Winkeln und Kammern, in denen früher die Bewohner Schutz vor dem Wüstenwind und dem feinen, heißen Sand suchten, den er mit sich führte. Der Sand drang durch Türen und Fenster und mußte, wenn das Wetter sich beruhigt hatte, oft mit Schaufeln aus dem Haus geschafft werden.

AM RANDE. Von der arabischen Herrschaft, meinte Naselli, seien kaum noch Zeugnisse zu finden. Am stärksten lebe die Zeit in der Sprache fort, den dunklen Farben des Inseldialekts sowie in den Ortsnamen. Gibellina stammt von Dschebel, Marsala hieß einst Masr Allahi, Hafen Allahs, und das arabische Kalat, das einen befestigten Punkt bezeichnet, hat in zahlreichen Ortsnamen überdauert. Caltagirone, Calatafimi, Caltanisetta. Auch noch Salemi, Mussomeli, Gibilmanna, Misilbesi. Das wenige sei aber ausreichend gewesen, fügte er hinzu, um der Orientschwärmerei des 19. Jahrhunderts einen Anknüpfungspunkt zu bieten.
Er beharrte darauf, daß Sizilien dabei keine geringere Rolle als Konstantinopel, Kairo oder Algier gespielt habe. Europa sei der hellenischen Welt müde und auf neue Traumwelten aus gewesen. Die fand es nun im Orient, und die Vorstellung, die es sich davon machte, sei ohnehin nur ein Märchenbild gewesen, das, wie solche Bilder immer, mehr Phantasie als Kenntnis verlangte. Wovon noch die Greueltaten der Haremsmalerei zeugten.

PALERMO. Im »Grand Hotel Villa delle Palme« werden dem Gast die Räume gezeigt, die Richard Wagner bewohnte: die marmorne Pracht eines großen Salons mit Plüschportieren, riesigen Rokokosesseln, Spiegeln und viktorianischen Dekoren. Der üppig auftrumpfende Gestus seiner Musik, der ihre gebrochenen Wirkungen immer wieder zudeckt, ist in diesen Räumen auf seine Weise präsent.

Der Hoteldiener zeigte mir eine Notiz von Maupassant, der wenige Jahre nach dem Tod Wagners das Hotel aufgesucht hatte. Um irgendein Zeichen, eine Erinnerung zu finden, schrieb er, sei er durch die Räume gegangen und habe schließlich einen der Spiegelschränke geöffnet und mit tiefen Zügen den leicht modrigen Duft von Wäsche und Rosenessenz eingeatmet: »Es schien mir, in diesem Hauch, den er geliebt, tatsächlich etwas von Wagner wiederzuerstehen - etwas von seiner Sehnsucht, von seiner Seele, in dieser Nichtigkeit verschwiegener und liebgewordener Gewohnheiten, die das intime Leben eines Menschen ausmachen.«

PALERMO. Am Nachmittag noch einmal die Via Roma hinunter bis zur Via Cavour. In einer Seitengasse liegt der Palast der Lampedusa. Das Gebäude ist brandgeschwärzt, die Fenster mit den klassizistischen Gesimsen sind zugemauert, das Haupttor noch durch die alte, morsch gewordene Bohlentür verschlossen. Am 10. Juli 1943 hat die »Operation Husky«, die das Landeunternehmen der Alliierten auf Sizilien vorbereitete, in wenigen Augenblicken die freskengeschmückten Säle, das weiträumige Treppenhaus, den Garten und die kostbare Bibliothek zerstört. Nicht verbittert, noch nicht einmal aufgebracht, nur resigniert schrieb Lampedusa, daß von einer Bombe aus Pittsburgh in Sekunden zugrunde gerichtet worden sei, was die Familie in Jahrhunderten aufgebaut und geliebt habe.
Der Angriff der Bomberverbände vernichtete mehr als sechzig Kirchen und Paläste, dazu ungezählte Wohnquartiere. Was mag in den Köpfen der alliierten Stabsoffiziere vorgegangen sein, als sie in ihrem nordafrikanischen Hauptquartier die Ziele festlegten? Denn Palermo war für die Landung ganz bedeutungslos. Womöglich hat Hitlers Destruktionsmanie, die tatsächlich vor allem zerstören wollte, die Gegner weit stärker infiziert, als sie sich träumen ließen.

AM RANDE. Ich erinnerte mich einer Eintragung in den Tagebüchern Colvilles, wo Luftmarschall Harris gefragt wird, warum er Dresden zerstört habe, und die Antwort gibt: »Dresden? Wovon sprechen Sie? Es gibt kein Dresden mehr!«

NOCH ZUM VORIGEN. Die Karthager zerstörten Selinunt, die Colonna und Frangipani schafften die Marmorstatuen der Antike in die Kalkbrennereien, die Franzosen demolierten Heidelberg und die Engländer Kopenhagen - und kaum einer hatte einen Gedanken übrig für die Schönheit des Verlorenen. Daran läßt sich erkennen, daß es erst des historischen Bewußtseins bedarf und des ihm zugehörigen Gefühl der Pietät mit dem Gewesenen, um Trauer über Untergänge zu verspüren. Aus diesem Grunde war die Zerstörung Warschaus zu Beginn des Zweiten Weltkriegs, mit der alles begann, auch ein Schritt weit hinter die Zeit zurück. Ebenso die sogenannten Baedeker-Raids des Luftmarschalls Harris noch in der letzten Phase des Krieges, als alles längst entschieden war, auch der Abriß des Berliner Schlosses und, später noch, der Potsdamer Garnisonkirche.
Doch nicht nur das historische Empfinden wendet sich gegen solche vandalischen Akte. Hinzu kommt, daß frühere Epochen in der Gewißheit jederzeit wiederherstellbarer Schönheit lebten. Sie ist der Gegenwart abhanden gekommen. Das Zerstörte weckt nicht nur Trauer über den Verlust. Fast noch bedrückender ist die Ahnung des Häßlichen, das an seine Stelle treten wird.

CACCAMO. In dem ausgestorbenen Ort, einem der legendären Unterschlupfe der Mafia, frage ich eine alte Frau, ob sie den Weg nach Palermo kenne. Sie mustert mich und hebt die Schultern: »Palermo? Mai sentito!« Nie gehört.

PALERMO. Vielleicht spiegelt keine Architektur so unversetzt, so wenig verwandelt durch ein fernes, strenges Kunstideal das Wesen eines Menschenschlags wie die sizilianische. Beim Gang durch die Straßen, von der Martorana durch die Palastquartiere hinunter zum Hafen, findet man wieder, was überall der beherrschende Eindruck war: den Stolz und die Melodramatik der Inselbewohner, ihren flamboyanten Charakter in Stein.
Der Grundriß von Kirchen wie Palästen ist meist einfach, nicht selten sogar von einer gewissen Naivität, und folgt wenigen wiederkehrenden Bauideen. Aber dann ein unerhörter Reichtum der Einzelformen, der in Stuck und Stein gearbeiteten dekorativen

Elemente. Die Zentralachse ist häufig hervorgehoben durch ein Portal, das noch gestreckt wird durch einen jener gebauchten Eisenbalkone, deren Gitterwerk sich in verkleinerten Formen oft auf der ganzen Fassade wiederholt und die voluminösen Steinfronten ins Arabeske, mitunter geradezu Ausgelassene auflöst. In die gleiche Richtung wirken die verschwenderisch eingesetzten Ornamente; ferner die Fenster, gefaßt in ausladende Gesimse, die gebrochenen Giebel, die Reliefflächen mit teilweise figürlichem Dekor, all die Nischen, Rundbögen und Medaillons, als solle keine Fläche ausgespart bleiben und durch Licht- und Schatteneffekte belebt werden.

Im Innern herrscht das gleiche Prinzip vor. Architektonisch jedenfalls überwiegen die schlichten Formen, lange Fluchten von Gängen, Raum an Raum, und der Erfindungsreichtum beschränkt sich weitgehend auf die üppige Ausschmückung: viel eingelegter, bunter Marmor, Spiegel in kunstvollen Boiserien aus Gold und weißem Stuck, Gobelins, schwere Brokatstoffe mit Blütengewinden und Schnörkelwerk. Die Decken sind vielfach bemalt mit perspektivisch kühn verkürzten allegorischen oder mythologischen Szenerien, deren Farbigkeit in den geometrischen Mustern des Bodens wiederkehrt.

Die Architektur der Insel hat erst gegen Ende des 17. Jahrhunderts Anschluß an das übrige Europa gefunden und sich mit dem einheimischen Stil zu einer Formensprache verschmolzen, die zu den großen Hervorbringungen des Spätbarock zählt. Der verzögerte Zeitpunkt hat nicht nur mit den Verspätungen der Insel zu tun. Vielmehr entsprach kein Stil bis dahin dem sizilianischen Wesen. So blieb es bei lustlosen Nachahmungen. Erst im Barock hat es sich wiedererkannt und ihn leidenschaftlicher, sanguinisch festlicher exekutiert als irgendwo sonst, Spanien ausgenommen.

PALERMO. Renato Guttuso hatte mir empfohlen, in Palermo den Baron di St. aufzusuchen. Er sei vor Jahren von der Mafia zu mehrjährigem *Confinato,* einer Art Zwangsaufenthalt im Grand Hotel Villa delle Palme, verurteilt worden. Vor einiger Zeit habe man den Baron aber wissen lassen, daß die Strafe abgelaufen sei und er sich wieder frei bewegen dürfe. Verbitterung, Halsstarrig-

keit, vielleicht auch Angst hätten ihn jedoch veranlaßt, seinen Wohnsitz im Hotel zu behalten. Über die Mafia werde man begreiflicherweise nichts von ihm erfahren können, doch repräsentiere er den Typus des Sizilianers, die Verbindung von herrischem Wesen und Melancholie, wie kaum ein anderer.
An einem Freitag rief ich im Hotel an und ließ mich mit dem Baron verbinden. Er schien erfreut über die Grüße Guttusos. Als ich ein Zusammentreffen vorschlug, bat er um etwas Aufschub. Er werde übers Wochenende verreisen und überblicke noch nicht, wann er zurück sei. Vermutlich am Montag, gegen Mittag. Dann sollten wir noch einmal Verbindung aufnehmen.
Als ich am Montag im Hotel anrief und den Baron sprechen wollte, tat die Telefonistin überrascht: »Wen?« Ich wiederholte den Namen. »Mi dispiace. Questo Barone non abita qui«, versicherte sie, »er wohnt hier nicht. Täuschen Sie sich nicht?« Ich erklärte ihr, daß ich ihn erst vor wenigen Tagen unter dieser Nummer erreicht hätte, aber sie blieb unbeeindruckt.

PALERMO. Alles spricht von dem großen Prozeß, den Don Masino Buscetta, der lange Jahre der »Boss der beiden Welten« hieß, durch seine Aussagen in Gang gesetzt hat. 474 Angeklagte, von denen aber nur annähernd die Hälfte in Haft ist: darunter Michele und Salvatore Greco, die Chefs des Clans Palermo, Luciano Liggio, der Anführer der Corleonesi, ferner Antonio Camporeale, der »Principe«, und Tommaso Spadaro, der sich stolz »Agnelli des Südens« nennt. Schließlich auch noch Pino Greco »Scarpazzedda«, den kleinen Schuh, der in dem Ruf steht, der gefürchtetste Killer weit und breit zu sein.
Man berichtete mir Einzelheiten über Folterungen, auch über Anschläge, in denen Niedertracht und Sadismus eine oft haarsträubende Verbindung eingingen. Von Don Michele heißt es, er sei ein »Genie der Spurenbeseitigung« und habe die Idee der »lupara bianca«, des weißen Todes, in Sizilien eingeführt, doch schreiben manche sie auch Buscetta selber zu: die Praxis nämlich, die Leichen der Gegner in Beton zu versenken, oder sie in Säurebäder zu legen, bis von dem Ermordeten nur noch ein paar Goldzähne oder eine Halskette in der Wanne zurückbleiben. Als der Bürgermeister von

Camporeale sich unlängst weigerte, die Hilfe der Mafia anzunehmen, gingen eines Abends, als er auf dem Weg in seine Wohnung war, im Ort plötzlich die Lichter aus. Nach einer kurzen Schießerei hörte man in der nachfolgenden Stille eiliges Laufen und die Geräusche davonfahrender Wagen. Kurz darauf, als die Lichter wieder angingen, lag der Bürgermeister tot auf der Straße. Er hatte die Regel mißachtet, wonach »der Palazzo«, wie das politische Establishment seit neuestem heißt, nicht ungestraft die Angebote der Mafia zurückweist.

NOCH ZUM VORIGEN. Wer in den Kreis der »uomini d'onore« aufgenommen wird, wußte Gnu Zacco, der Freund Don Calicchios, müsse sich einem Ritual unterziehen, in dem Feuer und Blut eine Rolle spielten. Dazu habe der Kandidat die Formel zu sprechen, daß sein Fleisch verbrennen solle, falls er den Schwur je breche. Don Masino heißt deshalb überall der »uomo bruciato«.

AUS DEN NOTIZEN. Gnu Zacco meinte auch, die Praktiken der Mafia, von der Erpressung bis zu den mehr oder minder ausgebildeten Formen krimineller Vorteilsbeschaffung, seien inzwischen in allen sozialen Systemen der Welt verbreitet. In Sizilien äußerten sie sich lediglich dramatischer, mit mehr Gewalt und Geheimniskrämerei.

AM RANDE. Abends einige Seiten in D.H. Lawrence gelesen. Er schreibt, daß die Sizilianer wohl Intelligenz, aber keine Seele besäßen.

MONREALE. Auf der Piazza Guglielmo II steht an der Mauer eines alten Gebäudes, nur leicht verblichen, noch immer eine aus den dreißiger Jahren stammende Sentenz Mussolinis, die in pompöser Inhaltslosigkeit von Italien als einer ins Mittelmeer hineinragenden Insel spricht, die für die Völker nur eine Straße, für die Italiener dagegen das Leben sei.
Auf solche Überbleibsel aus faschistischer Zeit stößt man überall zwischen Bozen, Mailand und Neapel. Auf dem Foro Italico in Rom steht noch immer der Obelisk mit der Inschrift »Mussolini Dux«. Im

Unterschied zu den Deutschen, die der Schatten Hitlers auch nach Generationen noch zu Exorzismen treibt, hat Italien den Diktator wie selbstverständlich in seine Geschichte aufgenommen.
Das hat nicht nur mit dem ungleichen Gewicht im Bösen zwischen dem einen und dem anderen zu tun, sondern auch mit jenen generationenalten Erfahrungen, die das Lebensgefühl eines Volkes ausmachen. »Italien«, sagte Mauro Levi, als wir zusammen mit Don Calicchio über den Platz gingen, »brauchte keinen Mussolini, um zu wissen, daß die Welt von Schurken und Scharlatanen regiert wird. Mit den Deutschen ist das anders. Sie wurden von Hitler überrumpelt und sind es im Grunde immer noch.« Daher rühre auch die sonderbare Aufgebrachtheit, mit der sie aller Welt ihre banale Entdeckung aufzunötigen versuchten. In Wirklichkeit sei soviel Gereiztheit aber nur eine Form der Verdrängung. Ein Deutscher wirke selbst noch in der guten Absicht wie verstockt, meinte er.
Die pathetische Inschrift am Platz in Monreale ist verwittert. Bald wird sie nicht mehr zu entziffern sein. Wir sprachen darüber, daß in Deutschland dergleichen unvorstellbar sei. Alle Überbleibsel jener Jahre wurden beseitigt. »Ihr seid nun mal das Volk der endgültigen Lösungen«, sagte M.L., »ob mit oder gegen Hitler!« Gleich darauf entschuldigte er sich jedoch für seine Bemerkung.
Irgendwo las ich, daß im alten Florenz die Namen von Rebellen, Verrätern und Rechtsbrechern jeder Art in großen Buchstaben an eine Wand des Bargello geschrieben und dann dem Wind und dem Wetter überlassen wurden. Sie sollten nicht aus der Erinnerung gestoßen sein, sondern allmählich ausgelöscht werden durch die Zeit.

AM RANDE. Vielleicht erfaßte M.L. etwas Richtiges. Manchmal denkt man, die fortgesetzte Aufgebrachtheit der Deutschen über die Hitlerjahre könnte weniger mit dem moralischen Entsetzen und der begriffenen geschichtlichen Lektion zu tun haben, als behauptet wird. Vielmehr macht sich darin der Versuch einer geistig auf vielen Gebieten unproduktiv gewordenen Nation geltend, wenigstens durch Hitler und die Greuel jener Jahre einige Aufmerksamkeit zu erregen. Als wollten die Deutschen die Welt, die dergleichen Belehrungen sicherlich nicht nötig hat, immer wieder darauf stoßen, was

sie angerichtet haben. Oft klingt sogar etwas wie ein pervertierter Stolz darüber durch, wessen sie fähig waren.
Bezeichnenderweise ist der Ort dieser Selbstanklagen fast durchweg die Vorderbühne, wo das Spektakel zu Hause ist: in Pamphleten, Fernseh-Shows, in den Theatern und den übrigen Foren des routinierten Kulturbetriebs sind sie ein Vorzugsthema. Die bedeutenden, aus der Verbindung von Kühle und Leidenschaft geschriebenen Werke über jene Jahre dagegen, die doch der weit überzeugendere Beweis für die Erschütterung wären, die da in Anspruch genommen wird, bleiben ungeschrieben. Es gibt Historiker, die unablässig als Gewissenshelfer der Nation zur Stelle sind, aber in Jahrzehnten nicht mehr als ein oder zwei dünne Broschüren über die Hitlerjahre zustandegebracht haben.
So kann der Verdacht nicht ausbleiben, die Deutschen ahnten, daß sie der Welt durch nicht viel mehr als durch den Schatten interessant sind, den die Untaten jener Herrschaft werfen. Sie war in der Tat ein monströses Ereignis. Aber weder die reuige Gesinnung, die unablässig von ihnen reklamiert wird, noch die belehrte Vernunft sprechen in diesem aufdringlichen Ton. Mir fiel Tischbeins Aquarell eines Mannes ein, der in einem leeren Raum vor dem Kamin steht und nichts als den riesigen Schatten hat, den er wirft.

PALERMO. Am Nachmittag, auf dem Rückweg von Monreale, zur Kapuzinergruft, auf deren Besichtigung Don Calicchio bestanden hatte. In den Kellergewölben haben die Mönche bis gegen Ende des vergangenen Jahrhunderts ihre Toten verwahrt, die zuvor in den anstoßenden Tuffsteinzellen getrocknet, dann mit Essig gewaschen und anschließend einige Tage lang der freien Luft ausgesetzt worden waren: Angehörige des Klosters vor allem, aber auch Wohltäter des Ordens, Ärzte, Anwälte und Soldaten.
Viele der Toten liegen in Särgen, die nach einer Seite hin offen oder mit einem Drahtgitter bespannt sind, andere stehen in Nischen oder einfach in langer Reihe an den Wänden, den Kopf vornübergeneigt und die herunterhängenden Hände wie in einer Geste frommer Ergebung über dem Leib gekreuzt. Die Mönche tragen meist lange, vergilbte Schweißhemden oder grobes Sacktuch, und manche haben, als Symbol von Sünde und Vergänglichkeit, einen Büßerstrick

um den Hals gelegt. Et cinis et nihil. Einem Bischof in großem Ornat war die Mitra über den geschrumpften Kopf gefallen, so daß sie auf den Schultern aufsaß und er wie eines der merkwürdigen Schnabelwesen aus der Welt von Hieronymus Bosch aussah.
Weiter hinten, bei den sogenannten Professionisten, treten die Toten in bürgerlicher Kleidung und mitunter auch in festlicher Garderobe auf, die Frauen in Samt und Seide, geschmückt mit ausgeblichenen Rüschen und Bändern und gebauschte Spitzenhauben auf den nackten Schädeln. Manche machen den Eindruck, als sähen sie beschämt zu Boden, andere wirken erschöpft, gebeugt von zu lange Ertragenem. Ein Ehepaar steht da, die Frau scheu an der Seite ihres Mannes, den Kopf in einer letzten rührenden Gehorsamsgeste halb zur Seite geneigt. Und etwas weiter ein Anwalt mit hoher, schmaler Stirn, der sich für ein Plädoyer zu sammeln scheint, einer seiner Nachbarn sieht verwundert zu ihm hin, während ein anderer mit verzerrtem Mund herüberlacht, höhnisch und als wisse er schon, was die Vorbeigehenden noch erwarte.
Wir sprachen darüber, wieviel der Besucher unwillkürlich in alle diese arrangierten Gebärden und Zufallsmienen hineinlese, und Don Calicchio meinte, er habe sich oft gefragt, ob die Toten nicht eine Individualität offenbarten, die sie im Leben womöglich nie besessen hätten. So als bringe die Mumifizierung, wenn mit dem Leben auch die Masken fielen, erst das wahre Wesen zum Vorschein. Als wir auf dem Rückweg an dem Oberst di Giuliano Enea vorüberkamen, der, in einem staubig grünen Uniformrock und einen mächtigen Zweispitz auf den Kopf, mit zurückgedrücktem Kinn wie zur Parade dastand, rückte einer der aufsichtführenden Mönche eine unweit lehnende Figur, die vornüberzufallen schien, mit energischem Griff zurecht, so daß sie sich wieder aufrecht hielt. Nur das Gesicht war dabei zur Seite gesunken und schien plötzlich einen fragenden Ausdruck anzunehmen.

AM RANDE. Draußen, wieder im Hellen, fragte Don Calicchio, ob ich die Blicke der einheimischen Besucher wahrgenommen hätte. Er nannte sie gierig und sprach vom, wie er sagte, libidinösen Verhältnis der Sizilianer zum Tod. Als ich skeptisch blieb, warf Mauro L. ein, ob ich denn nicht wüßte, daß in Sizilien die Kinder nicht zu Weihnachten beschert würden, sondern an Allerseelen und durch die Toten.

PALERMO. Zurück im Hotel. Seit Tagen immer wiederkehrend der Gedanke, daß Sizilien tatsächlich nichts von sich preisgibt. Man deutet die Gedanken ins Gesehene hinein und wird doch nie das Bewußtsein los, daß sie in halber Ferne davon stehenbleiben. Stummheit unter so vielen Worten. Kaum Aufschlüsse. Mehr ein gewaltiges Stimmengewirr.

PALERMO. Die beiden Professoren, mit denen ich für den Abend verabredet war, kamen zu früh, ich nahm gerade ein Bad. Aber B., der mich aus der Halle anrief, meinte, ich solle mir Zeit lassen. Eine Weisheit der alten Araber laute, daß ein Bad zu den vier höchsten Wonnen des Menschen zähle und größeren Genuß bereite als eine Liebesnacht. Übertroffen werde es nur noch vom Hochzeitsvergnügen mit einer Jungfrau und, als vollkommenste aller Seligkeiten, dem Gespräch unter Freunden.

PORTICELLO. Das Restaurant am Fischerhafen, zu dem wir fuhren, war überfüllt, der Wirt hatte, bis hinunter zu den aufgebockten Booten vor der Kaimauer, Tische aufgestellt. Und während des ganzen Abends dröhnten die Lautsprecher über uns. Aber die Küche des Hauses hat einen guten Ruf, und so nahmen wir die Störung in Kauf.
Während des Gesprächs, das diesem und jenem galt, fiel mir wieder das unfeierliche Wesen dieses italienischen Professorentypus auf, der, anders als sein deutsches Gegenbild, weder Jeans noch ein ungepflegtes Äußeres braucht, um seine Intellektualität zu beweisen. Fast englisch die Fähigkeit, auch akademische Themen im Konversationston zu behandeln. Die wissenschaftliche Kultur verlangt, wo sie Kultur ist, weder Prätention noch deren ostentative Leugnung, in der sie nur maskiert auftritt.

NOCH ZUM VORIGEN. Vor der Rückfahrt ein Stück weit am Strand entlang. B. meinte, daß die Antike als höchsten menschlichen und kulturellen Wert die Beständigkeit gefeiert habe, während die

Gegenwart gerade die Bereitschaft zum Wechsel feiere und beispielsweise den Greis rühme, der seine Maßstäbe und Überzeugungen vom einen Tag zum anderen preisgebe.
Er ließ dahingestellt, wieviel an solcher Aufgeschlossenheit nur Unrast oder vitale Pose eines arthritischen Zeitalters ist. Sicherlich hat der moderne Wille zur Veränderung mit Aufstieg und Herrschaft der Intellektuellen und deren experimentellem Verhältnis zur Welt zu tun. Im Gegensatz dazu kamen in nahezu allen Kulturen, von denen wir genauere Kenntnis haben, die Intellektuellen oder doch deren Vorläufer als Hüter der Tradition, Bewahrer der sozialen und moralischen Normen sowie der bestehenden Autoritäten zu Status und Prestige. Nur in Europa traten sie, sieht man von den Sophisten ab, mit Beginn der Neuzeit als Verächter des Hergebrachten auf, zogen Traditionen und überkommene Legitimitäten in Zweifel, immer auf die Ablösung des Bestehenden zugunsten eines ebenso verklärten wie unerprobten Neuen aus. Dieser radikal utopische Zug hat dem Kontinent seine unvergleichliche Dynamik gegeben, auch vernunftgemäßere Ordnungen hergestellt, zugleich aber doch zur stetig sich beschleunigenden Erosion des Grundes geführt, auf dem jede Kultur steht.
Dieser Prozeß nähert sich unterdessen seinem Ende. Das ist nicht nur ablesbar am Verlust aller Maßstäbe und Verbindlichkeiten, während die Ideen, an die sich eine Hoffnung knüpft, noch vor der Entfaltung dahinsterben. Vielmehr haben Kritik und Widerspruch auch jedes Richtungsbewußtsein verloren. Was bleibt, ist die leer repetierte Gestik des Protests, wie sie immer noch aus den Lautsprechern gellte, als wir später zu dem Platz zurückkamen.

AM RANDE. Aus dem Gespräch blieb der Satz in Erinnerung, es gebe mehr und mehr Krankheiten, die wie Ärzte auftreten.

PALERMO. Wieder unerträglich heißer Tag. Schon am Morgen, beim Schritt auf die Straße, das Empfinden, als schlage die Hitze buchstäblich ins Gesicht. Man begreift in solchen Augenblikken die Wahrheit von Begriffen wie »tobend« oder »ungestüm«, mit denen sie oft in Verbindung gebracht wird und die leicht so wirken, als seien sie nur Literatur.

Als es Mittag wurde, trieb die Sonne mich ins Hotel zurück. Allmählich spürt man, wie sie verändernd aufs eigene Wesen einwirkt. Apathie auf dem Grunde einer anhaltenden Gereiztheit. Einen Augenblick lang fragte ich mich, was mich hierhergebracht habe. Zeit zur Rückkehr. J'ai vu tant de soleil, schrieb Stendhal erschöpft, als er nach Jahren von Italien fortging.

PALERMO. Auch ein Brief von H. mahnt zum Aufbruch. »Was veranlaßt Sie denn, sich so lange da unten herumzutreiben?«, schreibt er. »Bei Ihnen geht's ja noch einigermaßen komfortabel zu. Aber seit langem frage ich mich, was so viele Reisende, angefangen von Riedesel über hundert andere bis zu Seume, Stahr und Gregorovius bewog, diese ungeheuren Strapazen, diese Lebensgefahren auf sich zu nehmen, um zu nichts als gigantischen Trümmern zu wallfahrten. Ist die Ruinenseligkeit ein so starkes Motiv? Und es war doch auch nicht palladianisches Ebenmaß, was sie dort suchten oder gar vorfanden. Sondern höchst unheimliche Relikte, wie die Tempel von Selinunt und weiß der Teufel wo. Goethe erschrak, als er nach Paestum kam. Wer erschrickt heute noch? Sie etwa? Denn auch für unsere Begriffe ist das alles doch ziemlich zyklopenhaft, sehr fremde Welt, eher den Pyramiden vergleichbar - denken Sie an die schöne Schilderung im Josephs-Roman, wo der Held der Erzählung nachts beim Mondschein daran vorbeireitet, und niemand weiß mehr genau, damals schon, wie alt die Sphinx überhaupt ist mit ihrer angeknabberten Nase und dem verwegenen Steintuch um den Kopf.
Kurzum: Kommen Sie endlich zum Ende. Und verfallen Sie nicht, wie unser Freund, ins Kokettieren mit der Vergangenheit. Die Formel stammt nicht von mir. Vielleicht macht es mehr Eindruck, wenn ich sage, daß auch sie von Goethe ist, bei dem ich neulich etwas herumlas.«

PALERMO. Als ich das Hotel zur Abreise verließ, stand vor dem Eingang der Taxifahrer, der in den vergangenen Tagen mein Cicerone gewesen war. Aus einer Plastiktüte holte er drei Flaschen Wein, die er am Abend zuvor, wie er sagte, in seinem Keller abgezogen hatte. Dazu übergab er mir ein Taschenbuch über Glück,

Elend und Ende der Principessa Draguna, er habe mir viel von ihr erzählt und manches vielleicht durcheinandergebracht. Aber in dem Buch würde ich nur die Wahrheit finden.

CEFALÙ. An der Felswand hinter dem festungsartigen normannischen Dom, vor dem einige Reisebusse haltgemacht haben, steht in matter Kreideschrift: »Turismo – Terrorismo«.

AUF DER FAHRT NACH TAORMINA. Kurz hinter Acque Dolci, an einer Straßenbar, unterbrach ich die Fahrt. Drei Reisebusse kamen in hoher Geschwindigkeit vorbei. In der Dämmerung wirkten sie wie Ungetüme aus einer fernen Welt. Aus den getönten Fenstern starrten bleich und aquarienhaft die Gesichter der Touristen herüber. Die Gläser auf dem Tisch begannen leise zu klirren.
Mir fiel die Inschrift aus Cefalù wieder ein. Sie war mehr als eine Wortpointe. Die Touristen, die Jahr für Jahr zu Hunderttausenden nach Sizilien übersetzen, sind gerade deshalb eine Gefahr, weil sie nicht bleiben, sondern immer wieder gehen. Das unterscheidet sie von allen Invasoren der Geschichte: sie verwandeln die Insel zwar, entziehen sich selber aber ihrer verwandelnden Kraft. Die früheren Eindringlinge haben stets ihr eigenes Wesen mitgebracht, ihre Erbschaften, Träume und ihre Leidenschaft. Die heute kommen, suchen nichts als Zeitvertreib. Der touristische Betrieb als neuartige Form des Nihilismus.

AM RANDE. Goethe im Tagebuch, einem Franzosen begegnend, der bequem und schnell, wie es in der Eintragung heißt, durch Italien fuhr, »um es doch einmal gesehen« zu haben: »Der reist nun auch!«

TAORMINA. Gegen Mittag Ankunft in der Stadt. Es machte einige Mühe, im Menschengewühl zum Hotel »Timeo« durchzukommen, dessen Eingang hinter einem Vorhof aus blühendem Gewächs verborgen liegt. Während draußen die ewige Touristenkarawane vorüberzieht, herrscht in den schmalen, hohen Räumen mit dem Jugendstildekor die Stille versunkener Zeit. Um die Jahrhundertwende Treffpunkt der *Jeunesse dorée,* exzentrischer Müßiggän-

ger und Dandys aus ganz Europa, wirkt es nun, im mondänen Démodé, wie die zurückgelassene Requisite jener Laune, die seinen Ruf begründet hat.
Als die Hitze nachließ, ging ich nach unten, in den legendären Park des Hotels. Er wurde erst später hinzuerworben und war einst ein eleganter, in den abschüssigen Hang gebauter Terrassengarten, wo schwärmerische Freundschaftsbünde geschlossen und bacchanalisch inszenierte Feste zu Ende gefeiert wurden.
Inzwischen hat die Natur sich wieder der Anlage bemächtigt. Unablässig heckend und samend, hat sie die Absichten des Gartenarchitekten lange unkenntlich gemacht und den Kunstentwurf von ehedem in den Verfall zurückgeführt. Das Pflanzenwerk zerstört die Stützmauern, zerbricht Tonkrüge und sprengt sich Öffnungen in die gefliesten Treppen: fallender oder kletternder Efeu, mannshohe Geranien, großblütige Liliengewächse, Papyrusstauden, Unkraut, Kakteen und allerlei Fettblättriges. In den Laubengängen ziehen schwere Trauben das Astwerk herab, bis das Geflecht unter der Last zerreißt. Der Boden ist übersät mit zerplatzten, faulenden Früchten.
Von Zeit zu Zeit wird, durch all das hysterisch prunkende Farbendurcheinander, der Blick nach oben frei auf das verblassende Rosa der Gartenfront des Hotels. Die Fensterläden sind geschlossen, auf der Terrasse über den vorgeblendeten Arkaden ist selbst am späten Nachmittag kein Mensch zu sehen. Nur ein alter Kellner steht im Schatten einer halbgeöffneten Glastür, wie hingestellt von der letzten Inszenierungsidee. Die Aufführung wird nicht mehr stattfinden, nur der Prospekt steht da, die Träume der Belle Epoque noch einige Zeit weiterträumend.

NOCH ZUM VORIGEN. Woher rührt jene sonderbare, von Genugtuungen nicht freie Faszination, die sich angesichts der Rückeroberungsmacht der Natur beim Betrachter einstellt? Wir sind nicht einfach die Enkel Rousseaus, sehnsüchtig zurückblickend in ursprüngliche Zustände; dazu fehlt es uns an Naivität und sentimentalem Vertrauen in erdachte Verheißungen. Im amerikanischen Inferno-Film übt die Natur Vergeltung am rastlos planenden, bauenden, ins Unberührte vordringenden Menschen, indem sie die

Elemente losläßt, Monstren sogar von anderen Sternen her aufbietet und die großen Städte wie Spielbuden zertritt, um sich am Ende wieder in ihr Herrschaftsrecht einzusetzen. Solche Filme und der Zulauf, den sie finden, sind Symptome für den Überdruß und die unterdrückten Ängste des Zivilisationsmenschen, der den Grund unter sich beben spürt und die Katastrophe, die alles endet, mit ebensoviel Grauen wie verstohlenem Glück erwartet.

TAORMINA. Abends in einem Restaurant am Corso, zusammen mit einer Zufallsgesellschaft aus Italienern, Franzosen und Deutschen. Später machten wir noch in einer Bar am Largo S. Caterina halt. Ich weiß nicht mehr, wie das Gespräch auf die fortwirkende, von Mißtrauen, auch Haß erfüllte Abneigung zwischen den Norditalienern und den Leuten aus dem Süden kam. Erstaunlich der Umstand, daß nahezu jede größere Nation diesen Konflikt kennt. Er hat nichts mit Klima oder Breitengrad zu tun. Mailand und Marseille liegen auf annähernd gleicher Höhe, aber die Mailänder sind Norditaliener, die Bewohner von Marseille Südfranzosen.
Das brachte uns auf die in Sizilien zwischen 1943 und 1945 verbreiteten Unabhängigkeitsbestrebungen. Die Kommunisten wollten eine förderalistische Volksrepublik, die sie auf Gemeindeebene, in Comiso oder Palazzo Adriano, auch ins Leben riefen, die Monarchisten verhandelten über eine Wiedereinsetzung des Königs. Die stärkste Unterstützung fand die Absicht, als 49. Staat den Vereinigten Staaten beizutreten. Die Runde am Tisch sah darin nicht nur eine der Donquichotterien des sizilianischen Wesens, die vom Widerwillen gegen den Norden gespeist und von der Mafia ins Werk gesetzt worden war, da die Ehrenwerte Gesellschaft sich mancherlei Vorteile davon versprach, das System der »amici degli amici« politisch zu unterbauen und gleichsam zum System der »compatrioti dei compatrioti« zu erweitern; vielmehr, so meinten sie, habe sich darin auch das Bedürfnis der Insel zur Geltung gebracht, einmal am Tisch der Sieger Platz zu nehmen. Doch schien man betreten. »Eine triste Geschichte.«
Ironische Bemerkungen über den Charakter malträtierter Nationen. Deren Angehörige neigten entweder zur Wirklichkeitsblind-

heit oder zur Anpassung, das eine bezeugten die Polen, das andere die Italiener, während die Deutschen beides in beängstigender Weise zusammenbrächten. Bis heute, meinten alle.

ZUM VORIGEN. Im Nachdenken über die sizilianischen Absichten von 1943 läßt sich allerdings auch eine weniger genierliche Deutung entdecken. Immerhin mag, was damals in vielen Köpfen spukte, ein überlegener historischer Instinkt gewesen sein, der mit einem dreisten Coup vorwegnehmen wollte, was er ohnehin als unausweichlich erfaßte. Zwar sind die Amerikaner nicht gekommen; aber die Hochhäuser, die automobilistische Zivilisation, Kühlschrank und Fernsehen. Die Bar, vor der wir saßen, führte den Namen »Amigos« und auf den von bunten Glühbirnen gerahmten Schildern zu beiden Seiten des Eingangs pries der Wirt seine Spezialitäten an: Hamm Eggs, Frika Delle, Cocktails Lumumba. Das Lokal, in dessen Innerem sich einige Jugendliche an hektisch flackernden Spielautomaten zu schaffen machten, war in die Fassade eines Patrizierhauses aus dem 17. Jahrhundert gebrochen.

TAORMINA. Nach der Rückkehr stieß ich im leeren Lesesaal auf Pancrazio Lo Turco. Brauner Teint, semitisches Profil, stark gekräuseltes Haar. Melancholie der Levante. Das »Timeo« befand sich vier Generationen lang im Besitz der Familie seiner Frau.
Über Jahre hin habe er versucht, sagte Lo Turco, das Hotel gegen die Zeit zu führen und der Tradition zu folgen. »Im ›Timeo‹ wohnten immer Einzelgänger, oft exzentrische Leute, die Capricen, aber auch Stil besaßen.« Er nannte Maupassant und Anatole France, Fürst Jussupoff, D. H. Lawrence und André Gide. »Früher kamen die Gäste im Smoking zum Dinner«, erzählte er, »im Auftreten war alles Konvention, und die Besonderheit zeigte sich in den Gedanken und in der Phantasie. Heute gibt es die Verbindung von Regel im Äußeren und Unverwechselbarkeit im Wesen nicht mehr. Die Dinge haben sich umgekehrt. Einer ist wie der andere. Aber zum Essen erscheint jeder im groteskesten ›Relax‹. Das ist die ganze Individualität.«
Später sprachen wir von den sprichwörtlichen »pazzi di Taormina«, vom verrückten Temperament der Einwohner, und Lo Turco

meinte, dies sei vielleicht die Ursache dafür gewesen, daß sich die Außenseiter aus aller Welt gerade von diesem Ort so angezogen fühlten. Aber das habe sich geändert, sagte er, die Zeit sei weitergegangen, und er habe keine Lust mehr, noch länger mitzugehen. Die Zukunft gehöre dem Charter. Das Hotel sei soeben von einem sizilianischen Konsortium gekauft worden. »Zwar haben wir Klauseln vereinbart, um den Charakter des Hauses zu wahren. Aber das bedeutet nichts«, setzte er hinzu.

Er erzählte von Wilhelm II., der Gast des »Timeo« gewesen war. Während des Tages habe er, wie es sein Rang verlangte, nur über die Adjutanten mit dem Personal verkehrt. Aber an den Abenden pflegte er seine Entourage wegzuschicken und auf Umwegen die Wohnung der Besitzer aufzusuchen. Den Kindern habe er regelmäßig Geschenke gebracht und sich mit ihnen, frei von den Zwängen des Protokolls, die Zeit vertrieben, ebenso mit den Leuten aus dem Ort, die zu später Stunde vorbeikamen, Handwerkern und Fischern.

Lo Turco sprach auch vom Fehlschlag der Landreform. Sie sei ein verspätetes Unternehmen gewesen, 19. Jahrhundert, wie alle Ideen der Linken. »Diese Leute kommen von ihren Anfängen nicht los«, meinte er, »sie stecken noch immer in den Kinderschuhen.« In einer Zeit, in der die Landwirtschaft nur als Großindustrie überleben könne, sei es ein abenteuerlicher Gedanke, die Kleinbauern zurückzuholen. Gerecht und abenteuerlich, ergänzte er. Er wußte auch, daß Goethe sich während seines Aufenthalts in Sizilien mit dem Plan zu einem Schauspiel »Nausikaa« beschäftigt habe.

TAORMINA. Am Eingang des »Timeo« führt der Weg vorbei zum hoch über der Stadt gelegenen antiken Theater. Den Aufgang markiert, wie ein Wahrzeichen, eine blütenübersäte, purpurlodernde Zypresse. Erst im Näherkommen gewahrt man das Rankenwerk der Bougainvillea, das sich dicht und unentwirrbar bis in die Spitze des Baumes gewunden hat. Zugleich entdeckt man die ersten Spuren absterbender Äste, die von dem zarten Geflecht allmählich erwürgt werden. T. meinte, es gebe eine Steigerung des Schönen, die tödlich sei – nicht nur in der Kunst, sondern, wie der Anblick des Baumes lehre, auch in der Natur.

NACHTRAG. Unter meinen Notizen auch die Bemerkung Lo Turcos, einer aus dem Gästebuch des »Timeo« habe gesagt: Jeder Reisende suche, was er nicht ist, wovon er aber wisse, daß es erst die ganze Wahrheit über ihn ausmache.

TAORMINA. Allmählich beginnen die Eindrücke sich zu ordnen. Was am Ende alle Bilder überlagert, sind wohl doch die Verheerungen der Gegenwart: die Betonburgen, Hotels und Kasinos, die diese Küsten überziehen, um einer wachsenden Zahl von Menschen das Erlebnis von Einsamkeit und ozeanischer Weite zu verschaffen, das ihnen damit zugleich genommen wird. Die trostlosen Vorstadtbezirke mit den Elendsvierteln und Abfallhalden, die sich unaufhaltsam ins Unberührte vorwärtsfressen – das und vieles andere ist schon lange nicht mehr die Rückseite des Modernisierungsprozesses, sondern dessen aufdringliche Vorderansicht. Die westliche Zivilisation hat, was ihren Ruhm ausmacht: die Freiheiten, den Komfort und den ungeahnten Wohlstand nicht ohne hohen Preis hervorbringen können, und unterdessen wird die Frage zunehmend lauter, ob er nicht zu hoch ist. Daß die Welt schöner werde mit jedem Tag – wie lange ist es her, daß eine solche Gedichtzeile geschrieben werden konnte? Es ist auch nicht nur die Verhäßlichung der Welt, die als Gegenleistung zu entrichten ist, sondern hinzu kommt eine schleichende Vergiftung, unbekannte Fäulnisvorgänge, die sich, keiner weiß wo und keiner weiß wie, vollziehen.

Unter diesen Umständen verliert alles Reisen den einstigen Beweggrund. Es geht nicht mehr um den Reiz des vermeintlich Unbekannten. Auch nicht um jene Flucht aus der Wirklichkeit, die in der neueren Zeit das stärkste, meist verheimlichte Motiv der Aufbrüche ins Fremde war. Denn der Wirklichkeit entkommt keiner mehr. Immer wieder erstaunt die Schnelligkeit, mit der die alles einebnende Weltzivilisation an die entlegensten Punkte vordringt. Überall findet man wieder, was überall ist. Eben das macht das Glück des Touristen aus, der nur sein gewöhnliches Zuhause, wenn auch unter der Sonne von Taormina oder Palermo, wiederfinden will. Hochhäuser, Frika Delle, Hamm Eggs.

Zusehends wird das Reisen aus einer Fortbewegung im Raum zur

Fortbewegung in der Zeit. Das ist sein neues Motiv. Mehr und mehr sucht man eine Welt, die nicht mehr ist, sondern war, und das Wunder wäre, doch noch irgendwo, in einem verlorenen Winkel, einen Rest davon zu finden. Unwillkürlich steigt der Wunsch auf, diese Gegenden wie die Reisenden der Grand Tour zu durchqueren, als die Zivilisation noch ein Prospekt voller Versprechungen war und niemand ihre wucherischen Forderungen kannte. Claude Lévi-Strauss hat daran die Überlegung geknüpft, ob der Reisende, der den Schatten der Vergangenheit nachspürt, sich nicht um die Empfänglichkeit für das große Schauspiel betrüge, das im gleichen Augenblick vor seinen Augen abläuft. Vielleicht. Und vielleicht auch wird, Generationen später, ein anderer Reisender an denselben Orten stehen und die Gegenwart um alles beneiden, was sie noch hätte sehen können und was ihr entging.

AM RANDE. »Time must have a stop«, das sei auch nur eine Utopie, sagte M. L., ein schwermütiger Gedanke, aber wie alles Utopische in plebejische Hände geraten und gemein gemacht. Er meinte, die Formel stamme von einem faschistischen Doktrinär. Als Ausdruck pessimistischen Zeitempfindens ist sie aber von Aldous Huxley in Umlauf gebracht worden, der sie wiederum von Shakespeare übernahm.

MESSINA. Eindruck bei der Ankunft, daß die Stadt weiter und offener gebaut ist als jede andere in Italien. Der Mann in der Bar erklärte mir, dies sei auf die Erdbeben zurückzuführen, die Messina so oft wie keine andere Stadt heimgesucht haben. Nur wo der Erdstoß unmittelbar auftreffe, solle er Zerstörungen anrichten können, nicht jedoch durch die gegeneinander stürzenden Häusermassen. Dennoch kamen beim Beben von 1908 noch einmal etwa 60.000 Menschen ums Leben, und die Bombenangriffe des Zweiten Weltkriegs zerstörten ein Drittel aller Gebäude.
Als Goethe kurz nach dem Beben von 1787 nach Messina kam, erhielt er »gleich beim Eintritt den fürchterlichsten Begriff einer zerstörten Stadt: denn wir ritten eine Viertelstunde lang an Trümmern nach Trümmern vorbei, ehe wir zur Herberge kamen, die, in diesem ganzen Revier allein wieder aufgebaut, aus den Fenstern des

oberen Stocks nur eine zackige Ruinenwüste übersehen ließ. Außer dem Bezirk dieses Gehöftes spürte man weder Mensch noch Tier; es war nachts eine furchtbare Stille.«

MESSINA. Seit Generationen, bis in die Zeit unserer Väter, war Messina für seine Taucher berühmt, die sich von den Felsenhöhen nahe der Stadt, ähnlich wie heute die Klippenspringer von Acapulco, zur Unterhaltung des Publikums ins Meer stürzten. Ihr legendärer Ruf kam nicht zuletzt daher, daß sie ihre Kunst an der Meerenge zwischen Scylla und Charybdis vorführten, die, am Zusammentritt von Ionischem und Tyrrhenischem Meer, tatsächlich gefährliche Strudel und Wechselströmungen aufweist. Im Jahr 1789 erschien in Braunschweig die im übrigen Europa schon weitverbreitete Reisebeschreibung P. Brydones, eines gebildeten Engländers, der den jungen Lord Fullarton auf der Grand Tour durch Italien und Sizilien bis hin nach Malta begleitet hatte. Brydone notierte in Messina:
»Die Taucher von Messina haben es in ihrer Kunst wirklich unglaublich weit gebracht. Aber was man uns von einem gewissen Colas erzählte, läßt alles Bewunderungswürdige, was wir je gesehen hatten, weit zurück ... Dieser Colas hatte sich durch seine Kunst so berühmt gemacht, daß einer der Könige, Friedrich, nach Messina kam, um ein Augenzeuge davon zu seyn. Dieser königliche Besuch gereichte dem armen Kerl zum Verderben. Denn, da der König seine außerordentliche Stärke und Behendigkeit bewunderte, hatte er die Grausamkeit, ihm den Vorschlag zu thun, nahe bei dem Strudel Charybdis unterzutauchen, und um ihn desto mehr zu reizen, warf er einen großen goldenen Becher hinein, der seine Belohnung seyn sollte, wenn er ihn wieder herauf holte. Colas machte zwei Versuche, und setzte die Zuschauer durch die lange Zeit, die er unter Wasser zubrachte, in Erstaunen; allein beim dritten wurde er, wie man vermuthet, vom Strudel ergriffen und unwiderstehlich fortgerissen: denn er kam nicht wieder zum Vorschein.«
Schillers Ballade, wenige Jahre später entstanden, geht zweifellos auf diesen Hinweis zurück; und man meint geradezu vor sich zu sehen, wie seine Phantasie sich an dem spektakulären Vorgang entzündet, wie er die dramatischen Möglichkeiten darin spürt und

augenblicklich darangeht, Brydones knapp referierenden Bericht nicht nur mit seiner überschwenglichen Rhetorik zu erfüllen, indem er das Meer in poetischen Aufruhr versetzt und mit Molchen, Rochen, Haien, Kraken, sogar mit Drachen bevölkert, sondern den Vorwurf auch, zumindest ausblicksweise, zu einer seiner Haupt-und Staatsaktionen hinleitet mit sozialer und ehelicher Erhöhung am Ende, ungeheurem Einsatz und überwältigendem Gewinn. Man kann Schillers Affekt, seinen alles ins Grandiose treibenden Zugriff aufs Material, eben das, was Thomas Mann seine eigentümlich kindliche Erhabenheit genannt hat, kaum anschaulicher machen als durch den Abstand, der ihn von der Erzählweise des nüchternen Mr. Brydone trennt.

MESSINA. Zum Abschied waren der Ingenieur und Don Calicchio gekommen. Bevor wir das Restaurant, nahe dem Bahnhof, aufsuchten, gingen wir durch die abendlichen Straßen zum Corso Garibaldi hinunter, in das Gedränge der Wagen und Menschen. Alle schienen, selbst im Umhergehen, irgendwelchen geheimen und gewichtigen Zielen zuzustreben, und wie so oft fragte ich mich, was hinter diesen offenen und zugleich unergründlichen Mienen vor sich ging, wieviel Ehrgeiz, Stolz, Rachsucht oder auch Wahnwitz darin verborgen waren.

Während der ganzen Reise, in der immer wiederholten Beobachtung dieser Gesichter und dieser Augen unter schweren Lidern, war mir der eigentümliche Widerspruch aufgefallen: die Zielstrebigkeit hinter aller Lethargie, die Unrast und Entschlossenheit unter soviel vermeintlicher Ruhe. Nie wurde man die Vermutung los, daß diese teilnahmslos wirkenden, von der Last ihrer Geschichte, der Landschaft, dem Klima, kurz dieser »entsetzlichen Insularität« Siziliens gezeichneten Menschen, selbst wenn sie ins Leere zu grübeln schienen, doch von innerer Unrast erfüllt waren und, in Gedanken wenigstens, mehr totschlugen als nur die Zeit.

Auch schien die Liebenswürdigkeit der Menschen, im ganzen jedenfalls, ohne den naiven oder prahlerischen Zug, den sie auf dem Festland besitzt. Vielfach kam sie mir doppelsinnig vor, als suche sie etwas zu verbergen, was besser nicht zum Vorschein kam. Und selbst die Frömmigkeit wußte, wo ich ihr begegnet war, ersichtlich

nichts von Vergebung, auch sie hatte etwas Eingedunkeltes, Unerlöstes, und erschöpfte sich in den wollüstig ausgemalten Bildern der Martyrologie. Beim Blute der Madonna!, lautete ein Fluch, den man häufig hören konnte, andere riefen das Gedärm des Heiligen Laurentius, die abgerissenen Brüste der Heiligen Agatha oder andere gottgefällige Metzeleien an. Das nicht Geheure, von so viel christlicher wie zivilisatorischer Tünche nur notdürftig Verdeckte, war in solchen und anderen Beiläufigkeiten wie mit Händen zu greifen. Ich erinnerte mich eines Gesprächs aus den zurückliegenden Tagen, in dem vom wölfischen Wesen der Inselmenschen die Rede gewesen war, das in den Abschlachtungsorgien der Mafia oder der Bandenkämpfe nur spektakulärer hervortrat als im Alltäglichen, wo es sich ebenso offenbarte.
Der Ingenieur lachte, als ich das sagte, ich hätte ihm dergleichen schon einmal, unlängst in Palermo, einreden wollen. Das seien, meinte er, Phantasien eines Menschen aus dem Norden, der Sizilien nur aus Romanen und Polizeiberichten kenne. Er räumte ein, daß solche Überlegungen für eine frühere Zeit halbwegs zuträfen, als ganze Familien sich, oft über Generationen hin, im Streit um ein paar Olivenbäume, um die Wassermenge, die sie einem Brunnen entnahmen oder einer Demütigung wegen auszurotten versuchten. Aber dieses Sizilien sei nicht mehr. »Stolz, Rachsucht, Wahnwitz«, wiederholte er, »vielleicht gibt es das noch.« Aber vorherrschend seien auch auf dieser Insel weit weniger dämonische Begierden. Er zeigte auf drei junge Mädchen, die gerade vorübergingen, die Arme eingehängt und aufgeregt irgendwelche Tuscheleien austauschend. In kurzem Abstand folgte ihnen eine Gruppe Halbwüchsiger, jeder eine rote Geranie hinter dem Ohr, die sich entschlossen ihren Weg durch die Passanten bahnte. Vielleicht war ich wirklich allzu befangen in meinen Vorstellungen, doch kam mir das Ganze vor wie eine unerbittliche Jagerei. Die Mädchen taten ahnungslos, waren es aber nicht. Und ihre Verfolger wirkten wie eine Meute auf der Fährte hinter jungen, scharfriechenden Ziegen.

Messina. Bei Tageseinbruch Abfahrt zum Hafen. Der alte Hoteldiener trug die Koffer hinaus. In den leeren Straßen lag noch die Nachtkühle. Drüben, über den Bergen des Festlands, stieg soeben, weiß und schon brennend, die Sonne hoch, und man spürte bereits die Hitze der kommenden Stunden. »Ein schöner Tag!« sagte ich zu dem Diener, der mit den Händen abwartend über die gestreifte Schürze strich. »Ein Tag wie alle andern, Signore«, erwiderte er. »Wie gestern und morgen.« Und mit einem Achselzucken: »Eben wie immer.«

Manche Beobachtung der zurückliegenden Wochen schien dem absichtslosen Doppelsinn der Bemerkung zu widersprechen. In der »Italienischen Reise« heißt es über Sizilien: »Hier ist erst der Schlüssel zu allem.« Man kann die Äußerung Goethes auch in einem Sinne deuten, der seinem Gedanken ganz zuwiderläuft. Wenn der kulturelle Selbstverlust Europas erst einmal die lange im Schatten des Fortschritts liegenden Ränder des Kontinents erreicht und das in aller Rückständigkeit zäh Bewahrte überwunden haben wird, kann Sizilien auch der Schlüssel sein, der alles abschließt.

ÜBERFAHRT NACH REGGIO. Noch vor dem großen Andrang am Hafen. Aber bald füllte sich der Verladeplatz mit Autos und Geschrei. Nachdem der Wagen im Tunnel der Fähre abgestellt war, ging ich zum Heck hinauf.

Es ist nicht so, daß Italien ohne Sizilien gar kein Bild in der Seele mache, wie Goethe bemerkt hat. Die Insel ist durch weit mehr als die Enge von Messina vom Festland getrennt. Die stärkeren Einflüsse kamen von Griechenland, Byzanz und dem Vorderen Orient, auch von Spanien, und am nachhaltigsten wirkte, in Landschaft wie Lebensform, Nordafrika ein. Die Herrschaft Italiens über die Insel beginnt eigentlich erst jetzt. Und während das Stampfen der Maschinen einsetzte, die Laderampe hochging und das alte Schiff ächzend die Fahrt aufnahm, fragte ich mich, ob der Mythos von Scylla und Charybdis nicht auch den besonderen Abwehrwillen Siziliens gegenüber der Bedrohung von Norden her ausdrücken wollte, der jetzt zu erlahmen beginnt. Ich begann zu verstehen, was es mit der redensartlichen Fremdheit Siziliens auf sich hat.

Dazu kommt, daß die Bilder, die man sah, sich nicht zum Zusammenhang ordnen. Es bleiben nur Fragmente, so verworren wie die Geschichte der Insel, deren Abbild sie sind. Anders als Rom, Florenz oder Venedig wirkt Sizilien, trotz seiner Überfülle historischer Ablagerungen, sonderbar ungeschichtlich. Man stößt lediglich auf Überbleibsel, einen chaotischen Fundus von Kulissen, der die Vorstellungskraft nur mühsam in Bewegung bringt. Denn im Grunde hat die Insel keine Geschichte, sondern war nur deren Schauplatz, ein Spiegel, der die Machtverhältnisse der umliegenden Weltgegenden, Aufgang und Fall von Reichen, zurückwarf. Sooft ein Bild verging, leerte sich die Fläche des Spiegels und ein anderes trat an seine Stelle. Ich dachte an die Bemerkung Don Calicchios von gestern abend, wer zuviel Geschichte habe, besitze am Ende gar keine.

Unterdessen hatte das Schiff schon die halbe Strecke zurückgelegt, und über das Häusergewirr von Messina, die Schatten und die Tiefen, legte sich ein blasser, alle Konturen verwischender Dunst. Einer der Reisenden der Grand Tour hat geschrieben, ohne die antiken Autoren wüßten wir nichts von Glanz und Größe der Insel. Die »wüsten Steinhaufen« belebten nicht die Phantasie, sondern verwirrten sie nur. Der museale Ehrgeiz der Gegenwart ist der Vorstellungskraft zwar zu Hilfe gekommen, hat aber die Entfernungen zum Gewesenen kaum überbrücken können. Nicht einmal von sich selber macht Sizilien ein Bild in der Seele.

NOCH ZUM VORIGEN. Was am stärksten haften blieb, sind die Bilder von Lähmung und Apathie, einer merkwürdigen Finsternis unter der hochstehenden Sonne. Wüstenartige Landstriche mit verdursteten Hügelketten im Hintergrund, an deren Abhängen verschwörerisch anmutende Gebirgsnester liegen; flache Hochtäler, mit hartem Gras bedeckt, zwischen denen das Felsgestein wie das Gerippe der Erde austritt; eine Herde, regungslos unter einer vereinzelten Eiche im Schatten; die stumme Würde verfallener Fassaden; der Erdgeruch über allem: Es war nicht nur Literatur. Daneben, unübersehbar, die Anzeichen zivilisatorischer Anstrengung, die noch wie von fremder Hand und wie hingenommen wirkt. Aber vielleicht wird sie Sizilien eines Tages doch aus Lampedusas Untröstlichkeiten holen.

AM RANDE. Noch einmal die Stichworte vom Anfang der Reise gelesen. Sie treffen und verfehlen die Sache. Vor allem hat die

Wahrnehmung die Kenntnisse aufgefächert, sie gleichsam ins Räumliche erweitert und mit zahlreichen Widersprüchen versetzt, ohne die sie formelhaft blieben. Nur das Konkrete ist wahr. Am Ende kommt der Unterschied zwischen dem flächigen und dem schattierten Bild dem zwischen Irrtum und Wahrheit gleich.

NOCH ZUM VORIGEN. Mehr als alles andere wäre die Dauerempfindung vom Anprall des Südens nachzutragen, das immer neue Benommensein von seiner Gewalt. Eine Zeitlang redeten wohl alle, die aus dem nördlichen Europa kamen, sich ein, ihr gewachsen zu sein. Aber dann spürten sie doch das Nachlassen der Kraft, das vor allem den Willen erfaßt und allmählich in eine Ergebung übergeht, die unwiderstehlich sein kann.
Vielleicht fehlt auch eine Beschreibung von dem, trotz aller Gewöhnung, immer wieder unvermittelten Einbrechen der Dunkelheit. Wenn die Sonne, schon hinter einem Bergmassiv, die scharf sich abbildenden Konturen mit einem Saum aus feuerfarbenem Licht umrahmt; wie es schwächer wird, zugleich ins Breite zerfließt und dabei zunehmend größere Partien des Himmels mit blaßroten Schleiern überzieht, bis es schließlich drüben, wo das Meer liegt, ein paar fedrige Wolkengebilde erreicht. Im gleichen Moment, ohne einen Blick zurück, spürt man, wie vom anderen Ende her die Nacht hochsteigt und daß jenes Spiel, noch während es sich ereignet, schon so gut wie vergangen ist.

ZWEITE ETAPPE

Troja überall

An der ionischen Küste

REGGIO DI CALABRIA. Einige Stunden Zeit, da das Museum an diesem Tag nur nachmittags geöffnet ist. Versuchung, einen Nachtrag über Sizilien zu schreiben. Im rechten Augenblick erinnerte ich mich der Bemerkung, wonach das Geheimnis, zu langweilen, darin besteht, alles zu sagen.

REGGIO DI CALABRIA. Ich vertrieb mir die Stunden mit einem Gang durch die Stadt. Ein spanisches Kastell ausgenommen, erinnert nichts mehr an die vielen Vergangenheiten des alten Reggio. Eroberer, die Erdbebenplage und die alliierten Bomberflotten haben die Spuren des Einstigen getilgt; den Rest besorgte die Industrialisierung der vergangenen Jahrzehnte.
Das Museum der Stadt, das die Erinnerung an das ionische Griechenland bewahrt, an viele Städte, von denen am Orte selbst kaum mehr als der Name geblieben ist, hat noch an Bedeutung durch die beiden überlebensgroßen Bronzefiguren gewonnen, die im Sommer 1972 vor der Küste bei Riace geborgen wurden. Der Saal, in dem sie aufgestellt sind, war an diesem Nachmittag so überfüllt wie vor Jahren die Ausstellungsräume in Florenz und Rom. Mehr als zwei Millionen Besucher strömten damals, innerhalb kurzer Zeit, zusammen, um die Statuen zu sehen.
Noch heute rätselt man darüber, was den beispiellosen Zulauf bewirkt hat, der noch immer anhält. Die kunsthistorische Betrachtung, die bis dahin auf lediglich ein paar ähnlich große Bronzen aus der klassischen Epoche beschränkt war, ist sicherlich nur die Sache weniger. Aber vielleicht gibt es eine nicht nur erlernte, sondern vorgeprägte, dem Menschen angeborene Idee des Schönen, die unter allem Deformationspathos der Gegenwartskunst nicht verlorenging und vor Werken wie diesen dem Betrachter unvermittelt ins Bewußtsein tritt.

ZUM VORIGEN. Von Bildhauern hört man immer wieder, daß die Beine des Menschen ein Mißgriff der Natur seien; sie stellten den Körper gleichsam auf Stelzen. Deshalb die Verdickung der Beine von Maillol bis Marcks.
Bei den Kriegern von Riace entdeckt man nichts dergleichen, und eigentlich verraten sie nicht einmal ein Bewußtsein dieser Schwierigkeit. Dennoch stehen sie nicht auf Stelzen, und einen Augenblick lang meint man, der Hochmut, den sie so offenkundig zeigen, gelte nicht nur dem imaginären Gegner von damals, sondern auch dem gelösten Kunstproblem. Die Bildhauer der Antike kamen noch mit der Natur aus.
Man kann auch sagen: Jedes bedeutende Kunstwerk erledigt alle Probleme. Das ist auch der Grund, warum die theoretische Überfrachtung der Gegenwartskunst gerade deren Schwäche offenbart. Der stützende Gedanke macht sichtbar, was er verdecken soll: daß diese Werke nicht aus Eigenem existieren können.

AM RANDE. Alle Deformation ist oft nur Ausdruck der Entmutigung angesichts der Größe des Einstigen. Der Zusammenhang von kühnen Gesten und epigonaler Verzweiflung.

FAHRT ENTLANG DER KÜSTE. Aufbruch, als drüben, auf der sizilischen Seite, die Sonne untergeht. Der Himmel über der langgestreckten Bergsilhouette zwischen Messina und Catania war leuchtend rot und verwandelte das Meer in glitzernd bewegtes, warmes Kupfer. Über die soeben noch gegliederte Fläche des Massivs legt sich ein grauer, ins Malvenfarbene hinüberspielender Dunst. Etwas später war der Küstensaum mit Myriaden von Lichtern besteckt, die seinen Verlauf aus der Dunkelheit schneiden. Währenddessen stand über der Spitze des Ätna eine dünne, noch lange von der verborgenen Sonne gerötete Rauchfahne, die erst in größerer Höhe von den Fallwinden erfaßt und nach unten gezerrt wurde.
Dann wendet sich die Küstenstraße nach Osten, und Sizilien gerät aus dem Blick. Nur von Zeit zu Zeit treten die steil ansteigenden Berge zur Linken ein Stück zurück. Immer wieder überquert die Straße ausgetrocknete Flußbetten, selbst in der einbrechenden

Dunkelheit sind noch die mächtigen Geröllblöcke zu erkennen, die auf die Gewalt winterlicher Sturzfluten deuten. Bezeichnenderweise erinnert der Name »Küste der Sarazenen« nicht an die glanzvolle Zeit des Ufers, sondern an spätere Gefährdungen.

ZUM VORIGEN. Im Altertum war der ionische Golf, Hölderlins »alte selige Küsten«, von einer dichten Kette griechischer Kolonialstädte besetzt, legendäre Namen darunter wie Lokris, Kroton, Sybaris und Metapont. Aber weit mehr noch Plätze, von denen kaum anderes als der Name blieb: Troja überall. Doch die meisten dieser Untergänge fanden keinen Homer. Die Funde der Archäologen, Fragmente von Inschriften oder Münzen, haben nicht selten nur das Bewußtsein des Verlorenen bestärkt.
Dazu die Bemerkung Theodor Mommsens über die frühen römischen Könige; oft sei es für den Historiker unmöglich, heißt es da, den Nebel zu zerstreuen, der über den Gestalten der Vergangenheit liegt, für deren Größe nur dieser Nebel sicher bürge.

AM RANDE. Im November 1812 schrieb Goethe an Reinhard: »Daß Moskau verbrannt ist, tut mir gar nichts. Die Weltgeschichte will künftig auch was zu erzählen haben.« Die Bemerkung setzt immerhin den Chronisten des Untergangs voraus, den die Städte am ionischen Meer aber nicht gefunden haben.

KÜSTE DER SARAZENEN. Übernachtung in einer Pension am Wege, in einem der namenlosen Orte, die an der Uferstraße liegen. Der Wirt führte mich über eine unbeleuchtete Holztreppe, deren Geländer weggebrochen war, nach oben in ein enges und mit alten Möbeln vollgestelltes Zimmer. Am Kopfende des Bettes hing ein Farbdruck der Madonna mit den sieben Schwertern und über der Kommode ein fleckiger Stich, auf dem die Heilige Lucia mit frommem Vorwurf auf ihre ausgerissenen Augen wies.
Aber ich mußte mich mit der Unterkunft zufriedengeben, weil ich fürchtete, nicht mehr rechtzeitig nach Catanzaro zu kommen. »Make no comparisons«, lautete eine Empfehlung, die Karl Philipp Moritz in einem Gasthof fand, als er 1782 England bereiste.

AM RANDE. Es gibt eine Überlegung von Hegel, die das Empfinden von Beharrung und Fortgang auf den idealen Balancepunkt bringt und zugleich sagt, was es mit aller Tradition auf sich hat: »Der Tod ist das Furchtbarste, und das Tote festzuhalten das, was die größte Kraft erfordert ... Nicht das Leben, das sich vor dem Tod scheut und von der Verwüstung rein bewahrt, sondern das ihn erträgt und in ihm sich erhält, ist das Leben des Geistes.«

BOVA MARINA. In dem kleinen Küstenort hat man, eine Generation zurück, mitten unter ärmlichen Fischerhäusern eine Fabrik errichtet. Von der Bar aus fiel der Blick auf das inzwischen offenbar stillgelegte Gebäude, aus dem ein riesiger Ziegelschornstein mit kranzartig verdicktem Ende hervorsteht. Daneben ein von tiefrotem Rost überzogener Lichtmast, der den Schornstein womöglich noch überragt. Ich fragte einen der Umstehenden, wie es dazu habe kommen können. Er hob die Schultern: »Was wollen Sie? Damals gab es Pläne, Hoffnungen, Geld, la cassa per il mezzogiorno. Der Fortschritt kam endlich auch zu uns. Jeder sollte es sehen.« Und dann: »Wir wollten auch unsern Schornstein haben.«

BOVA. Ich verließ die Küstenstraße, um ein Stück weit landeinwärts zu fahren. Kaum lagen die letzten Häuser zurück, öffnete sich nach kurvenreichem Anstieg ein phantastisches Panorama. Vor einem gebirgigen Rundhorizont erstreckt sich ein urweltliches Durcheinander von bizarren Bergformationen, von aufragenden Felswänden, Erdabbrüchen und Talstürzen. Vereinzelt ragen Gesteinsklötze wie abgebrochene Zahnstümpfe ins Freie, etwas entfernt erheben sich, zwischen niedrigem Gewächs, kahl und sandig, spitzkegelige Erdpyramiden. Der unwirkliche Eindruck wird noch verstärkt durch die scharfen Schatten der niedergehenden Sonne. Surrealistische Märchenbücher, deren Held galaktische Abenteuer zu bestehen hat, stellen so mitunter die Kulisse auf fernen, ausgeglühten Sternen dar.
Bei jeder Windung der Serpentine verbinden sich die exzentrischen Formen zu neuen, überraschenden Bildern. Die Ölbäume zu Beginn wechseln bald in Tamarisken und blaßgrünen Oleander über, dazwischen vereinzelte, zu allerlei Goldtönen verbrannte

Grasnarben, bald nur noch wilder Kaktus. Auf den inzwischen tiefer gelegenen Hügelkuppen drängt sich hier und da verwachsenes Gesträuch zu dunkleren Flecken zusammen, die Schluchten und Erdrisse sind im Nachmittagslicht bis zum Rand mit Schwärze gefüllt.

Aber hoch oben tritt Bova jetzt hervor. Auf dem Gipfel eines mächtigen Berges aufsitzend, schimmert es hell über dem steil abfallenden Grau des Massivs. Erst im Näherkommen gewahrt man, daß aus der Spitze des Berges ein Felsquader aufsteigt, der die Ortschaft als gewaltiger Turmblock überragt. Etwas unterhalb setzt der Baumbestand wieder ein: Oliven und Eichen. Nach jedem umfahrenen Berg, jedem Anstieg aus plötzlicher Vertiefung, rückt der Ort in seiner dramatischen Entlegenheit näher. Schon während der Anfahrt war die Ärmlichkeit, die dort oben herrschte, die Düsternis der engen und winkligen Gassen zu ahnen. Aber Bova war wie eine Vision. Es schien, als nähere man sich der Idee der Stadt.

NOCH ZUM VORIGEN. Bova zählt zu jenen paar Dutzend versprengten Ortschaften, in denen sich seit der Mitte des 15. Jahrhunderts vorwiegend albanische Griechen auf der Flucht vor der osmanischen Herrschaft festsetzten. So tief saß der Schrecken, daß sie nicht nahe dem Meer ihre Siedlungen errichteten, »Turcorum praedonibus semper obnoxii«, den türkischen Seeräubern ständig zur Beute preisgegeben, wie es in alten Büchern heißt; vielmehr ließen sie sich in halbwegs sicherer Entfernung davon, auf hohen und unzugänglichen Gipfeln, nieder.

In einigen dieser Orte wird noch heute ein altgriechisches Idiom gesprochen, auch die Hinweisschilder in den Straßen nennen neben der italienischen zugleich die griechische Bezeichnung. In der Bar an der ausgestorbenen Piazza saßen, jeder für sich, einige Bewohner an schäbigen Kunststofftischen, schwere, bäuerliche Gesichter, versunken in eine Art wilder Resignation. Eine Deckenlampe tauchte den Raum in grelles Licht und steigerte, zusammen mit der Atmosphäre aus Stille und Bedrückung, den Eindruck irrealer Weltentlegenheit.

Niebuhr und andere, in der klassischen Tradition erzogene Reisende, haben in den Griechen Süditaliens die letzten, halbwegs unvermischten Abkömmlinge von Hellas entdecken wollen. Aber die Anschauung bringt den vorherrschend dumpfen, lethargischen Typus schwerlich mit dem alten Griechenland zusammen. Dann jedoch, kurz vor dem Aufbruch, eine junge Frau mit jenem linearen Profil und den schräg gestellten Augen, wie sie auf griechischen Vasenbildern zu sehen sind.

AM RANDE. In allem, was wir Erinnerung nennen, stecken immer auch Phantasie und Erfindung.

BOVA. Nicht nur Rom wurde auf Hügeln erbaut. Überall in Italien oder wo sonst die geologischen Bedingungen es zuließen, haben die Städte die Anhöhen bevorzugt und sie durch Türme, Hochfassaden oder Spitzgiebel häufig noch überbaut und gekrönt. Neben dem frühen Bild der Stadt als Handelsplatz an Flußläufen oder den Schnittpunkten der Verkehrswege ist deren anderer großer Typus die Stadt auf dem Berg.
Kaum noch vorstellbare Beschwerlichkeiten waren damit verbunden. Bova liegt annähernd fünfzehn Kilometer landeinwärts an unwegsamem, nur unter Mühen erreichbarem Ort, und zwei oder mehr Tage waren erforderlich, um Güter und Nahrung von der Küste heranzuschaffen. Selbst die ärmlichen Äcker befanden sich weit mehr als hundert Meter unterhalb des Felsplateaus, das die Stadt trägt.
Am einleuchtendsten wird die Stadt auf dem Berge durch das Schutzmotiv erklärt: durch die traumatisch gewordenen Ängste vor den Einfällen der Piraten, die bis ins 19. Jahrhundert die Küsten heimsuchten, vor Banden, durchziehenden Heeren und nicht zuletzt vor den Nachbarn, weil jede Stadt, zumindest vor der Einziehung in größere Herrschaftsverhältnisse, der Rivale und Feind jeder anderen war; eine ständige Versuchung für Habgier, Machtwillen und Eroberungslust. Der erhöhte Platz gewährte ihr jenen Bollwerkcharakter, der in der Ebene erst durch Mauern, Ringwälle und Gräben herzustellen war.
Daneben zwang, vor allem seit dem Ausgang der Antike, das Fieber die Bewohner in die Berge. Zu den Ursachen für das unvermittelte Erlöschen der glanzvollen griechischen Städte am ionischen Meer

rechnen zahlreiche Historiker nicht zuletzt die verheerende Ausbreitung der Malaria. Den alten Landschaftsbeschreibungen zufolge war die Küste ursprünglich felsig und waldreich, und mindestens fünf der größeren, heute je nach Jahreszeit ausgetrockneten oder reißenden Flüsse waren so gleichmäßig tief, daß sie befahren werden konnten.

Die Abholzung der ufernahen Wälder hat jedoch bald einen Erosionsprozeß in Gang gesetzt, in dessen Verlauf gewaltige Erdmassen aus den Bergen herabgeschwemmt wurden. Bebenartige Bewegungen taten ein übriges und ließen die ionischen Gestade allmählich um mehr als einen Meter absinken, bis sich im Küstenvorland stehende Gewässer und Sumpfgebiete bildeten, die der Anophelesmücke die günstigsten Brutplätze boten. Einige Hinweise aus alter Zeit lassen erkennen, daß die Griechen die Ursache der plötzlich hereinbrechenden Epidemien kannten. Aber der überfallartige Charakter der Seuche und vor allem die unzureichende Kenntnis der Ansteckungsgefahr verhinderten jede wirkungsvolle Abwehr. Zurück blieb nicht mehr als die undeutliche Vorstellung, daß das »Klima« in den Bergen gesünder sei.

Die eine wie die andere Überlegung, der Sicherungsgedanke vor Feinden wie vor Krankheiten, wurden seit dem frühen Mittelalter durch eine metaphysische Idee ergänzt und spiritualisiert. In den Stadtgründungen auf den Bergen und Anhöhen war die Erinnerung an das »hoch gebaute Jerusalem« gegenwärtig, das, der Offenbarung zufolge, dereinst aus dem Himmel auf die Erde versetzt und die Gläubigen in seinen Mauern versammeln werde. Insoweit war jede Stadt Vorgriff und Modell zugleich, und diese Auffassung hat dem überlieferten, mit dämonischen Glanzlichtern versetzten Bild städtischer Gemeinwesen das reinere Abbild entgegengestellt. Nicht mehr Sodom, Gomorrha und Ninive mitsamt den frommen Affekten von Verfluchung und Gottesgericht beherrschten von nun an die Vorstellung, und auch nicht ihrer aller Urbild, das große Babylon, die sämtlich ihren Abimelech finden würden, der sie eroberte, das Volk drinnen erwürgte, die Stadt zerbrach und Salz darauf streute; sondern das entrückte, aber schon im Kommen begriffene Jerusalem.

Daneben stand auch anderes. Die verdammenden Prophetenworte

über die Stadt sind nicht zuletzt von der Engstirnigkeit einer unterlegenen Dorfkultur eingegeben. Denn kein schärferer zivilisatorischer Gegensatz ist denkbar als der zwischen dem offenen Land mit seiner archaischen Selbstgenügsamkeit und der Stadt, die das Verstreute zusammenband, dem Druck hinter engen Mauern aussetzte und damit eine ungeheure Erweiterung menschlicher Kräfte und Möglichkeiten einleitete. Die Stadt ist nichts anderes als Anfang und Vermittlerin aller höheren Kultur.

Aber hinter den Anklagen stand auch ein moralisch begründetes Mißtrauen gegen die Stadt, das in der Vorstellung vom Brudermörder Kain, dem ruhelos durch die Welt irrenden ersten Städtegründer, mythologisch abgestützt war. Die Stadt als Ort von Unrast, Hybris und Verbrechen, auch von Luxus und Laster, ihre widernatürliche Tendenz zur Vermischung der Rassen und der Sprachen: das alles gehört von früh an zum festen Bestand unaufhörlich abgewandelter Verdammungsphantasien. Das alte Sumer hieß, durchaus im Doppelsinn, die »Vielzüngige«, und noch auf Rom wurde das Kains-Motiv der im Geschwistermord gegründeten Stadt übertragen. Vor allem die Spätantike hat diese Anklagen neu belebt und der sich rasch ausbreitenden Sehnsucht ins Ländliche unterlegt. Sie sind nie mehr ganz verloren gegangen. Und vielleicht haben die mittelalterlichen Städtegründer aus dem biblischen Fluch über »die große Hure Babylon, die an vielen Wassern saß und in vielen Betten schlief«, auch den Gedanken herausgelesen, daß die Stadt der Idee nach, als Stadt der Gläubigen, auf dem Berge liegen müsse; nicht in der Ebene jedenfalls, an den großen Wassern und Verbindungsstraßen, die dem Austausch von Gütern und Gedanken dienten und alle menschlichen Grundverhältnisse durcheinanderwarfen und verwirrten.

Erst das Bild vom vorweggenommenen Jerusalem hat diese Vorstellung überwunden. Zwar verlangte seine Verwirklichung nichts anderes als die Abkehr von den wichtigeren Antrieben, denen die Stadt die Entstehung verdankte. Von ihrem merkwürdigen Doppelgesicht, das immer Freiheit und Reglementierung bedeutete, gemeinschaftsbildende und isolierende Energien, Größe und Verderbtheit, sollte nur noch die ideale Seite gelten. Kein Ort der Sünde und des Frevels mehr. Auf dem Gipfel der Berge gelegen, mit

Mauern bis an den Himmel, war sie zugleich Symbol des Erlösungsberges, der von der mittelalterlichen Idee des Lebens als Pilgerschaft inspiriert war. Durch jede dieser Städte zog sich eine unsichtbare Achse, die nichts anderes war als die Spur eines Passionsweges, der erst vor der Kirche oder Kathedrale endete. Und wenn manche Gelehrten die nachantike Stadt auf die Klostergründungen zurückgeführt haben, dann gaben diese Städte sich, als Gemeinschaft der Frommen, so etwas wie eine Ordensregel, die im Fortgang der Dinge zum bürgerlichen Ethos verweltlichte.
Die moralische und politische Integrität der Stadt war jedenfalls seit dem Mittelalter wiederhergestellt, und auch das gottesfürchtige Bewußtsein erkannte sie fortan als überlegene Form menschlichen Zusammenlebens. So durchschlagend war dieser Vorstellungswandel, daß nunmehr auch die Auffassung um sich griff, der Mensch werde am Ende der Tage nicht in den Garten Eden, also in die versöhnte Natur zurückkehren, sondern Ewigkeit und Erlösung erst auf der höheren Stufe städtischer Ordnung finden. Seither hat er, bis dicht an die Schwelle der Gegenwart, nicht mehr das Verlorene Paradies gesucht, sondern, unter immer anderen Namen, die Utopie der verheißenen Stadt.

LOCRI. Vom griechischen Lokris, das sich zwischen drei befestigten Hügeln ausdehnte, ist wenig mehr als ein Ruinenfeld in einem verwahrlosten Olivengehölz geblieben. Die Mauerreste waren von Unkraut überwuchert und mit schwarzen Moosflechten bedeckt. Ein halbwüchsiger Junge bot sich als Führer an und begann sogleich ein Gespräch, indem er mich nach meiner Herkunft fragte. »Ah, die Deutschen!« sagte er dann, indem er eine Faust machte. Aber er wisse, daß selbst die Deutschen Angst vor den Kalabresern hätten. Zwar seien sie das tapferste Volk der Welt und das einzige, an dem er und seinesgleichen sich messen würden. Aber die Kalabreser seien ihnen doch überlegen.
Der Junge hieß Achille, und man konnte denken, der antike Name sei ihm nicht aus bloßem Zufall gegeben worden; vielmehr offenbare er auch eine alte Form des Denkens. Später besichtigten wir einige Überbleibsel der einstigen Stadtmauer, deren freigelegte Spuren auf eine annähernd dreißig Kilometer lange Befestigung

schließen lassen. Berühmt war im Altertum das Heiligtum der Persephone, und früher als jede andere griechische Stadt soll Lokris seine Gesetze schriftlich niedergelegt haben. Auch eroberte es das mächtige Kroton. Heute werden in der Stadt Gartenzwerge hergestellt.

LOCRI. Abends, auf dem Weg zum Wagen, an einem Paar vorbei, das sich in einem Hauseingang umarmte. Das Mädchen weinte, der junge Mann sagte irgend etwas Beruhigendes. Beide waren klein, dicklich, verschwitzt und schienen von der Arbeit zu kommen. Er war in einem Overall, sie trug zu einer kanariengelben Bluse schwarze Jeans, die das Unförmige der Figur noch auffälliger machten.
Im Weitergehen Nachdenken darüber, warum es Mühe macht, eine Szene wie diese mit einer großen Leidenschaft in Verbindung zu bringen. Vielleicht stand hinter den Tränen und den Umarmungen mehr als italienische Liebestheatralik, vielleicht war Verzweiflung dabei, eine Familienfeindschaft oder andere Ausweglosigkeiten. Doch unwillkürlich bindet die Vorstellung das große Gefühl an das Herausgehobene, sei es Schönheit, Anmut oder gesellschaftlichen Rang. Man kann Julia nicht häßlich denken, und für Kleopatras Nase kamen immer ihre Grazie und ihr Königtum auf. Alle Imagination exemplarischer Leidenschaft erschafft sich den exemplarischen Typus.

STILO. Bei sengender Sonne hinauf nach Stilo, das einige Kilometer landeinwärts auf halber Höhe an einer gewaltigen Felswand hängt. Die Straße war mit feinem Pulverstaub bedeckt, der während der Fahrt zu einer riesigen gelblichen Wolke hochwirbelte. In dicken Schichten hatte er sich während der wochenlangen Trockenheit auf dem Buschwerk rechts und links abgesetzt, so daß die Pflanzen wie bizarre skulpturale Gebilde wirkten.
Hoch über dem Ort liegt eine kleine byzantinische Kirche, ein Bau mit ebenso einfachem wie suggestivem Grundriß und kaum größer als ein geräumiges Zimmer. Aus dem quadratischen Backsteingemäuer, das sich im Innern in drei Apsiden teilt, erheben sich fünf flache, mit Ziegeln gedeckte Kuppeln, die sich zu einem blütenarti-

gen Kreuz formen. Viele sehen in der Kirche das schönste Bauwerk Kalabriens.

NOCH ZUM VORIGEN. In Stilo wurde 1568 Tommaso Campanella geboren, der eine der frühen Utopien entwarf, die Città del Sole, in der die Idee der christlichen Stadt ins Universelle geweitet war: das radikale Idealbild einer Weltgemeinschaft unter geistlicher Gewalt und ohne jeden persönlichen Rechtsanspruch. Kein privates Eigentum, keine eigenen Wohnungen, Interessen, Gefühle. Statt dessen Frauengemeinschaft, kollektive Kindererziehung sowie eine obrigkeitlich verordnete Geschlechterpaarung mit dem Ziel der Menschenzüchtung. Der uralte Traum vom adamitischen Menschen. Es sei töricht, behauptete der kalabresische Mönch, die Aufzucht von Pferden oder Hunden mit Umsicht zu betreiben, die der Menschen dagegen der Begehrlichkeit des willkürlichsten aller Triebe zu überlassen. Die Ämterverteilung erfolgte nach dem Grad des Wissens, es herrschten Arbeitszwang und ein System umfassender Überwachung.
Der Sonnenstaat Campanellas, dessen brennende Helle nur die Glorie Gottes widerspiegeln sollte und alles Menschenwesen für nichts erachtete, ist sichtlich der verblüffendste Vorgriff auf die totalitären Heilsregime der Gegenwart, erdacht von einem der Ahnen Naphtas. Bei der Rückfahrt durch die ausgeglühte Landschaft fiel mir die Bemerkung Carmelo Gubbios ein: daß die Sonne in den südlichen Regionen, wie überall, Leben und Fruchtbarkeit bedeute; aber weit mehr noch Lähmung und Grauen, vor allem, wenn sie hoch am Himmel steht und die »Dämonen des Mittags« umgehen, die eine alte Denkfigur dieser Weltgegend sind.

ZUM VORIGEN. Das deutsche Denken hat sich erst spät, im 19. Jahrhundert, den erdachten Idealzuständen zugewandt. Vielleicht hat die ihm eigene theologische Neigung alle innerweltlichen Erlösungssehnsüchte lange davon abgezogen. Aber dann hat es sich um so besinnungsloser den utopischen Phantasien von einer Neuen Ordnung und einem Neuen Menschen ergeben, mit all den terroristischen Konsequenzen, die zwangsläufig daraus folgen.
Das Rätsel von Einfluß und Erfolg Ernst Blochs, der die Deutschen

so kurz nach dem verheerenden Scheitern der einen Utopie in die Idee der anderen hineinredete. Womöglich glaubten viele, dieses Mal für die richtige Sache radikal zu sein. Daß die Radikalität selber das Übel ist und wie viele verbrämte Gewaltappelle auch das Denken dieses Philosophen enthielt, greifbar schon in der Terminologie des Totum, Ultimum und Optimum sowie in der manichäischen Teilung der Welt in das »Paradiesische« und das »Höllenhafte«, blieb unerkannt.
Einiges spricht dafür, daß Ernst Bloch viel tiefer in einer fatalen Tradition stand, als die gutmeinende Einfalt seines Anhangs ahnte. Wer sich vom brausenden Gestus seiner Sprache nicht verwirren ließ, kam diesen Zusammenhängen bald auf die Spur: der Neigung, den Gedanken unerschrocken auf die äußerste Spitze zu treiben, der Abkehr von der verachteten Realität, dem Verheißungsgerede vom Tausendjährigen Reich und der Vorliebe für bestimmte Formeln wie der vom »Alles oder Nichts«. Hatte man nicht immer wieder Grund zu fragen, ob Ernst Bloch, weit eher als Thomas Mann, Anlaß gehabt hätte, eine Betrachtung unter dem Titel »Bruder Hitler« zu schreiben? Aber der Prophet, der von Irrtümern spräche, wäre kein Prophet mehr.

AM RANDE. Die zutiefst antiaufklärerische Tendenz im Denken Ernst Blochs. Von Westeuropa her, in den Begriffen einer entwickelten politischen Kultur, nimmt er sich wie der Wortführer eines Mittelalters aus, das bis in unsere Tage reicht.

AUF DEM WEG NACH CROTONE. Hinter Catanzaro wird die Landschaft flacher, die Berge treten zurück und verschwinden bald im graubraunen Dunst. Davor weite, sandige Partien, in denen, kaum vom Hintergrund abgehoben, vereinzelte Schafherden stehen, nur erkennbar durch die obeliskenhafte Figur des Hirten, der bei ihnen ist.
Aber es sind nur vereinzelte Wahrnehmungen. Immer wieder schieben sich Häuser und Siedlungen ins Bild. Die ganze Küste von Reggio her ist eine einzige Neubauzone, in der oft eine Suburbia ununterscheidbar ins andere übergeht. Viele der Gebäude stehen leer, andere sind unfertig. Auch das führt man vielfach auf die

'ndrangheta zurück, die kalabresische Form der Mafia, die auf diese Weise dem Staat die in Abständen gezahlten öffentlichen Baugelder abnötige. Immer wieder die alte Brecht-Frage: Wer - wen?

CAPO COLONNA. Auf dem Vorgebirge unweit von Crotone steht nahe am Meer eine einzelne Säule. Sie ist der von den Jahrhunderten verschonte Überrest eines gewaltigen Tempels der Hera Lacinia. Jahr für Jahr kamen in dem außerhalb der Stadt gelegenen Hain von überall her die Bewohner des großgriechischen Zivilisationsgebiets zusammen, um die Göttin zu ehren. Die Ehrfurcht vor dem Tempel war in der antiken Welt so verbreitet, daß Hannibal, als er von dieser Stelle aus nach Afrika übersetzte, das Bauwerk nicht nur verschonte, sondern in dem geweihten Bezirk eine Erinnerungstafel anbringen ließ. Erst der raubgierige römische Feldherr Gnaius Fulvius Flaccus plünderte das Heiligtum, Pompeius setzte das Zerstörungswerk fort und im 17. Jahrhundert schließlich benutzte ein Bischof von Kroton die Anlage als Steinbruch.
Der Tempel barg unvergleichliche Schätze, darunter eine Votivsäule aus massivem Gold, Gemälde des berühmten Zeuxis sowie zahlreiche Statuen vor allem der Sieger von Olympia; denn keine Stadt der alten Welt war bei den Spielen so erfolgreich wie Kroton. Den Schiffen, die das ionische Meer durchfuhren, diente der Bau auf der östlichsten Spitze des heutigen Kalabrien als Orientierungspunkt. Große Teile des Tempels waren mit parischem Marmor verkleidet, und aus Marmor auch, wie sonst nur am Parthenon, waren die Platten, die das Dach des Gebäudes deckten.
Heute betritt man den Tempelbereich nach einer umständlichen Fahrt durch die Außenbezirke von Crotone, vorbei an qualmenden Abfallhalden und ein paar beliebig hingestellten Hochhäusern. Zur Rechten steht ein Leuchtturm, und das Ruinenfeld selbst ist bedeckt mit dunklen Brandflecken. Daneben leere Konservendosen, Plastikbehälter, Limonadenflaschen; Zivilisationsmüll überall.
Der Eindruck der einsamen Säule, unmittelbar vor dem zum Meer hin abstürzenden Gelände, bleibt von alledem aber unberührt. Kein Baurest aus der Zeit der Antike zwischen Paestum und Selinunt macht eine so grandiose Wirkung wie dieses Trümmerstück. Eigentümlich der Gedanke, daß der Arrangeur dieses Prospekts nie-

mand anders als der Zufall war, der von den achtundvierzig Säulen des Tempels nur diese eine stehen ließ. Zwei, drei oder gar mehr Säulen würden die Majestät des Eindrucks mindern.
Daraus die allgemeine Überlegung, daß große Wirkungen nichts anderes als einen Gedanken verlangen, der mit einfachen Mitteln die Vorstellung nachhaltig in Bewegung setzt.

AM RANDE. Man begreift in solchen Augenblicken, wenn auch e contrario, den Scharfsinn der Bemerkung Richard Wagners, Effekt sei Wirkung ohne Ursache.

CROTONE. Das alte Kroton war die Stadt des Pythagoras, der die Ordnung des Universums auf mathematische und musikalische Bauprinzipien zurückgeführt und ansatzweise schon die Sonne als Mittelpunkt des Weltalls angesehen hat.
Nachmittags im Café mit dem Arzt, den mir der Ingenieur empfohlen hatte. Er erzählte, daß jener Bischof von Kroton, der den Heratempel abgerissen und den Marmor zur Verschönerung der Kathedrale verwendet habe, Lucifer hieß. Doch leite sich der Name nicht von dem biblischen Widersacher her, sondern von den pythagoreischen Lichtkulten. Er bezeichnete die Träger des Feuers und sei in einem Geschlechternamen bis heute erhalten. Auch habe der Bischof zwei Säulen stehen lassen, doch sei die eine durch ein Erdbeben zerstört worden.

CROTONE. Die örtlichen Zeitungen berichten von einem Streik der Bauarbeiter. Bei Errichtung einer Schule, die in einem offenen, auch als Müllhalde genutzten Gelände liegt, seien sie von Scharen angriffslustiger Läuse überfallen und in die Flucht geschlagen worden. Die gepeinigten Arbeiter, der Bürgermeister und einige Experten der Ungezieferbekämpfung werden befragt. Einer sagt, nicht die Läuse seien das Unglück, sondern der Mezzogiorno.

CROTONE. Abends im Haus des Arztes, der nahe der Stadt in einem Hospital tätig ist. Bei Anbruch der Dunkelheit gingen wir auf die Terrasse hinaus, die Luft war schwül und in den Windlichtern auf dem Tisch fingen sich die Insekten.

Gespräch über die anhaltende Rückständigkeit des Südens, für die mein Gastgeber behördlichen Unverstand, Parteienrivalität, die Randlage Kalabriens und anderes mehr verantwortlich machte; auch die 'ndrangheta natürlich, sodann die Lähmung von Intelligenz und Willen durch eine jahrhundertelange Unterdrückung. Und als Folge davon ein ins Altertümliche verhextes Lebensgefühl, das den Schritt in die Gegenwart aus so viel Unlust wie Unfähigkeit verweigere. Er erzählte von einem Unternehmen, das mit Hilfe öffentlicher Mittel vor Jahr und Tag, nach langwierigen Standortuntersuchungen, in einer der benachbarten Städte errichtet werden sollte. Als alles geregelt schien, intervenierte der Bürgermeister mit einem letzten Einwand: Es fehlten, trug er vor, die Stühle. Den Hinweis, daß für jeden Arbeitsplatz ein Stuhl vorgesehen sei, tat er mit einem Lächeln über so viel nördliche Borniertheit ab; es fehle vielmehr der Zweitstuhl. Zur Begründung gab er an, im Süden benötige jeder Arbeiter einen Stuhl neben seinem Arbeitsplatz, damit Bekannte und Freunde, die ihn besuchen kämen, eine Sitzgelegenheit hätten.
In dieser Art noch vieles. Als sich in den Windlichtern die versengten Insektenleiber bis fast zur Höhe der Kerzenflamme angehäuft hatten, verabschiedete ich mich. Auf dem Rückweg ins Hotel der Gedanke, das alles schon mehrfach gehört zu haben. Es waren Gemeinplätze, wie sie immer wieder auftauchten, und eigentlich neu waren nur die anekdotischen Einfärbungen. Wie oft in solchen Gesprächen beeindruckte die Eloquenz, die so klärend wirkt, aber doch nur sympathisch ist und jedenfalls ohne analytischen Zugriff. Es sind rhetorische Versatzstücke in anderer Form, als ich sie schon hörte, aber doch Versatzstücke.
Vielleicht haben derartige Empfindungen auch mit der Dauererfahrung zu tun, daß die Italiener, aufs Ganze gesehen, sich selber der bevorzugte Gegenstand sind. Ein nie endendes Familiengespräch. Keine Nation besitzt so viel narzißtische Leidenschaft. Und niemand hat an Narzissus je die Kraft und Originalität der Gedanken vermißt.

AM RANDE. Es gibt drei Gruppen, die sich selber ein unendliches Thema sind und ihre autospektive Manie bis zur Indolenz gegen die Welt gesteigert haben: die Italiener, der Adel und die Juden. Vergleichbarkeiten und Unterschiede.

CROTONE. Spät abends, nach der Rückkehr ins Hotel, geriet ich in ein Fernsehprogramm, das irgendwo im Süden, vielleicht unweit von meinem Aufenthalt, aufgenommen war. Durch die Straßen einer Kleinstadt bewegt sich in abgemessenem Schritt eine Prozession, die zugleich auch Wallfahrt und historischer Kostümzug ist. Hinter Bürgern im Sonntagsstaat schreiten Gruppen von römischen Legionären, Kreuzritter und Angehörige der Zünfte in den malerischen Festgewändern von ehedem. In regelmäßigen Abständen folgt immer wieder, als gestelltes Bild, eine Station des Passionsweges: Christus vor Pilatus, die Verspottung und die Geißelung, dann Christus unter dem Kreuz zusammenbrechend.
Plötzlich erscheinen in diesem bunten Andachtstrubel weißgewandete Gestalten, den Oberkörper entblößt und Kapuzen über dem Kopf, die sich im monotonen Rhythmus der Schritte geißeln. Manche haben am Ende der Stricke einen runden, korkähnlichen Gegenstand befestigt, dessen rauhe oder scharfe Oberfläche die Körperstelle, gegen die sie schlagen, anfangs rötet, bald aber in wäßrigen Tropfen das Blut hervortreten läßt. Es folgen Schulkinder, die Mädchen in weißen Kleidern und angeführt von einer Nonne, die mit emphatischem Armeschwenken den Takt zu erbaulichen Gesängen schlägt, die monodische Getragenheit der Melodie steht in seltsamem Gegensatz zu den hellen Stimmen. Gruppen von Männern tragen auf schwankenden, üppig mit Blumen, Bändern und Kerzen geschmückten Holzgestellen Madonnenstatuen oder ziehen auf flachen Rutschen mancherlei Devotionalien: brennende Herzen, Dornenkronen oder frommes Marterwerkzeug. Einmal steht eine holzgeschnitzte Heilige inmitten hochschlagender, rot und gelb gemalter Flammen, den Blick in verzückter Erwartung zum Himmel gerichtet. Überhaupt viele ekstatische Gebärden schwärmerischer Gottesliebe.
Die Geißelung Christi ist mit einem beklemmenden Einfall ins Gegenwärtige übersetzt. Vier historisch kostümierte Schergen, von denen jeder einen Strick in den erhobenen Händen hält, stehen um die leidend zugerichtete Christusfigur. Doch eine von ihnen trägt

eine schwarze SS-Uniform mit dem roten Hakenkreuzband am Arm. Einen Augenblick lang glaubt man die Ergriffenheit der Schaulustigen am Straßenrand zu spüren. Dies war nicht mehr zeremoniell ermüdetes Spektakel, sondern die bestürzende Veranschaulichung dessen, worauf alle Bitten um Erlösung von dem Übel hinauswollten.
Am Ende des Zuges tauchte das Bild noch einmal auf. Ein SS-Mann ging mit steinerner Miene vor drei KZ-Häftlingen im gestreiften Drillich einher. Die schwarze Uniform ist nach wie vor das zeitgenössische Symbol des Bösen schlechthin und wird es noch lange bleiben.

CROTONE. Hitler bleibt der große Antimythos der Gegenwart, und alle Versuche, rational faßlich zu machen, wie es zu ihm und seinem Aufstieg kam, sind am Ende vergeblich gewesen. Wie ein finsteres Denkmal, umgeben vom Schutt und Unrat der Zeiten, ragt er ins Heutige, ein Totempfahl, vor dem der bon sauvage der Gegenwart rituelle Tänze aufführt und Opfer bringt: ein mythisches viel eher als ein historisches Faktum. Paradoxerweise kommt die Klage über die verbreitete Unkenntnis seiner Person und seiner Herrschaft gerade von den Anwälten des mythologisierenden Bildes, die nicht sehen, daß dessen Macht mit den Kenntnissen verginge.
Das ist auch die Ursache dafür, daß die Hitlerzeit nicht, wie es doch jeder Vergangenheit geschieht, aus größerem Abstand ein zunehmend komplexeres Aussehen annimmt und die anfangs schroffen Farbkontraste allmählich in eine Skala gestufter Grautöne übergehen. Viel eher hat man den Eindruck, daß mit wachsender Zeit die Gegenfarben immer schärfer hervortreten.
Man begreift die Absicht derer, die diese Prozession ausrichteten, und in solchen Schaustellungen hat ein Bild wie dieses auch seinen Platz. Der wissenschaftliche Disput dagegen und die öffentliche Beschäftigung mit der Geschichte halten sich besser von solchen Beschwörungsgesten frei. Denn jede Mythisierung Hitlers und der von ihm angerichteten Schrecken bewirkt am Ende nur, was sie gerade vermeiden soll: aus Verdammung wird Triumph. Weil alles Grauen, das er zurückließ, bis hin zum Massenmord an den Juden,

die äußerste Konsequenz mythologischer Wahnvorstellungen war, ist jede Gegnerschaft zu Hitler fragwürdig, die nicht aus dem Gedanken, sondern aus dem Mythos kommt.
Es gibt eine heimlich andauernde Herrschaft Hitlers, der nicht selten gerade diejenigen verfallen sind, die sich am festesten dagegen gewappnet glauben.

NOCH ZUM VORIGEN. Den Begriff »Antimythos« hörte ich, auf Hitler angewendet, zum ersten Mal im Gespräch mit Jean Améry, Anfang der siebziger Jahre. In heftiger Form verwarf er alle Versuche, Hitler und seine Herrschaft analytisch zu erfassen, das sei kein Gegenstand für »Historiker«, meinte er nicht ohne Geringschätzung. Er sei noch immer Rationalist, und lange, seit seinen Wiener Jahren, habe er gehofft, daß man ohne Glaubenssachen auskommen könne. Aber das Argument der Wirklichkeit sei anders gewesen, enttäuschenderweise auch stärker. Zwar bleibe die Vernunft der Maßstab. Aber Hitler gegenüber sei der Haß die höchste Vernunft. Man müsse sehen, daß es die tragische Schwäche der aufgeklärten Linken war, keinen Mythos zu haben, mit dem sie den Kommunisten und Faschisten erfolgreich hätte entgegentreten können. Nicht zuletzt aus diesem Grunde sei sie historisch unterlegen. Hitler habe ihr endlich die Möglichkeit verschafft, eine Art beschwörerisches Abwehrbild zu errichten. Dann fiel das Wort vom »Antimythos«.
Vergeblich wandte ich ein, daß die verzweifelte Vernunft notwendigerweise die Sache der Gegenseite betreibe. »Sie werden mich nicht neben Hitler stellen!« erwiderte er und brach das Gespräch ab. Er wirkte traurig und verärgert.

AM RANDE. Alle Welt beklagt sich über die Unfähigkeit zu trauern. Aber auch die Unfähigkeit zu denken könnte ein Anlaß zur Klage sein.

CROTONE. Vor dem Laden des Uhrmachers ist unlängst, am hellen Tage, ein Passant erschossen worden. Auf die Frage, ob dahinter die 'ndrangheta stecke, sah der alte Mann von seinem Tisch auf und hob nur langsam das Kinn an, was in der Gebärdensprache

des Südens soviel bedeutet wie: »Wer kann das wissen?« Aber die Existenz der Organisation bestritt er nicht.
Der Uhrmacher hatte sich auch eine Theorie zurechtgemacht. »Der Pfarrer«, erläuterte er, »sagte uns, als wir Kinder waren, daß man alles, was wirkliche Macht über die Menschen habe, nicht wahrnehmen könne: man könne Gott nicht sehen, den Teufel nicht und selbstverständlich nicht die 'ndrangheta. Als der Mann hier umgebracht wurde, stand ich in der Ladentür. Aber ich blickte gerade in die andere Richtung. Wenn ich den Mörder gesehen hätte, wäre er nie von der 'ndrangheta gewesen. Verstehen Sie?« Und nach einem prüfenden Blick schloß er, bei völlig ausdruckslosem Gesicht, die Augen, was wiederum heißen sollte: man muß es hinnehmen. Es hat keinen Sinn, sich etwas vorzumachen.
Als ich den Laden verließ, meinte der Uhrmacher, alles komme daher, daß der Süden im Zeichen des Skorpions stehe. Das sage jeder hier. Ob ich darüber nachgedacht hätte?

CROTONE. Omertà – das Gesetz des Schweigens auch hier. Von einem Mord, meinte Leonardo Sciascia, bleibt nichts als ein Toter.

CROTONE. Beim Gang durch die Stadt begegnet man überwiegend alten und sehr jungen Menschen. Die mittleren Jahrgänge, sagte man mir, arbeiteten im Norden oder im Ausland. Allein die inneritalienische Wanderungsbewegung hat in den vergangenen zwei Jahrzehnten fast zwanzig Millionen Menschen erfaßt.
Am Ortsausgang hielt ich an einer Bar. Der Eingang war mit bunten Glühbirnen behängt. Durch ein geöffnetes Fenster fiel der Blick auf ein bemaltes Kruzifix, daneben hing ein gerahmter Farbdruck von John F. Kennedy. Die beiden Verheißungen des Südens: Gott und Amerika.

CROTONE. Den Abend zusammen mit Ciccio M., dem Geometer und Freund des Arztes. Gespräch vor allem über die 'ndrangheta, das aber wenig Bemerkenswertes erbrachte. Ausgenommen vielleicht, daß das unwegsame Gebiet des Aspromonte noch immer das bevorzugte Versteck der Entführer sei. Gleichzeitig hielten sich in ihm die *latitanti* verborgen, die flüchtigen Gesetzesbrecher, zur Zeit

schätze man ihre Zahl auf über tausend. Auch Paul Getty sei in einer der Höhlen des Gebirges gefangengehalten worden. Man wisse von neunzehn Familienclans, sogenannten *cosche,* die sich die Herrschaft streitig machten. Dann erzählte er von den Versammlungen, zu denen sich Abordnungen dieser Familien von Zeit zu Zeit im Gipfelgebiet einfänden. Denn der Berg sei der 'ndrangheta heilig und in bestimmten Zonen der Waffengebrauch nicht erlaubt. Auch von einem Großen Rat berichtete er und von geheimnisumwitterten Femesitzungen. Ich war nicht unbeeindruckt.
Bis ich das Korallenhorn entdeckte, das er an einer goldenen Kette um den Hals trug. Und plötzlich kamen mir auch all die Mondsteine in Erinnerung, die Amulette und Drudenfüße, die ich im Lauf der Wochen gesehen hatte, an Carmelo Gubbio, Mauro Levi oder Gnu Zacco. Don Calicchio hatte stets ein Medaillon bei sich, in dem er den Splitter eines wundertätigen Holzes aufbewahrte. Kann man ausschließen, daß zwischen diesen abergläubischen Neigungen und der Macht der »Ehrenwerten Gesellschaften« ein Zusammenhang besteht? Vielleicht war das Mafiawesen nur die Antwort auf ein tieferes Bedürfnis, das allenthalben Verschwörungen vermutet, Geheimlogen, Drahtzieher und Exzellenzen auf lichtlosen Hintertreppen.
Zwar ist die Macht dieser Gesellschaften unübersehbar. Aber der Mythos, der sie so schwer angreifbar macht, hat womöglich mehr mit dem italienischen Hang zum Dämonenglauben zu tun, der Vorstellung, daß überall magische Kräfte am Werk seien, *iettatori* mit dem bösen Blick, Großmeister des Unheils, *innominabili.* Und während der Geometer weiter von den Riten der Geheimtreffen redete, überlegte ich, ob die Mythomanie, von der jedes seiner Worte zeugte, nicht der Ausdruck eines uralten Systems sozialer Entlastung sei: der Rückzug aus jeder öffentlichen Verantwortung, der Leugnung aller übergeordneten Interessen, die Italien auch zu einem Land ichbesessener Parasiten und eines nur durch Eleganz gemilderten Kannibalismus macht.
Als wir uns trennten, dachte ich einen Augenblick lang daran, ihm diese Überlegung mitzuteilen. Doch der Geometer war ein freundlicher Mann, schlau und naiv zugleich, wie viele. Er wäre nur fassungslos gewesen. So unterließ ich es.

AM RANDE. An Gespräche wie dieses zurückdenkend, fiel mir auf, wie sich fast jedermann hier zu allem, was auch geschieht, die Miene des Wissenden gibt, dessen, der die Dinge durchschaut und längst den verborgenen, nackten Grund der Tatsachen kennt: »Ho capito il gioco.« Aber am Ende läuft die Einsicht immer nur auf die schlichte Weisheit hinaus: Fressen oder Gefressenwerden. Wie die Auguren, die für viele das bewunderte Vorbild sind, lesen sie alles aus dem Gekröse.

SYBARIS. Die Wissenschaft hat an die hundert literarische Hinweise auf das griechische Sybaris gezählt. Aber nach der Stadt, die im Altertum als Inbegriff von Reichtum, Luxus und Ausschweifung galt, hat man immer wieder vergeblich gesucht.
Überaus farbig haben Strabo und Athenaios darüber berichtet, daneben auch Herodot, der im benachbarten Thurioi lebte. Bewohnt von 300.000 Menschen, lag Sybaris nicht unmittelbar am Meer, sondern etwas entfernt im weiten Schwemmgebiet zweier Flüsse. Ihre Wasser wurden über ein kunstvolles Netz von Kanälen durch die Stadt geleitet und dienten als Verkehrswege, auch als Corso; zugleich sorgten sie für Kühlung und Sauberkeit.
Den alten Zeugnissen zufolge hielten sich die Sybariten viel auf ihren zivilen Verstand zugute und hatten, anders als die übrigen Griechen, keinen kriegerischen Ehrgeiz, versagten sich auch deren ewig aufgebrachte, agonale Großtuerei; vielmehr erfanden sie so nützliche Dinge wie die Straßenbeleuchtung oder den Fruchtsaft; und statt über das ideale Gemeinwesen nachzudenken, schufen sie ein ebenso besonnenes wie kluges Stadtregiment. Nichts trieben sie ins Grundsätzliche, waren ohne Rechthaberei und weigerten sich sogar, ihren heiteren Materialismus ideologisch zu verbrämen. Sie waren Pragmatiker der reinen Diesseitigkeit, erfüllt vom Mißtrauen des gesunden Menschenverstandes gegen jede spekulative Anstrengung und folglich allem abgeneigt, woraus Haß und Vernichtungswille sowie die guten Gründe dafür resultieren.
Ihr Geschick als Transportunternehmer, die den Handel zwischen dem Orient und dem Tyrrhenischen Meer zusehends an sich zogen, verbanden sie mit einem hochentwickelten Verfeinerungsdrang. Alles verwandelten sie ins Dekorative, Genießerische und waren

nicht die Schöpfer großer Kunst, sondern eines eleganten Kunsthandwerks. Man weiß nichts von Statuen und Götterbildern, aber viel von zierlichen Tonfiguren, Vasen oder Öllampen, und nicht zufällig ist das einzige literarische Werk, auf das sich Hinweise finden, eine Anleitung zur Kunst des Liebens. Sie veranstalteten üppige Feste, an deren Ende die verschwenderischsten Gastgeber und die einfallsreichsten Köche mit Kränzen geehrt wurden. Die Wege, die zu den Villen auf dem Lande führten, waren mit Bäumen bepflanzt und mit bunten Baldachinen überspannt.

Selbst im Alltag trugen die Sybariten reiche Gewänder, sie liebten Schmuck und Parfums, die Frauen flochten sich Goldfäden ins Haar und hielten sich Äffchen und Schoßhunde. Alle Gewerbe, die mit Lärm, Unrat oder Geruch verbunden waren, wurden in eigens abgetrennte Stadtbezirke verbannt, und auf diese Empfindlichkeit führte man sogar die milde Behandlung der Sklaven zurück; denn die Bewohner von Sybaris könnten, hieß es, das Geschrei der Opfer nicht ertragen.

Diese im Platten glückliche Daseinszugewandtheit, die sich nicht einmal Begründungen einfallen ließ, aber auch der wachsende Reichtum von Sybaris lieferten dem Neid der Nachbarn die moralischen Rechtfertigungen. Gegen Ende des 6. Jahrhunderts eröffnete das puritanisch strenge, vom pythagoreischen Hochmut der Frommen beherrschte Kroton den Krieg gegen die Stadt. Gerade ihre Verfeinerungsbedürfnisse sollen den Sybariten auch zum Verhängnis geworden sein. Die Stadt besaß eine bewunderte Reiterei, fünftausend Pferde, die zu musikalischen Signalen nach den Regeln der Hohen Schule tanzen konnten. Als die Heere gegeneinanderrückten, warteten die Krotoniaten, bis die Gegner auf Hörweite heran waren. Dann setzte die Musik ein, auf deren Zeichen hin die Pferde sich im Kreise zu drehen begannen, so daß der Aufmarsch in heilloses Durcheinander geriet und die Sybariten mühelos niedergemacht werden konnten.

So jedenfalls die Überlieferung. Doch darf man bei alledem die Mißgunst nicht außer acht lassen, die viele antike Schriftsteller gegen Sybaris hegten. Der zivilisatorische Glanz, der jede andere Stadt zum Gegenstand der Bewunderung und des großgriechischen Stolzes gemacht hätte, hat Sybaris, bis in die Gegenwart, nur Geringschätzung eingetragen. Lediglich die Einwohner von Milet ließen sich, als die Nachricht vom Untergang der Stadt eintraf, zum Zeichen der Trauer das Haar scheren.

SYBARIS. Offenbar standen sich im Krieg zwischen Sybaris und Kroton zwei Lebensformen gegenüber: die eine genießerisch und auf selbstgenügsame Weise ihrer Tüchtigkeit ergeben, eine Welt ohne gedankliche Spannung und im schönen Schein zufrieden; die andere unruhig, von höheren Zwecken getrieben und bemüht, das Leben durch Ideen zu rechtfertigen. Den gänzlichen Mangel der Sybariten an politischem, philosophischem und spirituellem Ehrgeiz empfand die Mehrzahl der Griechen als unerhörte, fast blasphemische Herausforderung. Am seltsamsten war, daß sich die Sybariten dessen nicht einmal bewußt zu sein schienen.
Daß es um mehr als äußere Rivalitäten ging, bezeugt auch das ungewöhnliche Ende der Stadt. Denn sie wurde nicht nur zerstört, sondern buchstäblich ausgelöscht. Die Krotoniaten schleiften die Mauern und leiteten dann das Wasser des Kratis über die Ebene, so daß Sybaris weggeschwemmt und seine Fundamente tief im Sand begraben wurden. Viermal versuchten einige der Überlebenden, mit Hilfe früherer Verbündeter, die Stadt neu zu gründen, doch scheiterten alle Bemühungen am Widerstand Krotons.
Von Sybaris blieb nur der Begriff. Erst 1969 sind mit Hilfe elektronischer Geräte in sechs bis acht Metern Tiefe Reste von Mauern und Anlagen gefunden worden.

SYBARIS. Die Schwierigkeit, auf dem sandigen, von Disteln und verdorrtem Gras bedeckten Gelände ein Bild davon zu gewinnen, wie es hier war: die von Kanälen durchzogene Stadt, die Wege mit den farbigen Sonnensegeln und die Frauen mit den Goldfäden im Haar. Man kommt nicht weit. Auch die Erforschung der Ursachen für den Krieg zwischen Kroton und Sybaris bleibt in Vermutungen stecken.
Ich erinnerte mich, was der Gräzist Karl Reinhardt in einer Vorlesung gesagt hatte: »Das Schwerste ist immer, das Schweigen der Geschichte zu deuten.«

SYBARIS. Über die Steinmauer eines Landsitzes, an dem ich vorüberkam, fiel in ganzer Länge, fünfzig Meter oder mehr, ein tropisches, emphatisch blühendes Klettergewächs, die Blüten purpurfarben und lavendelblau. Nur am Ende, wo die Mauer von der Straße wegbog, war ein Stück ausgespart und eine Nische eingelassen, in der, von rosafarbenen Muscheln umrahmt, hinter blindem Glas eine Madonnenfigur stand.
Der Zauber, der mit den Benennungen der mediterranen Pflanzenwelt heraufbeschworen wird: Bougainvillea, Tamariske, Aloe, Syringe. Was empfindet ein Italiener, wenn er Wörter wie Moorbirke, Geißblatt oder Krätzkraut hört?

NACHTRAG. »Stat magni nominis umbra«: die Wendung aus Lukans »Pharsalia« haben viele Reisende des 19. Jahrhunderts zitiert oder auch als Motto verwendet.
Ich machte drei verschiedene Übersetzungen aus: »Geblieben ist, vom großen Namen, nur noch der Schatten.« Dann: »Kaum noch besteht vom großen Namen ein Schatten.« Und schließlich, in ziemlich freier, vom Textzusammenhang aber nicht gedeckter Ausdeutung: »Der Schatten des großen Namens reicht bis in die Gegenwart.«

NOCH ZUM VORIGEN. Man denkt bei Vorgängen wie dem Untergang von Sybaris an die lapidare Bemerkung Jacob Burckhardts, der wie kein anderer das klassische Einfaltsbild von den Griechen eingeschwärzt und ihr Unglück, ihre Zerrissenheit herausgearbeitet hat: sie seien das schmerzempfindlichste Volk gewesen, das im Bewußtsein, wie schwer es sich lebt, in der Kunst den Widerspruch zum eigenen Wesen und die Befreiung davon gesucht habe: »Griechen, also erstens Mörder von Mitgriechen und zweitens kunstsinnig.«

AM RANDE. Die ideale Zeit verbindet hedonistische Lebensform mit dem Rigorismus des Denkens. Einige Male kam es dazu. Aber es dauerte nie lange, weil die Paradoxien der Verbindung früher oder später zum Konflikt drängen.

SYBARIS. Im Ausgrabungsgebiet bot mir ein Straßenhändler eine Münze an, von der er behauptete, sie sei erst vor wenigen Tagen in einigen Metern Tiefe gefunden worden. Auf der Vorderseite war das Zeichen von Sybaris zu sehen, der Stier, der sich hochmütig und träge nach seinen Herausforderern umblickt. Der Händler wurde ärgerlich, als ich darauf beharrte, es sei nur eine Kopie und rief, um mich zu überzeugen, zwei andere Münzverkäufer hinzu. Es waren finster blickende Leute. Ihr zusichernder Wortschwall hörte sich wie eine Drohung an. Sie wurden wütend und traten mit den Füßen gegen den Wagen, als ich davonfuhr.

AUF DER FAHRT NACH METAPONT. Im Schatten eines Hauses, vor der Eingangstür, saßen mehrere schwarzgekleidete Frauen und schlugen, mit dem Rücken zur Straße, Mandeln auf, die sie in Säcke füllten. Mitunter saß ein Mann bei ihnen, doch anders als die Frauen hatte er das Gesicht der Straße zugewandt.
Das Herkommen verlange es so, sagte man mir, und vereinzelt halte man sich noch daran. Es sei der Ausdruck dafür, daß die Frau kein Interesse zur Straße hin und ihr ganzes Augenmerk dem Haus zu gelten habe.

AM RANDE. Dieses Herkommen galt zweieinhalb Jahrtausende. Französische Archäologen haben unlängst auf Thasos einen Katalog kommunaler Anstandsregeln aus dem Jahr 450 v. Chr. entdeckt. Darin wird den Frauen untersagt, aus dem Fenster zu sehen.

METAPONT. Noch vor rund fünfzig Jahren war die Gegend ein malariaverseuchtes Sumpfgebiet, und die fünfzehn erhaltenen Säulen des dorischen Tempels lagen in einem verlorenen Gelände, das allenfalls ein paar Hirten durchquerten. Heute ist der Sumpf trokkengelegt, der Tempel freigegraben und ein Museum errichtet, an das eine freundlich öde Neubausiedlung grenzt.
Verschiedentlich hat man Süditalien und Sizilien das »Amerika der Griechen« genannt, ihren »Goldenen Westen«, und der Bezeichnung durchaus jenen leicht ironisch gefärbten Doppelsinn gegeben, der auch dem späteren Begriff anhaftet. Alles hier war größer, aber auch aufdringlicher und ins Kolossalische getrieben: die Städte wa-

ren glanzvoller, das Land fruchtbarer, die Tempel großartiger. Was immer an diesen Küsten entworfen und errichtet wurde, hatte etwas vom auftrumpfenden Gestus aller Gründergenerationen, die sich der Gloriolen einer Kultur bemächtigen, ohne deren Entstehungsmühen zu kennen. Auch äußerte der Stolz sich auf naive Weise, brüsk und mit einem Einschlag ins Parvenühafte. Die Athener waren entgeistert, als Kroton für die Sieger in Olympia statt der Lorbeerkränze Geldprämien verlangte.

Es war weit mehr als ein Affront: der Abschied vom Symbol, unternommen und vorangetrieben von prometheischen Geistern, die unruhig waren, aufs Materielle versessen und großspurig. Ernst Wilhelm Eschmann hat eine geistreiche Studie über den griechischen Westen geschrieben und dessen zivilisatorische Überlegenheit gegenüber dem alten Hellas hervorgehoben: in diesen Städten erfand man Flaschenzug und Schraube, die Gesetze des Hebels und des Auftriebs, aber auch die unterirdische Kanalisation, das Dampfbad und die gemauerten Weinbehälter als Ersatz für die unhandlichen Amphoren. Man baute gewaltige Prunkschiffe mit Gesellschaftsräumen und Luxusvorkehrungen, wie sie erst das 19. Jahrhundert wieder kannte. Auch zog man die besten Künstler und Gelehrten heran, die Berufung war das untrügliche Zeichen eines Ruhms, der im Mutterland gewonnen werden mußte, ehe er jenseits des Meeres vergoldet wurde.

»Es war das Gefühl«, schreibt Eschmann über das Amerika der Griechen, »nicht nur der Enge und Armut, sondern auch der geschichtlichen Gebundenheit, dem zwangsmäßig Gegebenen der Verhältnisse in der Heimat entronnen zu sein und sich in der Freiheit selbst, in einem Reich unbegrenzter Möglichkeiten zu befinden, wo das Glück mehr Aussicht und Anlaß hatte, zu den Menschen zu kommen.«

Ein auffallender Unterschied bestand allerdings. Während Amerika mehrere Jahrhunderte benötigte, um die kulturelle Vorherrschaft Europas abzuschütteln, war man im großgriechischen Raum von Anfang an nicht selten dem Mutterland voraus. Im Gegensatz zu Europa, aus dem vor allem die gesellschaftlich und kulturell unterlegenen Schichten aufbrachen, Abenteurer, Deklassierte und die in frommer Rückständigkeit Verharrenden, drängten aus Griechenland gerade die freieren, materiell wie geistig zur Unabhängigkeit Entschlossenen nach draußen. Stärker womöglich als aus Athen, das groß als Ausgangspunkt war, kamen von hier die Impulse, die aus Europa machten, was es wurde.

AUF DER WEITERFAHRT. Noch immer die Nähe zu Sizilien. Das glühend empfundene Blau des Himmels, klares Licht über der Ebene, Bäume und vereinzelte Häuser, die irreal wirken. Als seien sie Metaphern für ganz anderes, das mit Verlorenheit, Erschöpfung und vergeblicher Auflehnung zu tun hat.

NOCH ZUM VORIGEN. An Sizilien erinnernd auch die Menschen, denen man begegnet. Der junge Mann in der Bar, der unaufhörlich, in Gedanken verloren, salzige Kürbiskerne kaute. Oder gestern, auf dem Weg ins Hotel, die drei weißbeschienenen Gesichter im Licht einer Straßenlaterne. Der späte Gast, der ohne Ausweis war und sich in den Verhandlungen mit dem Portier durch mich gestört sah: alle rätselhaft in ihren Beweggründen, die nur ihnen allein zu gehören schienen; nicht anders als ihre Bedrängnisse und Sehnsüchte. Aber immer zugleich das Gefühl, daß ihre Absichten ernst und entschieden seien und weit entfernt von den Nichtigkeiten, denen alle Welt sonst ausgeliefert ist.

AM RANDE. Jener Satz Hemingways, der immer nur ein Satz gewesen war, sich aber durch solche Beobachtungen mit Anschauung füllt: »A man is essentially what he hides.«

AUS DEN NOTIZEN. Was ahnten die ionischen Städte von ihrem Untergang? Herbert von Buttlar, der als junger Kunsthistoriker lange Jahre in Italien gelebt hatte, entwickelte bei Tisch einen Gedanken, den er ironisch seine »Katastrophenbewußtseinstheorie« nannte. Die seismographischen Temperamente, die es zu allen Zeiten gab, hätten stets aus dem Lärm der Gegenwart herausgehört, was die Stunde historisch geschlagen habe. Ich erinnere mich, wie er für seine Überlegung Goethes Bemerkung zur Kanonade von Valmy ins Feld führte und Oswald Spenglers Prophezeiung der Heraufkunft cäsarischer Naturen mit Massenanhang.

Der achtzigjährige Ungaretti, auf den er dabei einredete, löffelte währenddessen unbeeindruckt sein Zabaione und sagte mit greisenhaftem Meckern: »Richtig, richtig, lieber Baron! Wissen Sie, was Vittorio Emanuele äußerte, als das tausendjährige Haus Savoyen schon dabei war, in den Strudel der Geschichte gerissen zu werden? Auf die Frage eines Bediensteten, warum die Majestät so bedrückt aussehe, erwiderte der König: ›Ich denke gerade an warme Brioches. Wie lange habe ich sie zum Frühstück entbehrt!‹ Es ist ganz, wie Sie sagen, lieber Freund! Als sein Thron wankte, dachte Vittorio Emanuele an warme Brioches. Als Deutscher werden Sie das schrecklich finden. Kein Katastrophenbewußtsein! Immer wieder, werden Sie denken, siege das Banale über das Tragische. Ich als Italiener lese aus der Episode aber viel eher heraus, daß das Kreatürliche am Ende stets das letzte Wort hat.«

UNTERWEGS. Heißer Tag. Gegen Mittag suchte ich Zuflucht in einer Bar. Sie lag im Keller eines Innenhofs und neben dem Eingang standen buntgestrichene Öltonnen, in denen bleiche Geranien wuchsen. Einer der Gäste berichtete, es sei der bisher heißeste Tag des Jahres und die Zeitungen hätten gemeldet, daß allein in Kalabrien siebzig Menschen der Hitze erlegen seien.

RIVA DEI TESSALI. Unweit vom alten Metapont, in einem Pinienwald am Meer und versteckt unter hohen Bäumen, hat man vor einigen Jahren einen Hotelkomplex errichtet, mit Reihenbungalows, abseits gelegenen Einzelhäusern, einer Golfanlage und Tennisplätzen. Zu den Mahlzeiten kommen die Gäste im Auto oder auf Mieträdern aus dem weitläufigen Gelände und drängen sich um die meterlangen Buffets in einer Lichtung. Auf einem der vorderen Tische türmen sich Schalentiere, daneben seltene Fische, gebraten, gebacken, gekocht, dann Spanferkel, dampfende Teigwaren, Salate, Saucen und Süßspeisen, das alles mit der südlichen Lust am Opulenten dekoriert und zu wahrhaft schlaraffischen Wirkungen aufgebaut.
Da der Ort abgelegen war, Ruhe versprach und einiges zu lesen war, entschloß ich mich, ein paar Tage zu bleiben.

ZUM VORIGEN. Noch einmal über Sybaris. Vielleicht rührt der Verruf der Stadt daher, daß ihre Genußbedürfnisse verfrüht hervortraten, gleichsam im Aufgang der Zeit. Alle Epochenanfänge folgen der strengen Form. Sie neigen dazu, den Sinn fürs Annehmliche, für Schönheit und Geschmack als anstößig zu empfinden. In der Tat ist der Hedonismus ein Merkmal absteigender Kulturphasen, wenn die Kräfte ausgegeben oder in Reichtümer verwandelt sind und große Erbschaften warten.
Daß Sybaris im Aufstieg war, erfolgreich und dennoch auf hohe Weise verfeinerungssüchtig, war daher nicht nur ein Ärgernis, sondern, im nachhinein gesehen, auch wider die Regel. Erst der Hellenismus, nahezu zweihundert Jahre später, hat die Dinge wieder zurechtgerückt. Noch heute ist er eines der großen Paradigmen dafür, daß späte Epochen das Bewußtsein abnehmender Kraft in so viel geschmackliches Raffinement umsetzen, daß Schwäche und Auflösung den Zeitgenossen wie der Ausdruck gesteigerten Lebens erscheinen. Aber Sybaris war anders. Dennoch hat es dem Zusammenhang von Luxus und Verfall, von Fäulnis und Daseinserhöhung den Namen vermacht.

NACHTRAG. Im Weiterdenken über die Dekadenzprozesse der Geschichte stößt man immer wieder auf solche Begriffspaare, die das Doppelwesen niedergehender Zeitalter zu erfassen suchen. Paul Valéry hat in der Vorrede zu Montesquieus »Lettres Persanes« in unvergeßlichen Sätzen jene Entwicklungskehre beschrieben, wenn die Menschen die so lange geheiligten oder ertragenen Grundsätze des Rechten und Gesetzmäßigen abzuwerfen beginnen und der Ursprung jenes Systems der Übereinkünfte in Vergessenheit gerät, auf dem jede stabile Ordnung beruht. Es ist der Augenblick, in dem Verfall und Verfeinerung eine verführerische Verbindung eingehen:
»Wenn der Anfang vom Ende eines gesellschaftlichen Systems beginnt, dann tritt zwischen Ordnung und Unordnung ein köstlicher Augenblick ein. Alle Wohltaten, welche die Einrichtung der öffentlichen Gewalten und Pflichten verschaffen kann, sind eingebracht, und nun ist es möglich, die ersten Lockerungen zu genießen. Die Institutionen stehen noch aufrecht. Sie sind groß und hoheitsvoll.

Doch ohne daß eine sichtbare Änderung in ihnen vorgegangen wäre, ist nur noch diese schöne Erscheinung übriggeblieben. All ihre Impulse sind ausgegeben, ihre Lebenskraft ist insgeheim erschöpft; ihr Charakter ist nicht mehr geheiligt oder nur noch geheiligt; die Kritik und die Mißachtung höhlen sie aus und berauben sie jeden dauernden Werts. Der Gesellschaftskörper verliert ganz unmerklich seine Zukunft. Es ist die Stunde des Genusses und des allgemeinen Verzehrs.
Das fast immer prächtige und berauschende Ende eines staatlichen Gebäudes wird mit einem festlichen Feuerwerk begangen, in dem alles aufgezehrt wird, was man sich bis dahin zu verschwenden scheute. Die Staatsgeheimnisse, die privaten Schamgefühle, die uneingestandenen Gedanken, die lang verscheuchten Träume, der ganze überreizte und fröhlich verzweifelte Wesensgrund wird hervorgekehrt und ins öffentliche Bewußtsein geworfen. Eine noch feenhafte Flamme, die zur Feuersbrunst werden wird, erhebt sich und erleuchtet die Grundsätze und die Reichtümer. Die Sitten und die Erbgüter schmelzen dahin. Die Mysterien und die Schätze erweichen in dieser Glut des Lebens und Sterbens, die sich bis zum Taumel erhitzen wird.«
Valéry hat mit diesen Worten Geist und Stimmung der Epoche Montesquieus skizziert, die er für unwiederbringlich hielt. In Wahrheit ist der »köstliche Augenblick« im Fin de siècle noch einmal wiedergekehrt. Vergangen ist er erst jetzt. Und zum ersten Mal werden wir Zeugen eines Dekadenzprozesses, den keine Verfeinerungen begleiten, der dem Bewußtsein der eigenen Vergänglichkeit weder Größe noch Stil abgewinnt und in dem die Institutionen zusammen mit dem Geschmack verfallen. Kein festliches Feuerwerk jedenfalls, keine Apotheose, sondern ein Tod ohne Verklärung.
Das wird, ganz beliebig, am Brutalismus der Architektur wie der Künste überhaupt deutlich, an der Primitivierung der Sprache und der Ausdrucksformen, desgleichen an der ordinären Lust zu allem Massenhaften. Zum Bild kultureller Spätphasen, vom Hellenismus bis in die Anfänge dieses Jahrhunderts, gehört der Kult des Individuellen und dessen, was dafür steht: Skepsis und Ironie, der Sinn für Maskerade, Ideenspiel und Zitat sowie überhaupt die Verwandlung aller Wirklichkeit in Literatur. Statt dessen herrschen nun die Ge-

sinnungen vor. Im Urschrei chorisch vorgetragener Überzeugungen, von denen die Straßen widerhallen, geht jede Möglichkeit zum geistvollen Umgang mit den Gegensätzen, das Glück der Aporie, ungehört unter. Und eine alternative Kultur, die alles leugnet, was zum Begriff der Kultur gehört, nämlich die Anstrengung zur Form im umfassendsten Sinn, macht scharenweise Proselyten.

Man mag diese Erscheinungen beklagen. Auffällig daran ist, daß die Geschichte solche Regressionsvorgänge durchweg mit den Bildern geistiger Unterwanderung oder von außen einbrechender Gewalt verbindet, während die Zerstörer in diesem Fall aus den Kulissen der alternden Kultur selbst hervortreten: eine Avantgarde des Überdrusses, voller Verachtung fürs Überlieferte und aufgeschlossen jeder demontierenden Tendenz; dabei aber, trotz aller Neigung zum Vulgären und Abgerissenen, ohne wirkliche Kraft. Das ganze demonstrative Lederjackenwesen unserer Tage ist nichts anderes als der Versuch, eine sklerotische Schwäche plebejisch zu kostümieren. Damit mag ein anderer Widerspruch zusammenhängen. So weit die Erinnerung reicht, hat sich im Niedergang einer Kultur stets der Anbruch einer neuen, vitaleren Epoche angekündigt, den vom Verfallsprozeß, dessen Beobachter wir sind, aber niemand erwartet.

TARENT. Die Küstenstraße, die von Westen her gegen Tarent führt, durchquert auf langer Strecke die Industriereviere der Stadt. Zwischen Fabrikgebäuden und Raffinerien lagern auf riesigen Arealen Röhren, Fässer, Bleche und Schrott, häufig eingefaßt von gelbem Gras und heftig blühendem Oleander. Aus den Schornsteinen, die das ganze Stadtbild bis hinunter zum Hafen durchsetzen, steigt unablässig ein fetter, weißlicher Qualm, der in einiger Höhe als Dunstkissen stehenbleibt und das Licht in den Straßen, selbst bei strahlender Sonne, milchig trübt. Ein Dauergeruch nach Ruß und Verbranntem erfüllt die Stadt.

Wie schon im Altertum, ist Tarent noch immer ein bedeutender Marinehafen, aber mit der Industrialisierung, drei oder vier Generationen zurück, ließen sich auch einige größere Zementfabriken in der Stadt nieder. Schon damals klagten die Tarentiner über den mehligen Staub, der ohne Unterlaß auf die Stadt niedergehe und

durch Fenster und Türen dringe. Heute ist die Zementindustrie, trotz gewaltiger Produktionsausweitungen, nach Öl und Stahl nur die drittgrößte Industrie am Ort.
Bis dicht an die Gegenwart galt Tarent, dank seiner Lage, als einzigartig, und viele Reisende meinten, es übertreffe darin selbst Neapel. Um ein enggeschlossenes Meerbecken gelegen, das sich jenseits der Lagune zu einer inselbesetzten Bucht und dann zur offenen See erweitert, hat die Stadt in beflügelten Köpfen immer wieder poetische Bilder heraufbeschworen. Noch Norman Douglas, der zu Beginn des Jahrhunderts nach Tarent kam, sprach von einer »kostbaren Perle in einem Ring«. Selbst mit einiger Phantasie rekonstruiert man kaum, was er meinte.

AM RANDE. Die Verspätung als Unglück des Südens. In Sizilien war es die Landreform, die zur Unzeit erfolgte. In Tarent hat man Milliarden in den Aufbau einer modernen Stahlindustrie investiert. Als die Anlagen errichtet und die Gelder verbraucht waren, kam die Stahlkrise.

RIVA DEI TESSALI. Am Abend, nach der Rückkehr ins Quartier, führte mich der Zufall mit dem Marchese F. zusammen, der vor Jahren in den Süden verschlagen wurde und nicht nur diese Hotelanlage errichtet hat, sondern nahebei, auf dem flachen Lande, auch eine Weinplantage betreibt. Über die Industrialisierung sagte er, sie habe die Menschen wie ein Rausch erfaßt. Er sei, als sie begann, gerade aus dem Norden gekommen und habe anfangs Mühe gehabt, das Fieber zu begreifen. Aber dann sei ihm klargeworden, daß diese Region seit Generationen in dem Bewußtsein gelebt habe, von der Welt einfach vergessen worden zu sein: »Jetzt war der Wendepunkt da. Jetzt endlich schien irgendwer sich zu erinnern, daß diese Weltgegend einmal der Ursprung der Kultur gewesen war. Man fühlte sich entdeckt, wie Amerika.«
Inzwischen sei viel erreicht worden, fuhr er fort. Die Industrialisierung habe den Menschen Arbeit gebracht, Wohnungen und einigen Komfort. Aber das schöne Tarent sei nicht mehr. Und wie überall in Europa beginne man jetzt auch im Süden zu begreifen, daß der Fortschritt einen Preis hat. Als Norditaliener habe er

gewußt, was Industrialisierung bedeute. Aber damals sei er fast tätlich angegriffen worden, wenn er einwarf, daß die moderne Welt keine Märchen kenne und jeder Gewinn bezahlt werden müsse.
Der Marchese sagte auch: »Vielleicht wäre die Schönheit geschont worden, wenn man schon damals geahnt hätte, daß sie ein Kapital ist. Aber die Leute hier hatten die Schönheit mehr als zweitausend Jahre, und keiner ist gekommen, sie zu sehen.«

AM RANDE. Aus dem Gespräch noch die Bemerkung: »Die Frage ist, ob die staatlichen Hilfen und die Art, in der sie gewährt werden, dem Süden wirklich dienen. Sie bestärken eher jenes uralte Gefühl, aus eigener Kraft nicht leben zu können, das die Wurzel allen Übels ist.«
Zwar ist Christus unterdessen über Eboli hinausgekommen. Er ist sogar hier unten angelangt. Aber er kam in Gestalt des Sozialhelfers, und die Leute wissen noch nicht, ob es beschämender ist, als Sünder dazustehen oder als Empfänger öffentlicher Almosen.

RIVA DEI TESSALI. Abfahrt am frühen Morgen. Von einem der Gäste die Anregung, ein Weingut in der Nähe zu besuchen, der Umweg sei nicht der Rede wert. Als ich zögerte, hatte er hinzugefügt, der Besitz gehöre einer österreichischen Baronin. Ihr Vater habe sich aus einer aristokratischen Laune heraus vor rund einem halben Jahrhundert entschlossen, das heruntergekommene Gut wieder zu bewirtschaften, und nicht nur eine vorbildliche Domäne daraus gemacht, sondern dem gänzlich verarmten Ort auch zu Wohlstand verholfen. Ich war noch immer unschlüssig. Aber als ich die Küstenstraße erreichte, hielt ich vor einer Bar und meldete mich telefonisch an.

SAN GIOVANNI IN FIORE. Kann man glauben, was die Malfattis von der Zeit erzählten, als sie in den Süden kamen: daß die Bauern damals während der Ernte mit verteilten Rollen Dante-Verse hersagten und die Frauen vielstimmige Chöre sangen? Es klang wie die Reminiszenz eines reisenden Professors. Als die alte Baronin meine Skepsis bemerkte, klopfte sie mahnend mit der flachen Hand auf den Tisch: Sie erzähle keine Geschichten.

Auch ihre Tochter erinnerte sich daran. Sie war eine Frau von annähernd fünfzig Jahren, resolut, mit einem Zug von Ungeduld, und ihre Stimme hatte jenen unerlernbaren Ton, der noch das Beiläufige wie einen Befehl hervorbringt. Sie beschäftigte zeitweilig über tausend Landarbeiter, und unschwer ließ sich vorstellen, wie sie sich in dieser archaischen Männerwelt Respekt verschaffte.

Bei der Ankunft hatte sie mich durch das Haus geführt und in den dahinterliegenden Garten. Unter einem mächtigen Feigenbaum, aus dessen Krone das gleichmäßig aufgeregte Dröhnen unzähliger Wespen kam, nahmen wir an einem Holztisch Platz. Sie bestellte Wasser und Wein und begann ohne Umschweife: »Als meine Eltern hierher kamen, war das ein heruntergekommenes Dorf. Die Not war unvorstellbar, zumindest für einen Menschen aus dem Norden. Tag für Tag gingen die Männer in die umliegenden Ortschaften und boten für ein paar Pfennige ihre Arbeit an. Sie legten zwölf und sogar achtzehn Kilometer barfuß zurück und trugen die Schuhe in der Hand, bis sie sich vorstellten.« Im ganzen Gebiet habe es nur ein paar Olivenhaine gegeben, der Rest sei undurchdringliche Macchia gewesen. Und alle hätten gesagt, der Boden gebe nichts her.

Mit einem Anflug von Stolz fuhr sie fort: »Und nun sehen Sie sich um. Wir haben nicht nur viele hundert Hektar kultiviert. Der ganze Ort gilt als reich, für hiesige Verhältnisse natürlich. Viele unserer Arbeiter besitzen ein eigenes Haus und obendrein eine Wohnung am Meer. Sie müssen das sehen, den großen Aufbruch im Sommer. Da laden die Leute Möbel, Küchengeräte, Kronleuchter und Fernseher auf ihre Autos und fahren unter großem Gejohle davon, eine Prozession der Prahlhänse.« Denn das Ganze sei nicht zuletzt für die Nachbarn inszeniert.

Und doch, meinte sie, sei etwas in die Brüche gegangen. Man könne es nicht Zufriedenheit nennen, denn zufrieden seien die Menschen nie gewesen. Es gebe eine neue Art von Unfrieden, die nichts zu tun habe mit der offenen Feindschaft von ehedem. Aber die menschlichen Beziehungen seien verdorben. Sie denke manchmal, der Wohlstand sei eine dämonische Macht. Er zerstöre mehr, als er gewähre. Vielleicht müsse man erst lernen, damit umzugehen.

Mein Einwand war, daß vom Fluch des Mammons meist die Begüterten sprächen. Das könne man ihr nicht entgegenhalten, unterbrach sie sogleich. Sie sage das nicht aus Pietät, aber ihr Vater sei ein uneigennütziger Mann gewesen. Ihm sei es nicht ums Persönliche gegangen, um dieses Gut hier. Eher um den Boden. Alter Kolonisatorenehrgeiz. Auch um die Menschen natürlich. Seine Freunde rundherum hätten das seinen Spleen genannt. Aber schon er habe das Dilemma bemerkt. Gewiß habe der ökonomische Aufschwung den Leuten viel gebracht. Aber genommen habe er ihnen noch mehr.

Das war der Augenblick gewesen, in dem, auf einen Stock gestützt und ein bellendes Hundetier an der Seite, ihre Mutter hinzugetreten war und die Geschichte von den Bauern und den Dante-Versen erzählt hatte. Sie hatte sich zunächst in einiger Entfernung gehalten, um den Besucher ins Auge zu fassen. Obwohl ihre Vorfahren vor allem aus der alten Donaumonarchie stammten, versicherte sie, daß sie ganz und gar als Italienerin empfinde. Sie berichtete von dem »verrückten Entschluß« ihres Mannes, in den Süden zu gehen, von dem Unverständnis auf allen Seiten und den Mißhelligkeiten zu Beginn.

Sie hatte die Gewohnheit beibehalten, jeden in ihrer Umgebung in der dritten Person anzureden. Zu ihrer Tochter sagte sie: »Hat Sie dem Herrn vom Sarazenenturm erzählt? Versäume Sie nicht, den zu zeigen!« Selbst zu ihrem Hund sagte sie, mit der Gummizwinge ihres Stockes gegen den Körper des stumpfsinnig weiterkläffenden Tieres stoßend: »Geb' sie endlich Ruhe, Penny, oder mach' sie, daß sie fortkommt!« Als wir noch einmal auf die Veränderungen im Süden zurückkamen, bemerkte sie, der Bruch habe sich irgendwann in ihren späteren Jahren ereignet; vielleicht habe er mit dieser »idée fixe des Sozialen« zu tun. Sie verstehe kaum, was das heiße. Man sage ihr, es bedeute soviel wie Menschlichkeit. Aber davon habe es früher mehr gegeben. Dann berichtete sie von einem Gespräch mit ihrer Zofe, deren Vater der führende Kommunist im Ort sei. Auf die Frage, ob sie denn auch den PCI wähle, habe das Mädchen erschrocken abgewehrt und gemeint, die Kommunisten wollten, wie ihr Vater sage, die Herrschaft abschaffen. Und wer würde sie dann beschützen?

Die Tochter mußte aufbrechen. Sie fragte mich, ob ich die Wohnung eines Arbeiters sehen wolle, sie habe im Hause eines Traktorfahrers etwas zu bestellen. Ich folgte ihrem Wagen.

Der Traktorfahrer wohnte in einem der neuen Reihenhäuser am Rande der Ortschaft. Ohne daß es einer besonderen Bitte bedurfte, führte uns seine Frau sogleich in den Salon. Mit wenigen Griffen entfernte sie die Plastikfolien, die alles abdeckten, holte einiges aus den Schränken, rückte anderes zurecht und sagte dann mit einer theatralischen Armbewegung: »Ecco!« Der Raum war vollgestellt mit hochpolierten Stilmöbeln, überall standen Vasen, Muscheldosen, gläserne Barken und die gerahmten Bildnisse von Madonnen und Familienmitgliedern. Auf dem Sofa neben dem Fenster saß, weit zurückgelehnt, eine riesenhafte Puppe im weißen Spitzenkleid. Beherrscht wurde der Raum von einem Fernsehgerät, vor dem ein hochlehniger Ohrensessel stand, sowie von einem gewaltigen Schreibtisch mit Bronzebeschlägen. Die Worte gehöriger Bewunderung nahm die Frau mit geschmeichelter Verlegenheit entgegen und beklagte ein ums andere Mal, daß ihr Mann nicht anwesend sei.

Wieder auf der Straße, sagte die Marchesa, daß der Traktorfahrer kaum schreiben könne, schon mit dem eigenen Namen habe er seine Mühe, doch sei der Schreibtisch für diese Leute so etwas wie ein soziales Symbol; das Zeichen dafür, zwar nicht ganz oben, aber auch nicht mehr unten zu sein.

AUF DER WEITERFAHRT. Gegen Mittag fuhr ich die Küstenstraße zurück. Noch einmal vorbei an Metapont, Eraclea und Rocca Imperiale, wo ein verfallenes Kastell Friedrichs II. steht; dann Sibari, Crotone.

Später nach Norden in die Berge. Durch elende Dörfer, deren Straßen nur von Hunden und flinken Schweinen belebt waren. Der Geruch von Armut und kalter Asche. In die Türen der Häuser waren kleine Öffnungen geschnitten, die sich dann und wann einen Spalt weit auftaten. Und etwas weiter die Ortschaften an den Hängen, die mitunter über die Felswand abzustürzen und ins Bodenlose zu fallen schienen.

AM RANDE. Erschreckender noch als der Tod vieler Ortschaften am Wege durch das allmähliche Erlöschen ist das gleichsam anonyme Sterben blühender Städte durch Beton, Hochhäuser, Asphalt.
In San Giovanni in Fiore, einem Gebirgsnest in der Sila Grande, fand ich ein Hotel.

SAN GIOVANNI IN FIORE. Die Folklore, die Verharmlosung kulturellen Herkommens für touristische Zwecke, dringt überall vor. Noch in den Reiseberichten zu Beginn des Jahrhunderts ist von den Briganten die Rede, die das Gebiet der Sila Grande unsicher machten. Inzwischen kleidet sich der Hotelier, ein dicker und freundlicher Mann, nach Art seiner Vorväter und bemüht sich um finstere Züge. Er sprach von den zurückliegenden Schrecknissen, als habe er selbst sie verbreitet oder doch ausgemerzt.
Dann begann er von einer »fugita« zu erzählen, einer Brautentführung, die sich gerade ereignet hatte. Zahlreiche junge Leute wählten diesen Weg, erläuterte er, weil im Falle einer Entführung weder eine Hochzeit ausgerichtet noch eine Aussteuer aufgebracht werden müsse. So befriedige man nicht nur das Bedürfnis nach romantischer Gewalt, sondern erspare den mittellosen Familien auch erhebliche Ausgaben. Nicht selten würden Absicht und Verlauf einer Entführung bis in die Einzelheiten unter den beteiligten Familien abgesprochen. Der Zeitpunkt ist absehbar, wo von dem Brauch nur ein folkloristisches, im Einvernehmen mit der Fremdenindustrie veranstaltetes Spektakel übrigbleibt.
Denn alles endet zuletzt im Tourismus. Wo immer ein Ereignis stattgefunden hat, kommen die Reisenden, um den Ort zu besichtigen. Und wo nie etwas war, kommen sie der Abgeschiedenheit wegen und um nichts besichtigen zu müssen. Der Tourismus ist das Schicksal.

ZUM VORIGEN. Noch einmal über das Reisen. Seit Goethe ist das Bildungsmotiv immer mehr hinter dem gesellschaftlichen Ausbruchsmotiv zurückgetreten und das Reisen geradezu zur Metapher einer Ruhelosigkeit geworden, die unentwegt auf der Suche nach irgendeiner Form des unbekannten und doch elementar ver-

trauten Glücks ist. »Die große Freiheit fremder Kontinente«, stand auf dem Plakat eines touristischen Unternehmens. Wie wenig jedoch vor den sozialen Normen ein Entkommen ist, zeigt der bloße Begriff der Gesellschaftsreise an. Unverhohlen spricht er aus, daß die Organisation des Lebens, die Ansprüche und Zwänge des gewohnten Daseins, den Reisenden unentrinnbar begleiten.
Paradoxerweise will er es auch nicht anders. Die Verabredung geht nur auf ein Fluchtspiel. Längst kann der Reisende, woraus er zu entkommen vorgibt, nicht mehr missen und nimmt, was ihn im Zuhause bedrängt, wie einen unentbehrlichen Schatten mit.

SAN GIOVANNI IN FIORE. Am frühen Morgen, als es dämmerte, begann in der Nachbarschaft ein Hund zu bellen, ein anderer antwortete ihm. Nach und nach fielen immer mehr Hunde ein, und bald war in dem menschenleeren, von der Nacht noch wie betäubt liegenden Ort von allen Seiten das heisere Gebell zu hören.
Als ich nach unten kam, fragte der Portier, ob mich die Hunde um den Schlaf gebracht hätten. Man müsse das ertragen. Es sei die Sehnsucht nach Verbindung und Zwiesprache, wenn ein neuer Tag kommt.

VON SAN GIOVANNI IN FIORE NACH COSENZA. Fahrt quer durch die kalabresische Halbinsel, abseits der großen neuen Straße. Das Gebiet wird meist als düster beschrieben und von brutaler Schönheit. Aber kennzeichnender ist, daß es unberührt von Menschenhand scheint. Bei der Abfahrt waren, auf entfernten Hügeln, noch einige brüchige Ansiedlungen zu sehen, abseits zog der kleine gekrümmte Schatten eines Bauern auf einem Maultier einen Bergweg hinauf. Durch menschenleere Zonen mit endlosen Mischwäldern, verwahrlost und voller Bruch. Durch das hohe Blätterdach drangen vereinzelte Sonnenstrahlen. Ins Freie stoßend, plötzlich im hellsten Licht, stiegen gewaltige Bergmassive auf, die bis an die zweitausend Meter reichen. Dann wieder Wälder.
Die Griechen und Römer, berichten die Historiker, haben die Waldgebiete des alten Bruttiens bis tief ins Landesinnere abgeholzt, und erst die Normannen, Jahrhunderte später, machten den Anfang, die zerstörte Natur durch Aufforstung wiederherzustellen. Alle Erobe-

rer, die ihnen folgten, von den Anjous bis zu den Bourbonen, haben den Waldbestand des Südens durch strenge Vorschriften geschützt, und selbst Napoleon fand, in allem rastlos ausgreifenden Interesse, die Zeit, sich der Wälder der Sila Grande anzunehmen.
Bei Camigliatello erreichte ich wieder die neue Straße mit ihren kühnen, über tiefe Taleinschnitte geführten Brücken und weit ausschwingenden Kurven. Zu beiden Seiten gleichförmig runde Bergkuppen, die mitunter über die Waldgrenze hinausreichen. Eindruck von Urlandschaft.

AN RANDE. Der Schutz von Wald und Bäumen zählt zu den ältesten Kulturmerkmalen, und einen Baum zu pflanzen bedeutete stets mehr, als in dem Vorgang selber erkennbar wird. Religiöse Vorstellungen spielten hinein, woran der Begriff des Waldfrevels noch erinnert, auch der Wille zum Beharrenden, zum Überdauern selbst im Weltuntergang, wie Luther unbeirrt meinte. Ebenso wurde das Fällen eines Baumes seit alters als Geschehen aufgefaßt, das mehr zum Einsturz brachte als Stamm und Krone, Bilder von Überwältigung und Triumph waren darin einschlägig. Die Zypressen, die das Mittelalter vor Klöster oder Familiensitze pflanzte, greifen genauso auf solche Empfindungsmuster zurück wie die Legende von der gefällten Wotanseiche.
Man denkt bei dergleichen an Wilhelm II., der auf dem Hof in Doorn oft stundenlang, mit so unermüdlicher wie befremdlicher Hingabe, Baumstämme in Stücke schlug oder von Hofstaat und Gelegenheitsgästen zerhacken ließ, elftausend Bäume insgesamt, wie ein Register festhält. Merkwürdige Lust. Nicht zufällig zählt der Kaiser zu den Ruinierern der Epoche.

ZUM VORIGEN. Schon als der Kanzler Caprivi die uralten Bäume fällen ließ, die dem Reichskanzlerpalais die Sonne nahmen, sah Bismarck darin ein Vorzeichen, daß die Zeit des Reiches zu Ende gehe.

NOCH DAZU. Man erzählte mir, daß man bis dicht an die Gegenwart einen verhaßten Rivalen oder Nachbarn erledigte, indem man ihm die Olivenbäume abschlug.

COSENZA. Die Altstadt ist an die steilen Abhänge einer Schlucht gebaut, in den Winkel, den der Zusammenfluß von Busento und Crati bilden. Von der hochgelegenen Uferstraße blickt man auf ein sandiges, von Buschwerk durchwachsenes Flußbett, das den Anwohnern vor allem als Abfallhalde dient. Das seifige Rinnsal staute sich vor Plastiksäcken, Matratzen, oder, weiter unten, vor rostigen Autotrümmern und bildete gelbliche Schaumberge. Mit einem Stadtplan versuchte ich, meinen Standort herauszufinden, als ein älterer Herr herantrat, sich knapp verbeugte und dann steif hervorbrachte: »Ich bin, Signore, ein Bewohner dieser Stadt. Als solcher empfinde ich es als meine Pflicht, dem Ortsunkundigen behilflich zu sein. Kann ich Ihnen dienen?«
Es fiel mir schwer, ernst zu bleiben. Aber zugleich war ich verwundert darüber, im Süden jene Erscheinung anzutreffen, die in Turin oder Florenz so auffällig ist: den Typus des bleichgesichtigen, stets in korrektes Grau gekleideten Herrn, der mit buchhalterischer Würde seinen Geschäften nachgeht und der für das Land im ganzen mindestens so charakteristisch ist wie der immer überschwengliche und lärmende Typus, der statt dessen die Vorstellung beherrscht.
Wir gingen zusammen ins Zentrum. Er war, wie er sagte, auf dem Weg in seinen Club. Währenddessen wies er mich auf einige Sehenswürdigkeiten hin, beschrieb den Weg zur Kathedrale, die Friedrich II. eingeweiht habe, und hielt, als auf der nahen Eisenbahnbrücke ein Zug vorüberfuhr, mit geschlossenen Augen inne, ehe er von den Begebenheiten des hoch über der Stadt gelegenen Kastells erzählte. Er fragte, ob ich, wie er selber, ein Liebhaber der Poesie sei und womöglich sogar Carduccis Gedicht über das Grab im Busento kenne. Über mein Erstaunen redete er hinweg. Später, in einem Buchladen, erfuhr ich, daß Carducci die berühmten Verse Platens so meisterhaft übersetzt habe, daß er in Italien als deren Autor gilt.

ZUM VORIGEN. Die Figur des *galantuomo.* Viele leben von oft kümmerlichen Ersparnissen, einer bescheidenen Erbschaft oder den Erträgen eines Olivenackers. Sie hausen beengt in einer Kleinwohnung nahe dem Zentrum, die Nachbarin setzt ihnen am Abend

einen Teller mit Saubohnen vor. Aber sobald sie auf die Straße treten, geben sie sich als Personen von Stand, tragen nicht selten einen Bagatelltitel, auf den sie beharrlich verweisen, und behandeln die Menschen von gewöhnlicheren Verhältnissen mit unverhohlener Geringschätzung. Die meiste Zeit verbringen sie in düsteren Clubhäusern, trinken Kaffee, lesen die Zeitung und tauschen mit ihresgleichen Betrachtungen über die jüngsten Vorkommnisse aus, über das Leben und die Besorgnisse, zu denen Neid und Begehrlichkeit der unteren Schichten Anlaß geben. Manche verfassen Gedichte im klassischen Stil, von denen gelegentlich eines im Lokalblatt erscheint. Von Zeit zu Zeit verstricken sie sich auch in zähe Korrespondenzen mit dem Sekretär einer entlegenen Akademie über die Deutung einer Gedichtzeile von Leopardi oder einer soeben veröffentlichten Miszelle zur Technik gebundener Prosa.
Gemeinsam ist ihnen die Sehnsucht nach der »signorilen« Lebensform, deren wichtigstes Erkennungsmal die Verachtung der Arbeit ist. Jede Tätigkeit, glauben sie, laufe auf eine Entwürdigung hinaus. Der wirkliche Herr sei zur Muße geschaffen und kenne kein vornehmeres Recht, als sich für die Dauer seines Lebens vor aller Augen und in Ehren zu langweilen. Das Ansehen, das ein Mensch erringen könne, das ganze Glück der Distinktion, sei an das Privileg des Nichtstuns gebunden.

NOCH ZUM VORIGEN. Darüber abends mit Gustavo Valente. Ich sprach von meiner Verwunderung, solche Vorstellungen, die keineswegs auf den Marotten einzelner beruhen, sondern Ausdruck eines allgemeinen sozialen Rangbewußtseins sind, im Ursprungsland der Renaissance anzutreffen. Immerhin habe die Renaissance den biblischen Begriff der Arbeit, der mit Sündenfall und Fluch zu tun hatte, zum bürgerlichen Arbeitsethos umgewandelt. Doch V. meinte, der Geist jener Zeit habe den Süden kaum erreicht. Was an Ansätzen bis dahin gedrungen sei, habe erst die Gegenreformation beseitigt und dann der spanische Grandenfeudalismus, auf den die Idee der Anstößigkeit aller Arbeit zurückgehe.

COSENZA. Nachmittags in Celico bei Valente. Auch er schreibt an einem Buch, von dem er nicht zu sagen wußte, ob es je fertig

würde. Die Wohnung war mit Möbeln aus der Zeit der Jahrhundertwende bis unter die Decke vollgestellt. Überall Bücher, Zeitschriften, Zettelkram. Er holte einen Wein aus dem Keller, den er die »Riserva» seines Hauses nannte und der wie Essig war.
Über Alarich. Warum bewegte gerade er Empfindungen und Gedanken der Deutschen, während von Geiserich nichts als der Name blieb, obwohl er ein Reich errichtete, dessen Souveränität sogar von Westrom anerkannt wurde? Aber die Hingabe der Nation galt dem verschollenen Heerführer der Goten.
Seltsam romantische Vorliebe für die Gescheiterten, die kurz vor dem Triumph Hinweggerafften: Alarich, Barbarossa, Friedrich, Konradin. Es ist, als ob sich die Deutschen zwischen Napoleon und Bismarck an den Erfolglosen berauschten, obwohl sie selber so sehr nach dem Erfolg verlangten. Und stets gehörte zu ihren Idolen der Tod in der Fremde, im Heiligen Land oder in Süditalien. Das ferne Grab.
Oder hatte Alarichs Nachruhm damit zu tun, daß unter ihm ein germanischer Stamm Rom eroberte? Den Zeitgenossen war dieser erste Sacco di Roma wie das Ende der Welt erschienen: »Ein Schluchzen überkommt mich«, klagte der Heilige Hieronymus, »die Tränen wollen mir nicht versiegen.« Auch bei Augustin, De civitate Dei, ist das lähmende Entsetzen zu spüren, daß die Ewige Stadt fallen konnte, und ein Nachhall davon erfüllt durch die Jahrhunderte den europäischen Disput über den Niedergang des Imperiums. Bei Ranke heißt es: »Das alte Rom ging nicht unter, es hörte einfach auf.« Wenn es doch ein Ereignis gibt, das als Enddatum dienen kann, dann ist es die Eroberung der Stadt durch die Westgoten. Sicherlich hat aber auch, mehr vielleicht als alles andere, Platens Gedicht von den nächtlich lispelnden Wellen am Busento die Gemüter ergriffen. Die unbesungenen Heerführer gehen erinnerungslos aus der Geschichte. Da Totila oder auch die Langobardenkönige keinen Dichter fanden, nennt kaum noch das Lexikon ihre Namen.
Für Valente war, als wir darüber sprachen, selbst dieses Nachdenken noch eine deutsche Träumerei. In Kalabrien, sagte er, denke man nüchterner. Was die Leute beschäftige, sei die geheimnisumwitterte Beisetzung. Noch mehr aber entzünde sich die gierige Phantasie des

Südens an den legendären Grabbeigaben, Tonnen von Gold und sogar den Tempelschatz von Jerusalem mit dem siebenarmigen Leuchter soll Alarich mitgeführt haben. Einzig deshalb versuche man noch immer, die Stelle im Fluß zu finden. »Wissen Sie«, sagte er, »den Menschen hier geht es nicht um Archäologie oder Dichtung. Alles Reden darüber ist nur ein Vorwand für Grabräuberei.«

V. sagte auch, daß Süditalien spätestens seit Friedrich II. ein Beutestück der Mächte und immer von Fremden beherrscht gewesen sei, die erste und immerwährende Kolonie Europas. Das habe eine eigentümliche Kultur der Ohnmacht hervorgebracht. Ihre Merkmale seien Untreue, Opportunismus, Gewalt, Gleichgültigkeit und Schlauheit. All das, was den Süden so verdorben erscheinen lasse. Aber der Süden lebe außerhalb einer Moral, die für das übrige Europa geschaffen wurde. Das Böse sei hier nicht das Böse, weil es den Gegensatz zum Guten nicht gebe. Was anderswo das Böse heiße, seien für den Süden nur jahrhundertealte Formen des Überlebens.

AM RANDE. Italien, steht bei Seume, sei der Sitz der Vergebung der Sünden.

COSENZA. Nirgendwo stoßen so unvermittelt wie im Süden Vergangenheit und Gegenwart aufeinander. Am Ponte Martiri kamen drei schwarzgekleidete Frauen vorbei, junge Bäuerinnen aus den Bergen, die wie Statuen und doch unangestrengt hintereinander hergingen und frei auf dem Kopf schwere Lastkörbe trugen. Nur mitunter, wenn sie im Gewühl stehenblieben oder ausweichen mußten, stießen sie mit den Fingerspitzen leicht gegen den Korb, um das überkippende Gewicht zu halten.

Gegenüber, am Corso Telesio, machten sie an einer Bus-Station halt. Ich beobachtete, wie ihr Blick den nahen Zeitungsstand streifte, mit den Titelfotos nackter Mädchen.

AM RANDE. In den Notizen fand ich eine Bemerkung von M., wonach sexuelle Enthemmung und Promiskuität um so exzeßhafter auftreten, je weiter man nach Süden gerät. Der Einbruch der modernen Welt entfalte, wo er auf archaische Verhältnisse stößt, eine unwiderstehliche Gewalt.

Auf meine Beobachtung, daß am Strand von Riva dei Tessali die jungen Mädchen, sogleich nach der Ankunft, ihre Kleider mit allzu demonstrativer Entschlossenheit abzuwerfen pflegten, erwiderte er: »Es kann nicht anders sein! Jede Freiheit ist auch eine Last. Man muß sie zu tragen lernen.«

Er teilte meinen Eindruck, daß sich nur sehr junge und eher ältere Frauen gänzlich unbekleidet zeigten. Die einen schienen zu signalisieren, daß sie noch frei sind, die anderen, daß es nicht mehr so wichtig ist.

Das Ausmaß der Veränderung belegte M. durch eine ungewöhnliche Begebenheit. In Mailand, erzählte er, hätten unlängst die sechzehnjährigen Schülerinnen einer Mädchenklasse die Nachricht, daß die letzte aus ihrem Kreise defloriert worden sei, mit einem ausgelassenen Fest begangen.

COSENZA. In der Kathedrale, einem Bau von nüchterner, provenzalischer Gotik, steht ein leerer römischer Sarkophag, in dem, der Überlieferung zufolge, Heinrich VII., der älteste Sohn Friedrichs II., beigesetzt wurde. Von seinem Vater zum König gemacht, hatte er zwar den Machthunger der Staufer und deren Neigung zu ehrgeiziger Träumerei, doch nicht ihre Kälte und Energie. Ein Schöngeist und Lautenspieler, rebellierte er von Deutschland aus gegen den Vater und setzte dessen gesamte Reichskonzeption aufs Spiel. Als Friedrich aber anrückte, brach das Machtgespinst in sich zusammen. Noch auf dem Reichstag zu Worms, wo Heinrich, inzwischen gefangengesetzt, dem Vater vorgeführt wurde, zeigte er sich unfähig, den Ernst seiner Lage zu erfassen, und glaubte wohl, ihm solle nur eine Lektion erteilt werden.

Doch der Traum endete, noch ehe der Schläfer erwachte. Als man ihn am Morgen in den Kerker führte, so heißt es, habe er gesungen; aber am Abend, als die Wachen wechselten, habe er geweint. Sieben Jahre lang wurde Heinrich in Süditalien von dem unerbittlichen Vater in Gefangenschaft gehalten, zuletzt im unweit von Cosenza gelegenen Nicastro. Schließlich, während eines Ausritts, stürzte er sich in einen Abgrund.

Das Trauerschreiben Friedrichs ist überliefert. Es gewährt, wie wenige Schriftstücke sonst, einen Blick in die Empfindungswelt des Kaisers und nimmt zugleich den Konflikt vorweg, den sein späterer Namensvetter, wenn auch in der Rolle des widerspenstigen Sohns, glücklicher überstand: »Das Mitleid des zärtlichen Vaters überwindet zuletzt das Urteil des strengen Richters. Wir betrauern das Verhängnis Unseres Erstgeborenen, Heinrich. Die Natur läßt nun den Tränen freien Lauf, die so lange im Innersten zurückgehalten waren vom Schmerz der Kränkung und von der Notwendigkeit des Rechts.«

UNTERWEGS. Auf Nebenstraßen, nahe der Küste, eine kurze Strecke nach Süden. Noch einmal die archaischen Bilder von gestern. Kahle Felsen, überwuchert von traurigem Gestrüpp. Ortschaften mit verschlossenen Fensterläden und leeren Springbrunnen. Das Unkraut, das aus den Fugen der Häuser wächst. Auf den kleinen Plätzen, im sandigen Grün, die Kriegerdenkmäler, zwischen den Pfosten aus Marmor oder Granit schwer durchhängende Eisenketten. Manchmal, durch das Blattwerk von Bäumen, im Hintergrund tief unten das Meer. Nur selten Menschen. Noch einmal das Schweigen des Südens.

NOCH ZUM VORIGEN. Auf Straßen oder vor öffentlichen Gebäuden immer wieder das Standbild Garibaldis. Kaum zu sagen, an wie vielen ich vorüberfuhr. Auch hat der General auf seinem Eroberungszug von Süden her offenbar in nahezu jedem Ort Station gemacht.
Jedenfalls stößt man auf ungezählte Erinnerungstafeln. Sie sind an Häusern angebracht, wo er Quartier genommen, sich mit einem Aufruf ans Volk gewendet oder einfach nur die Nacht verbracht hat, während rundum, wie es einmal heißt, der Geist der Despotie zitterte.

AM RANDE. Die figürliche Plastik verlangt die Steigerung ins Feierliche und sogar Erhabene. Die Garibaldi-Standbilder am Wege machten diesen Gesichtspunkt gerade dadurch deutlich, daß sie ihn verfehlten. Immer offenbarten sie, trotz aller angestrengten

Würde, einen Zug ins Lächerliche und waren ohne alle statuarische Größe. Ähnliches empfand ich vor Jahren vor den Skulpturen britischer Premiers und Generale rund um Whitehall.

Vielleicht ist es weniger ein Unvermögen der Künstler, das darin zum Ausdruck kommt, als vielmehr der Widerstand, den der bürgerliche Typus seinem Wesen nach der Steigerung ins Grandiose entgegensetzt. Habitus und Kleidung des Bürgers verweigern sich, selbst in Uniform, dem pathetischen Anspruch, immer schlägt am Ende der Bourgeois durch, während sich der Citoyen nicht zufällig römisch kostümierte.

Ein anderer Widerspruch kommt hinzu. Bratenrock und Flanell sind die Kleidungsstücke eines egalitären Zeitalters. In ihnen steht man in der Menge, nicht auf Postamenten.

Rodin hat, als er für das Denkmal Balzacs die Figur des bürgerlichen Schriftstellers entwarf, lange mit diesem Problem gerungen. Schließlich versah er den Dichter, den er zunächst nackt darstellen wollte, mit einer Art Überwurf, einem Morgenrock, der die römische Toga zitiert.

PIZZO. Von dem Felsenkastell über dem Meer blickt man auf den Strand, an dem Joachim Murat am 7. Oktober 1815 landete. Der Schwager Napoleons, der nach dem Sturz des Kaisers aus seinem Königreich Neapel vertrieben worden war, kam mit den wenigen Anhängern, die ihm noch verblieben waren, und wie stets in prunkvoller Uniform, mit Federn und Ordenssternen. Obwohl er, auf dem Schlachtfeld wie auf dem Thron, immer nur die Rolle eines großen Sergeanten gespielt hatte, setzte er sich jetzt mit Napoleon gleich. Verwöhnt vom Glück, ahnte er nicht, daß das seine fast ganz dem anderen gehörte. So täuschte er sich in dem Glauben, daß ihm, ebenso wie dem Rückkehrer von Elba, die Massen zuströmen würden. Als er den Weg vom Strand nach Pizzo hinaufstieg, wurde er von bourbonischen Truppen verhaftet und sechs Tage später an der Mauer des Kastells exekutiert.

An der Hinrichtungsstätte hat man zu Beginn des Jahrhunderts eine Tafel angebracht: »Alla memoria benedetta del re Gioacchino Murat / Principe glorioso nella vita / Impavido davanti alla morte / Qui dove fu fucilato / Questa pietra / riscatto di un giorno / reso tristissimo / dalla ferocia / di un governo insano / Il Commune di Pizzo / poso MCM«.

Inzwischen dient das Kastell als Jugendherberge. Ein älterer Mann, mit dem ich ins Gespräch kam, sagte, Murat sei von den Nobili hingerichtet worden. Das Volk sei für ihn gewesen. Das mag so sein oder auch nicht. Sonderbar berührt jedenfalls die Teilnahme am Schicksal dieses Königs, die aus den Worten der Inschrift spricht. Denn nicht anders als die Bourbonen auch, war Murat einer der sonst im Süden so verhaßten Fremdherrscher, ihn unterschied nur, daß er, mit allen parvenühaften Zügen, aus dem Volke kam, der Sohn eines Spelunkenwirts aus dem Süden Frankreichs.

Diese Herkunft hat ihn sicherlich den einfachen Leuten nähergebracht. Aber sie erklärt nicht alles. Vielmehr hatte auch er teil an der Verklärung, aus der sich das romantische Europa seine Helden erschuf. Alle die Napoleoniden, die Murat, Ney, Bernadotte oder Beauharnais, haben in der Vorstellung, unabhängig von ihrem wirklichen Alter, etwas Jünglingshaftes bewahrt. Das ist es wohl, weshalb der dilettantische, fast absurde Irrtum, der Murat bei seiner letzten Unternehmung leitete, doch das Gefühl für ihn einnimmt. Zusammen mit den anderen hatte er die Welt gelehrt, daß der Mensch, der kühn, phantasiereich und bedenkenlos ist, das Schicksal meistern könne.

Das Ende Murats weist, nicht anders als das des Kaisers auch, über sich selbst hinaus. Mit den Schüssen an der Mauer von Pizzo ist das Zeitalter der Helden vorüber.

AM RANDE. Die Aufmerksamkeit, die wir den letzten Augenblicken und letzten Worten zuwenden, kommt aus der Vermutung, daß sich in diesem Moment das Wesen eines Menschen in seinem Kern offenbare. Von Joachim Murat wird berichtet, daß er unmittelbar vor der Erschießung die Mauer abgeschritten sei, um den Platz seines Sterbens selbst zu bestimmen. Immer wieder habe er die Steine zu seinen Füßen gemustert und gefragt: »Dov' è il mio destino?« Plötzlich sei er stehengeblieben und habe, das Gesicht auf das Peloton gerichtet, gerufen: »Hier soll es sein!« Dann kam die Salve. Die letzte Szene steigerte den einfachen Mann vielleicht über, vielleicht aber nur auf seine Verhältnisse.

NOCH ZUM VORIGEN. Für einige Zeit lebt Napoleon noch als tragischer Prometheus fort. Aber Stendhals Julien Sorel weiß ebenso wie Fabrice del Dongo schon, daß dieser Mythos nur eine romantische Stimmung ist, und alle glühende Bewunderung für den Kaiser kann den einen wie den anderen nicht mehr dazu bewegen, ihm nachzueifern. Ihr Entschluß, den Aufstieg in der Hierarchie des Klerus zu suchen, deutet das neu Heraufkommende an. Sie entsagen der Größe und richten sich im Gegebenen ein. Was sie als bürgerliche Napoleoniden mit ihrem Helden verbindet, ist nur noch die Überzeugung, daß aller Erfolg mit Anmaßung und Bedenkenlosigkeit zu tun hat. Bezeichnenderweise suchen sie ihr Glück auf Wegen, die den Ehrgeiz des Vorbildes verleugnen und zugleich fortsetzen. Wie Napoleon Länder und Provinzen an sich riß, gehen sie auf erotische Eroberungen aus, wenn auch vor allem um ihrer Karriere willen. Insoweit unterscheiden sie sich von dem Dichter selber, der solche Beutezüge, einen wie den anderen, Frau um Frau, nach sorgsam geführten Strichlisten, unternahm.

AM RANDE. Das Ende im Kastell von Pizzo brachte mich auf W. Er hatte während des Krieges einem Peloton angehört, das zur Hinrichtung eines Deserteurs kommandiert war. Seine Schilderung, wie sie den Mann im Drillichanzug zum Exekutionsplatz führten und wie der Verurteilte mit gierigen Blicken noch einmal jede Einzelheit in sich einzusaugen schien: den über die Mauer hängenden Zweig eines Apfelbaumes, ein paar abgestellte Benzinkanister, die Grashalme, die aus dem Kies hervorwuchsen, sogar das Koppelzeug, die Schulterstücke und Silberlitzen an den Uniformen ringsum. Selbst an dem Pfahl und dem daneben auf dem Boden liegenden Strick, mit dem ihm die Hände auf dem Rücken zusammengebunden wurden, klammerten seine Augen sich fest. Als wolle er alles, über die letzte Lebenssekunde hinaus, festhalten für immer.

WEITER NACH NORDEN. Abseits der Autobahn auf kleinen staubigen Straßen durch gebirgiges Gelände. Vom erhöhten Standort aus erscheinen die ringsum liegenden kahlen Bergkuppen mitunter wie eine urweltliche Schädelstätte. Etwas tiefer, auf halber Höhe, gewahrt man im verkarsteten Grau gleichmäßig geschnittene

Furchen und vereinzelt auch die grünen Linien junger Schößlinge. Diese Landschaft ist von den Reisenden bis in die jüngste Zeit immer als Gebirgswüste beschrieben worden. Das beginnt jetzt historisch zu werden. Bald wird man Mühe haben, das alte Bild wiederzufinden.
Überall sonst greift die Zivilisation zerstörerisch in das Gesicht der Landschaft ein. Hier stellt sie das Gewesene wieder her. In einigen Jahren schon wird man, wie einst die Legionen Roms, diese Gebiete im Schatten von Wäldern durchqueren. Zugleich damit verliert die Landschaft ihren heroischen Charakter. Das Pathos der Einöde weicht dem gestuften Grün, das alles mildert und ins Idyllische verwandelt.

IM WEITERFAHREN. Nur in den kleinen Ortschaften am Wege scheint die Zeit stehengeblieben. Unberührt von der zivilisatorischen Anstrengung ringsum, liegen sie wie in Totenstarre unter der glühenden Sonne, mit der *facies hippocratica* erloschenen Lebens. Etwas entfernt hängen einige Bergdörfer wie Wespennester an den Felsen, gewachsenes Rippenwerk in ausgebleichten Erdfarben, in das ein paar tiefschwarze Schlupflöcher eingeschnitten sind. Leichtes Erschrecken, als ein Mensch daraus hervor und ins Helle tritt.

PAESTUM. Aus den Cilento-Bergen hinunter in die Ebene von Paestum. Alle sagen, man solle den Ort am späten Nachmittag aufsuchen, kurz bevor die Sonne hinter den Tempeln untergeht. Doch als ich eintraf, zogen die Aufseher gerade ab, und auch die Reisebusse machten sich unter vielstimmigen Hupsignalen davon.
Noch von der Straße aus, die, über die Fundamente der alten Stadtanlage hinweg, an den drei Tempeln vorbeiläuft, war die starke Verwitterung des porösen Muschelkalks zu erkennen, aus dem die Säulen und Gebälke gefertigt sind. Sie stehen in einem flachen Gelände, von den Bauten ringsum sind nur vereinzelte Mauerreste erhalten, auch der tiefergelegene Teil eines antiken Theaters ist zu sehen. Aus dem strohigen Gras wachsen Oleander, Akanthus, Disteln. Und noch immer die Rosen, von denen bei Ovid und Martial die Rede ist.
Als die Sonne sich der kaum wahrnehmbaren Horizontlinie des

Meeres näherte, warf sie auf das Gelb der Säulenreihen ein unwirklich rotes Licht. Einen Augenblick lang herrschte die Stille, die das Empfinden mit solchen Orten verbindet. Doch als die Dämmerung einbrach, gingen die bunten Glühbirnen an, die bogenförmig über die Straße gezogen sind, und etwas später fielen Gruppen von Jugendlichen ein, die hier ihren Treffpunkt zu haben schienen. Aus vielen Radios kam Musik, jeder versuchte den anderen zu überbieten. Italienische Nacht.

Auch Paestum ist den beiden tödlichen Gegnern aller küstennahen Ansiedlungen erlegen, den Sarazenen und der Malaria. Im 11. Jahrhundert benutzte Robert Guiscard die verlassene Stadt als Steinbruch für den Dom und den Bischofspalast von Salerno. Doch die Tempel verschonte er. Die Fiebermücke, die das Leben aus der Stadt vertrieben hatte, schützte deren Reste vor weiterer Zerstörung. Sümpfe und eine tropische Vegetation riegelten sie undurchdringlich ab.

Aus ihrem Jahrhundertschlaf wurde sie erst in der Mitte des 18. Jahrhunderts geholt, beim Bau einer Straße von Neapel nach Süden. 1758 war Winckelmann in Paestum. Es heißt, der Anblick dieser eindrucksvollsten griechischen Tempel neben dem Parthenon habe ihn zur »Erfindung der Antike« inspiriert, dem ebenso irrigen wie folgenreichen Bild des alten Griechenland.

PAESTUM. Im Gebiet der antiken Stadt, aber auch im unweit gelegenen Capaccio Vecchio, der Bergstadt, die den Bewohnern von Paestum Zuflucht bot, hat man Tausende von Terrakotten gefunden, die immer wieder das Motiv der »Hera mit dem Granatapfel« zeigen. Es kehrt, vom Mittelalter an, im Bild der »Madonna mit dem Granatapfel« wieder.

Solchen Synkretismen begegnet man auf Schritt und Tritt. Tiefer im Süden hatte ich einen Tunnel durchquert, der sich »Galleria Santa Venere« nannte. Die verblüffende Bezeichnung erhebt die Liebesgöttin des Altertums kurzerhand zur Gemeinschaft der Heiligen. Anderswo stößt man auf antike Sarkophage mit der Figur des guten Hirten, die Genien treten unvermittelt als Engel auf, ehe sie sich während der Renaissance in kleine, lüsterne Amoretten zurückverwandeln; der Herkules, der die Lernäische Hydra erlegte, steht in

Sankt Michael wieder auf und Perseus im heiligen Georg, der nach der ursprünglichen Legende ein braver römischer Legionär war und weder zu Pferde ritt noch einen Drachen bezwang, schon gar nicht eine Jungfrau befreite, die wiederum nichts anderes als die ins Christliche übersetzte Figur der Andromeda ist. Auch in Prometheus und Christus, der eine an den Felsen, der andere ans Kreuz geheftet, hat man solche Übertragungsmuster entdeckt.

Am ausschweifendsten treten sie im Madonnenkult hervor. In zahlreichen Kirchen, aber auch in einfachen Wohnungen auf dem Lande, findet man schwarze Madonnen, in denen das Bild der schwarzen Venus fortlebt. Die vielbrüstige phönizische Astarte geht in die Bilderfindung der »Madonna del latte« ein, es gibt die »Jungfrau mit den sieben Schleiern«, die eine altorientalische Überlieferung aufgreift, und Ungezähltes mehr: Maria sammelt alle vorchristlichen Weiblichkeitsmythen des Mittelmeerraums ein. Sie ist Demeter, Magna Mater und Mondgöttin, löst aber auch Nymphen und Sylphen ab, und selbst ihre Himmelfahrt ist in der Ascensio der Medea vorgebildet. Nur als Athena erscheint sie auffälligerweise nicht. Durchweg tritt sie in die Nachfolge genuin weiblicher Göttinen ein und kann infolgedessen selbst in der Gestalt der Venus wiederkehren. Die Geistgottheit Athena dagegen kam für das frühe Christentum aus einer zu entlegenen Vorstellungswelt.

Die Übertragung antiker Mythen ins Christliche hatte auch mit der Absicht zu tun, die neue Religion aus den Beengungen einer jüdischen Sekte zu befreien und alle voraufgegangene Zeit in einen langwierigen Advent umzudeuten. Ernst Bloch hat bemerkt, der Untergang der antiken Götterwelt und deren Verdrängung durch den einen Gott sei eine der Tragödien Europas gewesen.

Das klingt, als habe es einige Wahrheit für sich, bis sich bei genauerem Zusehen, wie oft bei Bloch, herausstellt, daß die Suggestion der Sprache die Unzulänglichkeit des Gedankens verdeckt. Denn zumindest der Süden Europas hat den Schritt zum Monotheismus nie mitgemacht und nicht einmal die Trinitätslehre übernommen. Von Vater, Sohn und Heiligem Geist hat in dieser Region nur der Sohn sich behaupten können, und auch er nur in den bildhaften, der Anschauung zugänglichen Erscheinungsformen, sei es als Kind, sei es als blutiger Schmerzensmann. Der unterweisende Christus

dagegen, wie er in der Bergpredigt oder in der Tugendlehre der Gleichnisse auftritt, ist dem südländischen Empfinden immer fremd, vielleicht sogar unbegreiflich geblieben.
Das deutet auf den unverändert heidnischen Charakter der Menschen, nicht anders als das Gewimmel der Ortsheiligen und Schutzpatrone, die eigentlich nur Dorfgötter sind, in denen die Antike aber in vielfach notdürftiger christlicher Verkleidung weiterlebt.

SALERNO. Ankunft am späten Abend. Schon von Weitem gewahrte man die Polizeifahrzeuge und Hunderte von Menschen. Als kein Weiterkommen war, ließ ich den Wagen stehen und drängte mich durch die Menge zum Hoteleingang.
Allmählich, aus aufgefangenen Wortfetzen, gewann man ein ungefähres Bild dessen, was vorgefallen war. Ein Gast, offenbar ein Franzose, hatte eine junge Frau aus Salerno, der er seit geraumer Zeit den Hof machte, zum Essen eingeladen, sie mit Getränken regaliert und schließlich überreden können, ihn auf sein Zimmer zu begleiten. Dort waren beide, wenn ich die Sache richtig zusammenreimte, vom Vater der Frau überrascht worden, der als Zeugen und Eskorte seinen minderjährigen Sohn mitgebracht hatte. Nach heftigen Auseinandersetzungen war es zu dem unvermeidlichen Blutbad gekommen, dessen Opfer nicht nur die beiden Liebenden, sondern auch ein vom Lärm herbeigerufener Hotelpage war. Einer der Umstehenden wollte wissen, daß der Page erst sechzehn Jahre alt gewesen war, was anderen wiederum Gelegenheit bot, sich in Anrufungen über die Verkehrtheit des Schicksals zu ergehen.
Auch in der Hotelhalle herrschte Gedränge. Vergeblich versuchte das Personal, die Leute zum Gehen zu bewegen. An der Rezeption fragte ich den Portier, was vorgefallen sei. Er meinte, die Menschen seien verrückt. Als ob es nicht wirkliche Katastrophen gäbe! Auf meine Erwiderung, daß eine Schießerei immerhin allerhand sei, war er fassungslos: »Schießerei? Wer hat geschossen? Die alte Signora Buchanan, die seit Jahren Gast bei uns ist, hatte eine Herzattacke. Sie ist auf dem Weg ins Hospital!«
Es war natürlich die alte Geschichte vom Entstehen eines Gerüchts. Aber die unglaubliche Schnelligkeit, mit der es zur Moritat ausgebildet und sogleich ein Rollenschema entwickelt worden war, be-

ginnend mit dem liederlichen Franzosen, der vom Alkohol verführten Unschuld über den redlichen, von Ehre und Familiensinn um den Verstand gebrachten Vater bis hin zu dem unseligen Pagen, der sich, zusammen mit dem stumm gebliebenen Sohn, das Nebenfach zu teilen hatte, das alles verriet so viel leicht entzündliche Phantasie wie Bühnenwitz und wäre anderswo auf der Welt nicht vorstellbar.

AM RANDE. »Wenn eine Geschichte sich schon falsch ereignet hat, sollte man sie wenigstens richtig erzählen«, pflegte Walther Hirsch zu sagen, der nach seiner Rückkehr aus Israel im Berlin der sechziger Jahre ein gastfreies Haus führte. Die Abende im Grunewald brachten noch einmal eine Ahnung von Glanz, Witz und Urbanität der Zwanziger Jahre zurück. Zu vorgerückter Stunde fand sich in einem der kleineren Räume jedesmal eine Runde zusammen, vor der er mit anderen um den Ruhm des besten Geschichtenerzählers wetteiferte. Es waren kurze, meisterhaft ausbalancierte Stücke mit einem Anflug chaplinesker Wehmut, in denen er brillierte und die er aus oft trivialen Erlebnissen entwickelte, immer wieder umformte, auch probeweise im kleinen Kreis vortrug, ehe er damit vor den Gästen auftrat. Nur Hans Scholz und, seltener, Heini Heuser kamen ihm gleich.

NOCH ZUM VORIGEN. Bei Walther Hirsch hörte ich auch die Geschichte von Dr. Goldschmidt aus Berlin, der 1934 in die Vereinigten Staaten emigriert war. Er hatte seine Bibliothek mitnehmen können und war glücklich, so weit von Deutschland Lessing bei sich zu haben, auch Goethe, Heine und Fontane. Nach einigem Umherirren fand er in Detroit, bei einem der großen Automobilkonzerne, eine Stellung als Werksarzt. Die Menschen waren freundlich, auch mitfühlend, sie luden ihn in ihre Wohnungen ein, sowie an den Wochenenden zum Baseball oder zum Fischen. Doch gegen alles Zureden entzog er sich diesen fremdartigen Vergnügungen und verbrachte seine Stunden statt dessen in der Bibliothek. Wenn er am Montag in sein Sprechzimmer zurückkehrte, tauschten die Kollegen die Baseballergebnisse aus und sprachen von *pitcher* und *catcher, fielders* und *home run.*
Mehrere Jahre lebte er, leidend an Amerika und der unbegriffenen

Welt am Detroit River, mit seinen deutschen Büchern. Er machte sich Vorwürfe, daß er seine Umwelt und ihre banalen Neigungen verachtete, doch wußte er auch, daß seine Verachtung ihn aufrecht hielt. Mehr und mehr schloß er sich ab und verstummte.

In einer der Anwandlungen, die seine Umgebung zusehends befremdeten, entschloß er sich plötzlich, die Bindungen zum Gewesenen abzubrechen. Er bestellte einen Antiquar zu sich und bat ihn, die deutschen Bücher fortzuschaffen. Was nicht mitging, trug er in den Garten und zündete ein Feuer an. Mit Tränen in den Augen stand er dabei, als die zerlesenen alten Ausgaben in den Flammen zergingen. Schon am nächsten Wochenende sagte er seinen Kollegen, er komme nun zum Fischen mit.

AUCH DAZU. Übrigens hieß es, Dr. Goldschmidt sei glücklich geworden. Aber man fragt sich, welches Glück das war, für das sich der Glückliche erst umbringen mußte. Erinnerte mich jener Absicht, einige Geschichten zu sammeln, die das Gesicht des Jahrhunderts auf charakteristische Weise spiegelten. Dr. Goldschmidt und diese unscheinbare, so entlegene Begebenheit, die aber etwas vom Wesen der Epoche aufdeckt, hätten sicherlich dazugehört.

Und diese Geschichte auch, die ebenfalls von Büchern und von einem Emigrantenschicksal handelt und im Moskau der Stalinschen Prozesse spielt. Eines Abends kam ein Freund zu Georg Lukács, um ihm mitzuteilen, daß einige Schriftsteller durch Parteibeschluß zu Verrätern erklärt worden seien. Noch bevor Lukács einen Gedanken fassen konnte, wurde ihm bewußt, daß seine Bibliothek zahlreiche Werke der verurteilten Autoren enthielt. In großer Hast holte er, zusammen mit dem Besucher, die Bände aus den Regalen und füllte sie in Koffer und Rucksäcke. Dann warteten beide die Nacht ab und schleppten alles zum Ufer der Moskwa. An einer verborgenen Stelle, ängstlich in die Dunkelheit horchend, warfen sie den Inhalt Stück für Stück in den Fluß, bis sie zu ihrem Schrecken entdeckten, daß die Bücher nicht untergingen. Nach längerem Suchen fanden sie ein Stück Holz, mit dem sie nachhalfen. Aber einige Bücher kamen immer wieder nach oben, und die beiden standen da und sahen sie, starr vor Entsetzen, im nachtschwarzen Wasser davontreiben.

AM RANDE. Zahllose Begebenheiten wie diese. Es sind Geschichten, bei denen dem Zuhörer der Atem stockt und die zugleich Schlüsselszenen der Zeit sind. Bei Gregorovius las ich vor wenigen Tagen, als er 1890, gegen Ende seines Lebens, auf das 19. Jahrhundert zurücksieht: »Kein größeres hat die Menschheit erlebt.« Wie lautete der Satz heute, beim Blick auf das 20. Jahrhundert?

SALERNO. Am Vormittag ziellos durch die Stadt. Ich kam an einer gewölbten Einfahrt vorbei, in der sich zu beiden Seiten das Gerümpel der schönen neuen Welt türmte. Aber im Hintergrund lag ein erhellter Hof, in dem vor hohen Fenstern einige Bäume mit leuchtend gelben Orangen standen.
Die Kühle, die aus dem dunklen Torgang auf die in der grellen Sonne liegende Straße drang.

EBOLI. In einer Bar an der Piazza. Gegenüber eine Kirche, das Municipio. Die ganze Zeit aus dem Hintergrund das zischende und röchelnde Geräusch der Espressomaschine. Erst als ich wieder im Wagen sitze, wird mir bewußt, daß der liebenswürdige Gemeinplatz von Italien als einem Land des Gesangs nicht mehr zutrifft, wo aus jeder Küche Arien und Canzonen kommen und jede Werkstatt eine Opernbühne ist. Statt dessen von allen Seiten Rockmusik und Adriano Celentano.
Die Zivilisation hat auch hier etwas zeitlos Scheinendes ausgelöscht. Wie das Fernsehen die Dialekte abschleift und dabei ist, die griechischen Sprachinseln im Süden auszurotten, so hat es auch den Gesang verdrängt. Vielleicht läßt sich noch gar nicht ermessen, was es alles ans Ende bringt. In der kleinstädtischen Welt wird die Verarmung, die der Anschluß an die Welt gebracht hat, im Schweigen geradezu hörbar.
L. meinte kürzlich, daß es vor allem das Fernsehen sei, das die Leute unglücklich mache. In der Abgeschiedenheit des Ländlichen sei es wie eine Sucht. Die Serien aus der großen Welt spiegeln allabendlich eine Wirklichkeit vor, von der fast jeder glaubt, das sei der Alltag jenseits der eigenen Mauern. Adolf Stahr notierte noch, daß über ganz Italien das eine wie das andere liege, Elend und Fröhlichkeit. Jetzt gibt es beides nicht mehr.

SALERNO. Im 19. Jahrhundert soll es in der Stadt, wie eines der Reisebücher vermerkt, mehr als elftausend Bettler gegeben haben. Inzwischen haben der Wohlstand, aber auch manche sozialstaatlichen Absicherungen, zwar nicht die Bettelei beseitigt, ihr aber doch die innere Rechtfertigung entzogen.
Es sei denn, sie werde mit so viel kunstvollem Anspruch ausgeübt wie von der Frau, die an einer Hauswand auf dem Viale Vittorio Emmanuele hockte. Sie war in erdfarbene Lumpen gekleidet, die zum Boden hin so ins Breite fielen, daß sie gleichsam das Menschenmögliche des Elends sichtbar machten. Auf ihrem Schoß lag in tiefem Schlaf ein etwa zwei Jahre altes Kind. Der zum Nacken hin zurückgesunkene Kopf war von blonden, weit herabfallenden Locken umgeben, das Gesicht kränklich blaß, der Mund leicht geöffnet. Unverkennbar war in der Szene das alte Bildmotiv der Pietà nachgestellt.
Neben sich hatte die Frau ein Pappschild stehen, auf dem in großen, ungeübten Buchstaben zu lesen war: »Ich bin eine junge Mutter. Ich habe drei Kinder. Dazu muß ich meine vier Geschwister ernähren, die durch ein Unglück zu Waisen geworden sind. Hier, auf meinem Schoß, liegt mein jüngstes Kind, mein ganzes Glück, mein Alles, mein Sohn. Er ist todkrank. Ich bettle nicht für mich. Wenn Sie nicht helfen, wird er vielleicht schon morgen sterben.«
Unverwandt, mit einem Ausdruck von Rührung und Schmerz, blickte die Frau auf das reglos liegende Kind, das sie mit der einen Hand umfaßte, während die andere, auf das seitlich ausgestellte Knie gestützt, bittend ins Leere gereckt war. Tatsächlich blieben viele der Vorüberkommenden stehen und warfen einige Geldstücke in den bereitgestellten Korb. Nur ein Passant stand dabei, der sarkastische Bemerkungen über das gelungene Arrangement machte. Und nachdem er mich als Fremden erkannt hatte, setzte er mit einer übertreibenden Geste auf die Frau hinzu: »Il genio dell'Italia!«

NACHTRAG. Später stieß ich noch mehrfach auf die gleiche Szene, zuerst in Sorrent, dann in Neapel, schließlich in Rom. Es war nicht dieselbe Frau, aber immer das gleiche Kostüm, das gleiche Pappschild und immer das blonde, engelgleich zurechtgemachte Kind. Erst in Sorrent bemerkte ich auch, daß es nicht schlief, sondern in einem Zustand tiefer Betäubung lag, als sei es unter Drogen gesetzt. Vielleicht war es der Einfall eines Mr. Peachum, der von Neapel aus das Bettelgeschäft mit künstlerischem Ehrgeiz betrieb.

NOCH ZUM VORIGEN. Auf dem Rückweg ins Hotel der Gedanke, daß Indro Montanelli vermutlich der Bemerkung des Passanten vom »Genie Italiens« nachdrücklich zugestimmt hätte. Ich erinnerte mich eines Gesprächs, in dem er die Ansicht vertreten hatte, daß die Kriminalität in Italien alle Phantasie und manövristische Verschlagenheit verloren habe und von dem, was einst ihr Ruhm war, nur noch der nackte und anstößige Gewaltakt zurückgeblieben sei. Die Beispiele, die er angeführt hatte, reichten von den brutalen Straßenraubpraktiken bis zu dem Terroranschlag von Bologna und zum Attentat auf den General dalla Chiesa, den man erschreckenderweise und wider jeden Verbrecherkomment zusammen mit seiner Frau umgebracht habe. Trotz offenkundiger Unterschiede sei allen diesen Untaten gemeinsam, daß sie das Abrutschen von der Gaunerei des *mascalzone* ins Gangstertum anzeigten und der Straftat als Kunstwerk die primitive Totschlägerei vorzögen. Auf meinen Einwurf, das alles höre sich an, als beklage er den Niedergang dessen, was man die Kultur des Verbrechens nennen könne, erzählte er folgende Geschichte:
»In den frühen fünfziger Jahren, an einem Samstag, betrat ein eleganter älterer Herr, zusammen mit einer auffallenden Blondine, ein Juweliergeschäft auf der Via Condotti. Er ließ den Inhaber rufen und erkundigte sich, ob er einige Perlencolliers sehen dürfe. Nachdem er die Stücke kennerisch betrachtet, ihre Schönheit gerühmt und das eine oder andere seiner Begleiterin prüfend um den Hals gelegt hatte, forderte er sie auf, das schönste zu wählen. Er ermunterte sie noch, als sie immer wieder auf das sichtlich teuerste Collier zurückkam, und fragte endlich nach dem Preis.
Der Juwelier nannte eine exorbitante Summe. Doch unbeeindruckt, als habe er nichts anderes erwartet, zog der Herr seine Brieftasche, schrieb einen Scheck aus und überreichte ihn, ohne den Blick von der Blondine abzuwenden, dem Juwelier.
Einen Augenblick lang schien der Juwelier unschlüssig, doch nachdem er das Paar noch einmal gemustert hatte, obsiegte das Miß-

trauen. Bedauernd hob er die Schultern, er müsse um Verständnis bitten, doch kenne er den Herrn nicht persönlich und die Banken hätten geschlossen. Die Antwort klang überaus beruhigend. Der Juwelier solle einfach den Scheck am Montag zur Bank bringen und ihm selbstverständlich erst, wenn alles zufriedenstellend geregelt sei, das Perlencollier ins Haus schicken. Der Herr vergaß nicht, die Zustimmung seiner Begleiterin einzuholen. Kaum war sie erteilt, übergab er dem Juwelier seine Karte und verließ, die Schöne am Arm, das Geschäft.
Zwei Tage später kam er, diesmal allein, wieder. Der Juwelier war peinlich berührt und bat ihn in ein rückwärts gelegenes Zimmer: Er komme soeben von der Bank, er sei außer sich, aber man habe ihm versichert, das auf dem Scheck angegebene Konto sei seit Wochen überzogen, buchstäblich nichts darauf verbucht. Der Herr schien nicht im mindesten überrascht, er nickte nur und erbat den Scheck zurück. Und während er ihn vor den Augen des verblüfften Juweliers sorgfältig in kleine Stücke zerriß, bemerkte er lächelnd: ›Ich bin Ihnen zu unendlichem Dank verpflichtet, Signore. Denn dieses dumme Stück Papier, das Sie von mir entgegennahmen, hat mir das schönste Wochenende meines Lebens verschafft‹.«

SALERNO. Der kulturelle Vorsprung Italiens gegenüber Europa währte jahrhundertelang und blieb auch in Zeiten längst zerfallener politischer Macht bis über die Renaissance hinaus erhalten. Wer immer sich hervortun und in der übrigen Welt etwas gelten wollte, Künstler, Theologen, Astronomen, Mathematiker oder Juristen, hatte den Weg über Italien zu gehen. Italien erst legitimierte jeden höheren Anspruch, es besaß neben der geistlichen zugleich die kulturelle Schlüsselgewalt.
Nicht zuletzt das ist auch der Grund für den Drang nach dem Süden, der für die mittelalterlichen Kaiser so charakteristisch ist. Die nationale Geschichtsschreibung des 19. Jahrhunderts, die das beklagte, hat durchweg übersehen, daß kaum »romantische« Erwägungen dahinterstanden. Das nördliche Europa war zu jener Zeit, von wenigen Städten und Klöstern abgesehen, noch das Gebiet von Bauern und Pfahlbürgern, während in Italien Thomas von Aquin lehrte und mit Giotto die Renaissance einsetzte.

Von diesem Altersruhm zehrt das Land bis heute. Er gibt selbst einer etwas stockigen Randstadt wie Salerno noch die Würde der Anciennität. Gerade an Plätzen wie diesen fragt man sich, ob man nicht auch solcher vorgegebenen, wenn auch längst aus dem Bewußtsein geratenen Muster wegen nach Italien fährt.

AM RANDE. Es gibt auch ganz andere Motive. Auf die Frage, warum er reise, hat der Prince of Wales, der spätere Herzog von Windsor, bei Gelegenheit erwidert: »Something must be done!«

RAVELLO. Fahrt über die amalfitanische Uferstraße, die meist auf halber Höhe in die Falten der Steilküste hineingebaut ist, mit unablässig wechselnden Panoramen und durch enge, in die Abhänge gedrängte Felsdörfer, in deren Windungen oft kein Weiterkommen ist. Hinter Minori das Tal des Dragone hinauf nach Ravello, das auf einem vorspringenden Plateau, annähernd vierhundert Meter über dem Meer, liegt.

Neben der Piazza das Anwesen der Rufolo, der Zugang führt durch einen viereckigen Turm aus maurisch-normannischer Zeit. Am Ende einer kurzen Allee aus hohen, verwachsenen Bäumen liegt das Hauptgebäude der alten Burganlage. Der Kreuzgang des zimmergroßen Innenhofs ist an zwei Seiten mit Doppelsäulen besetzt, die zugleich die obere Loggia tragen. Der anschließende Park besitzt zwar, wie der Park der Villa Tasca auch, eine üppig wuchernde, exotische Vegetation, ist aber weit intimer, überschaubarer und ohne jene dschungelhafte Weite, in deren Dickichten und Tümpeln sich für Richard Wagner das Ineinander von Reinheit und Sünde offenbart hatte. Das Verwunschene, das er an Ravello entdeckte, als er den Ort 1879 von Sorrent aus besuchte, geht eher von den Brunnen und den tief im Schatten, unter Baldachinen von Pflanzenwerk, liegenden Steinbänken aus und von dem efeuverhangenen Gemäuer. Mit alledem steht Ravello auch zum Parsifalstoff in engerer zeitlicher und gedanklicher Nähe. Für den Zusammenhang von Begierde und Erlösung, den der Komponist mit der Idee der Klingsorwelt verband, mußte er damals noch die Eindrücke dieses Gartens mit den eigenen, von den Verbotsträumen der spätbürgerlichen Epoche eingegebenen Phantasien verknüpfen. Das dumpfe Gewese,

das er im Park der Villa Tasca ausmachte, bestätigte diese Vorstellung nur.
Sie wurde womöglich auch bestärkt von dem verbreiteten Geraune, daß Ravello ein Zufluchtsort für Liebende sei, dessen Abgeschiedenheit begünstige, was die Zeit *Debauchen* nannte. Schon in Boccaccios »Decamerone« sind die Freitreppen, die fremdartig skulptierten Fassaden und stillen Höfe die Kulisse romantischer Ausschweifungen. Doch am Ende verflüchtigt sich auch das wieder. Der Park öffnet sich zu einer tiefer liegenden Terrasse, über deren Stufen, sich stauend und wieder fallend, Kaskaden von Rosen heruntergehen.
Man fragt sich, wie die ausgefallene Gesellschaft hierherkommt, die sich auf dem Personenzettel des »Parsifal« zusammenfindet: jene verzweifelt grotesken Zwitterwesen wie der erlösungssüchtige Oberpriester, der durch Mitleid wissende Knabe oder die Magdalena-Parodie der Kundry? Alles Klitterungen, aus denen Wagners Genie aber Figuren und sogar Archetypen schuf.

AM RANDE. Das Unvergleichliche an Wagner: seine Musik war immer Wiedererkennen, Erinnerung über die Bewußtseinsgrenze hinweg, akustische Chiffre vor allem Werden. Das Vorspiel zu »Rheingold«, der »Ring« immer wieder, »Tristan«. Vertraute Zitate schon beim ersten Hören. Man kommt um Begriffe wie »Urlaut«, »Weltanfang«, »Musik vor aller Musik« nicht herum. Es ist stets auch Vorspiel zum Menschlichen überhaupt. Und dabei alles berechnet, aus später Bewußtheit ins Mythische zurückgeschaffen. Wagners Überklugheit. Seine äußerste Subjektivität, die ins Allgemeine hinauswächst. Man begreift nicht, wie das zusammenkam.

UNTERWEGS. In einer Bar in einem der kleinen Küstenorte. Vor der gegenüberliegenden Kirche lief eine Ziege, von sinnloser Unruhe getrieben, die Stufen hinauf, warf eigensinnig den Kopf herum und trottete dann, an jeder Stufe kurz innehaltend, dieselbe Strecke wieder hinunter. Das klappernde Geräusch auf dem Stein. Eine andere Ziege lehnte unterdessen auf dünnen, brüchig wirkenden Beinen, gegen die Mauer und schien zu schlafen.

POSITANO. Unterbrach die Fahrt, um zwei Tage im »Sirenuse« Station zu machen, wo ich vor Jahren oft gewesen war. Noch immer Giovanni und Luigi, die Kellner in den eleganten weißen Leinenjacken, aber inzwischen nicht mehr schwatzend um den Tisch herum, sondern gewichtige Rayonchefs, die in gemessener Entfernung bereitstanden und auf einen Wink der Gäste hin das Personal zur Bedienung anhielten.
Ich hatte mir die Post an die Adresse des Hotels schicken lassen. Zwei Briefe von H., der mich verspätet darauf aufmerksam macht, daß Thomas Mann im Sommer 1931 eine Reise nach Sizilien geplant habe und in Palermo in der »Villa Igiea« wohnen wollte, die damals, dem Tagebuch zufolge, noch außerhalb der Stadt und sicherlich weit entfernt von allen Dampframmen lag. Zum Plan der Sizilien-Reise heißt es dann: »Immerhin handelt es sich um Syrakus, Messina, Palermo, fremde, neue Welt, in der Italien mit Griechischem, Sarazenischem, Maurisch-Afrikanischem sich mischt und Spanisches nicht fehlt. Es wäre Lebensangelegenheit, ein starkes, menschliches Erlebnis.«
Thomas Mann ist nicht gefahren und hat aus Sizilien keine »Lebensangelegenheit« gemacht, wie er überhaupt dem Süden tief mißtraute und der alten Verlockung, die von dort ausging, der Sehnsucht nach Ergänzung und Selbstbefreiung, wenig abgewann. Viel stärker jedenfalls war das Gefühl der Bedrohung und des Entgegengesetzten. Nicht nur die ironischen Lichter über der Figur Settembrinis kommen aus diesem Vorbehalt. In »Mario und der Zauberer« heißt es: »Gewiß, es ist der Süden, es ist klassisches Wetter, das Klima erblühender Menschheitskultur, die Sonne Homers und so weiter. Aber nach einer Weile, ich kann mir nicht helfen, werde ich leicht dahin gebracht, es stumpfsinnig zu finden.«
Dann, im anderen Brief von H., als kritische Anmerkung zu meinen Eindrücken: »Vom Geld sprechen Sie gar nicht. Ihre Herumreiserei da unten muß doch enorm viel kosten. Aber in Ihren Briefen kein Wort darüber. Es ist in Deutschland alte Tradition, den Aufwand zu verschweigen, wie die Sexualität übrigens. Beides ist tabuisiert. Das zeigen auch die Umschreibungen. Es sind wörtlich die gleichen, fast austauschbar für dieses und für jenes, zum Beispiel ›vermögend‹, ›wohlhabend‹ und gar ›potent‹, wo unsereins nie recht weiß, was

gemeint ist und leicht auf allerlei Quidproquo-Abwege gerät. Auch jenes ›erkennen‹ gehört womöglich dazu, womit mir meine Bank das Debet zuschreibt und das doch, seit Adam in der Bibel Frau Eva erkannte, auch Verhältnisse bezeichnet, die sozusagen tiefer liegen als das Portefeuille.«

»Tatsächlich gibt es diese Doppelsinnigkeiten«, fährt H. fort, »bitte das nicht als bloßen Scherz aufzufassen! Das Bürgertum hat den Mammon und die Erotik hinter den gleichen Metaphern versteckt. Man sollte das mal aufdecken, Goethe hat es bei Gelegenheit versucht, aber das Ganze dann doch rasch wieder sekretiert. Sie wissen, ›Walpurgisnacht‹, unterdrückte Fassung: ›Euch gibt es zwei Dinge, / So herrlich und groß: / Das glänzende Gold / Und der weibliche Schoß. / Das eine verschaffet / Das andre verschlingt – / Drum glücklich wer beide / Zusammen erringt!‹ Eher als bei Goethe findet man aber vermutlich in der Volkssprache einiges darüber. Erbitte mir jedenfalls Aufklärung.«

POSITANO. Am Nebentisch die lästigen Engländer aus Ravello. Wieder die zänkischen Söhne. Die Frau suchte sie mit schriller Stimme zur Ruhe zu bringen, während ihr Mann dabeisaß und sich schweigend mit Whisky betrank.

POSITANO. Abends auf der Terrasse vor dem Zimmer. Stendhals Reisenotizen. Neben scharfsinnigen Beobachtungen viel Wahlloses über Primadonnen und Belcanto. Opernseligkeit der beginnenden bürgerlichen Epoche. Das Italienglück war ihm in der Mailänder Scala aufgegangen. Keine Farben, keine Landschaften. Daneben erstaunlich Geringschätziges über die südlich von Bologna gelegenen Landesteile, Neapel nicht ausgenommen.

Als die Dunkelheit kam, hörte man Türenschlagen aus dem nebenan liegenden Apartment. Es war von einem Ehepaar aus Berlin bewohnt. Die beiden hatten beim Abendessen am Nachbartisch gesessen, die Frau hochgeschminkt und in einem schwarzen Seidenanzug, dessen Wirkung noch durch ein schwarzes Tuch verstärkt wurde, das sie eng um den Kopf geschlungen hatte. Die einzige farbliche Abweichung, die aber den beherzt dämonischen Anstrich ihrer Erscheinung noch steigerte, war ein roter Modeschmuck, den

sie als Kette und Ohrgehänge trug. Der Mann war erheblich älter als sie, vielleicht Ende fünfzig, und so verlegen wirkend, daß die Anrede, die sie für ihn hatte, das unaufhörlich eingeflochtene »mein Panther«, sich geradezu parodistisch ausnahm. Sie allein bestritt die Unterhaltung und sprach in jener gewählten, jedes einzelne Wort gleichsam zu Ende buchstabierenden Überdeutlichkeit, die im einfachen Berliner Milieu als Hochdeutsch gilt.
Inzwischen war es Nacht geworden. Erst hatten sich unten im Ort, an den Buden, den Strandrestaurants und um die Kirche mit der bunten Keramikkuppel die Lichter entzündet. Mit einbrechender Dunkelheit waren sie jene Hänge der engen Felsenbucht hinaufgeklettert, die unterdessen bis fast in die Höhe mit Sommervillen bedeckt sind. Draußen, vor der Bucht, lagen, rings um die glitzernde Spur verteilt, die der Mond über das Wasser zog, ein paar Fischerboote mit farbigen Erkennungslichtern und den weit über den Bug hinausragenden Strahlern. In der Stille waren von weit her die Rhythmen einer Diskothek zu hören, lauter und näher war der wetzende Lärm der Zikaden. Manchmal, wenn ein Windstoß kam, schlug das Markisentuch mit einem träge klappenden Geräusch gegen das Balkongestänge.
Plötzlich wurden nebenan mit energischem Griff die Fensterläden zur Terrasse geöffnet. Und nach einer kurzen Pause, die wie eine Schrecksekunde wirkte, hörte man die Frau rufen, wie »irre romantisch« der Süden sei.

NOCH ZUM VORIGEN. Thomas Manns Abneigung gegen Italien ist offensichtlich im Streit mit Heinrich begründet. Denn zur Zeit des »brüderlichen Welterlebnisses«, in Palestrina und in Rom, Via Torre Argentina, war davon nichts zu spüren. Aber seit den »Göttinen« hielt Heinrich den Süden gleichsam besetzt, und jedenfalls machte Thomas Manns Neigung, den Bruderzwist ins Prinzipielle zu stilisieren, Italien zu einer Art Feindesland. Zusammen mit Heinrich verfiel es dem Verdikt: eine Welt von Zivilisationsliteraten, Mandolinenspielern und Straßenkomödianten, bisweilen auch von Schlimmerem. »Der Tod in Venedig« ist geradezu die Beschwörung aller Ängste, die von daher drohen. Sogar das Bild Nietzsches, dessen Größe für Thomas Mann so lange darin bestanden hatte, den alten deutschen Traum zu verwirklichen und den Gegensatz von Norden und Süden, Romantik und Klassik im Europäischen aufzuheben, blieb davon nicht unberührt.

AM RANDE. Man staunt immer wieder über die exzeßhaften Formen, die der Haß unter Literaten annimmt. Als Robert Musil gegen Ende der dreißiger Jahre überlegte, wohin er vor dem ruhelosen Hitler fliehen könne, riet Arnold Zweig ihm, nach Südamerika zu emigrieren; dort sei er ziemlich ungefährdet. Musil war entsetzt. »Aber da ist doch schon Stefan Zweig«, sagte er.

SORRENT. In der Villa Rubinacci hat Nietzsche den Herbst und Winter des Jahres 1876 verbracht, auf der beginnenden und nun nicht mehr endenden Flucht vor seiner Krankheit. »Mehr Herbst als früher«, schrieb er. Zwar besserte sich das Magenleiden, aber die Kopfschmerzen hielten an und steigerten sich wochenweise zu quälenden Anfällen, die mit einer Verminderung der Sehkraft einhergingen, bis sich beim Lesen die Buchstaben zu schwarzen, wirren Flecken ineinanderschoben. »Diese Neuralgie«, schrieb er einmal, »sondiert förmlich, bis zu welcher Grenze ich den Schmerz aushalten kann, und nimmt sich zu dieser Untersuchung jedesmal dreißig Stunden Zeit.«
Der Brief war an Richard Wagner gerichtet, der zu Beginn von Nietzsches Aufenthalt, nur wenige Minuten entfernt, im Hotel »Viktoria« wohnte. In Sorrent sahen sie sich auch zum letzten Mal. Elisabeth Förster hat überliefert, sie hätten sich im Streit über das Parsifal-Vorhaben für immer getrennt.
Aber die »Sternenfreundschaft« war damals längst zerbrochen und der fast vierzig Jahre später notierte Bericht nur ein Versuch, die nicht zuletzt von Eifersucht und Alltagsverstimmungen eingeleitete Entfremdung zu dramatisieren und auf die Höhe eines Epochenstreits über Christentum und Kunstwahrheit zu treiben. Auch ein anderer Brief Nietzsches, vier Tage nach seiner Abreise geschrieben, enthält keine Erinnerung an ein Zerwürfnis: »Von jenem stillen Aufenthalt da unten habe ich eine Art Sehnsucht und Aberglauben zurückbehalten, wie als ob ich dort, wenn auch nur ein paar Augenblicke, tiefer aufgeatmet hätte als irgendwo sonst im Leben.«

SORRENT. Die Stadt war schon in römischer Zeit ein Badeort mit ausgedehnten Villenanlagen, Grotten und in den weichen Tuff gehauenen Nymphäen. Eines der Landhäuser gehörte einem begüterten Mann aus Pozzuoli, dessen Name, Pollius Felix, durch die Freundschaft mit dem Dichter P. Papinius Statius überliefert ist. Die »Silvae«, in denen das Anwesen ausführlich beschrieben wird, zählen nicht nur zu den elementaren Texten für das Verständnis römischer Bauvorstellungen und Lebensformen. Sie offenbaren auch die Herkunft des bis in die Gegenwart vorherrschenden mediterranen Naturbegriffs. Denn der Bauherr wird darin als Überwinder der Natur gefeiert, die gezwungen wird, sich dem ihr überlegenen Willen zu fügen. Die Abhänge seien zu Terrassen geformt, die Stolperpfade zu bequemen Wegen, und auf unfruchtbarem Felsgestein wüchsen Bäume, Sträucher und Blumen. Selbst die Fenster der Villa ließen nur die besseren Ansichten aus dem chaotischen Draußen ins Innere und schrieben der Natur vor, wie sie sich dem Menschen zu zeigen habe.

NOCH ZUM VORIGEN. Das Sentiment für die Natur ist dem Süden fremd. Mehr als durch ihren Überfluß hat sie sich ihm durch ihr bedrohliches Wesen eingeprägt. Durch Erdbeben, vulkanische Gewalt, Flutkatastrophen oder im Koma unter der Glut. Kurz hinter Amalfi war ich an einer Picknickgruppe vorbeigekommen, die mit dem Rücken zum Meer saß und dem Anblick des vorüberflutenden Verkehrs sichtlich mehr abgewann als dem grandiosen Uferpanorama. Es war eine Geste kaum bewußter, aber unüberbietbarer Verachtung.

Daneben gibt es überall die Zeichen symbolischer Unterwerfung der feindlichen Natur. Am auffälligsten in der sogenannten Mutilomania, der Neigung, Bäume und Büsche auf erdachte und folglich naturwidrige Formen zurechtzustutzen, besonders Taxus und Buchsbaum. Alles ist streng symmetrisch gestellt. Man begegnet Pyramiden und Kugeln, Tierköpfen und Monstren. Einige Gewächse waren zu einer Brunnenanlage geschnitten, aus deren grüner Rückwand über ein verstecktes Rohrsystem Wasser herabrieselte. Alle diese Gebilde zeigen an, daß die organisch gewachsene Form als barbarisch gilt und der Naturzustand stets der Verwandlung be-

darf. Seinen kunstvollsten Ausdruck hat dieser Gedanke in den französischen Gärten gefunden, die in Wirklichkeit italienischen Ursprungs sind und erst durch die Medici nach Frankreich kamen. Ebenso wurde die Spanische Reitschule, deren komplizierte und sinnlose Bewegungen den Triumph des Menschen über die Natur bezeugen, von einem Neapolitaner berühmt gemacht.
Nur in der von Menschenhand umgeschaffenen Gestalt ist die Natur annehmbar – oder aber als nützliches Element: das Meer als Verkehrsweg oder riesiger Fischbottich, der Wald als Holzdepot, die Berge als Magazin für Erze und Marmor. Das ästhetische und das materielle Motiv überlagern alles und lassen das, was man im Norden als romantisches Naturverhältnis oder gar als Naturfrömmigkeit bezeichnet, nicht aufkommen.

NOCH WEITERES. Die Vorliebe für geometrische Formen beginnt bei den Gartenanlagen mit den spiegelbildlich verlaufenden Kieswegen und den wie mit dem Lineal gestutzten Hecken: sie prägt die Stadtbilder, die politischen Strukturen und auch die Poesie, wie Dantes »Göttliche Komödie« zeigt, die dreimal dreiunddreißig Gesänge enthält, die jeweils mit dem Wort »stelle« enden.
Was darin zum Vorschein komme, meinte Barzini im Gespräch, sei nichts anderes als die tiefsitzende Angst eines mißtrauischen, durch seinen Wirklichkeitssinn pessimistisch gewordenen Volkes. Für den Italiener lauere überall das Grauen, und die symmetrischen Exzesse seien ein Versuch, sich gegen die Wechselfälle des Schicksals, seine tausend Unvorhersehbarkeiten und Launen abzusichern. Im Grunde handle es sich um Beschwörungen gegen jenes immer drohende Chaos, für das »Natur« nur ein anderes Wort sei. Auch werde der Mensch erst zum Menschen, indem und soweit er die Natur überwindet.

AM RANDE. Barzini sagte auch, daß »la natura« im Italienischen lange einen bezeichnenden Doppelsinn gehabt habe. In der Sprache der Eltern mit den Kindern bedeutete es alles, was mit Ausscheiden, Scham und Unrat zu tun hat.

DRITTE ETAPPE

Misere und Anmaßung

Neapel und die Campagna

NEAPEL. Ich vermied die Autobahn und fuhr über Castellamare und Torre del Greco, auf der unweit vom Ufer verlaufenden Zufahrtstraße, in die Stadt. Der erste Eindruck ist der eines beispiellos anarchischen Wesens, hervorgerufen durch die Masse der Menschen, ihr Getümmel und Treiben um die Behausungen, die sich an jeder Straßeneinmündung, beim Blick in die finsteren Seitengassen, im undurchdringlich Verbauten verlieren. Alles scheint in regelloser Bewegung, ein Organismus, der unaufhörlich schlingt und ausscheidet.
Auf der ganzen Strecke herrschte ein absurdes Verkehrsgewühl, das hier durch eine Straßenschlacht kindlicher Banden, dort durch einen zusammengebrochenen Obststand und später durch einen Auflauf aus unerkennbarem Anlaß noch gesteigert wurde. Bei Portici kam ein Leichenzug vorbei, hinter den Priestern und Scharen von Meßdienern schritt das Trauergefolge.
Einige Männer in den vorderen Reihen trugen farbige Schärpen über der Brust und rafften sich, zwischen kurzem Geplauder mit den nebenher Gehenden, immer wieder zu jenem Ausdruck würdigen Grams auf, der solchen Auftritten angemessen ist. Der hochrädrige Wagen, glänzend im schwarzen Lack, war überreich mit Schnitzwerk und Silberzeug geschmückt, an den Seiten standen riesige Kandelaber heraus. Acht Rappen mit mächtigen Federbüschen zogen das Gefährt. Dahinter einfache, mit Kränzen beladene Pritschenwagen, deren Blumengehänge über das Pflaster schleiften: Pompe funèbre, der die Majestät des Todes feiert und zugleich verschwenderisch zu hintergehen versucht. Schließlich, nach nahezu vier Stunden, Ankunft im Hotel.

NEAPEL. Eindruck nach der Ankunft: daß all die Bilder von Lethargie und Lähmung, die von Sizilien her vorherrschend waren, ihre Suggestion verloren haben und das ungeheure statische Gewicht der Dinge plötzlich aufgehoben ist.

NEAPEL. Am Morgen hinauf in die Via Tasso, an die Stelle, von der aus sich die Reisenden seit je einen Überblick über das verworrene, auch mit Hilfe von Plänen nur schwer erfaßbare Stadtbild verschafft und das dahinter sich erstreckende Panorama bewundert haben.

Doch hatte ich den Weg vergeblich gemacht. Nur ein Stück Hafen mit Tankern und einigen qualmenden Frachtschiffen, mit Speicheranlagen, Hebekränen und Verwaltungsgebäuden war zu erkennen. Alles Fernerliegende verschwand im milchigen Dunst, und selbst die Silhouette des Vesuvs war nur als Ahnung da. Schon bald nach dem Bogenansatz verlor sich die weit geschwungene Uferlinie des Golfs im Ungefähren.

Aber das wattige Grau, das über allem lag, milderte alles auch. Das ist die Pietät des Industriezeitalters. Es schafft die Häßlichkeit, verbirgt sie aber zugleich.

NEAPEL. Gegen Mittag kam Folco Quilici, er war in Begleitung von Mimmo Jodice, der einen Fotoband über Neapel herausgebracht hat. Zusammen fuhren wir in die Altstadt, in ein Gewirr zusehends enger werdender, menschenüberfüllter Gassen. Die Häuser rechts und links hatten vom Schimmel geschwärzte Fassaden, und wo der Verputz heruntergebrochen war, breiteten sich riesige Moderflecken aus. Noch im geschlossenen Wagen meinte man den Geruch von Feuchtigkeit, Schweiß und Fäulnis wahrzunehmen, die säuerliche Ausdünstung aus den Türen und Kellergelassen verkommener Quartiere.

Manchmal öffnete sich die Gasse auf einen kleinen, grell im Licht liegenden Platz, der vollgestellt war mit Verkaufstischen und Karren. Dazwischen drängten sich die Menschen so dicht, daß kaum ein Weiterkommen war und der Wagen ins Dunkel einer gegenüberliegenden Gasse abgedrängt wurde. Aus dem Dauerlärm hoben sich einzelne Stimmen heraus, auf einem Balkon in halber Höhe stand zwischen Blechdosen und wuchernden Fettblumen eine abstoßende Alte, die unverständliche Schmähungen in das Menschengewühl rief und aussah, als sei sie einem Gemälde Goyas entstiegen. Dazwischen immer wieder die merkwürdig klagenden Rufe der Straßenverkäufer.

Als wir im Labyrinth der Gassen nicht mehr weiterwußten, wandte sich J. an einen jungen, ephebisch aussehenden Mann, der mit gebügelten Jeans und einer ärmellosen, gesteppten Weste gegen einen Türrahmen lehnte. Ohne sich von der Stelle zu rühren, neigte er kokett den Kopf und bat uns dann, ihm zu folgen. Ein paar Schritte vor dem Wagen hergehend, mit den Hüften rudernd und wiegend, bahnte er uns den Weg, indem er, ohne sich umzusehen, die Leute mit gelenkigen Armen zur Seite wies. An einer Kreuzung trat er ans Wagenfenster. Während er uns beschrieb, wie wir ins Freie kämen, entdeckten wir den blitzenden, goldenen Schmuckzahn an seinem Vordergebiß.

An einem Platz stellten wir den Wagen ab, und Jodice erklärte, der Junge sei einer der sogenannten Feminielli. Teilweise noch im Kindesalter würden sie von ihren Eltern dazu abgerichtet, als männliche Prostituierte zum Unterhalt der Familie beizutragen. Niemand nehme daran Anstoß oder halte dergleichen für verwerflich, weil auch dies ein Teil des Lebens sei, das keine Unnatur kenne. Die neapolitanischen Feminielli seien im übrigen für ihre Liebenswürdigkeit, ihren Witz und auch für ihre Schönheit berühmt.

Später, beim Gang durch das Viertel, fielen sie uns immer wieder ins Auge, einige alt und heruntergekommen, aber auch Kinder mit eingeübtem Unschuldsblick. Sie standen, nicht selten in bunten Phantasiekleidern von halb weiblichem Zuschnitt, an den Häuserwänden und forderten die Vorübergehenden zum Mitkommen auf. Am auffälligsten dann ein beleibter Mann mittleren Alters, der die hervortretende Glatze zu verbergen suchte, indem er die schütteren Seitenhaare über dem Kopf zu einem spitzen Kegel hochgebunden hatte. Er trug ein leuchtendrotes Negligé aus Kunstseide, das den fetten Körper überdeutlich abzeichnete und auf dem Bauch durch ein violettes Band zusammengehalten war. Als er uns bemerkte, kam er heran, öffnete leicht sein Dekolleté und wies mit schnalzender Zunge auf seine speckige Brust. Jodice meinte, die gänzliche

Unangefochtenheit, mit der diese Leute sich bewegten, gehe erst auf die Nachkriegszeit zurück. Das habe sicherlich mit der griechischen Vergangenheit der Stadt zu tun, aber auch damit, daß in Neapel seit alters nichts Menschliches verborgen werde - schon weil es infolge der unsäglichen Enge nicht zu verbergen sei. Im Gegensatz zu den meist verachteten Homosexuellen gelten die Transvestiten als Zwitterwesen und folglich, einem alten Volksglauben gemäß, sogar als Glücksbringer.

NEAPEL. Wieder im Gebiet von Spaccanapoli, der großen Passage, die unter wechselnden Bezeichnungen die Altstadt durchschneidet und von daher ihren Namen hat. In den Straßenschluchten mit den unergründlich und beziehungsreich ineinandergebauten Häusern herrscht die erstickende Enge eines Jahrmarkts. Händler, die ihre Waren, Heilpraktiker, die rätselhafte Säfte und, gleich an Ort und Stelle, ihre Operateurskünste gegen Warzen, Furunkel und Hühneraugen anpreisen, Losverkäufer. Überall Lärm und die einfachen Laute von Hoffnung, Angst, Verzweiflung und Daseinsverwunderung. Seltsam aufgebracht wirkende Menschen, die Gesichter glänzend von Schweiß. Aber immer wieder auch andere, die mit abweisenden Mienen und wie stolz belästigt vorübergehen. Der Zusammenhang von Misere und Anmaßung als eine entschlüsselnde Formel für diese Stadt.
Aus einer Seitenstraße ist das Geklimper eines elektrischen Klaviers zu hören, ein junger Mann unter einer Tür versucht schmetternd einzufallen, verliert aber die Melodie. Intensität gelebten Lebens. Der Eindruck der Verwahrlosung kommt nicht nur von Schmutz und Abfällen, sondern auch von dem leicht verwitternden, bröseligen Tuffstein, aus dem die Altstadt errichtet ist. Wieder der beißende Geruch von Fäulnis und Verdauung, vor allem aus den Höfen und niedrigen Durchgängen. In den Fenstern zuweilen alte Leute mit weißlichen Gesichtern, als seien sie in Kellern aufgewachsen, die sie nie verlassen haben. Manchmal treten die engen Straßenschluchten zurück und weiten sich unversehens zu einer Freitreppe mit herrschaftlicher Fassade und Loggia oder zum schmalen Vorplatz einer Kirche. Aus einer von ihnen zog gerade eine kleine Prozession los, auf einem Holzgestell schwankte eine

Madonnenfigur über die Köpfe hinweg, zuckrig blickend aus all der Putzmacherei, in die sie gehüllt war wie eine heilige Schaufensterpuppe.

NOCH ZUM VORIGEN. Immer wieder die ebenerdigen, zur Straße hin offenen Einzelräume, die sogenannten *bassi,* die oft ganzen Familien als Wohnung und manchmal zugleich als Werkstatt dienen: durchweg beherrscht von einem gewaltigen Bett, das nicht nur die gargantueske Lust der Neapolitaner am Unmaß ausdrückt, sondern auch der Mittelpunkt und Kultplatz ihres Daseins ist; wo gezeugt, geboren, gestorben und, wie sonst nur noch auf der Straße, ein gut Teil des Lebens zugebracht wird. Zu jeder Tageszeit sah man die Leute dort, junge und alte, einige schlafend, andere beim Familienrat oder vor dem unermüdlichen Fernsehgerät. Über der Kopfseite, selbst am hellichten Tag von Glühlampen bestrahlt, blumengeschmückte Heiligenbilder, auch riesige Kruzifixe. Bis in die Nacht war im Vorbeigehen aus den verschlossenen Fenstern das ausdauernde Schnattern der Stimmen zu hören und wie es allmählich verebbte.

NEAPEL. Erst nach Tagen gewinnt man einen Überblick. Die Reviere sind in allem Durcheinander nach Gewerben unterteilt, auf die Schuhmacher folgen die Korbflechter, dann die Trödler, Puppenschneider oder Vergolder. Die Werkstatt besteht meist aus einem auf die Straße gestellten Tisch. Wer es weitergebracht hat, arbeitet auf Hinterhöfen, in ehemaligen Garagen oder eigenen Kellern. Ein Süßwarenhersteller zeigt an, daß er während des ganzen Jahres Ostereier vorrätig habe, ein anderer Betrieb liefert Schlüssel auch für komplizierte Sicherheitsschlösser, eine »Klinik für Heiligenfiguren« bietet ihre Dienste an, im Innern des Ladens sind Statuetten aus Wachs oder Papiermaché zu sehen sowie eine Madonna, die demütig triumphierend in gemalten Höllenflammen steht.
Die vorkapitalistische Funktionsweise dieser *industria del vicolo,* meinte Quilici, sei für den Außenstehenden nie zu durchschauen. Sie beruhe auf einem unentwirrbaren Dickicht von Tauschsystemen, Ringgeschäften, Beziehungen und Familienabhängigkeiten, das

sich am Ende zu einem Wirtschaftskreislauf zusammenschließt, in dem jeder ein, wenn auch unsicheres, Auskommen findet. Dieser in Jahrhunderten gewachsene Organismus könne auch nicht verpflanzt werden. Deshalb wehrten sich die Leute so leidenschaftlich gegen alle Pläne zur Sanierung der Altstadt. Denn dann, fürchten sie, werde die Ordnung kommen, an der sie zugrunde gehen müßten. Sie ahnen, daß die moderne Welt ihr schlimmster Feind ist und Hygiene, Sauberkeit, Disziplin nur andere Worte sind, um das dichte soziale Netz zu zerreißen, das jeden mit jedem verknüpft.

AM RANDE. Zum Familienzusammenhalt der Neapolitaner sagte Jodice: »Die Familie ist alles. Ich wüßte nicht, was darüber wäre. Vielleicht nicht einmal Gott. Jedenfalls bedeutet die Familie mehr als die Kirche, und von der Familie verstoßen zu werden, fürchten die meisten stärker als die Verdammnis.«

NEAPEL. Quilici hatte eine Kamera dabei und fand unablässig neue Motive: Kartenspieler an einer abgeräumten Fischbank, einen Metzger, der von der Ladentür aus das Treiben rundum verfolgte, Straßenhändler, die mitten im Gedränge auf ihren Karren einige Päckchen Zigarettenpapier, Rosenkränze, Amulette oder falsche Haare zum Verkauf anboten.
Aber alle diese Momentaufnahmen hatten, auch wenn sie wie zufällig wirkten, etwas von der Verlogenheit des Klischees. Als sei den Leuten bewußt, daß sie eine Rolle in der Komödie »Neapel« spielten, für die sie sich die Vorlagen aus Fotobänden und von Postkarten geholt hatten, um für neue Fotobände und neue Postkarten das Personal zu stellen. Vielleicht ist es das, was so viele falsche Neapelbilder erzeugt, und ich fragte mich, wieweit ich selber schon der großen Betrügerei erlegen sei. Ein paar Männer vor einer Bar erklärten sich bereit, in jeder gewünschten Pose vor die Kamera zu treten und machten Vorschläge: streitend, palavernd, oder gebannt um ein Radiogerät versammelt. Schließlich stellten sie sich mit gekreuzten Armen zurecht: »Wir waren schon in ›Life‹«, brüsteten sie sich. Sie sprachen es »Lieffe« aus.
Nur einer winzigen, hexenhaft dürren Frau gelang es immer wieder, sich den Nachstellungen Quilicis zu entziehen. Als er ihr endlich

unter einem Arkadengang auflauerte, trat sie hinter einem Pfeiler hervor und sagte: »Ach, lassen Sie das doch! Warum mich? Es gibt so viele schöne Menschen.«

NEAPEL. Auf der Via Toledo stießen wir auf ein holländisches Paar, das mit Unbehagen in die hohen, lichtlosen Seitengassen sah und auf das Drunter und Drüber zwischen den Buden und Wellblechwänden. Immer wieder fanden sie etwas, was ihren Anstoß erregte: schwärende Abfallhaufen, weißliche Trippa, die unter einer Tür an einem Haken befestigt war, bis zu den Dächern hängende Leinen mit grauer, gesteifter Wäsche.
Die Motive der Italiensehnsucht sind oft beschrieben worden: Wärme, Schönheit, Lebensart, aber auch die Befreiung von mancherlei Druck im pedantischen und skrupulösen Norden. Et in Arcadia ego. Doch zu den verborgenen Genüssen, die Italien vielen Reisenden gewährt, zählt seit je auch die Empfindung der eigenen Überlegenheit.

NEAPEL. Unter dem Faschismus, sagte Jodice, war es verboten, die Armut und den Schmutz in den Straßen zu fotografieren.

NEAPEL. Gegen Mitternacht kam uns auf der leeren, regennassen Piazza del Plebiscito eine Prozession entgegen: zwei grotesk herausgeputzte Tänzer, von denen der eine einen ordenbesternten, blauen Uniformrock trug und auf dem Kopf einen Gardehelm. In der Rechten hielt er einen Tambourstock, den er mit hackenden Bewegungen in die Luft stieß, während um ihn, mit unkoordiniertem Gliederschlenkern, ein Harlekin im weißglitzernden Seidenkostüm hüpfte. Sein Gesicht war bleich gepudert, der Mund dick mit grüner Schminke ausgezogen.
Hinterher kamen fünf uniformierte Musiker, die mit der Motorik von Spielzeugfiguren den Auftritt rhythmisch begleiteten: eine Pauke, ein Becken, zwei Trommeln und eine Trompete. In der Mitte vor dem Säulenhalbrund von San Francesco di Paola machten sie halt, und während die Musik lauter wurde, steigerten auch die Gliederwerfer die Vehemenz ihrer Bewegungen. Mal stolzierten sie, mit vor der Brust verschränkten Armen, über die imaginäre Bühne,

mal belauerten sie sich, gingen in die Knie oder zuckten mit den Köpfen.

Ein paar Passanten blieben stehen, der Regen setzte wieder ein, aber die Szene nahm ungestört ihren Fortgang. Während der Behelmte mit einer Art somnambuler Hochnäsigkeit herumparadierte, wurden die Bewegungen des Harlekins ergebener und eine Zeitlang schien es, als hätten beide, nur noch der eigenen Eingebung folgend, alle Choreographie verloren. Gleich darauf aber fanden sie aus ihrer offenbaren Verlegenheit zurück, nahmen mit einem Luftsprung voreinander Aufstellung, begannen zum Takt der Trommeln mit dem Gesäß zu vibrieren, ehe sie schließlich, mit einer obszönen Geste den Unterleib dem Partner entgegenstoßend, abrupt zum Stillstand kamen.

Im gleichen Augenblick riß die Musik ab. Erst mit dem einsetzenden Trompetensolo löste sich der Tambour wieder aus der Erstarrung. Nach einigen Schritten um den am Boden kauernden Harlekin, zog er langsam den Stock in die Höhe und stieß ihn dann, halb zur Seite gewendet, mit einer lächerlich sieghaften Gebärde wie einen Degen in den gebauschten Seidenhaufen. Mit einer winzigen Verzögerung fiel der Harlekin in sich zusammen und streckte mit nachzitternden Bewegungen ein Glied nach dem anderen auf den Platz. Den Kopf zurückgeworfen, mit albernen Triumphgebärden, schritt der Tambour um den leblos Liegenden, die Musik parodierte ein paar bekannte Trauermarschmotive, wurde dünner und hörte endlich auf. Für wenige Sekunden blieb die Gruppe regungslos, dann senkte der Tambour seinen Stecken zu Boden, die Musiker hielten, mit vorwärts weggeknickten Köpfen, ihre Instrumente und Schlegel vor die Brust – doch plötzlich löste sich alles aus der feierlichen Starre, durcheinanderlärmend nahmen die Akteure Helm und Mützen ab und zogen, ohne die Umstehenden zu beachten, über den Platz davon.

Niemand von den Zuschauern wußte zu sagen, wer diese Leute waren. Aber in ihrem Auftreten lag etwas von jenem elementaren theatralischen Zauber, den das Theater anderswo, erstickend in allerlei grüblerischem und materiellem Aufwand, vergeblich wiederzugewinnen versucht.

AM RANDE. Gespräch über die Commedia dell'arte. Ihre Masken sind keine Verkleidungen, sondern Enthüllungen. Im Gegensatz zur Karnevalsmaske offenbaren sie nicht, was einer insgeheim zu sein wünscht, sondern was er, jenseits aller Kostümierungen im Dauerkarneval des Lebens, in Wirklichkeit ist.

NEAPEL. Von den Süditalienern wird behauptet, sie verschuldeten sich oft auf Jahre hinaus für das, was ein Geistlicher das »Laster des Wochenendes« genannt hatte. Um den Neid der Nachbarn zu erregen, aber auch aus Lust an Aufwand und Luxus, kauften sie sich einen Wohnwagen und staffierten ihre Frauen und Töchter wie Operettendiven aus; dann führen sie einige Kilometer aufs Land hinaus, um an möglichst sichtbarem Ort zu picknicken.
Einer so bescheidenen wie grotesken Variante dieses Lasters begegneten wir am heutigen Sonntag. Auf der leeren Fläche vor einem der offenen Abwässerkanäle der Stadt saß auf mitgebrachten Klappstühlen eine junge Familie. Der Mann war im dunklen Anzug und las die Zeitung, während die Frau im großgeblümten Kleid daneben saß und einen Kinderwagen schaukelte. Weder der Unrat um sie herum, noch der aus dem Kanal aufsteigende Gestank vermochten ihre Idylle zu stören.

NEAPEL. Nahe der Piazza Garibaldi stieß ich auf ein Kamera-Team, das mit den Vorbereitungen für eine Filmszene beschäftigt war. Vor ein Restaurant hatte man einen alten, schäbigen Mann gesetzt. Auf seinem Schoß hielt er ein etwa zehn Jahre altes Mädchen, dessen blondes Haar lang und glatt über ein Spitzenkleid fiel. Während der Alte dem unbeteiligt dasitzenden Mädchen nach den Anweisungen des Regisseurs obszöne Komplimente machte, drängte sich eine wachsende Menschenmenge um die Szene und begleitete jedes seiner Worte mit ermunternden Zwischenrufen. Als folge er ihnen nur zu gern, griff er einmal zwischen die Schenkel des Mädchens, das aber keine Abwehrregung zeigte.
Einen Augenblick lang verstummte das Geschrei. Nur eine alte Frau, die einige Plastiktaschen mit einer Schnur über die Schulter gehängt hatte, kreischte mit empörter Stimme dazwischen. La Belle et la Bête, die Unschuld in der Hand gemeiner Verderbtheit: es ist

das alte Motiv, das seine Wirkung eigentlich nie verfehlt, selbst dann nicht, wenn es sich so durchschaubar gibt wie hier.

AM RANDE. Trotz aller Bedrohung für die schöne Unschuld ist sich das mythische Bewußtsein, an dem alle teilhaben, sicher, daß am Ende Befreiung und Erlösung stehen. Zwar ängstigen wir uns, aber nur auf dem Grunde der Gewißheit vom glücklichen Ausgang. Immer besiegt Herkules die Lernäische Hydra, stets kehrt Odysseus zu Penelope zurück und überwindet der heilige Georg den Drachen.
Natürlich ist diese Gewißheit ganz und gar ungerechtfertigt. Denn in Wirklichkeit siegt viel öfter die Hydra, erliegt Odysseus den Reizen der Kalypso und zerreißt der Drachen den heiligen Georg. Aber die gemeinen Beweise beweisen nichts. Aus der Verneinung der Realität bezieht der Mythos erst seine Glaubwürdigkeit. Er ist das Erlösungsversprechen, das die eigene Absurdität ins Unrecht setzt.

NEAPEL. Mit Quilici auf Umwegen zur Piazza del Mercato, wo Konradin von Hohenstaufen hingerichtet wurde. Karl von Anjou hatte zwei Tribünen errichten lassen, eine für den Henker und eine zweite, höhere, von der aus er selber das Spektakel verfolgte. Seit diesem Tage diente der Platz als Richtstätte, doch war er immer auch der Fischmarkt der Stadt. Nebenan die Kirche Santa Maria del Carmine, die Konradins Mutter zum Gedenken an ihren Sohn gestiftet hat.
Auf dem Weg dorthin kam Quilici auf Tommaso Aniello, der als Masaniello in die Geschichte eingegangen ist. Der Vorgang ist ein Opernstoff, aber auch ein politisches Lehrstück und beginnt im Sommer 1674, am Feiertag der Madonna del Carmine, der wie immer mit einem Volksfest begangen wurde. Höhepunkt des Tages war eine »Türkenschlacht«, in der die kostümierten Heerscharen von Christen und Mohammedanern aufeinander losschlugen, die aber verabredungsgemäß stets mit einem Sieg der Christen endete. In der ausgelassenen Feststimmung über die neuerliche Niederlage und Demütigung der Muselmänner schrien plötzlich einige: »Weg mit den Steuern!« Und alle stimmten ein. Denn die Unzufriedenheit

über die steigenden Abgaben, die auf die einfachsten Nahrungsmittel erhoben wurden, hatte in den zurückliegenden Wochen verschiedentlich zu Unruhen und Zusammenrottungen geführt. Erschrocken über die eigene Tollkühnheit ließ das Volk zwar augenblicklich den spanischen Vizekönig hochleben und die Madonna auch. Aber dazwischen wurde immer wieder der Ruf nach Abschaffung der Steuern laut.

Als niemand mehr recht weiter wußte, zog die Menge zum Regierungspalast, und auf dem Weg dahin strömten von allen Seiten die Schaulustigen herbei. Keiner begriff, worum es eigentlich ging, aber jeder lief mit und alle schrien: »Weg mit den Steuern!« Als der Vizekönig auf dem Balkon erschien, um die Leute zu beruhigen, gingen seine Worte im Gejohle unter. Gerissen, wie Don Rodrigo war, auch angesichts der wenigen Soldaten, die er zur Verfügung hatte, zog er es vor, das Weite zu suchen. Er warf einige Handvoll Geldstücke unter die Leute und nutzte die augenblicklich ausbrechende Balgerei, um ins sichere Castel Nuovo zu entkommen. Von dort befahl er seine Garde auf die Straßen. Als sich irgendwo, man weiß nicht auf welcher Seite, ein Schuß löste, schlug die Stimmung plötzlich um. Aufgebracht, mit Pflastersteinen, Knüppeln und Handwerkszeug bewaffnet, stürmte die Menge den Regierungspalast, erschlug die Wachen und zündete überall in der Stadt die Zollstationen und Steuerämter an. Mit dem Anbruch der Nacht sammelten sich Banden in den Straßen, zogen in die Viertel der Wohlhabenden und brachen »im Namen des Volkes«, raubend und plündernd, in die Häuser ein. Andere warfen Möbel, Bilder und Hausrat auf die Straßen und zündeten Scheiterhaufen an.

Als die Dinge so weit getrieben waren, wurde den Leuten bewußt, daß sie einen Anführer brauchten. Die Wahl fiel auf Tommaso Aniello, einen armen Fischverkäufer von der Piazza del Mercato, aber redebegabt, impulsiv und nicht zuletzt dadurch mit frischem Ruhm bedeckt, daß er in der Türkenschlacht das siegreiche Heer der Christen angeführt hatte. Kurzerhand rief man ihn zum »König von Neapel« aus.

Wie immer nährte der Aufruhr den Aufruhr. Am folgenden Tag war fast die ganze Stadt davon erfaßt, und bald drängten aus der Umgebung auch bewaffnete Bauern durch die Tore. Don Rodrigo be-

stellte den beim Volk beliebten Fürsten Carafa zu sich und beauftragte ihn, mit den Aufständischen zu verhandeln.
Als die Menge erkannte, daß die Regierung zum Nachgeben bereit war, erhöhte sie ihre Forderungen. Sie verlangte jetzt auch die Gleichstellung mit dem Adel in der Verwaltung sowie den Besitz der Reichen, und Masaniello verlas eine Liste mit den Namen derer, die enteignet werden sollten. Als Carafa nicht augenblicklich einlenkte, schlug man ihn nieder und ermordete ihn. Sein Palast wurde ausgeraubt und die kostbaren Gegenstände zur Deckung der Volksbedürfnisse, wie es hieß, öffentlich verschleudert.
Daraufhin entschloß sich Don Rodrigo, selber mit dem König von Neapel zu verhandeln. Der Fischverkäufer legte ein Gewand aus Silberbrokat an, band einen Schmuckdegen um und heftete sich eine Medaille mit dem Bildnis der Madonna an die Brust. In den Gassen, durch die er zum Sitz des Vizekönigs zog, hatten hundertfünfzig Volkskompanien Aufstellung genommen, die ihre eilig geschneiderten Fahnen und Standarten vor dem Tribun und seinem Gefolge senkten.
Masaniello, damals Mitte Zwanzig, war zwar furchtlos, aber bei aller Schlauheit doch unerfahren in den Schlichen und Geriebenheiten altgeübter Machtbarone. Er fühlte sich geschmeichelt, als der Vizekönig ihn wie seinesgleichen und mit großem spanischen Zeremoniell empfing, sogar die unlängst verfügten Steuererhöhungen aufhob und überhaupt unterschrieb, was von ihm verlangt wurde. Um ein übriges zu tun, ließ Don Rodrigo einen Festgottesdienst abhalten. Zusammen mit dem Fischverkäufer zog er, umgeben von Höflingen, hohen Militärs und schönen Frauen, in den Dom ein und bat den König von Neapel, unter einem Thronhimmel Platz zu nehmen. Gemeinsam mit dem »Oberbefehlshaber des alleruntertänigsten Volkes« hörte er sich die feierliche Verlesung der Abmachungen an. Masaniello war verwirrt, glücklich und stolz.
Auch seine Frau, ein einfaches Fischweib, wurde an den Hof geladen und von der Vizekönigin empfangen. Mit gleisnerischer Ehrerbietung hieß die Herzogin die »Erlauchte Gnaden« willkommen: »Sea Vostra Signora illustrissima muy bien venida!« Nach einer kurzen, höfisch steifen Plauderei brach die Frau wieder auf. Triumphierend, vorbei an Gaffern und Nachbarn, deren Eifersucht ihr Glück nur

vermehrte, kehrte sie in der königlichen Karosse in ihre Wohnung zurück.

Nach wenigen Tagen voller Glanz und unverhoffter Ehrungen erkannte Masaniello, daß er nicht weiter wußte. Er sah auch, daß er von der Stimmung der Massen abhängig war. Der Aufruhr hatte ihn nach oben getragen, aber Aufruhr konnte nicht immer sein. Er war nicht der Mann, darauf eine Antwort zu haben. Alles, was er wußte, war, daß er Gefallen an der Macht gefunden hatte, an seiner neuen Wichtigkeit und dem seligen Theater, das sich um ihn herum entfaltete. Einige Tage lang teilte er Gold und Schmuck nach allen Seiten aus und verlieh seinen engsten Anhängern tönende Fürstentitel. An der Stelle seines bescheidenen Hauses an der Piazza del Mercato plante er einen riesigen Palast und begann, zur Erweiterung des Geländes, die Nachbarn von gestern aus ihren Wohnungen zu vertreiben. Für ein Bankett ließ er aus den Familienbildnissen im Palazzo Carafa die Köpfe herausschneiden, an Lanzen befestigen und seinem Platz gegenüber aufstellen.

Die Menge, die ihn nur in einer Laune zum König gemacht hatte, begriff plötzlich, daß er es ernst meinte. Sie glaubte ihm nicht, als er eines Tages in aller Öffentlichkeit das schimmernde Brokatgewand auszog, um den Eindruck zu erwecken, daß er der Herrschaft entsage und zur Armut des Fischerstandes zurückkehre. Niemand verstand ihn mehr, die Verdächtigungen und Verratsvorwürfe nicht, die er auch jetzt noch erhob, sowie die dauernde Sorge vor der Mißachtung seines Königtums.

Je mehr Masaniello auf seiner Macht bestand, desto überdrüssiger wurde man seiner. Bald war auf den Straßen wieder der Ruf »Es lebe der Vizekönig!« zu hören. Der Fischhändler, zunehmend allein gelassen, antwortete mit Terror und erließ Todesurteile, die er mitunter eigenhändig vollstreckte. Am Anfang der Via Toledo ließ er einen Galgen als Wahrzeichen der Volksregierung aufstellen.

Don Rodrigo ließ ihn gewähren. Er unternahm nichts gegen den Tribunen, überhörte aber auch die Bitten, endlich einzuschreiten. Statt dessen wartete er ab, nur im Vertrauen auf die Legitimität, die er besaß und jener nicht. Die Folge war, daß das allgemeine Mißvergnügen binnen kurzem in Empörung umschlug und überall Unruhen aufflackerten.

Vor einer dieser Zusammenrottungen flüchtete Masaniello sich aus seinem nahen Hause in die dichtgefüllte Kirche Santa Maria del Carmine. Als er die Menge sah und die erwartungsvollen Blicke, die sich auf ihn richteten, entschloß er sich zu einem letzten Versuch, die Lage zu wenden. Ein Kruzifix in der Faust, beschwor er die Leute, ihren König nicht im Stich zu lassen. Er klagte über die Unbeständigkeit des Volkes und malte die Zukunft in leuchtenden Farben aus; er bat, fluchte und segnete, aber die Menge verharrte abweisend. Niemand rührte sich auch, als einige laut »Basta!« riefen und nach vorn drängten, um Masaniello von der Kanzel zu zerren. Sie schafften ihn in die Sakristei und kehrten kurz darauf ohne ihn zurück. Der König war tot. Neun Tage hatte seine Herrschaft gedauert.

Die Stimmung schlug noch einmal um. Kaum war Masaniello ermordet, setzte das Jammern ein. Als suche man die Tat ungeschehen zu machen, nähte man den abgeschnittenen Kopf wieder auf den Rumpf und bettete den Toten, zwischen Kerzen und Bergen von Blumen, in verschwenderisch drapierte weiße Seide. Man verfolgte die Mörder und richtete wenige Tage später dem toten König ein Begräbnis in jenem großen Zeremoniell aus, das er so geliebt hatte. Vor dem mächtigen, von Fackelträgern umstellten Katafalk in Santa Maria del Carmine verneigten sich der Vizekönig, die Höflinge, die Militärs und die schönen Damen, und der Erzbischof verrichtete die Exequien. Vom Hafen donnerten unterdessen Geschützsalven, und die Menge fiel auf die Knie und rief: »Seliger Masaniello, bitte für uns!«

Es sei eigentlich viel mehr ein Lehrstück als ein Opernstoff, beendete Qu. die Geschichte, nur fehle ihr die moralische Nutzanwendung, die man an einer Parabel ungern vermißt. Ich stimmte zu, sagte aber auch, daß die Wirklichkeit keine pädagogischen Absichten im Sinne habe und oft wirklich sei bis zur Niedertracht.

NEAPEL. Mühelos läßt sich jedermann in ein Gespräch über den Vesuv verwickeln, man muß nur behaupten, daß der Vulkan, dem Urteil der Fachleute zufolge, erloschen sei. Der Kellner in dem Restaurant an der Piazza Dante war gekränkt, als ich davon sprach.

Aber der letzte Ausbruch liegt fast achtzig Jahre zurück, und seit 1944 scheint der Berg zur Ruhe gekommen. Die einst bei Nacht glutrot überstrahlte Kuppe war ein Spektakel, das die Neapolitaner schon um des verdüsternden Effekts willen liebten, der davon auf ihr Dasein fiel.
Abertausende von Gemälden und kolorierten Stichen, aber auch von Hinterglasbildern, auf denen sich der Feuerzauber einer Eruption besonders wirksam ausnimmt, haben dieses Naturtheater abgebildet, und noch heute, meinte J., könne es kein Bildermaler wagen, den Berg ohne die prahlerisch spuckende Feuersäule wiederzugeben. Und wie frühere Generationen den heiligen Januarius angerufen hätten, um vor dem Vulkan verschont zu bleiben, so beteten die Menschen heute insgeheim dafür, daß der Berg seine Tätigkeit wiederaufnehme und die unterirdischen Kräfte nicht an irgendein Erdbeben hundert Kilometer entfernt, in unwürdigen Nestern wie Avellino oder Potenza, vergeude.

NEAPEL. Ein Andenkenhändler in der Altstadt, dessen Laden wir betraten, hatte den Vulkan in jeder Ausführung, von Gemälden in triefenden Ölfarben bis hin zum illuminierbaren Plastikrelief. Ganz offen sprach er von seiner Eifersucht auf die Sizilianer.
Sein besonderer Ärger richtete sich gegen die Einwohner von Catania, denen der Ätna derzeit zu jener dramatischen Bedrohung verhilft, die eigentlich, wie er meinte, den Neapolitanern zustehe. »Der Vesuv ist nicht tot, Signore«, sagte er, »lassen Sie sich nichts einreden!« Er beschuldigte die Behörden, aber auch die Wissenschaftler, aus den durchsichtigsten Gründen das Volk in trügerischer Ruhe zu wiegen. Jeder Mensch von Vernunft wisse und habe die Beweise dafür, daß es im Innern des Berges brodle und der nächste Ausbruch sich schon vorbereite. Dann werde der Ätna mit seinen Lavarinnsalen zum Gespött werden und jeder wieder wissen, daß die Sizilianer sich nur aufspielten. Niemand könne Neapel den Ruf stehlen, die schönste und zugleich gefährdetste Stadt der Welt zu sein.

AM RANDE. Vor den Stadtpanoramen mit dem flammenden Vesuv im Hintergrund der merkwürdige Gedanke, daß die schlechte Kunst des späten 19. Jahrhunderts mit all der Zudringlichkeit der Farben, dem grausigen Rosa des Himmels, dem Emailblau des Meeres und den bronzefarbenen Menschen im Vordergrund Neapel authentischer erfaßte als der gedämpfte, vornehm kolorierende Klassizismus von Hackert, Lusieri oder Edward Lear. Mitunter kann das Falsche in der Kunst doch das Wahre sein.

NEAPEL. Vielleicht tut man dem vesuvischen Ehrgeiz der Neapolitaner unrecht. Den Abend zusammen mit Saverio de Cuomo, der in den dreißiger Jahren ein Freund der Familie war und damals in Berlin lebte. Er ist der Typus des eleganten alten Herrn, der seine Zeit im Club verbringt oder an den Nachmittagen, wenn die Kühle kommt, durch die Straßen geht und mit Freunden und Bekannten von früher ein paar Worte über die Weltläufe wechselt, über Geschäfte, Feindschaften und Affairen. Zunehmend häufiger auch, wie er bekümmert meinte, über Todesfälle. Er selber machte auf sein Alter nur dadurch aufmerksam, daß er seine Schritte allzu federnd setzte. Die Stufe im Innern des Restaurants, in das wir gingen, nahm er mit einem kleinen Sprung, mußte dann aber, einen Augenblick lang auf unmerklich schwankenden Gliedern, das Gleichgewicht wiederfinden.
C. berichtete, daß der Untergrund der Stadt fast ständig bebe, zu manchen Zeiten registriere die Universität einige hundert Erschütterungen in der Woche. Das Zentrum der Erdstöße liege im Westen Neapels, bei Pozzuoli. Dort dränge eine riesige Magmablase aus der Tiefe nach oben und drücke die Erdoberfläche unablässig in die Höhe, man könne das am Pegelstand des Meeres ablesen, der in den vergangenen zwanzig Jahren um fast zwei Meter gesunken sei. In Pozzuoli selber habe man die Innenstadt, der ständigen Bodenbewegungen wegen, schon 1970 räumen müssen, doch hätten die Sanierungsarbeiten, trotz vieler Gelder, noch immer nicht begonnen. Er machte dafür die Camorra verantwortlich. Einer der ihren habe damals erklärt, das Erdbeben sei eine »Milliardenmaschine«, von der man den gerechten Anteil verlange.
Im Ganzen, meinte C., wisse man über die Zusammenhänge, die zwischen dem Beben und der vulkanischen Natur bestehen, noch zu wenig. Auch sei Neapel über einem Labyrinth von Höhlen und

Kavernen errichtet, manche davon viele tausend Quadratmeter groß, das den einen als Versteck, den anderen als Warenlager und den Bewohnern insgesamt als Mülldeponie diene. Im übrigen sei tatsächlich nicht auszuschließen, daß der Vesuv eines Tages seine Tätigkeit wieder aufnehme.

AM RANDE. Auch wenn die Annahme zutreffend wäre, daß der Vesuv für immer erloschen ist, denkt man an diesem Ort unwillkürlich an Katastrophen solcher Art: Erdbeben und Seuchen, Eruptionen, Feuersbrünste, Untergänge. Als ob Neapel nicht mehr bloß am Rande eines Abgrunds liege, sondern seinen Schwerpunkt schon darüber hinaus verlagert habe und man nur noch die Sekunde der Verzögerung vor dem Sturz erlebe.

NEAPEL. Blick von der Certosa di San Martino hinunter in das Häusergewirr mit dem ameisenhaften Gewimmel und den Fahrzeugströmen, die sich schwerfällig durch die Straßen schieben. Nach Süden hin die verwahrlosten Stadtviertel, wo einst die Quartiere und Freudenhäuser der spanischen Soldaten lagen, im Osten die Altstadt, deren chaotisches Bild vor allem durch die Menge der Kirchen einige Orientierungspunkte erhält. Zum Hafen hin der gewaltige Block der Zitadelle des Maschio Angioino. Der Lärm der Stadt drang bis hierher.
Diesmal war auch die Uferlinie des Golfs zu sehen, die Steinwüste bis hin nach Castellamare und weiter nach Sorrent. Das Meer war spiegelglatt und wechselte in übergangslosen Streifen von Papageienblau zu Grün und Schwarz. Später, im fallenden Licht, die rasch sich auflösenden Konturen. Am Himmel ein blasser, glasiger Mond.

NEAPEL. M. sagt, Neapel sei ein flitterbehängtes, hinreißend aufgeputztes und vor Leben berstendes Totenreich. Nur in Widersprüchen lasse sich die Stadt erfassen. Ein Hades, in dem dauernd Jahrmarkt ist, mit bunten Lichtern, Märchenbuden und Musikgeklimper. Auch Schießbuden.

AM RANDE. M. bemerkt auch, der vielleicht überzeugendste Beweis für die Vitalität Neapels und seine alles korrumpierende Kraft sei es, daß während des Zweiten Weltkriegs sogar die Deutschen sich gezwungen sahen, die in der Stadt stationierten Einheiten in zunehmend kürzeren Fristen auszuwechseln.

NEAPEL. Das große Erdbeben von 1980 und die vielen kleineren, die ihm folgten, haben überall ihre Spuren hinterlassen, und immer wieder stößt man in der Altstadt auf eingestürzte Häuser, beängstigend überhängende Fassaden, tiefe Risse im Mauerwerk. Doch haben die Vorgänge, die das Elend der unbändig dahinsiechenden Stadt noch vergrößern, auch eine andere Seite.
Für die hohe Kunst des *arrangiarsi,* die Gabe, sich im Gegebenen zurechtzufinden oder gar Pechsträhnen und Schicksalsschläge in ausgemachte Treffer zu verwandeln, sind sie wie ein Geschenk und leisten noch immer unersetzliche Dienste. Die einen erhoffen sich Entschädigungen, die anderen ein Gutachten, das ihre Häuser als einsturzgefährdet ausweist und staatliche Mittel verheißt, und alle zusammen ziehen daraus immer neuen Empörungsstoff über die Behörden. Zudem liefert das Erdbeben auch Geschichten. Zu wiederholten Malen die Episode aus dem Dorf bei Avellino gehört, dessen Bewohner es zu neiderweckender Berühmtheit gebracht haben, seit sie die Lastwagen mit den aus ganz Europa heranrollenden Hilfsgütern in ihre Ortschaft umlenkten, indem sie einfach die Wegweiser verdrehten.

NOCH ZUM VORIGEN. Auch als Ausflucht hält das Erdbeben her. Der Busfahrer an der Endhaltestelle von Castel Sant'Elmo erklärt damit die Verspätungen, der Hotelportier das nächtliche Poltern in den Heizungsrohren und der Wärter im Museo Nazionale, das neben dem Museum von Athen die bedeutendste Antikensammlung der Welt besitzt, warum nur wenige Räume zugänglich sind.
Im gesperrten Teil des Museums befindet sich auch der kolossalische Kopf der Juno Farnese, den ich sehen wollte. Doch selbst ein größerer Geldschein, den ich vor den Augen des Wärters glättete, konnte den Zugang nicht öffnen. Das 19. Jahrhundert hat lange

darüber gestritten, ob der Juno Farnese oder ihrem Gegenstück aus der Sammlung Ludovisi in Rom der Vorrang gebühre. Winckelmann hat den römischen Kopf vorgezogen, desgleichen Goethe. In seiner Wohnung am Corso hatte der Dichter einen Abguß davon aufgestellt, den er später nach Weimar schaffen ließ.
Unterdessen hat sich aber, zusammen mit dem Bild des Griechentums, das Urteil gewendet. In der Monumentalskulptur der Farnese, die aus dem 5. Jahrhundert stammt, glaubt man noch die »erbarmungslose Hera« aus homerischer Zeit zu erkennen. Das mildere ludovisische Bildnis kann davon schon deshalb nichts haben, weil es sich vermutlich um ein Idealporträt aus Augusteischer Zeit handelt.

NEAPEL. Womöglich ist die Tradition des »mascalzone« doch nicht am Ende. In der Bar des »Vesuvio« war die Rede von einem Neapolitaner, der sich für Monate in ein abgelegenes Tal der Abruzzen zurückzog, um Vipern zu züchten. Nachdem er mehr als tausend zusammenhatte, kam er zurück und setzte sie in den Ortschaften nahe Neapel aus. Dann wartete er ab.
Bald wurde die Unruhe über die Vipernplage so groß und die Empörung über die »classe politica«, ihre Unfähigkeit und Gefühlskälte so laut, daß der Mann als Retter auftreten konnte. Jedenfalls versicherte er, ein Mittel zu kennen, das die Plage augenblicklich beseitige. Gegen einen Stücklohn werde er die Tiere, in Flaschen gefangen, den Behörden abliefern und auch sicherstellen, daß die Ortschaft künftig davon verschont bleibe. Inzwischen soll er ein Haus in Neapel besitzen.

NEAPEL. Mit C. durch das alte Pizzafalcone-Viertel, wo wir die Residenz Sir William Hamiltons suchten, jenes britischen Gesandten in Neapel, der als erster und mit großer Kennerschaft griechische Vasen sammelte, auch eher als andere die Bedeutung des wiederentdeckten Pompeji erkannte und ein noch immer lesenswertes Werk über die Stadt am Vesuv verfaßt hat. Vor allem berühmt geworden ist er jedoch durch Emma Hart, die Tochter eines Schmieds, die er als junge Frau in sein Haus aufnahm, zu seiner Eliza Doolittle machte und die als Lady Hamilton auf mancherlei Weise alle Welt beeindruckte.

Wir gerieten in ein Quartier mit Buden und kleinen Werkstätten. Der einstige Palazzo Sessa ist durch Anbauten, Teilungen und neue Aufgänge inzwischen in das verwirrende Schachtelwerk eines Wohnviertels eingegangen. Hinter einem rissigen Torbogen lag ein Hof, der vollgestellt war mit Autos und ausgedientem Gerümpel.
Auffälliger war etwas anderes. Wo immer wir uns nach dem Gebäude erkundigten, wurden wir statt einer Antwort gefragt, was wir da wollten und wen wir suchten. Nur unter Mühen gelang es C., das Mißtrauen zu zerstreuen. Schließlich riet er zur Umkehr. Andernfalls könne es sein, daß wie auf ein Zeichen hin die Menschen aus den umliegenden Häusern hervorkämen und eine Art Mauer bildeten, um uns den Weg zu versperren. Niemand könne begreifen, daß wir einen verbauten Palazzo suchten, denn kein Fremder komme je mit unschuldigen Absichten. An diesem Zusammenhalt, der aus jahrhundertealtem Argwohn stamme, laufe in Neapel alles auf, nicht nur Willkür und behördliche Anmaßung, sondern auch das Vernünftige.

NEAPEL. Ich betrat einen der kleinen, bis unter die Decke vollgestopften Kramläden in der Nähe der Piazza del Mercato, um eine Batterie zu kaufen. Über der Ladenkasse hing, im großen, schwarzen Rahmen, das kolorierte Porträt des kürzlich verstorbenen Inhabers, eines feisten, schnurrbärtigen Mannes, der mit zurückgelegtem Kopf in die Kamera starrte, so daß er wie auf einem Fahndungsfoto wirkte. Daneben das Bild eines jungen Mädchens im Kommunionkleid, mit einer schleifengeschmückten Kerze in der einen und einem Gebetbuch in der anderen Hand. Die Augen hielt es, wie erdrückt von der Verantwortung des Tages, mit großem Ernst auf den Betrachter gerichtet.
Der junge Mann in dem Laden meinte, er fürchte zur Zeit kein neues Beben. Damals, einige Tage bevor es begann, hätten die Ratten die Stadt verlassen. Sechs Millionen. Ein Massenauszug. Von einem Tag zum anderen sei plötzlich eine unheimliche Stille gewesen. Er meinte, auf die Ratten könne man sich verlassen. Jetzt seien sie wieder da und tobten jede Nacht unter seinem Haus. Solange er die Ratten hören könne, müsse er sich keine Sorgen machen.

NEAPEL. Den Abend zusammen mit de Cuomo. Auf seinem Gesicht erschien ein Anflug von Melancholie, als er die Geschichte von den Ratten hörte. Bis vor wenigen Jahren, versicherte er, habe das Volk von Neapel in Notzeiten oder bei heranrückendem Unglück auf die Herrschaft gesehen und aus deren Augen die Größe der Gefahr abgelesen. Jetzt also die Ratten, sagte er. Ich widersprach aber, als er dem Wechsel die Bedeutung einer Metapher geben wollte.
C. meinte, der Unterschied zwischen dem Adel und dem einfachen Volk habe in fast ganz Italien, vor allem aber in Neapel, nie zu den scharfen Abgrenzungen geführt wie anderswo. Es sei unsinnig, darauf den Begriff der Klassengesellschaft anzuwenden. Seit Jahrhunderten lebten die Menschen der Stadt aufs engste zusammen, und einem Arbeiter aus den Wohnhöhlen der Forcella sei der Fürst von Candia, dessen Geschlecht jahrhundertelang zu den vornehmsten Adelshäusern Europas zählte, unendlich viel näher als ein Klassengenosse aus dem nahen Eboli. Man habe seit je die Häuser geteilt, auch wenn die einen in den düsteren Bassi lebten, die anderen dagegen in den glänzenden Prunksälen darüber, mit Gemälden und Spiegeln in schweren Goldrahmen und dem Porzellan aus Capodimonte, auf dem in den Tagen des Glücks der Widerschein von tausend Kerzen lag. Und ebenso geteilt habe man Kriege und Naturkatastrophen, die Freuden und die Bedrängnisse, die das Leben ausmachen, sowie die Geschichten von Ruhm und Erniedrigung der einen, die zugleich Ruhm und Erniedrigung der anderen waren. Das alles sei durch die Zeiten zu dichten, fast verwandtschaftlichen Bindungen verwachsen, zu einer Intimität im Menschlichen, die alle gesellschaftlichen Schranken aufgelöst und sogar den Sinn dafür eingeebnet habe.
Am Ende erwähnte C. eine mediterrane Lebensweisheit, wonach sich im Schicksal der einen stets das Schicksal aller anderen spiegele. Glück oder Tragödie sei immer, und nur die Ebenen wechselten.

AM RANDE. Dazu auch ein altes neapolitanisches Sprichwort, das J. kannte: Die Menschen seien nicht nur vor dem Tode gleich, wie jeder wisse, sondern auch vor dem Leben.

NEAPEL. Als wir im Gewühl die Gradoni di Chiaia hinaufstiegen, die glitschige Straßentreppe, die zu Santa Teresella führt, meinte Pasquale, den ich durch de Cuomo kennengelernt hatte, niemand werde das Volk von Neapel je aus seinen Höhlen, den stinkenden Gassen und Höfen vertreiben. Sie ließen die vertraute Umgebung, zu der ihre Familien gehörten und die Nachbarn, ihre Kirchen und ihre Toten, niemals zurück. Bezeichnenderweise habe es aus Neapel keine Auswanderung gegeben wie aus dem gesamten übrigen Süden Italiens.

NEAPEL. Später, auf dem Rückweg, noch einmal über den Vesuv. Die uralte Vorstellung, daß der Berg einer der Schutzgeister der Stadt ist: ein grausamer Gott, der seine Kinder durch Feuer straft und sie mitsamt ihren Sünden unter Lava und Asche begräbt; dessen Anwesenheit aber auch auf dunkle Weise Beistand verheißt. Sein Grollen sei für viele nichts anderes als ein Zeichen des Zorns, sagte Pasquale, und seine alte Haushälterin habe ihn einmal gefragt, wie denn der Himmel den Menschen drohen wolle, wenn der Vesuv schweige; und wie man den Himmel besänftigen könne, wenn keiner mehr wisse, was er will.

Noch viele Jahre nach dem letzten Ausbruch seien die Menschen zusammengelaufen, wenn die untergehende Sonne die Spitze des Berges mit Feuer übergoß und es den Anschein hatte, als nehme der Vulkan seine Tätigkeit wieder auf. Mit Tränen in den Augen hätten sie sich umarmt und die Straßen geschmückt zum Fest der Epiphanie des Vesuvs. Das Unglück der Neapolitaner über den verstummten Berg habe weniger mit ihrer Eifersucht auf die Sizilianer zu tun als mit naiver metaphysischer Ratlosigkeit.

NEAPEL. Pasquale erzählt: Der Sohn meines Nachbarn bekam vor vierzehn Tagen unerklärliche Leibschmerzen. Als alle Mittel nichts halfen, empfahlen wir ihm, das Kind ins Krankenhaus zu schaffen. Aber niemand kam auf die Idee, sich bei der Aufnahme der Klinik zu melden. Nach langen Beratungen, unter Beihilfe zahlreicher Freunde und Verwandten, nahm die Prozedur den hergebrachten Verlauf.

Der Nachbar kannte einen Bäcker, von dem er wußte, daß er Mit-

glied eines Fußballklubs war, dessen Kassierer mit einer Frau verheiratet war, die aus einem Haus hinter der Piazza Miraglia kam. In diesem Haus wohnte ein Straßenbahnschaffner, dessen Cousine wiederum mit einem Krankenträger verlobt war, dessen engster Freund gelegentlich als Bote für einen Advokaten arbeitete. Der Advokat war ein einflußreicher Mann mit weitreichenden Verbindungen, und natürlich kannte er den Direktor des Krankenhauses, in dem der Arzt tätig war, den man im Auge hatte. Tatsächlich fand das Kind nach sechs Tagen Aufnahme in der Klinik.
P. meinte, die Sache wäre sicherlich auch weniger umständlich zu bewerkstelligen gewesen. Aber dann hätte jeder das Gefühl einer verschenkten Gelegenheit gehabt. Denn nur auf diese Weise ließ sich dartun, über welche wichtigen und weitverzweigten Beziehungen man verfüge. Wer dieses System nicht begreife, bemerkte er, werde sich mit Neapel und sogar mit Italien nie auskennen.

AM RANDE. Im Grunde liege Neapel südlich von Sizilien, sagte C., sofern man den Begriff des Südens mit einem offenen, sanguinischen Wesen verbindet. Die Sizilianer hätten ein Temperament »wie Bewohner von Nebelzonen«.

NEAPEL. Am Morgen in der Hotelhalle. Auf den Taxifahrer wartend, den mir der Portier vermittelt hat. Ein amerikanisches Paar war eingetroffen, und als die Formalitäten an der Rezeption beendet waren, schob der Mann den Hut ins Genick und lud sich kurzerhand die Koffer und Taschen auf, um sie zum Fahrstuhl zu tragen. Vermutlich wollte er sie nicht in der Halle stehen lassen und ein Träger war nicht zur Stelle. Aber der Portier sah dem Bepackten mit unverhohlener Verachtung nach.
Einen Signore erkenne man daran, sagte er über sein Pult hinweg laut zu den Herumstehenden, daß er niemals die Arbeit des Personals verrichte. Er könne unbeherrscht, verrückt und hoffärtig sein. Aber niemals unkompliziert. »Wozu ist man eine Weltmacht«, ergänzte er, »wenn die Leute nicht einmal wissen, was ein Herr tut und was nicht?« Einen Augenblick schien es, als habe der Amerikaner in den Augen des Portiers nicht nur sich selber bloßgestellt, sondern mehr noch den Stolz einer Dienerschaft verletzt, die aus

altem Instinkt weiß, daß ihr eigenes Prestige unlösbar an das ihrer jeweiligen Herrschaft gebunden ist.
Man hat durch die Generationen, auch als Domestike, als Türsteher oder Kammerdiener, nicht die strahlenden Feste der Anjous erlebt, die Bälle des Hauses Aragón und die Galanächte der Bourbonen mit dem glanzvollen Adel der Beiden Sizilien, ohne über die Veränderung bestürzt zu sein, die sich im Verhalten des Amerikaners offenbarte. Zu tief eingegraben hat sich, was eine unbedachte Geste bewirken kann und wie leicht die Ehre verspielt ist, als daß man sich mit einem Herrn als Kofferträger abfinden könnte.

NEAPEL. Der Taxifahrer, der endlich eintraf, war gleichsam die akademische Spielart des Mannes aus Palermo. Er wurde »il Professore« genannt, weil er in früher Jugend die Universität besucht, dann aber, aus familiären Gründen, das Studium hatte abbrechen müssen. Er war ein Zwei-Zentner-Mann, der nur mit Mühe hinter das Steuer seines Wagens kam.
Er bestand darauf, die Unterhaltung auf Englisch zu führen, er hatte es in jungen Jahren, bei einem Aufenthalt in London, gelernt und sprach es im näselnden »very blasé« der britischen Oberklasse, wenn auch durchsetzt von impulsiven Plötzlichkeiten. Er kannte die Straßenecke, an der die berühmte Sängerin, die Verdi so verehrt hatte, mit einem Blutsturz zusammengebrochen war; den Balkon, von dem aus Vittorio Emanuele nach der Einigung Italiens erstmals zum Volk von Neapel gesprochen hatte, das aber sein Piemontesisch kaum verstehen konnte; oder auch die Stelle, wo kürzlich der »König der Taschendiebe« von einem Brüderpaar umgebracht und durch einen Kanalschacht in das Abwässersystem der Stadt versenkt worden war, weil er die Ehre ihrer Schwester beleidigt hatte.
Er fuhr mich zum Grab des Vergil, der, wie er versicherte, der größte Dichter sei, der je gelebt habe, »noch größer als Dante und Goethe«. Unmittelbar hinter einem Straßentunnel, den eine Eisenbahnstrecke überquert, lag ein winkliges, von einer Felswand begrenztes Parkstück und in dessen hinterem Teil ein einfaches römisches Familiengrab. Gegen den Verkehrslärm ankämpfend, las der Taxifahrer das berühmte, knappe Epitaph vor: »Mantua me genuit,

Calabri rapuere, tenet nunc Parthenope; cecini pascua, rura, duces.« Mantua hat mich zur Welt gebracht, Kalabrien ihr entrissen, jetzt hält mich Neapel. Ich besang Hirten, Bauern, große Männer.
Der Ruhm habe Vergil wenig geholfen, meinte der Taxifahrer. Seit Monaten habe er niemanden hierhergefahren. Die vielen Kongresse, wie erst vor wenigen Jahren zum 2000. Todestag, beeindruckten ihn nicht. Das sei nur Professorensache. Vor der Grabstätte lag ein einzelner Kranz. Auf der verblichenen Schleife stand, daß die Region Campanien sich des Dichters erinnere. »Niemand sonst«, meinte der Taxifahrer im Abgehen.

NOCH ZUM VORIGEN. Vielleicht hatte er recht. Während er mit seinem Wagen im Verkehrsgewühl verschwand, suchte ich mir auf dem Weg zum Meer Vergilsche Verse zu vergegenwärtigen, die mir irgendwann etwas bedeutet hatten. Es kamen nicht viel mehr als ein paar Zeilen zusammen, eigentlich nur Bruchstücke. Zwar ist jedem der Rang Vergils bewußt und wieviel Bewunderung ihm die lateinisch geprägte Welt immer entgegengebracht hat. Aber warum hatten Horaz und die anderen Dichter des Augusteischen Zeitalters ihm als dem Ersten von allen gehuldigt? Wie kam es, daß die Menge sich erhob, wenn er in Rom das Theater betrat? Fragen, auf die man die Antworten kennt. Aber nur im Wissen, nicht im Gefühl.
Wieder der Vorsatz, dem Zauber Vergils auf die Spur zu kommen. Vielleicht haben die Schwierigkeiten, die er bereitet, mit der Art zu tun, in der man sich ihm seit je in Deutschland zu nähern versucht.

ZUM VORIGEN. Es sind nur drei, keineswegs umfangreiche Werke, denen Vergil seinen Zeitenruhm verdankt: Die »Bucolica«, eine Sammlung von zehn Gedichten, die jedoch, anders als der Titel sagt, weit über den Typus des Hirtengedichts hinausgehen und nicht nur Begriff und Idee »Arkadiens« geschaffen, sondern auch, in der berühmten vierten Ekloge, nach lange geltender Überlieferung, die Geburt eines Kindes mit der christlichen Deutung der Weltstunde verbunden haben; dann die »Georgica«, das Buch vom ländlichen Dasein, das wiederum und geradezu absichtsvoll einen prosaischen Stoff zu wählen schien, weil erst daran die ganze Meisterschaft formaler wie inhaltlicher Entfaltung zu demonstrieren war, und das der Barockdichter John Dryden mit britischer Lakonie »the best poem of the best poet« genannt hat.

Die »Aeneis« schließlich, das dritte Werk Vergils, hat mit umfassendem, auf die große Weltbeschreibung abzielendem Gestus den Aufstieg Roms mit dem Untergang Trojas verknüpft, das Imperium in das Erbe Griechenlands eingesetzt und seinen Herrschaftsanspruch aus Mythos, Geschichte und Eigenart so eindrucksvoll hergeleitet, daß die römische Welt sich darin für immer wiedererkannte: »Andere werden vielleicht das Erz noch atmender schneiden, / Werden ein lebendes Bild aus dem Marmor hervorhaun, / Tönender reden am Markt ...« Doch Rom, so hieß es weiter, solle sich in der Kunst der Herrschaft üben, sanft sein zu den Besiegten und streng gegen die Stolzen.

Ohne jedes eigene Zutun, in seinem Auftreten vielmehr scheu und befangen, ist Vergil zum frühen Inbegriff des Dichterfürsten geworden. Schon zu Lebzeiten verbanden sich mit seinem Namen Vorstellungen von Magiertum und Zauberei, weil Wunderverse, wie er sie schuf, nicht Menschenwerk allein sein konnten. Wenige Jahrzehnte nach dem Tod des Dichters, der 19 v. Chr. starb, gingen seine Verse in die Schulbücher ein und wurden sogar, ungleich den Werken fast aller anderen römischen Dichter, ins Griechische übersetzt. Wie nur noch Alexander der Große, hat er jahrhundertelang die Phantasie der Menschen beherrscht. Er war der meistzitierte Autor der Weltliteratur, so daß man gesagt hat, sein Werk hätte sich, selbst wenn es verlorengegangen wäre, mühelos aus den verstreuten Textstellen rekonstruieren lassen.

Der legendäre Ruhm Vergils ging zum einen auf die Inspiration und den Erfindungsreichtum zurück, durch die er das nüchterne, im Klaren und Kurzangebundenen exzellierende Latein poetisch verwandelt und um neue Möglichkeiten des Ausdrucks und damit des Denkens wie des Empfindens bereichert hat. Ins elegant Leichte, auch Artifizielle wie bei Catull oder mitunter bei Ovid, verfeinerte er die Sprache dennoch nicht. Vielmehr bewahrte sie die ihr eigentümliche Kraft und sogar Monumentalität, aber durchsetzt von Anmut, Musikalität und einer nie geahnten Freiheit.

Er besaß die seltene Doppelgabe, die fast immer den großen Künstler macht: eine ins Weite zielende, zu umfassenden Entwürfen treibende Phantasie, gepaart mit einer ziselierenden Sorgfalt im Detail. Mehr als jeder andere Dichter der Antike war er vom Willen zur Form erfüllt, ständig mit Stoff und Sprache ringend, immer Schwere Stunde. An den »Georgica«, einem Werk von annähernd hundert Seiten, hat er sieben Jahre gearbeitet. Von der »Aeneis« verfaßte er zunächst ein Prosaschema, das er, mal hier oder dort weiterfahrend, in Verse übertrug. Er pflegte seine Werke, wie es in einem alten Bilde heißt, »nach der Art einer Bärin zur Welt zu bringen und sie durch Lecken zu formen«.

Als Vergil während einer Reise nach Griechenland, die der Überprüfung des schon Geschriebenen diente, am Fieber erkrankte und auf der Rückfahrt nach Brindisi den Tod kommen spürte, verfügte er in seinem Testament, nichts aus dem Nachlaß herauszubringen, was er selber zurückgehalten hätte. Gemeint war damit vor allem die in seinen Augen noch unfertige »Aeneis«, die er in der Verdüsterung des Endes sogar verbrennen wollte. Augustus, der ihn in seine engere Umgebung gezogen hatte, hat sich darüber hinweggesetzt.

Die andere Ursache des Ruhms war, daß Vergil mit jedem Werk eine literarische Gattung schuf, an die spätere Zeiten anknüpfen konnten. Die europäische Naturdichtung ist ohne die »Bucolica« so wenig denkbar wie das Lehrgedicht ohne die »Georgica«, und von der »Aeneis« haben sich Einflüsse in so verschiedenartigen Werken wie dem Nibelungenlied, Miltons »Paradise Lost« und der Henriade Voltaires nachweisen lassen.

Doch ging die Wirkung noch darüber hinaus. Der gesamten Literatur sowie der Kunst überhaupt hat Vergil einen nahezu unerschöpflichen Vorrat an Bildern und Gedanken vermacht. Das vierte Buch der »Aeneis« erzählt die Geschichte der karthagischen Königin Dido, deren Liebe zu Aeneas nicht nur unerfüllt bleibt, als dieser, dem »Geschichtsplan« der Götter gehorchend, weiterzieht; vielmehr schlägt ihr Gefühl in so hassende Verzweiflung um, daß selbst die ergreifenden Worte, mit denen Aeneas sich später, auf dem Weg durch die Unterwelt, an sie wendet, sie nicht erreichen: das Urbild aller Liebestragödien bis hin zum »Tristan«.

Einige Seiten zuvor beschreibt Vergil die Ankunft der geflüchteten, vom Sturm verschlagenen Trojaner an der Küste Karthagos, und wie Aeneas, erfüllt von Angst und Ungewißheit, ein Wandbild entdeckt, das den Untergang seiner Stadt darstellt. Aber mit den Erinnerungen, die es wachruft, den Schrecken und den Tränen, weckt es auch die Zuversicht, in ein Land gekommen zu sein, wo Menschen wohnen; denn die Fähigkeit, fremdes Unglück in der Erinnerung zu bewahren, so lautet die lapidar überwältigende Einsicht, die Trauer zu teilen, macht erst das zivilisierte Wesen aus und den ganzen Unterschied zwischen Menschen und Barbaren.

AM RANDE. Daß Augustus die »Aeneis« vor der Vernichtung bewahrte, hatte nicht zuletzt mit seiner Erwartung zu tun, das Werk werde seine Herkunft genealogisch mit der des Aeneas verknüpfen. Einiges spricht sogar dafür, daß es von ihm angeregt worden ist, und jedenfalls hat er die Arbeit daran drängend begleitet. Von Vergil wiederum, der den späteren Friedenskaiser noch nicht kannte, sondern in Augustus viel eher den selbstherrlichen Erben Caesars, den Zerstörer Perusias und Urheber der Proskriptionen sah, weiß man nicht erst seit Hermann Broch, wie sehr ihm die Zumutungen zu schaffen machten, die ihm das Werk abverlangten. Er hat folglich alle konkreten politischen Hinweise vermieden und die unvermeidlich rühmenden Passagen ins Offene und Allgemeine gewendet. Als sei ihm bewußt, was der Gegenwart wieder abhanden kam: daß die Dichter und Schriftsteller, die sich parteinehmend ins politische Geschehen einmischen, unter ihr Niveau gehen - oder es offenbar machen.

NOCH WEITERES. Zur einzigartigen, nie zu Ende gekommenen Auslegungsgeschichte Vergils gehört, wie er sich das Werk Homers anverwandelt, es durch Anspielung, Veränderung oder Umdeutung fortsetzt. Er ist bei alledem kein Nachahmer gewesen, wie eigentlich nur die Deutschen seit Winckelmann und mit ihrem Irrglauben über die Entdeckung des originalen Griechentums gemeint haben.

Vergil hat seine Schuldigkeit gegenüber Homer nicht verheimlicht. Das antike Verständnis der künstlerischen Nachfolge hat ihn vielmehr dahin gebracht, diesen Zusammenhang hervorzuheben und geradezu als einen Anspruch geltend zu machen. Die Entlehnungen sind überall greifbar, im Großen wie im Einzelnen. Der Gang des Aeneas in die Unterwelt hat sein Vorbild in der »Odyssee«, und die Wettspiele anläßlich der Totenfeier für Anchises greifen auf ein Motiv der »Ilias« beim Tod des Patroklos zurück, wobei die Abhängigkeit so weit getrieben ist, daß hier wie dort ein Mißgeschick über Sieg und Niederlage entscheidet. Und so immer wieder, die Ähnlichkeiten sind unverkennbar.

Die Unterschiede aber auch. Während Homer Szene an Szene reiht, Figur an Figur, und alles aus annähernd gleichem poetischem Abstand schildert, rafft Vergil das Geschehen zum dramatischen Vorgang. Er setzt die Haupthandlung deutlich von allen nur begleitenden, die Fülle und die Farbe verkörpernden Elementen ab und macht immer wieder das unterschiedliche Gewicht der Auftretenden kenntlich. Homers Figuren zeigen durchweg einen eher einfachen Zuschnitt, in ihnen entfaltet sich ein Charakter, aber noch keine Psychologie. In ihrem Stolz, ihrer Tapferkeit, ihrer Ausdauer oder Redelust wirken sie doch wie von gleicher Größe und bewegt von einem souveränen, die Szene gelassen kommandierenden Puppenspieler.

Im Gegensatz dazu beherrscht Vergil die Kunst der erzählerischen Perspektive. Zu ihren Mitteln zählt, daß eine Figur mit ihrer Bedeutung auch an individueller Prägung gewinnt, jeder der Akteure im Vordergrund ist in seinen Antrieben begreifbar, in seinen Hemmungen und Zweifeln, auch in seinen Widersprüchen. Erst in mittlerer Entfernung verschwimmen die Einzelzüge, und sie verlieren sich schließlich im Hintergrund, beim einfachen Volk, das nicht in der Geschichte ist.

Mit alledem war Vergil der Begründer eines neuen epischen Stils, der das eigene Werk und dessen Rang gerade im Durchblick auf Homer gesteigert hat. Das bekannteste Beispiel für diesen Zusammenhang ist nach wie vor die Gesamtanlage der »Aeneis«, die das Konzept von »Ilias« und »Odyssee«, von Krieg und nachfolgender Irrfahrt, umkehrt und statt dessen mit der Irrfahrt beginnt, sich dann, in der Beschreibung der Kämpfe um Latium, mit einer Epopö von Krieg und Eroberung fortsetzt und schließlich das eine wie das andere in die Idee eines Weltenplans einschmilzt, der aus Vergangenheitstiefe und religiöser Verheißung den imperialen Anspruch Roms herleitet: »Imperium sine fine dedi«, verkündet Jupiter. Noch während der Entstehung hat Properz die »Aeneis« als ein Werk gefeiert, das die »Ilias« übertreffen werde.

In die Epoche des aufsteigenden und zur Herrschaft gelangten Christentums hat Vergil am nachhaltigsten durch die vierte Ekloge der »Bucolica« gewirkt. Die Geburt des Kindes, von dem darin die Rede ist, die Heilserwartung sowie der Gedanke der bevorstehenden Zeitenwende haben durch die Jahrhunderte einen nie ermüdenden Disput immer neu und anders ansetzender, so frommer wie gelehrter Literatur nach sich gezogen.

Vergil hat das Gedicht im Dezember 41 v.Chr., zur Geburt des ersten Sohns im Hause seines Freundes, des Konsuls C. Asinius Pollio, verfaßt, dem es auch gewidmet ist. Aber schon damals hat man mehr darin gesehen als ein kunstvolles, durch das sibyllinische Motiv vom welterlösenden Kind überhöhtes Gelegenheitsgedicht, das nichts weiter bekunden wolle, als daß mit jedem Neugeborenen auch eine Stunde neuer Unschuld und neuer Hoffnung anbreche. Vielmehr galt es vom Tage seines Bekanntwerdens an als Ausdruck einer Erlösungssehnsucht, die in dem von Revolution, Bürgerkrieg und machtpolitischen Wirren erschütterten Reich umging.

Das Christentum hat sich alle diese Deutungen zu eigen gemacht und auf die Ankunft des Gottessohnes übertragen. Schon früh wurde das Gedicht als Weissagung aus messianischem Vorauswissen verstanden und Vergil selber, auf dem Konzil von Nicaea im Jahre 325, in den Rang eines prophetischen Vorläufers, eine Art heidnischer Johannesfigur, erhoben. Eine Vielzahl von Denkbildern bot dafür die Ansatzstellen, angefangen von der Idee der Jungfrauengeburt mitsamt der Metapher von der sterbenden Schlange, bis hin zu der Vorstellung des göttlichen Kindes, dessen Erscheinen die Sterne anzeigten und das ein Zeitalter des Friedens heraufführen werde, in dem, wie es heißt, die Erde alles im Überfluß hervorbringen und die Eichbäume Honig ausschwitzen würden wie Tau: Aderit iam tempus, die Zeit ist schon erfüllt.

AM RANDE. Die Verkündigung Vergils hat auch den Lebensweg dessen begleitet, dem sie ursprünglich gegolten hat. C. Asinius Gallus, wie sein Name lautete, hat schon in jungen Jahren die politische Laufbahn eingeschlagen. Der Name taucht bald nach dem Tod des Dichters wiederholt im öffentlichen Zusammenhang auf, auch erscheint er, in einer seltenen Auszeichnung, auf senatorischen Kupfermünzen, die das Bild des Imperators tragen. Als im Jahre 13 v. Chr. M. Vipsanius Agrippa starb, wurde Gallus durch kaiserliche Anordnung gezwungen, mit dessen Tochter, der Frau des Tiberius, die Ehe einzugehen, weil Augustus verlangte, daß Tiberius selber die Witwe Agrippas, seine eigene Tochter Julia, heirate. Im Alter von dreiunddreißig Jahren, zum frühest möglichen Zeitpunkt, wurde Gallus Konsul und mit der Verwaltung der begehrten Provinz Asia beauftragt. Vorübergehend scheint Augustus sogar erwogen zu haben, ihn zu seinem Nachfolger im Prinzipat zu machen, und nicht auszuschließen ist, daß an solchen Überlegungen die Aura besonderer Erwählung mitgewirkt hat, die den Konsul seit der Prophetie Vergils umgab.
Womöglich die gleichen Beweggründe haben Tiberius nach seinem Machtantritt bewogen, Gallus unbehelligt zu lassen. Doch hat er den, der, wie unfreiwillig auch immer, seine Ehe zerstörte, stets gehaßt. Im Jahre 30 ließ er ihn ohne erkennbaren Grund verhaften und vom Senat zum Tode verurteilen. Vielleicht hat das Gedicht Vergils noch einmal seine Wirkung getan, als die Hinrichtung ausgesetzt wurde. Drei Jahre später ist Gallus, inzwischen siebzig Jahre alt, in der Haft den Hungertod gestorben.

NOCH ZUM VORIGEN. In Deutschland hat Vergil, anders als im übrigen Europa, im Grunde nie den Ruhm des ersten und größten Dichters erlangt. Zwar ist er schon vor der Jahrtausendwende durch den Mönch Notker ins Deutsche übertragen worden, aber bezeichnenderweise ist das Werk verlorengegangen. Im Gegensatz dazu reichte nicht nur in Italien und Frankreich, sondern beispielsweise auch in England sein Einfluß weit über die gelehrte Republik hinaus, und während des 17. und beginnenden 18. Jahrhunderts ist kein Dichter in den Debatten des britischen Parlaments so häufig zitiert worden wie Vergil. Später haben die Verse aus den »Georgica«, die

das Lob des einfachen Lebens verkünden, das sentimentale Europa der Rokokozeit zu Tränen gerührt.
In Deutschland dagegen hat sich um die gleiche Zeit der Name Vergils ins Schattenhafte verflüchtigt. Winckelmanns Griechen-inbrunst, aber auch das eigentümliche Doppelwesen der deutschen Aufklärung haben auf jeweils andere Weise dazu beigetragen. Zwar wandte sich die besonders von Lessing betriebene Befreiung von aller romanischen Überfremdung in der Hauptsache gegen den französischen Einfluß, doch erfaßte sie zwangsläufig auch dessen lateinisches Herkommen. Die Romantik hat diese Wendung der Dinge noch verstärkt und die Idee des »Originalgenies« kurzerhand auf das Altertum im ganzen übertragen, wo nur die Griechen ihr gerecht wurden und alle anderen als mehr oder minder gelehrige Nachahmer figurierten. Die humanistische Bildung des Landes orientierte sich seither an Goethe oder doch an Weimar und sprang dann, unter Vernachlässigung der verbindenden Zwischenglieder im lateinischen Mittelalter und früher noch in Rom, umittelbar ins Griechische über; die Deutschen waren alle mehr oder minder Homeriden.
Der Vorgang hat tiefere Bewandtnisse, als der erste Blick vermuten läßt. Vergils Werk war strenger als das Homers und, in aller Kunstschönheit, mit einem immer spürbaren Element von politischem Wirklichkeitssinn durchsetzt. Der war nicht die Sache der Deutschen. Infolgedessen hat Vergil auch den Gegensatz zwischen dem Bestehenden und dem Wünschbaren, sooft er darauf kam, sozusagen gegen die deutsche Tendenz entschieden. Der Aetas-aurea-Mythos ist keineswegs die Utopie des befriedeten Daseins, die bis in die Gegenwart die politischen Denktraditionen des Landes beherrscht, und das Goldene Zeitalter nichts weniger als die Epoche des dauernden Friedens, der Fülle und des geschichtslosen Stillstands.
Solche Bilder beschreiben bei Vergil nur eine Sehnsucht. Denn Mühsal und Kampf sind das Urgesetz der Welt, sie erst verleihen dem Leben der Menschen Spannung, Gewicht und Sinn. Und die Kultur ist nichts anderes als ein Ausdruck der Fähigkeit, den nie zum Schweigen gelangenden Widerspruch zwischen dem Ersehnten und dem Möglichen auszuhalten. Der berühmten Wendung

Vergils von den »lacrimae rerum« liegt daher nicht nur die melancholische Einsicht zugrunde, daß vieles auf Erden beweinenswert ist; vielmehr nimmt sie auch, gefaßt ins Unvermeidliche, hin, daß die Dinge und die Tränen eines sind.
Der deutsche Vorbehalt gegen Vergil ist nicht zuletzt im unterschiedlichen Bewußtsein von der Welt begründet. Gegen die luftigere Fabelwelt Homers kam der Verfasser der »Aeneis« nicht an. Es machte schon einiges aus, daß die Irrfahrt des Odysseus in einer Romanze endet mit anschließender Heimkehr, die des Aeneas dagegen auf eine Staatsgründung hinzielt. Zuletzt ist es der Gegensatz zwischen dem »politischen« Zivilisationsdichter und dem mythischen, blinden Sänger, der die Deutschen zu dem einen gebracht und vom andern entfernt hat. Im zweiten Buch der »Georgica«, den berückenden »laudes Italiae«, hat Vergil Italien nicht nur als Land der Schönheit, sondern vor allem als Land des Maßes und der Mitte gerühmt.

NOCH ZUM VORIGEN. Hat man darüber nachgedacht, daß Aeneas, als er Gewißheit über sich und sein Leben erlangen will, zum toten Vater Anchises in die Unterwelt steigt und nicht zu den Müttern?

NEAPEL. Beim Gang durch die Stadt auch in einigen Kirchen, Santa Brigida, San Domenico Maggiore, San Gregorio Armeno, San Giovanni a Carbonara. Am auffälligsten ist, wenn man aus der turbulenten Enge der Gassen kommt, die verschwenderische Weite der Räume, ihre Reinlichkeit und Stille. Allenfalls das Überladene, festlich Erdrückende der meisten dieser Kirchen, das Nicht-aufhören-Können mit all dem Marmor, Stuck und Gold samt den davorgesetzten Bildern und Figuren, läßt sich mit dem Gewimmel draußen zusammenreimen.
Und dann die Kerzenparaden, kein Fleck bleibt ausgespart, überall Blumengewinde und durchbohrte Herzen, farbige Steine, entblößte Marterstellen, Totenköpfe und tausend andere, verehrungswürdige Niaiserien. Nirgendwo sonst tritt ähnlich stark ins Bewußtsein, daß Neapel eine barocke Stadt ist und dieses Wesen, wenn auch auf eine stillos wüste und vitale Weise, bis auf die Gegenwart bewahrt

hat. An den Wänden, in Nischen oder verglasten Schreinen, stehen himmelwärts gerichtete Heiligenfiguren, die frommen Frauen oft mit lang herabfallenden, blonden Haaren und in Schleiern, durch deren Blässe Gesichter voller hektisch geröteter Hingabe schimmern. Fast alle tragen Gewänder aus echtem Brokat, aus Spitzen oder vergilbter Seide und halten zwischen wächsernen Fingerspitzen einen Rosenkranz oder eine Lilie, andere drücken, mehr in Wollust als in irgendeiner reineren Form der Liebe, ein Kreuz gegen die Brust.

In einer der Kirchen hatte sich eine Gruppe älterer Frauen zusammengefunden. Die in anhaltendem Singsang verrichtete Litanei galt offenbar einem Kranken. An einer der Wände neben den Betenden waren Glaskästen angebracht, in denen Hunderte von kleinen, punzierten Platten hingen: in Silberblech gestanzte Beine, Arme, Brüste, Nasen und andere Körperteile, deren Erkrankung durch die Fürbitte eines Heiligen geheilt worden war; daneben waren der Name des Kranken und das Datum der wundersamen Genesung vermerkt. Als wir herankamen, wandten uns die Frauen wie auf ein Zeichen hin die Köpfe zu und verstummten. Erst als die Musterung beendet war, wurde das Gebet im unverändert psalmodierenden Tonfall wieder aufgenommen.

In einer Seitenkapelle lag, schräg gegen den Altar gelehnt, ein Kruzifix mit einem blutüberströmten, in drastischem Realismus ausgeführten Schmerzensmann. Jodice erzählte, die lebensgroße Figur sei erst kürzlich restauriert worden, weil die Wundmale und Passionsschwären den Gläubigen allzu verblaßt erschienen waren und das Grausen nicht mehr verbreiteten, an dem sich die Leidensphantasie erst entzünden kann. Man hatte, um die Sache zu vereinfachen, die Arbeit auf den Stufen des Altars vorgenommen, und während dieser Zeit waren täglich die Kirchenbesucher gekommen und hatten den Gekreuzigten an Haupt und Wunden geküßt. Als man das Kruzifix nach Beendigung der Restaurierung wieder an seinen Platz schaffen wollte, hatte sich die Gemeinde leidenschaftlich widersetzt. Niemand wollte künftig auf den frommen Brauch verzichten.

Auch die Frauen gingen, als sie ihr Gebet beendet hatten, zu der Kapelle hinüber, fielen reihum auf die Knie und bedeckten, unter

Anrufungen die Arme in die Höhe werfend, den Mann am Kreuz mit ihren Küssen.

NEAPEL. Der Eindruck andachtsvoller Warenhäuser, den die neapolitanischen Kirchen mit ihrem Devotionalienprunk hervorrufen. Aber P. wollte davon nichts wissen. Der Glaube habe in dieser Gegend das sinnenfeindliche, asketische Element des Christentums nie angenommen und sich viel eher von der gleichnishungrigen Mirakelphantasie des Orients verzaubern lassen. Desgleichen sei das Neuheidentum der Entmythologisierer an den Menschen im Süden vorübergegangen, und selbst der Katechismus und sein dogmatisches Regelwerk lasse sie unbeeindruckt; ihr Christentum komme aus den Legenden, die ihr eigenes Leben widerspiegelten, die Mühsal und die Ängste, die es begleiteten. Und natürlich aus den märchenhaften Erwartungen, die auch ihnen verheißen seien.
P. gab zu, daß solche Vorstellungen schon in Florenz oder Turin fremdartig wirkten und meinte, daß man eigentlich von vielen Christentümern sprechen müsse. In Italien seien es mindestens zwei. Den Unterschied machten schon die Heiligen erkennbar, die hier und dort verehrt würden. Im Norden seien es überwiegend karitative Nothelfer, Verteiler von Armensuppen und Vorbilder menschlicher Hingabe wie Don Bosco, im Süden dagegen Wundertäter wie San Gennaro. Der eine verkörpere den Typus des Samariters, der andere den des Magiers, dort seien es die guten Werke, hier die Zaubermittel, die zum Heil führten. »Wenn der heilige Martin aus Neapel stammte«, setzte er hinzu, »hätte er nicht seinen Mantel geteilt, sondern wäre, wie Prinz Husain von Bischangarh, darauf zum Himmel geflogen, um die Engel zu Hilfe zu holen.«

AM RANDE. Immer wieder verblüfft, mit welcher Menge Aberglauben und unverhohlenem Heidentum sich das Christliche verträgt.

NEAPEL. Der Garagenwärter erzählte mir eine Geschichte, die in jeder Stadt der Welt unglaubwürdig wäre. In Neapel jedoch bedurfte es der Beteuerungen nicht, mit denen er sich für ihre Wahrheit verbürgte.

»Vor einiger Zeit«, berichtete er, »als der Schmuggel noch blühte, benutzte die Wasserpolizei dieselbe Benzinstation wie die Schmuggler. Da die langsameren Polizeiboote immer wieder das Nachsehen hatten, beschloß die Behörde eines Tages, die Tankstelle am Hafen für alle Verdächtigen zu sperren.
Die Schmuggler waren empört. Sie wurden in großen Gruppen vorstellig, richteten Eingaben an die zuständigen Stellen und traten, als alles nichts half, schließlich in den Streik. Anfangs stießen sie damit nur auf den Hohn der Bürger und der Behörden. Doch bald schon zeigte sich, daß sie mit ihrem Ausstand einen erheblichen Teil der Bevölkerung von der gewohnten Versorgung abschnitten, von Zigaretten, Kaffee, Dosenfleisch, Alkohol und vielem anderen, all den Dingen eben, die der Mensch zum Leben braucht.
Jeder bekam das zu spüren, und viele erkannten, vielleicht zum ersten Mal, in welchem Maße sie vom Schmuggelgut lebten. Unvermittelt schlug die Stimmung um, und binnen kurzem war ganz Neapel in Aufruhr. Zuletzt war der öffentliche Unmut so groß, daß der Polizeipräfekt einlenken mußte. Die Schmuggler erhielten wieder den Zugang zur Hafentankstelle, die Polizeiboote konnten, für jedermann sichtbar, ihrer Pflicht Genüge tun und in aussichtslosen Verfolgungsjagden den Schmugglern nachsetzen, bald kam auch die Versorgung wieder in Gang, und die allgemeine Empörung legte sich.«
Der Garagenwärter fügte eine Bemerkung hinzu, die von soviel Witz wie mediterraner Lebensklugheit zeugte. »Ich weiß nicht«, sagte er, »ob der Polizeipräfekt befördert worden ist. Aber er hätte eine Auszeichnung verdient. Denn er hat ebensoviel Energie wie Einsicht gezeigt. Und wo gibt es das schon, daß ein Mann der Politik vom einem hat und vom anderen auch?«

NEAPEL. Der Schmuggel liege natürlich in der Hand der Camorra, sagte »der Kalabreser«, an den mich noch der Ingenieur verwiesen hatte, das habe der Garagenwärter aus Angst verschwiegen. Von der sizilianischen Mafia, ihrem dumpfen und gehetzt wirkenden Wesen, unterscheide sie vor allem die theatralische Neigung, der neapolitanische Hang zur großen Geste. Nirgendwo sonst sei vorstellbar, daß ein Angeklagter aus dem »gabbione«, dem

Raubtierkäfig in den Justizsälen, zur Richterbank hinüberrufe, er habe mit Erpressung und Schmuggel nichts zu tun, er beschäftige sich mit größeren Dingen, mit Mord beispielsweise, aber das könne niemand ihm nachweisen.

Mittelpunktfigur der Camorra ist seit geraumer Zeit Raffaele Cutolo, genannt »o' professore«. Seit er mit annähernd zwanzig Jahren einen Mord an einem Rivalen verübte, hat er die andere Hälfte seines Lebens fast ausschließlich hinter Gittern verbracht. Es spricht für sein Führungsgeschick, daß er es dennoch schaffte, an der alten, bequem gewordenen Camorra des Obst- und Gemüsehandels vorbei, zum »padrone della piazza« aufzusteigen und mit Hilfe eines verzweigten, generalstabsmäßig kommandierten Syndikats, der Nuova Camorra Organizzata, NCO, das Drogen- und das Baugeschäft, den Schmuggel, die Erpressung, das Glücksspiel und die Prostitution weitgehend in seine Hand zu bekommen. Inzwischen bewohnt er im Gefängnis eine Flucht von fünf Zellen mit alten Teppichen, mit Gemälden von Modigliani, und läßt sich die Menüs aus den besten Restaurants der Stadt kommen.

Die engere Führungsgruppe, wußte der Kalabreser, bestehe aus fünf Leuten, die wiederum zwölf Distriktsleitern *(capizona)* befehlen. Diesen sind dann die *guaglioni* unterstellt, die Mannschaften, die bei festem Gehalt als Hehler, Verbindungsleute, Dealer oder Killer tätig sind. Sie beschaffen auch die Arbeitsplätze und Diplome, die Krankenhausbetten und Renten. Im ganzen, meinte der Mann, lebten im Küstenstrich von Neapel an die hunderttausend Menschen von der Camorra, und allein die sogenannten Schutzgelder, die von den Ladenbesitzern und Kleinunternehmern erpreßt werden, schätze man auf umgerechnet vier bis fünf Milliarden Mark jährlich.

Doch ist der »professore« nicht nur der Organisator der neuen Camorra, sondern auch deren Symbolfigur. Immer korrekt und im grauen Doppelreiher auftretend, mit wachen Augen hinter der goldgeränderten Brille, wirkt er wie ein Provinzarzt oder ein Prokurist aus der zweiten Vorstandsetage. Aber in seiner Mischung aus Modernität und rhetorischer Gewandtheit, aus skrupellosen und sentimentalen Zügen, verkörpert er, wie aus dem Panoptikum, den Unterweltsbeherrscher neuen Stils. In seinem Heimatort Ottaviano,

an der Nordostseite des Vesuvs, hat er sich eine Villa der Medici gekauft, mit dreihundertfünfzig Räumen, einem Park mit Springbrunnen, beschnittenen Hecken und Marmorfiguren.
Zum Bild dieses Mannes gehört auch sein literarischer Ehrgeiz. Vor einiger Zeit hat Cutolo einen Lyrikband veröffentlicht, und eines der Gedichte ist einem Kind gewidmet, das gerade ein Jahr alt war, als er dessen Eltern ermorden ließ: eine Ode voller wortreicher Schmähungen gegen die »Verräter« und mit der Mahnung am Ende, groß zu werden für ein anderes, besseres Leben. Während des Erdbebens von 1980 wiederum blieb er kaltblütig genug, um die Verwirrung im Gefängnis zur Ermordung dreier Mithäftlinge zu nutzen, einen von ihnen fand man mit einem Besenstiel gepfählt, einen anderen ließ er wenig später durch eine schwere Eisentür köpfen. Als seine Anhänger ihm einen Strauß seiner Lieblingsblumen, einer bestimmten Orchideenart, in die Zelle schickten, bedankte er sich höflich, fügte aber warnend hinzu: »Wenn ich selber Blumen schicke, werden es Chrysanthemen sein.«
Vervollständigt wurde das neapolitanische Schauerstück mit Raffaele Cutolo in der Hauptrolle erst durch den Auftritt eines großen Gegenspielers. Er betrat die Bühne in Gestalt von Pupetta Maresca, dem »blutigen Engel von Castellamare«, wie sie im Volksmund heißt, einer Heroine wie aus der Dreigroschenoper. Vor dreißig Jahren, als minderjährige, schwangere Witwe, war sie in Trauerkleidern auf dem Corso Novara erschienen und hatte vor aller Augen Antonio Esposito, den Mörder ihres Mannes, erschossen.
Jahre später, inzwischen aus dem Gefängnis entlassen, hat Pupetta Maresca die Sache der alten Camorra, deren fünf Clans sich zur Abwehr der NCO als »Nuova Famiglia« zusammengeschlossen hatten, mit ihrem unverwelkten Ruhm als Heilige und Nationalheldin, aber auch mit ihrer Wortgewalt unterstützt, indem sie Raffaele Cutolo offen zum Kampf herausforderte: »Wenn er sich an einem Mitglied meiner Familie vergreift«, rief sie auf einer Pressekonferenz, »dann werde ich ihn und seine ganze Mörderbande vernichten! Auch die Frauen und die Kinder und die Säuglinge in der Wiege! Ich werde dieses Ungeheuer und seine Killer verfolgen bis ins siebte Glied!«
Von Zeit zu Zeit, meinte der Kalabreser, der mir dies und anderes

mehr erzählte, werden die Camorristi der einen wie der anderen Seite hochgenommen. Aber selbst wenn die Aktionen der Polizei nicht jedesmal verraten würden, blieben sie wirkungslos. Zu tief sei die Camorra, wie Mafia oder n'drangheta auch, in den Organismus Italiens eingedrungen. Sie habe sich nicht nur in den Spitzen der Gesellschaft und Behörden festgesetzt, sondern unterhalte auch Verbindungsstellen in Turin, Mailand und überall. Pupetta Maresca übrigens, inzwischen an die fünfzig Jahre alt und zur fülligen Matrone geworden, betreibe unter ihrem Namen drei oder vier Boutiquen in Neapel. Sie halte sich einiges darauf zugute, Francesco Rosi zu seinem ersten Film, »La sfida«, inspiriert zu haben.

NEAPEL. Vor dem Hotel das ins Meer gebaute Castel dell'Ovo, dessen Name mit der Vorstellung vom Zauberer Vergil verbunden ist; er soll es, auf dem felsigen Grund des Meeres, mit einem riesigen Ei verankert haben, das den Bau dank seiner Form gegen alle Stürme und Erdschwankungen im Gleichgewicht hält.
Im Altertum lag an der Stelle eine Sommervilla des Lucullus mit Fischteichen und Gärten, die bis aufs Festland herüberreichten, und fünfhundert Jahre später diente das Anwesen als Exil für den von Odoaker verbannten letzten Caesaren, Romulus Augustulus, mit dem das Imperium aus der Geschichte ging. Auch die Hohenstaufen endeten hier. Auf der inzwischen errichteten Felsenburg verbrachte Konradin die Tage vor seiner Hinrichtung.
Dahinter das Meer, das in langen, gleichmäßigen Bewegungen gegen die Küste rollt. Bevor die Wellen an dem grauen, zerklüfteten Tuffblock zerspringen, auf dem das Kastell steht, blinken sie ölig und wie mit einer giftig schillernden Haut überzogen.

NEAPEL. Was mit Syberberg sei, fragte mich Camillo, mein neuester Bekannter. Jahrelang habe der Mann seine Konfusion als moralische Zerknirschung oder Gedankentiefe ausgegeben, und alle Welt, bis hin zu Susan Sontag, habe es ihm abgenommen. Aber, fügte er hinzu, er selber sei von ihm und seinem Echo eher beunruhigt.
Wir sprachen über Syberbergs zeitweiligen Erfolg, und wie sehr er darauf gegründet war, daß er das Bild vom wirren Deutschen bis

zur Karikatur wieder hergestellt habe. Infolgedessen sei er auch vorwiegend in Ländern zum Zuge gekommen, in denen jenes Vorurteil lange ausgebildet war. Seine Filme schienen alle stereotypen Vorstellungen über die romantischen Liebhaber von Nebeln und Katastrophen zu bestätigen, und endlich, nach Jahren der Ungewißheit, glaubte man wieder zu wissen, daß die Deutschen noch immer beunruhigend deutsch waren.
Ich erzählte, wie Winifred Wagner einen Familienrat einberief, nachdem Syberberg sie wegen eines Interviews aufgesucht hatte; und wie sie, nach längerem Für und Wider, die Sache mit dem Satz entschieden hatte: »Ich werde es tun; denn im Innersten spüre ich, daß er einer von uns ist.«

NEAPEL. An einem Haus in der Via Verdi erinnert eine Tafel daran, daß Goethe hier, bei seinem ersten Neapelaufenthalt im Februar und März 1787, gewohnt hat: »Alla Locanda del Sgr. Moriconi al Largo del Castello. Unter dieser ebenso heiter als prächtig klingenden Aufschrift würden uns Briefe aus allen vier Teilen der Welt nunmehr auffinden«, schrieb er nach Weimar.
Las einige Seiten in der »Italienischen Reise«, darunter die Episode von dem »Prinzeßchen«, das Goethe bei einem zufälligen Abendbesuch im Haus der Filangieri antraf und dessen ungezwungene Art, mit der Principessa zu reden, so wenig zu dem nachlässigen Äußeren zu passen schien, dem »leichten, seidenen Fähnchen«, das es trug, und dem exzentrisch »aufgestutzten« Haar, daß Goethe eher an eine Putzmacherin dachte. Die junge Frau, heißt es weiter, habe sich auch durch seinen Eintritt in ihrem Geplauder nicht stören lassen, sondern »eine Menge possierlicher Geschichten vorgebracht, welche ihr dieser Tage begegnet oder vielmehr durch ihre Strudeleien veranlaßt worden« waren, ehe sie ihn beim Abschied, im Vorbeigehen, zu einem Abendessen, einige Tage später, einlud. Und wie Goethe zur angegebenen Zeit unversehens vor einem der großen Paläste Neapels stand, mit einem weiten, von Haupt- und Seitengebäuden umgebenen Hof, livrierten Dienern auf den Freitreppen und bis in die geräumigen Säle, die sich mit Offizieren, Hofleuten und Geistlichen füllten, so daß er schon an einen Irrtum glaubte. Aber schließlich, fährt er fort, »sprang Prinzeßchen auch in

den Saal, fuhr unter Knicksen, Beugungen, Kopfnicken an allen vorbei« auf ihn los und bat ihn an seiner Seite zu Tisch. Er muß sich ziemlich unbeholfen vorgekommen sein angesichts der Ausgelassenheit, mit der das Fräulein sich benahm, und die »lästerlichen Scherze«, die es vor allem mit einem Benediktiner an der Tafel trieb, wollte er nicht einmal seinem Brief anvertrauen. Als er schon glaubte, die junge Frau habe nichts als solche »gott- und sittenlosen Bemerkungen« im Kopf, setzte sie ihn aufs neue in Erstaunen, indem sie unvermittelt den Ton wechselte und mit großer Klugheit von Politik und Gesetzesreformen zu reden begann.
Sie lud ihn schließlich in ihre Villa bei Sorrent ein, wo sie ihn von aller Philosophie und den Runzeln, wie sie meinte, kurieren wollte. Aber Goethe ist nicht darauf eingegangen. »Reisen lerne ich wohl auf dieser Reise«, notierte er ein paar Tage später, »ob ich leben lerne, weiß ich nicht.«

AM RANDE. Dazu ein Satz von Evelyn Waugh: »Gute Manieren verlangt man von einfachen Leuten. Wer darüber hinaus ist, kann tun und lassen, was er will.«

NEAPEL. Viele meinen, Neapel sei eine hoffnungslos chaotische, schon zerstörte oder doch untergehende Stadt und seine vermeintliche Lebendigkeit, wie Barzini mir einmal sagte, nur das Zucken eines Fiebernden in der Agonie.
Aber P. widersprach. Er hatte mich in ein einfaches Restaurant geführt, die Wände waren mit einem verschabten, vom austretenden Salpeter zerstörten Fresko bemalt, das dennoch den Eindruck erweckte, als sitze man auf einer Loggia mit weitem Blick über das Meer. Von oben hingen Trauben und Efeu ins Bild, und weit draußen, auf den blaugerippten Wellen, kämpften die kleinen Boote so schwer mit dem Wind wie mit der perspektivischen Sicherheit des Künstlers.
»Das sind die Irrtümer der Leute aus dem Norden«, meinte P., »und der Ihnen das erzählt hat, kommt aus Mailand. Aber er weiß nichts von Italien. Denn das unterscheidet nicht nur Neapel von anderen Städten, sondern auch dieses Land von allen übrigen: Italien muß seine Krisen nicht bewältigen und will es nicht einmal. Hier gibt es

nicht jene Alarmstimmungen, die anderswo das Nahen einer Krise auslöst. Das hat mit einer merkwürdigen Taubheit zu tun, von der alle Italiener befallen sind. Ein angeborener oder anerzogener Instinkt sagt ihnen, daß man nicht gegen die Krisen, sondern mit ihnen leben muß. Dazu kommt ihr skeptischer Sinn. Sie wissen, daß die Bewältigung der einen Krise nur die Voraussetzungen für die Entstehung einer anderen schafft. Also ist es vernünftiger, sich in der bestehenden Krise einzurichten, als sich den Gefahren einer unbekannten auszuliefern.«

Er sprach dann über die anderen Nationen und wie sie mit dergleichen fertig zu werden versuchten. Die Franzosen beispielsweise redeten auch unablässig von Krisen, benutzten sie aber nur als advokatorisches Material. Das begreife er noch. Ganz fremd dagegen seien ihm die Deutschen. Manchmal denke er, sie fürchteten die Krise nicht, sondern liebten sie geradezu. Aber auf eine verrückte, besessene Weise. Seit Jahren erfänden sie immer neue Anlässe, um sich zu ängstigen. Herpes und Aids, das Waldsterben, die Kernkraft und das Ozonloch. Zugleich hielten sie sich ihre Schrecken wie ein moralisches Verdienst zugute und wollten sie aller Welt aufnötigen. »Wenn Sie wüßten, wie sie ihren Nachbarn damit auf die Nerven gehen«, sagte er.

Er sprach auch von seinem Verdacht, daß diese Angst nur Gehabe sei und eine andere Maskerade der deutschen Arroganz. Einmal falle sie in Uniform, dann im härenen Gewand über die Welt her. Aber Unterjochungsbedürfnis sei es immer. Die Deutschen wollten nun mal der Welt lästig sein. Das Wort »Ernstfall«, von dem er gehört hatte, sprach er auf Deutsch und mit komischem Akzent aus. Krisen gehörten zum Leben, meinte er, und daß die Deutschen das nicht wüßten, mache ihre Unreife aus.

Natürlich stehen nicht nur Instinkt und Skeptizismus hinter dem, was er über das italienische Verhältnis zur Krise gesagt hatte. Es ist auch das Empfinden, vom Glück begünstigt zu sein – sofern der Satz zutreffend ist, daß Glück nichts anderes sei als Talent für das Schicksal.

NEAPEL. Die Zeitungen berichten von einem Mord, der gestern auf offener Straße begangen worden ist. Diesmal war es nicht die Camorra, von deren Umtrieben fast täglich zu lesen ist, mehr als tausend Tote in wenigen Jahren. Sondern ein älterer Mann, der sich seines Nebenbuhlers entledigte.

Was alle Äußerungen dazu gemein haben, in der Berichterstattung wie in den Gesprächen, ist das unverhohlene Mitempfinden für den Täter, für das Opfer, und nicht zuletzt für die Frau. Vielleicht zeigt sich nirgends sonst die einfache Menschlichkeit Italiens so deutlich wie angesichts solcher alten, immer neuen Geschichten. Jeder kann sich in Eifersucht, Liebe, Haß oder Rachsucht, das ganze Gefühlsdrama der Beteiligten, so hineinversetzen, als sei es, auf welcher Seite auch immer, das eigene Erleben.

Hinzu kommt der Druck sozialer Erwartungen. Ein getäuschter Liebhaber kann sich nicht einfach in Melancholie und Bitterkeit zurückziehen. Alle Welt achtet darauf, wie er mit der Rolle des Bloßgestellten, in der Ehre Gekränkten fertig wird. Immer wieder ist zu hören, daß ein Mensch das Gesicht zu wahren und seine Würde auch im Unglück zu behaupten habe.

Die Formel dafür heißt »bella figura«. Sie umfaßt auch den Pomp bei einem Begräbnis, die Üppigkeit eines Essens oder die Freigiebigkeit gegenüber den Armen. Bella figura war es um die Zeit der Jahrhundertwende und danach, seine Oberhemden zum Bügeln nach London zu schicken. Sie ist eine Form der Generosität mit großmannssüchtigen Zügen. In diesem Falle lobt man den Betrogenen dafür, daß er die Tat in aller Öffentlichkeit begangen und anschließend, ohne sich von der Stelle zu rühren, seine Festnahme erwartet habe.

AM RANDE. »Die Menschen wissen nicht, wie man auf ehrenvolle Weise unglücklich sein kann«, schrieb Machiavelli, der aber Florentiner war.

NOCH ZUM VORIGEN. Der italienische Gedanke, daß alles Menschliche ins Soziale reiche, hat eine engumrissene Grenze. Er erfaßt nur die persönliche Sphäre, wo Leidenschaften im Spiel sind und die Gefühle, die jeder kennt. Es gibt keine abstrakten, auf die Gesellschaft im ganzen bezogenen Verhaltensnormen. Auch kein Empfinden sozialer Verantwortung. Jeder hält sich an das Seine.

Gespräch mit P., ob man es dabei mit einem Merkmal vor allem katholischer Länder zu tun habe, an denen Reformation und Aufklärung vorübergingen. Denn erst diese haben die Umwandlung religiöser Gebote zu innerweltlicher Ethik bewirkt.
P. stimmte zu, ergänzte aber, es sei vor allem die spanische Tradition. Sie habe den ganzen Süden Italiens geprägt. Spanisch seien die Titelsucht und die Verachtung der Arbeit, die Lust am Paradieren und der Paternalismus mit seiner Vorstellung, daß Beziehungen wichtiger als Leistung sind; ferner die bis zum Wahnwitz gehende Vorliebe für Protokollarisches und überhaupt für nichtige Äußerlichkeiten. Erinnerungen an Sizilien.
Auch die Idee der »bella figura« komme aus dem Spanischen, fuhr P. fort, desgleichen eine besondere Form der Bigotterie, die aber vor allem auf das Bürgertum beschränkt sei. Er erinnerte an das Wort eines Bourbonen, sein Reich sei durch Salz- und Weihwasser von der übrigen Welt getrennt.

AM RANDE. Man kann, mit dem Blick auf die spanische Tradition, etwas mehr von der Entstehungsgeschichte der europäischen Musik begreifen, zu der Neapel so viel beigetragen hat. Immer liegen Naturaffekt und aufgestülpte Form im Streit und suchen das Gleichgewicht. Die Komponisten des 17. Jahrhunderts fügten in das steife Opernzeremoniell volkstümlich komponierte Lieder ein, aus denen sich die Arienform entwickelte und später die Trennung in Opera seria und Opera buffa.
Domenico Scarlatti war die längste Zeit seines Lebens im strengen Formschema gefangen, das seiner Musik, trotz allen Einfallsreichtums, den freien Atem nahm. Aber im Alter schlug dann, wie vom einen Augenblick auf den anderen, die neapolitanische Vitalität durch, und er benutzte das Regelwerk nur noch, um seine Lebendigkeit, sein Erfindungsgenie dagegen auszuspielen: bis hin zur modern anmutenden Stimmungsmalerei und zu den überrumpelnden Feuerwerken, wie sie die Pianisten gern als Zugabe abbrennen. Der Durchbruch kam, nachdem der berühmte Vater, Alessandro S., gestorben war. Auch ein Aeneas-Anchises-Verhältnis. Der Sohn, die Überlast des Vaters auf dem Rücken.

NEAPEL. Abends mit G. in einem Hafenrestaurant, das über einen Steg ins Wasser gebaut ist. Der Kellner, in seiner Titelverlegenheit, redete meinen Begleiter mit »Dottore« an, mich nannte er anfangs ebenso, wechselte dann aber zu »Capitano« über.

AM RANDE. Das Empfinden vieler Italiener, anderen Nationen überlegen zu sein, ist auch im Bewußtsein begründet, die Geschichte hinter sich zu haben. Als müßten sie der Welt nichts mehr beweisen. Während gerade das der anhaltende Ehrgeiz der Deutschen zu sein scheint.
Deshalb auch der Wille, sich mit den Verhältnissen abzufinden, sie zu lassen, wie sie sind. »Wenn man Rom gewesen ist«, steht bei Burckhardt, »ändert man sich nicht mehr freiwillig und jedenfalls nicht mit Nutzen, sondern man lebt so aus, wie man ist.«
Das italienische Phlegma ist daher zugleich auch die Kehrseite eines tiefsitzenden Minderwertigkeitsgefühls. Genauere Beobachter haben das immer gesehen, und ein geistreicher Franzose hat Italien »la terre des morts« genannt. Melancholie und Pessimismus als die eigentliche, wenn auch weltabgekehrte Seite des italienischen Wesens. Viele Gründe dafür. Zu ihnen zählt der Zwang, ständig im Schatten der Vergangenheit zu stehen und in jedem Provinznest erdrückende Belege dafür zu finden, daß Italien nie mehr sein wird, was es einmal war.

NEAPEL. Auf der Straße treffe ich Camillo. Als Beispiel für die italienische Leidenschaft zu Schaustellereffekten und dramatischen Auftritten erzählt er, daß Mussolini, nachdem er im Ersten Weltkrieg verwundet worden war, noch an Krücken ging, als er sie längst nicht mehr benötigte. Auch das eine Art »bella figura«.

NEAPEL. Heute kam S. Er wird zwei Tage in Neapel bleiben, anschließend werden wir zusammen nach Rom fahren.
Nachmittags am Meer entlang zur Zoologischen Station und zu den Fresken, die Hans von Marées 1873 für die Bibliothek des Hauses gemalt hat. S. fragte, worauf wohl zurückzuführen sei, daß die deutsche bürgerliche Kunst des 19. Jahrhunderts sich so durchgehend von der Wirklichkeit abgewandt habe. Während die Franzosen im-

mer wieder auch Straßen und Alltagsszenen oder, von Manet bis Meissonier, sogar den Aufstand der Kommune malen und ihre romantisierende Tendenz auf die Verklärung des Gegenwärtigen oder Zukünftigen zielt, retirieren die Deutschen in irgendeine Vergangenheit. Häufig in die Antike, aber mehr noch in ein anheimelndes Mittelalter mit dem Zauber windschiefer Häuser und zeitlos einfachen Menschen, die weniger in Enge, Bedrückung und Arbeit gezeigt werden als beim Tanz unter der Linde, auf idyllischen Jahrmarktsfesten oder bei Kaffee und Blechkuchen um den Familientisch. Die einen suchten ihre Gegenstände, zumindest auch, in den Metropolen, die anderen in geschichtsverlorenen Kleinstädten und Dörfern. Und wie mit den Malern verhalte es sich mit den Schriftstellern von Mörike über Keller bis Storm. Überall Seldwyla oder Immensee. Es werde da ein Verlangen ins Rückwärtige und Problemlose erkennbar, das sich mit stiller Zähigkeit der heraufkommenden Welt der Industrie, der Großstädte und sozialen Prozesse widersetzt.
Wir sprachen über die Motive für diese Fluchttendenz und deren Folgen. Sie wird meist als Kardinalpunkt des deutschen Verhängnisses gesehen und verurteilt. Ich wies aber darauf hin, daß gerade die Anwälte progressiver Gesinnung, die sich als Kritiker besonders hervortun, zu ihren Vorwürfen unzureichend legitimiert seien. Denn im Grunde verübelten sie dem bürgerlichen 19. Jahrhundert vor allem, daß es von den beiden Möglichkeiten der Realitätsabsage die Vergangenheit gewählt und sich in den verlorenen Paradiesen heimischer gefühlt habe als in den Phantasiebildern einer klassenlosen Zukunft.

NOCH ZUM VORIGEN. Hans von Marées, dessen Name in diesem Zusammenhang auch genannt wird, gehört nur vom Rande her dazu. Natürlich greifen seine Bilder auf antike Motive zurück, immer wieder die Hesperiden oder das Goldene Zeitalter. Sehnsucht nach einer Welt außerhalb aller Zeit und Geschichte. Aber es sind keine mythisierten Gestalten, die seine Bilder bevölkern, keine herabgestiegenen Götter wie bei Feuerbach, sondern Menschen aus der Alltagswelt und jedenfalls ohne apotheotischen Verschönerungswillen dargestellt. Der Raum, vor dem sie sich bewegen, ist ein

Arkadien, in das die tiefen Schatten der Gegenwart fallen. Was der depressiven Grundstimmung die Waage hält, ist ein Glück, das lange war. Auf brüchigem Boden brachte Marées noch einmal Gegensätze zusammen, von deren Versöhnung das 19. Jahrhundert anhaltend geträumt hat: Antike und Gegenwart, Nord und Süd, Gedanke und reines, bewegungsloses Dasein.
Insofern hat man Marées nicht zu Unrecht mit Cézanne verglichen, er ist, neben Menzel, der einzige deutsche Maler jener Zeit, der den Vergleich mit den zeitgenössischen Franzosen aushält. Vielleicht liegt darin auch ein Grund dafür, daß er, wie wohl kein anderer deutscher Maler des 19. Jahrhunderts, auf die Moderne eingewirkt hat, wenn auch mit einiger Verzögerung. Sein Einfluß ist bei Franz Marc und Karl Hofer greifbar, aber auch bei Schlemmer und anderen Künstlern des Bauhauses; und in der Bildhauerei bei Touaillon und Scheibe, Marcks und Stadler.
Ironischerweise ist gerade sein Werk in ständiger Selbstzerstörung begriffen, auch wenn die Befürchtung, die Bilder könnten eines Tages ganz in der Schwärze versinken, inzwischen widerlegt ist. Aber kaum noch Rot und Grün. Im Abstand einiger Jahre meint man wahrzunehmen, wie die Asphaltfarben, die er verwendete, die Bilder eingedunkelt haben und die »Lichtwelt«, die ihm vor Augen schwebte, sich verdüstert hat.

NEAPEL. Mit S. noch einmal über die Via Toledo mit der unablässig aus Häusern und Seitengassen hervorquellenden Menschenmenge. Dann durch Spaccanapoli, wo wir uns mehrfach verloren. In seiner Belustigung über das stoßende und tobende Gewühl, durch das wir uns den Weg bahnten, war mehr Befremden, als er wahrhaben wollte.
Im Bild Neapels entdeckte er überall Gegensätze. Vulgarität, die mit einem weichlichen Wesen einhergeht, Gesundheit über Fäulnis und Verwesung, Hinterhältigkeit gepaart mit zutraulichen Zügen, Ornament und Nacktheit, Niedertracht und Erbarmen, Stolz und Kriecherei, so viele menschliche Schluchzer, aber immer wie von Stahlsaiten gespielt. Er verlängerte diese Überlegung in die Vergangenheit und bemerkte, man sehe noch immer, wie schön Neapel gewesen sei und wie verkommen.

Zugleich wies S. aber auch auf die baulichen Spuren der kastilischen Herrschaft hin, die Überreste des massigen, hispanisierenden Barock, der erst durch Vanvitellis elegantere Eingebungen gleichsam erlöst worden ist. Er meinte sogar aus dem Menschengetümmel einen Ton verborgener Trauer herauszuhören. Doch später sprach er von der in allem Elend triumphierenden Stimme des alten, mythischen Volkes von Neapel. Schwer begreiflich fand er, als wir aus dem Labyrinth heraus waren, daß eine Zwei-Millionen-Stadt wie diese in der Gegenwart bestehen kann. Neapel sei gleichsam die Apotheose der Anarchie. Jedenfalls entdecke man keine Strukturen, wie sie das Leben anderswo regeln. Die Stadt als Gegenprinzip zu allem, was sich mit dem Begriff der Modernität verbindet.

AM RANDE. Inzwischen gibt es Leute, die sogar eine Zukunftshoffnung auf jene Anarchie setzen, die sich mit dem Wort »Neapel« verbindet. Camillo erzählte von einem deutschen Politologen, der, vor lauter Begeisterung über das neopolitanische Durcheinander, in Anlehnung an eine Parole der späten sechziger Jahre gesagt habe: »Schafft viele kleine Neapels!«
Das Scheitern aller rationalistischen Utopien, aller Träume von den Ordnungsdiktaturen und technizistischen Maschinenstaaten hat wenig ausgerichtet. Der utopische Glaube lebt unbeirrt weiter. In diesem Falle richtet er sich am Chaos auf, das er beglückt als schon existierende, schöne neue Welt erkennt. Doch muß man fragen, wieviel daran bloße Touristenperspektive ist. Sie wäre nichts Neues. Das politische Denken als Ausflugslaune gehört seit langem zur deutschen Tradition.

NEAPEL. Den Abend vor der Weiterreise mit de Cuomo. Er meinte, Neapel bleibe unergründlich, es widersetze sich jedem Erklärungsversuch. Ob uns aufgefallen sei, daß keine literarische Darstellung die Stadt je erfaßt habe? Am ehesten komme man ihr mit Aperçus bei, die aber meist so geistvoll wie falsch seien. Von einem Schriftsteller stamme die Bemerkung, Neapel sei der einzige Ort, der eine Vorstellung davon vermittle, was eine Stadt in der antiken Welt gewesen sei und der das edle Zerrbild Winckelmanns zurechtrücke; der einzige Ort auch, der nicht in dem ungeheuren

Schiffbruch der griechisch-römischen Kultur untergegangen sei. Tatsächlich habe er sich das alte Athen immer wie jenes Neapel vorgestellt, in dem er noch seine Jugend verbrachte. Aber auch das sei nur ein Aperçu.

PHLEGRÄISCHE FELDER. Der augusteische Tunnel, durch den man in die vulkanische Landschaft westlich von Neapel einfährt, muß für die Reisenden von einst das Bewußtsein, in eine Art Zwischenreich zu kommen, noch verstärkt haben. Für die Griechen beherbergte dieses Gebiet nicht nur den Eingang zur Unterwelt, sondern auch die elysischen Gefilde. Heute fährt man beim Verlassen des Tunnels durch unterschiedslos heruntergekommene Vorstadtstraßen, die genausogut nirgendwohin führen könnten.
Aber Averno, Camaldoli, Solfatara sind Namen, mit denen sich früheste Erinnerungen verbinden. Unverstandene Begriffe von mythologischem Zauber. Seltsamerweise hat sich nichts von dem eingeprägt, was mein Vater von seinen Reisen über Rom oder Florenz erzählte. Aber daß die Griechen das Solfatara-Gelände, einen flachen, eingesunkenen Krater, aus dem noch immer Gase und schweflige Dämpfe aufsteigen, den »Markt des Hephaistos« nannten und daß am Averner See der kimmerische Strand lag, wo Aeneas in den Hades stieg, geriet nie ganz aus dem Gedächtnis. Es hatte natürlich mit dem fremdartigen Klang der Namen und Begriffe zu tun. Aber vielleicht auch mit der Atmosphäre des Angsterweckenden und dessen größerer Suggestionskraft.
Dafür sprechen auch die beiden Episoden, die von diesen Erzählungen im Gedächtnis blieben: die Szene, wie die entsetzten, von den Schrecken der Unterwelt erfaßten Achaier den Mund zum Schrei öffnen, ohne daß ein Laut hörbar wird; und die Geschichte vom Ende der Agrippina, die im nahegelegenen Baiae auf Befehl ihres Sohnes Nero ermordet wurde. Mein Vater mußte uns die Geschichte immer wieder erzählen. Von den vielen gescheiterten Anschlägen bis zu der Szene, wie Agrippina dem eintretenden Centurio den Leib entgegenstreckt. »Der Schoß, der das Monstrum zur Welt gebracht hat«, zitierte mein Vater, »soll auch den Todesstreich empfangen.« Er nannte das »ein römisches Ende«. Wir verstanden nicht, was damit gemeint war, waren aber immer beeindruckt.

NOCH ZUM VORIGEN. Die Reise in den Süden war für die Generation unserer Väter noch nicht ein touristischer Zeitvertreib, sondern eine Unternehmung von halb feierlichem, halb belehrendem Charakter in der Tradition der Grand Tour. Und das Wort »Italien« eine Chiffre für alles, was Europa kulturell groß und verehrungswürdig gemacht hat.
Sie hatten Goethes »Italienische Reise« dabei und zitierten mit Vorliebe die Stelle, wo der Dichter mit Rührung seines Vaters gedenkt, der auf seiner Reise »einen unauslöschlichen Eindruck besonders von denen Gegenständen, die ich heute zum erstenmal sah, erhalten hatte«. Die Schauplätze, Architekturen und Kunstwerke hatten für sie nicht nur Bedeutung an sich, sondern waren sehenswürdig auch, weil andere sie vor ihnen gesehen hatten. Vom Versprechen, das sich für sie mit jeder Italienreise verband, ist in Goethes Erinnerungsnotiz über seinen Vater die Rede: »Und wie man sagt, daß einer, dem ein Gespenst erschienen, nicht wieder froh wird, so konnte man umgekehrt von ihm sagen, daß er nie ganz unglücklich werden konnte, weil er sich immer wieder nach Neapel dachte.«

NOCH ZUM VORIGEN. Mein Vater machte die Reise nach dem Krieg noch einmal, Pozzuoli, Solfatara, Camaldoli. Ortsnamen, die auch in seiner Erinnerung mythologisch geworden waren. Aber er fand die Vorstellung, die er davon hatte, nicht wieder. »Ich hätte nicht fahren sollen«, sagte er. Jeder wisse, daß solche Wiederbegegnungen immer in Enttäuschung endeten und die Erinnerung zerstörten, die, gemacht aus wenig Wirklichkeit und viel Phantasie, unser einzig fester Besitz sei.

BAIAE. Das schöne Baiae, das Horaz ohne Beispiel in der Welt genannt hat, ist nicht mehr. Wo einst die Sommersitze des antiken Rom lagen, mit Thermen und Grotten in terrassengeschmückten Kunstgärten, stehen Bagger und Gerüste. Kreischende Förderbänder laufen zu den ankernden Frachtbooten. Der Abbau der Pozzuolanerde hat die Bucht zerstört. Überall Müllberge, deren fauligen Kehricht der Wind über das Gelände streut. Autowracks, verrostete Schiffsteile. Die Reste der einstigen Villenanlagen liegen, unerkennbar, wenige Meter unter der träge schwappenden, vom Unrat dicht geschlossenen Wasserfläche.

CUMAE. Mit S. auf dem vom Meer zerfressenen und vom Gestrüpp überwachsenen Krater, an dessen Fuß die Höhle der Sibylle liegt. Vergeblicher Versuch, ein paar der Verse zusammenzubringen, die man einst lernte und in denen von »heiliger Tiefe« und »schaurigen Rätseln« die Rede ist.
Obwohl die »Aeneis« ziemlich genaue Angaben über den Sitz der Sibylle macht, hat man den weit über hundert Meter langen, in den lockeren Tuff gehauenen Schacht erst 1932 entdeckt. Er endet in einer rechteckigen, durch drei Nischen erweiterten Halle, in der das Orakel seine Antworten sprach. Cumae war die erste Kolonie der Griechen auf dem italienischen Festland und der Ursprungsort, von dem der griechisch-römische Zusammenhang, den wir Antike nennen, seinen Ausgang nahm.
S. fielen immerhin ein paar Verse d'Annunzios ein. In einer Ode auf den Tod des großen »distruttore« Friedrich Nietzsche verlegt er dessen Grab nach Cumae: »Hier schläft im Anblick zerstörend schaffenden Feuers, bewacht von den Parzen, der ungeheure Barbar ...«

NOCH DAZU. S. unverkennbar ergriffen bei dem Gedanken, auf dem Fleck Erde zu stehen, wo alles begann. Seiner Neigung entsprechend, sich die Einzigartigkeit einer Sache durch Vergleich begreiflich zu machen, fragt er, ob es in anderen Ländern ähnliche Plätze gebe, an denen sich ein Volk, so wie hier, seines Ursprungs versichern könne. Er nennt Englisches, auch Französisches, und sagt dann, es sei schon so, uns Deutschen bliebe immer nur der Teutoburger Wald. Das Hermannsdenkmal sei einem skurrilen Mißverständnis entsprungen. Denn das neugegründete Kaiserreich habe damit auf sein Alter hinweisen wollen, in Wirklichkeit aber alle Welt nur darauf aufmerksam gemacht, daß es sich von schriftlosen Waldbewohnern herleite.
Tatsächlich macht das Monument sichtbar, aus welchem Nichts die Germanen kamen. Man steht noch nicht auf geschichtsträchtigem Boden, nur weil ein paar Stämme sich zusammentaten, um unter

Führung eines Häuptlings einige römische Legionen in den Hinterhalt zu locken.
Gedanken in Cumae. Hier reicht alles in die Welt Homers zurück. Jedes Vorgebirge ist mit Mythen verbunden; dort die Klippen der Sirenen, an denen die Schiffe zerschellten, hier, mit ihren Schweinen, die Circe, aus deren Armen sich Odysseus so schwer befreite. Und alles geht in große Gesänge ein oder kommt von ihnen her. Ein Jahrtausend vor Vergil die Epen Homers, ein Jahrtausend danach Dante.
Später die Frage, ob immer ein Gedicht den Auftakt mache, wenn eine Nation zu sich selber findet. S. beharrt auf der Sprachlosigkeit unserer Anfänge. Raunende Zaubersprüche, Urworte gestammelt. Bei Lichte besehen mache alles vor Goethe Mühe. Und nach ihm auch.
Er meine das nicht wörtlich, fügte er hinzu. Die Deutschen, sagte ich, hätten den Mangel wohl selber empfunden und sich aushilfsweise im 19. Jahrhundert ein Nationalepos geschaffen. Denn was seien die Nibelungen anderes als ein aus Eddaferne erpumptes Ursprungsgedicht? Mit den Deutschen habe es wenig zu tun, es seien durchweg Vorgänge aus ferner Völkerwanderungszeit. Wenn man die Sache so betrachte, stehe der rabiate Mönch aus Wittenberg bei den Deutschen doch am Beginn. Durch seine Bibelübersetzung fanden sie zur Sprache und lernten sehen, denken, auch empfinden bis heute. Im Grunde sei die Lutherbibel das deutsche Nationalepos.
»Ja«, meinte S., »heilige Wüstenweisheit und Grammatik: das sind wir!«

MONDRAGONE. In einem Restaurant am Strand. Durch ein beschlagenes Fenster konnte man sehen, wie in der Küche Tintenfische in kochendes Wasser geworfen und dann dampfend und gelockt aus dem Kessel geholt wurden. Ihre Farbe war tiefviolett, aber beim Aufschneiden kam das weiße Fleisch zum Vorschein.
Alles war von einfachstem Zuschnitt. Man saß an rohen, fettigen Holztischen. Wir kamen auf Joseph Breitbach, dem es zeitlebens genierlich war, von fremdem Geschirr zu essen. Wir erinnerten uns, daß er im Alter den oft beißenden Spott früherer Jahre abgelegt

hatte und seine Äußerungen zunehmend mit einem »Ach, wissen Sie!« begann, das zwar belehren, zugleich aber auch, nicht ohne Selbstironie, die Resignation eines Mannes ausdrücken wollte, der viel gesehen, vielem sich unerschrocken widersetzt, aber auch viel verloren hatte. »Ach, wissen Sie«, sagte er einige Zeit vor seinem Tode bei einem Restaurantbesuch, »mir ist inzwischen so vieles umständlich geworden. Aber früher schickte ich, bevor ich auf Reisen ging, den Butler mit dem Familiengeschirr voraus.«
Sein Ruhm war das verlorene Meisterwerk. Der große Epochenroman, den er in den späten dreißiger Jahren geschrieben hatte und der nach der Besetzung Frankreichs von der Gestapo beschlagnahmt worden war. Nicht zuletzt dieser Umstand gab dem Verlust eine besondere, fast historische Würde. Er erzählte die Geschichte gern und wußte ihr viele dramatische Glanzlichter zu geben. Aber mancher seiner Zuhörer fragte sich auch, ob sie nicht der geniale Einfall des Geschichtenerzählers Joseph Breitbach war.
Die verlorenen Meisterwerke, von denen wir mehr wissen: Kleists »Robert Guiscard«, Georg Büchners »Pietro Aretino«, sicherlich auch Thomas Manns Briefe an Katja.

FORMIA. Kurz vor der Stadt passiert man in freier Landschaft einen von Zypressen und Lorbeerbäumen umstandenen Rundturm, der als das Grabmal Ciceros gilt. An dieser Stelle holten die Verfolger ihn ein, nachdem die römischen Triumvirn auf Betreiben Marc Antons seinen Tod beschlossen hatten. Man enthauptete ihn, schlug ihm die Hand ab und schaffte beides nach Rom, wo es auf der Rednertribüne des Forum Romanum zur Schau gestellt wurde. Es war, heißt es bei Plutarch, »ein gräßlicher Anblick für die Römer, die darin aber weniger das Antlitz des Cicero als das wahre Gesicht des Antonius zu erblicken glaubten«.
Die Gemeinde, auf deren Gebiet das Grabmal liegt, trägt sich mit dem Gedanken, die unscheinbare Anlage um einen Park zu erweitern. Die betroffenen Bauern jedoch wehren sich dagegen und sind dabei, die öffentliche Meinung zu mobilisieren. Cicero sei tot, sie selber seien am Leben, hieß es auf einem Plakat nahe der Grabstätte. Ein Spruchband verkündete, daß ein Park an dieser Stelle die »categoria degli agricoltori« beleidige und demütige.

Mitunter scheint es, daß die bedeutenden Figuren der Geschichte für den einfachen Mann umsonst gelebt haben und nur dann eine Erinnerungsspur bleibt, wenn sie Schrecken und Zerstörung zurückließen.

SPERLONGA. Unweit des einstigen Fischerdorfs der unterirdische Palast, den sich Tiberius, einer Überlieferung zufolge, für seine Ausschweifungen errichten ließ: vor allem der überwölbte, fast zwanzig Meter lange Speisesaal mit den gemauerten Liegesitzen rund um den Eßtisch und der sechs Meter breiten Apsis, die in einem Felsensitz endet. In dem Höhlenbau hat man Figuren und Fragmente gefunden, die Bernard Andreae nach langem Rätselraten zu einer monumentalen Darstellung der Blendung des Polyphem zusammengefügt hat. Das Werk ist im kleinen Museum nahe der Höhle ausgestellt.
Dort auch die schon im Altertum berühmte, auf Reliefs und Münzstempeln häufig abgebildete Skylla-Gruppe, die Andreae aus Tausenden von Marmortrümmern rekonstruiert hat. Ihr spektakulärer Rang rührt daher, daß sie von den gleichen rhodischen Bildhauern signiert ist, die nach Plinius auch die Laokoon-Gruppe im Vatikan ausgeführt haben, so daß der alte Streit beendet werden konnte, ob die Laokoon-Gruppe eine Kopie nach einem hellenistischen Original oder doch römischen Ursprungs sei.
Wir sprachen darüber, daß die Forschung schon lange, seit dem 19. Jahrhundert, die Unwahrheit alles dessen erwiesen habe, was über die »unbeschreiblichen Orgien« des Tiberius, vor allem durch Sueton, in Umlauf gebracht worden ist: die Geschichten über seinen Blutrausch, über die Unzuchtsspiele, zu denen er Knaben und Mädchen von weit her heranschaffen ließ, ehe er sie eigenhändig erwürgte, wobei er das Verbot, Jungfrauen zu erdrosseln, dadurch umging, daß er sie vorher schändete oder schänden ließ. Dergleichen ist immer wieder beschrieben worden, sogar noch von Robert von Ranke-Graves. Die Legenden der Geschichte sind mächtiger als die Wahrheiten, deren Wesen, mehr als man glaubt, von unscheinbarem Stoff ist.

UNTERWEGS. Kurz vor Terracina, an einem leeren Uferstück, begegneten wir einem Fischer, der ein leichtes Boot auf den Strand zog. Über den beiden Ruderbänken im Innern lag ein Schwertfisch, der so groß war, daß wir uns fragten, wie er ihn überwältigt und, ohne zu kentern, ins Boot geschafft habe. Auch der Fischer selber schien sein Glück nicht ganz zu begreifen. Mit irgendwelchen Hantierungen beschäftigt, rief er immer andere Namen über den Strand. Er war unglücklich, nur uns zu Beobachtern zu haben, weil, wie er meinte, unser Staunen ihm nichts bedeute. Er sagte, jetzt müsse er eine Woche lang nicht aufs Meer. Die Frage, warum er nicht gleich wieder hinausfahre, begriff er nicht.

Dem Süden ist das Vorsorgedenken fremd, weil die Menschen auf die Unerschöpflichkeit und Allmacht der Natur vertrauen, was nur die Kehrseite der Ohnmachtsempfindungen ist, die sie ihr gegenüber ausgebildet haben. Darin hat auch die Gelassenheit ihren Grund, mit der die Katastrophenmeldungen über die Verschmutzung der Meere hingenommen werden, über den Verfall von Kunstwerken oder das Sterben der Bäume. Die Natur, die, wie man glaubt, Termiten, Viren oder andere Zerstörungskräfte schickt, kennt auch die Heilmittel dagegen. Klüger sei es jedenfalls, sich nicht einzumischen oder doch nur rhetorisch aufzubegehren.

TERRACINA. An der Steilküste, vor der die Unterstadt liegt, stieß die alte Via Appia ans Meer. Parallel dazu lief ein Kanal, der etwas weiter nördlich die Küste erreichte.

Die Altstadt, die an den Rand des Felsens gebaut ist, wurde im Zweiten Weltkrieg schwer beschädigt. Unterdessen ist das Rathaus in einem antikisierenden, faschistische Bauvorstellungen unbefangen fortführenden Stil wiedererrichtet. In der Loggia, die sich auf der einen Seite gegen das alte, erst durch die Zerstörungen freigelegte Forum, auf der anderen Seite zum Meer hin öffnet, ist eine Steinplatte angebracht. Unter dem Wappen der Stadt, einem von zwei Wehrtürmen flankierten Tor, steht zu lesen, daß Goethe am 23. Februar 1787 nach Terracina kam und daß »auch Terracina die Erinnerung an diesen großen Weltgenius« unvergänglich halten wolle.

Man hatte uns einen kommunalen Würdenträger, einen Mann von

siebzig Jahren, zur Begleitung gegeben. Mit eigentümlich aufstampfenden Schritten kam er über den Platz und war in einen dunklen Anzug gekleidet, der lose über der schmalen Figur hing. Am Revers trug er einige verblaßte Bänder. Nicht ohne einen Anflug verwirrten Altherreneifers lief er uns, redend und erläuternd, stets einige Schritte voraus und wies hier auf einen Säulenstumpf, dort auf das Bruchstück eines alten Gemäuers. Am Ende führte er uns noch einmal vor die Gedenktafel. Ohne Zögern gab er zu, nie eine Zeile von Goethe gelesen zu haben. Aber ob das etwas ändere. Er habe Garibaldis Eroberungszug auch nicht mitgemacht und sei dennoch stolz auf ihn.

TERRACINA. Außerhalb der Stadt ein Stück weit am Ufer entlang. Gegen Norden, über dem Capo Circeo, eine schwarze, scharf gegen den gläsernen Himmel stehende Wolkenbank, die wie aus knittrigem, japanischem Papier geschnitten war. Der Sand glitzernd von Perlmuttsplittern. Am Ufer ein paar dunkle Felsbrocken, gegen die unablässig das Meer leckt. Geruch nach Teer und Algen. Etwas zurückgesetzt, im weichen Sand, zwei Holzpfosten, die durch ein bemaltes Brett verbunden sind. Aber die Schrift ist von der Sonne und dem Salzstaub unleserlich geworden. Weiter draußen, auf dem Meer, weiße Segel.

AM RANDE. Bei Terracina verlief die Grenze zwischen Süd- und Mittelitalien, aber ihre Bedeutung nimmt zusehends ab. Die Zeitung berichtet von einer Studie der Universität Catania, die Tausende von Fällen politischer Korruption seit 1870 untersucht. Zu den bemerkenswerten Ergebnissen zählt, daß die Skandale sich beständig von Süden nach Norden ausdehnen. Es wird auf Leonardo Sciascia hingewiesen, der einmal von der »Palmbaumlinie« sprach, die Jahr für Jahr ein Stück das Land hinaufwandere und inzwischen nördlich von Rom angelangt sei. Sie verkörpere das Vordringen orientalischer Lebensformen in Italien und Europa, vor allem Mißregierung sowie Fatalismus in den öffentlichen und privaten Angelegenheiten. Einzelne Metastasen hätten sich schon hoch im Norden, weit jenseits der »Palmbaumlinie«, gebildet.

TERRACINA. Am späten Nachmittag auf dem Corso. Die jungen Männer aufgereiht zu beiden Seiten der Straße, an Mauern gelehnt oder auf Gittern und Balustraden. Und zwischen ihnen, als würden sie Revue passieren, die Mädchen des Ortes, meist zu zweit oder dritt. Im Hintergrund, aus einem Lautsprecher, eine jener herzkranken Opernmelodien mit dem Umkippen in die Kopfstimme. Verschiedentlich rief einer aus dem Spalier den Vorübergehenden etwas zu, was mutig klang oder herausfordernd und das Gelächter der anderen auslöste. Selten glaubte ich so unverhohlen wie hier die Spannung gespürt zu haben, die über der dutzendfach beobachteten Sonntagsszene lag. Zugleich schienen mir die Mitspieler auch freier, weniger gehemmt als in Messina oder Crotone.

NOCH ZUM VORIGEN. Abends auf der Rundterrasse des Hotels am Capo Circeo, wo wir von unserem Freund aus Rom schon erwartet worden waren. Als wir ihm unsere Eindrücke mitteilten, meinte er, daß sich natürlich alle, die jungen Männer und die jungen Frauen, auf dem Corso einfänden, um auf ihr Stichwort zu warten, und daß ein glücklicher Zufall es ihnen in die Hand spiele. Aber man dürfe sich nicht täuschen lassen. Was wir beobachtet hätten, sei nur Komödie, wenn auch die einfallsreichste, die das italienische Theatergenie je zustande gebracht habe. Dann setzte er zu einem Exkurs an, den ich in Stichworten festhielt:
»Was man die italienische Liebesleidenschaft nennt, hat nichts mit Liebe oder Leidenschaft zu tun, auch wenn alle Welt es glaubt. Im Gegenteil verlangt es ein äußerstes Maß an Kaltblütigkeit. Man muß jederzeit und ganz wie es die Situation erfordert, alles einzusetzen wissen, was von einem Verliebten erwartet wird: Sehnsucht, Verwirrung, Ungeduld, auch Eifersucht und Verzweiflung. Manchmal wirkt auch die schockierte Treuherzigkeit wahre Wunder. Aber man muß die Mittel klug und variabel dosieren. Die italienische Liebe kommt ganz ohne Gefühl aus, ja Gefühle schaden ihr geradezu. Was man statt dessen mehr als alles andere braucht, ist ein scharf kalkulierender Verstand.
Natürlich ist die Liebesverrücktheit, die man überall antreffen kann, ein Ausdruck des nach wie vor ungebrochenen Männlichkeitswahns der Italiener. Von einem gewissen Alter an gibt man sich verliebt,

weil es so männlich wirkt wie der Stimmbruch oder die Haare auf der Brust. Aber die Frauen spielen das Spiel bedenkenlos mit, und wer sich nicht darauf einläßt, fällt unversehens aus der Kulisse. Der Ruf der Leidenschaftlichkeit ist ebenso wichtig wie jedes andere soziale Ansehen. Man übernimmt eine Rolle, und niemand darf je vergessen, daß er auf offener Bühne agiert. Eine Figur wie Tristan wäre ganz undenkbar als Italiener, und wir bewundern ihn nur als Theaterhelden. Sicherlich kommt es auch bei uns mitunter zu Tragödien, einem Selbstmord aus unerwiderter Leidenschaft oder weil die Verhältnisse die Liebenden auseinanderbringen. Aber der Unglückliche ist niemals das Opfer seines Gefühls, sondern seiner ungeschickten Dramaturgie. Denn das ist es, was uns Italiener bei aller Kaltblütigkeit doch verwundbar macht: die Macht des Theatralischen, die stärker werden kann als der Selbsterhaltungstrieb. Denn anders wäre das Theatralische keine Macht.«

Am Ende meinte er: »Die Rolle, von der ich gesprochen habe, wird jedem aber nur für eine begrenzte Lebensphase aufgenötigt. Wenn sie vorüber ist, hört wie von einem Tag zum anderen dieses Getue auf. Dann werden die wirklichen Entscheidungen getroffen, über eine Verbindung, eine Ehe, die Gründung einer Familie. Und die treffen nicht mehr die Akteure. Sie fallen gewissermaßen im Intendantenbüro: unter dem Vorsitz der Eltern und nicht ohne weitläufige Beratung mit Verwandten und den Personen des besonderen Vertrauens. Und die soeben noch so tollwütig wirkenden jungen Leute fügen sich widerspruchslos. Denn sie benötigen jetzt nur, was sie soeben erst, in ihrer vermeintlichen Leidenschaft, ausgebildet haben: einen scharf rechnenden Kopf.«

Unser Freund meinte zuletzt, er habe vielleicht überzeichnet. Sein Bild träfe nicht mehr überall zu. Aber auf dem Lande und in der Bourgeoisie, den beiden im Hergebrachten verwurzelten Gruppen der italienischen Gesellschaft, verhalte es sich so, wie er beschrieben habe.

NOCH ZUM VORIGEN. Wir hatten zu der Skizze unseres Freundes einige skeptische Bemerkungen vorgebracht. Er erwiderte, daß alles verliebte Gefühl, wie jedermann wisse, nur aus der Einbildung stamme. Das sei auch im Fall seiner jungen Landsleute nicht anders. Der Unterschied sei lediglich, daß ihre Einbildung weniger vom individuellen Verlangen als von einer sozialen Erwartung erregt werde, die ihnen die Rolle des besinnungslos Verliebten aufdränge.

Später, als er gegangen war, kamen wir noch einmal darauf zurück. Die Episode aus der Josephslegende des Alten Testaments, in der Jakob die Nacht vermeintlich mit Rahel verbringt und glücklich ist, bis er am Morgen entdeckt, daß ihm die ältere Lea, die Luther »blöde« nennt, unterschoben wurde, weist auf die Macht der Einbildung hin und wie sie den Verliebten in die Irre führen kann. Casanova berichtet in seinen Memoiren von einem Abenteuer in Solothurn, wo er sich, nach unermüdlichen Machinationen, endlich am Ziel seiner Wünsche glaubt, ehe er bei Tagesanbruch herausfindet, daß die schöne Gastgeberin ihm gerade jene grauenerregende Alte ins Bett geschafft hat, deren Aufdringlichkeit ihm lästig und seinen Absichten hinderlich gewesen war. Am bekanntesten ist die Szene im 4. Akt aus »Figaros Hochzeit«, wo der Graf in dem Glauben, Susanna vor sich zu haben, die Hand der Gräfin ergreift und sich von der Zartheit der Haut, deren er in Wirklichkeit längst überdrüssig ist, um den Verstand gebracht sieht.

Solche Bilder, die augenscheinlich ihr altes Herkommen haben, wollen sichtlich nicht nur Schadenfreude über die Blindheit des Verliebten hervorrufen, sondern auch eine Lebenserfahrung ausdrücken. Sie sagt in der Tat nichts anderes, als daß alle verliebte Exaltation auf der Einbildungskraft beruht. Das heißt zugleich aber, daß der Gegenstand des Gefühls im Grunde mehr oder minder gleichgültig ist. Der Verliebte erschafft ihn sich selber. Was ihn in Leidenschaft bringt, ist ein reines Phantasiegespinst. Und der andere, dem das Gefühl gilt, liebt eben jene Imagination seiner selbst, in der er sich so verwundert wie überraschend erdacht wiedererkennt.

S. fragte, wodurch das Erlebnis eigentlich verdorben werde, wenn der Getäuschte die Wahrheit erfährt. Vielleicht ist es gerade der Schreck der Erkenntnis, daß die großen Gefühle aus selbstverfertigten Bildern kommen und Rahel immer nur das Geschöpf Jakobs ist. Zweimal sieben Jahre warb Jakob um Rahel. Welche Wahrheit wartete auf ihn, als er sie endlich zur Frau erhielt?

PONTINIA. Fahrt über schnurgerade, die einstige Sumpflandschaft in unterschiedlich große Rechtecke zerteilende Straßen, die von Mussolinis ehrgeizigstem Kultivierungsprojekt zeugen. Wir hielten bei einem Gasthof nahe der Ortschaft. Ich erzählte von Sizilien, seiner Misere, seiner anhaltenden Gefangenschaft, aber auch von seinen Phantomschmerzen.
Beim Aufbruch, auf dem Weg zum Parkplatz, entdeckten wir bei den rückwärtigen Anbauten, im hintersten Winkel eines Mauerstücks, einen verendeten Hund. Er hatte die eine Pfote über den Kopf gezogen, als habe er sich auch dadurch noch vor aller Wahrnehmung schützen wollen. Ähnliches kann man bei anderen Tieren beobachten.
Es scheint, als empfände die Kreatur das Sterben als Akt äußerster Einsamkeit, der nur ihr selbst gehört. Demgegenüber hat man in der Literatur wie im Fernsehen zunehmend mit der Neigung zu tun, den Menschen gerade in solchen Situationen zu zeigen, die frühere Zeiten mit der Wendung »in extremis« umschrieben. Das dominikanische Kind, das beim Vulkanausbruch im Schlamm versank und von den Reportern bis zum letzten Augenblick befragt wurde, während gleichzeitig mit Objektiven, Lichtmessern und Zoom gearbeitet wurde. Der Tod als Capriccio.
Natürlich wird dergleichen, wie gegenwärtig nahezu alles, mit einem kritischen Anspruch gegen die bürgerliche Konvention gerechtfertigt. Das Beispiel des verendeten Hundes zeigt aber, daß das Hervorkehren des Intimen nicht so sehr gegen die Konvention als gegen die Natur ist und gegen viel Früheres verstößt als gegen bloß gesellschaftliche Tabus.

AM RANDE. Der Skandal als Mittel des Vorankommens. Jeder kann Erfolg haben, der sich entschlossen zeigt, gegen etwas so Simples wie den Anstand zu verstoßen. Das gilt überall. Auch der neue Antisemitismus, der von beendeten Schonzeiten spricht, ist eine Spielart davon.

NINFA. Von der alten Festungsstadt Ninfa, die später, unter Bonifaz VIII., zu einem Stützpunkt der Caetani wurde, blieben nur die Ruinen einer gotischen Stadt: ein Wehrturm, Fassadenstücke,

Kirchen. Braunes und graues Mauerwerk, das sich aus einem Wasserstück zwischen Zypressen und exotischem Baumbestand erhebt. Hinter Schilf und Brombeerhecken eine Blumenwildnis, deren Farben sich, vor dem Dunkelgrün des Efeus allenthalben, überaus exzentrisch ausnehmen. Etwas abseits erinnert der Name Ponte del Macello, Brücke des Gemetzels, an dramatische Tage. Von dort warf man die Köpfe der Hingerichteten ins Wasser.
Heute wirkt Ninfa, dank der botanischen Bemühungen der letzten Caetani, wie ein romantischer Garten. Ein italienisches Sissinghurst oder Hidcote. Aber seit je hat die Phantasie den Ort mit Märchen und Legenden ausgeschmückt. Die Leute erzählen die Geschichte einer Prinzessin, die auf der Flucht vor den Sarazenen von einer Klippe der hinter dem Ort aufsteigenden Bergwand gesprungen und an der Stelle, wo sie auf den Boden schlug, in eine Quelle verwandelt worden sei.

NOCH ZUM VORIGEN. Die Seltenheit solcher Erzählungen macht bewußt, daß Italien ein Land ohne bedeutende Märchenkultur ist. Es gibt keinen Perrault, keine Gebrüder Grimm, keinen Andersen. Der Gedanke liegt nahe, daß die antiken Mythen, die Heiligenlegenden sowie die Schauerstücke der eigenen Geschichte sowohl den Bedarf an Phantastischem als auch an jener Moralität befriedigen, für den anderswo die Märchen einstehen.
Natürlich gibt es auch in Italien einen Vorrat an Märchen wie beispielsweise das »Pentamerone« von Giambattista Basile, eine Sammlung neapolitanischer Feen- und Tölpelgeschichten. Aber die wirklichen italienischen Märchen heißen Aeneis oder Legenda Aurea, und an die Stelle des Mannes, der auszog, das Fürchten zu lernen, oder des Fischers und seiner Frau treten Herkules, Cesare Borgia oder Beatrice Cenci, auch Circe, Daphne und sogar die Principessa Draguna des sizilianischen Taxifahrers.

NORBA. Auf den Bergen, hoch über Ninfa, die Reste der Zyklopenmauer von Norba. Quer über die gewaltigen Steinquader, die wie ein Stück urzeitlicher Hinterlassenschaft wirken und, der Sage nach, von Herakles aufgetürmt wurden, steht in riesigen schwarzen Buchstaben »Heil Hitler«.

Sinnlose Geste irgendeines Protests. Niemand fragt inzwischen noch danach, welcher Sache das Aufbegehren gilt.

SERMONETA. Die kleine Stadt, an einem der Hänge der Monti Lepini gelegen, wird von einem mächtigen Kastell mit gewaltigen Rundtürmen beherrscht, in dem Alexander VI. Borgia einige Jahre lang gewohnt hat. Die kleine Piazza war menschenleer, nur vor dem Café saßen ein paar alte Männer im Schatten. Auf einem Mauervorsprung stand ein Hund und bellte gegen die Stille an.
Immer wieder stößt man, abseits der großen Straßen, auf solche verlorenen Ortschaften. Sie heißen San Donato, Montalto, Castellina oder Sant'Angelo. Irgendwann in der Geschichte hat der Zufall sie aus ihrem Dämmerzustand geholt. Vielleicht wurden sie bekriegt, mit dem Kirchenbann belegt, von einem Dichter gefeiert. Oder ein Papst, ein Condottiere, ein eigenbrötlerischer Herzog machten sie zu ihrem Sitz oder einem befestigten Platz.
War es so, zog zwei oder drei Jahrzehnte lang hektisches Leben in die Ortschaften ein, Bauten, Kämpfe, Feste und Glanz. Aber dann fielen sie wieder in die Bedeutungslosigkeit zurück, nur eine Festung, ein Palast oder eine Ruine blieben als Zeichen einer vergessenen Laune stehen. In den feuchten Verliesen breiteten sich Pilz und Schwamm aus. Sie zerstörten die Wandmalereien, brachen die Gesimse herunter und erlaubten ihnen nicht viel mehr, als unter dicker werdendem Staub alt zu werden.

GROTTAFERRATA. Entschluß, einige Tage in G. zu bleiben und dann erst nach Rom weiterzufahren. Später, trotz des regnerischen Wetters, durch die unlängst noch idyllischen Ortschaften der Albaner Berge nach Ariccia, wo im nahen Wald jener Steinbrunnen lag, der zu den bevorzugten Motiven der Deutsch-Römer gehörte. Er taucht bei Horny auf und bei Reinhart, bei Schwind und Ludwig Richter. Auch auf der genialischen Aquarellskizze des jungen Schirmer, die außer ein paar Bleistiftstrichen nur unterschiedlich getöntes Deckweiß verwendet und damit auf olivgrünem Papier die Lichtmagie eines romantischen Waldes erzeugt, und wie sie weiter hinten in der Tiefe gebrochener Schatten vergeht.

Unterwegs überall Neubauten im weltweiten Einheitsstil. Wohlhabende Römer errichten sich hier ihre Landhäuser. Die weniger Begüterten, die am Ruf der Gegend teilhaben wollen, in der schon die Sommersitze des alten Rom lagen, erwerben in einem der Wohnblöcke ein bescheidenes Apartment: Sommerresidenzen im Hochhaus mit Wohnküche, Klappbett und dem üblichen Mittelstandskomfort.
Auffallend auch hier die begonnenen Bauten, mitunter als Terrassenkomplex mitten in bewaldete Hänge gestellt. Der Kratersee von Nemi, der in der Reiseliteratur noch immer das »Auge der Diana« genannt wird, mit glatter Fläche, deren Spiegelbilder dann und wann unter einem Windstoß zersplittern, bis wieder die Wolkenschatten sichtbar werden, die tief darüber hinziehen. Am abschüssigen Ufer sind zahlreiche Zweckbauten errichtet worden. Vom Kraterrand des Sees und die Hänge hinunter greifen die kubischen Blöcke unerbittlich weiter aus. Schon trüben Abwässer die Bläue des Sees, die ein feststehender Topos der Literatur war. Bald wird sie nur noch Literatur sein und das »Auge der Diana« eine graue, scharfkantige Einfassung aus Beton haben.
Den Abend mit T., dem Freund vieler Jahre.

ANZIO. Am Nachmittag in das alte Antium, wo Neros Meerespalast stand. Die felsige Küste nahe dem kleinen Ort ist jedem vertraut, auch wenn er nie dort war. Denn hier fand Anselm Feuerbach zu seinem Naturerlebnis. Auf vielen seiner Gemälde, darunter der »Medea«, bildet das charakteristische Vorgebirge die Kontur des Horizonts, und auch die »Iphigenie«, die den Goetheschen Vers ins Malerische übersetzt, sucht von diesem Strand aus das Land der Griechen mit der Seele. In Anzio habe er zwei Tage und zwei Nächte im Freien zugebracht, schreibt Feuerbach in den sechziger Jahren. »Die Ufer sind ganz homerisch. In der Ferne der Circefelsen und in der Nähe die Grotten vom Meere bespült, wo der Apollo gefunden ist.«
Dann die Soldatenfriedhöfe vom Frühjahr 1944. 50.000 deutsche Gefallene, 40.000 auf alliierter Seite. Zweimal Deutsche in Italien. Achtzig Jahre dazwischen.

GROTTAFERRATA. Zum Essen nach Marino. Auch T. sprach von den Aufgeregtheiten der Deutschen. Zu den »certitudes allemandes« gehöre die Faszination durch Katastrophen. Spätestens seit Wagner. Mit den bekannten Nachfahren und den weniger bekannten von heute, die aber auch zu jener Nachkommenschaft rechneten, selbst wenn sie es nicht wahrhaben wollten. Alle paar Monate werde in Deutschland ein neues Weltuntergangsspiel aufgeführt.
T. erwähnte Cicero, der im nahegelegenen Tusculum ein Landhaus bewohnte. In dem Buch, das er darüber verfaßt hat, gibt es eine Stelle, wo beschrieben wird, wie die Philosophen sich in Zeiten allgemeiner Unruhe auf dem Marktplatz zeigen, um ihre Gelassenheit zu demonstrieren. So begab sich auch Plinius d.J. beim Ausbruch des Vesuvs in den Hof seines Hauses und las ruhig abwartend im Livius.

GROTTAFERRATA. Erst wenn man aus dem Mezzogiorno kommt, stellen sich die unmerklichen Genüsse wieder ein, die aber womöglich die stärkeren sind: die leichte Kühlung beim Anbruch des Abends, der bittere Duft der Geranien auf der Balustrade, das unangestrengte Reden in der Dunkelheit. Dergleichen gibt es weiter südlich nicht, wo alles aufgeladen wirkt und wie unter Spannung gesetzt.

AM RANDE. Das unzeitgemäße Lebensmotto Montaignes: »Non ci badar! Guarda e passa! Misch' Dich nicht ein! Beobachte und geh' vorüber!«

GROTTAFERRATA. Warnung vor Metaphern! Pasolini hat die ökologische Katastrophe, die er hereinbrechen sah, in ein starkes Bild gefaßt, als er den Essay vom »Ende der Glühwürmchen« schrieb. Er erhob darin die Insekten zum Sinnbild für den Zauber des Lebens, sein romantisches Behagen, das Glück lauer Abende und der unversehrten Natur, kurz für alle Schönheiten, die er von der Modernität bedroht oder schon zerstört sah. Als wir nach Einbruch der Dunkelheit am Nemi-See vorüberkamen, waren über dem Gelände zum Ufer hin Hunderttausende von Glühwürmchen in der Luft, ein Feuerwerk von blinkenden und aufgeregt durcheinandertaumelnden Lichtpunkten.

VILLA DES HADRIAN. Von Grottaferrata aus zu der gewaltigen Trümmeranlage im Osten Roms. Beim Anblick von Mauerresten und Gesimsen fällt wieder auf, daß alle ornamentalen Erfindungen schon von den Griechen gemacht oder doch von ihnen vermittelt wurden. Sie hatten den Blick für die Geometrie der Dinge, deren versteckten Grundriß, und besaßen die zeichnerische Gabe, dessen inneres Linienwerk sichtbar zu machen.
Jedenfalls hat Europa für seine dekorativen Bedürfnisse immer nur die vor mehr als zweitausend Jahren entwickelten Muster aufgegriffen und verwendet: Zahnschnitt, Ochsenauge und Akanthusblatt sind ebenso wie Eierstab, Mäander und andere schmückende oder gliedernde Elemente sämtlich frühen Ursprungs. Alle europäische Kunst ist insoweit nur Nachlaßverwaltung; und Originalität meist nichts anderes als Unbildung oder schlechtes Gedächtnis.

NOCH ZUM VORIGEN. Sir William Hamilton, der britische Gesandte in Neapel, beauftragte eine Anzahl Maler und Kupferstecher der Zeit, darunter auch Wilhelm Tischbein und Christoph Heinrich Kniep, seine berühmte Vasensammlung zu zeichnen. Sie hatten die Aufgabe, jedes Stück mit der »gewissenhaftesten Genauigkeit« auszuführen. Im Vorwort des Werkes, das er später veröffentlichte, schrieb Hamilton, die Künstler hätten oft drei bis vier Zeichnungen nach derselben Vase anfertigen müssen, ehe sie Umriß, Linienführung und ornamentale Details in ihrer Vollendung erreicht hätten.

AM RANDE. Das Raffinement erinnernden Geschmacks. Die Villen-Anlage Hadrians ist nicht nur ihrer Größe und der seit dem Barock gerühmten Verbindung von Bauwerk und Landschaft wegen einzigartig. Erstaunlicher mutet die Freiheit an, mit der der kaiserliche Bauherr die Stile der Weltgegenden mischt, indem er seine Lieblingsarchitekturen nachbilden läßt: die Akademie von Athen, ein Stück des Kanals, der die ägyptische Stadt Kanopos mit dem Nil verband, das Tempe-Tal in Thessalien und sogar von den Dichtern erdachte Phantasiewelten wie Platons Atlantis.

Der Sammler betätigt sich hier als Bauherr und vereint das strenggenommen Unvereinbare, das er an verschiedenen Orten aus durchaus unterschiedlichen Kulturen reizvoll fand, zu einem Ensemble von räumlichem und formalem Zusammenhalt. Das ist ein Zug von verblüffender Modernität. Hadrian löst sich aus den Beengungen des römischen Stils und fügt die verschiedenen Reiche des Imperiums auch architektonisch zu einem Ganzen zusammen. Daran soll man sich gegen die Anwälte des reinen Stils erinnern. Den Spätzeiten stehen alle Vergangenheiten zur Inbesitznahme offen. Schinkel bildete für den einen König die Villa vom Fuß des Vesuvs nach, für den anderen ein Sommerschloß im Tudorgeschmack. Die Ängstlichkeit im Umgang mit dem Vorgefundenen ist ein Zeichen fehlenden Vertrauens zu sich selbst. In diesem Sinne ist Stilreinheit ein Zeichen von Schwäche.

NACHTRAG. B. A., der vor kurzem auf dem Gelände der Hadriansvilla Grabungen veranstaltet hat, bestreitet die bisher herrschende Auffassung, wonach Tivoli die Ruine einer einsamen kaiserlichen Sammellaune sei. Für dergleichen sei die Macht des Imperators nicht ausreichend, der Rechtfertigungszwang, dem er unterworfen war, zu groß gewesen. Die Lage der Empfangsräume, auch die Größe und Gleichartigkeit der Bauwerke lege nahe, daß es sich um charakteristische Bauten aus den verschiedenen Provinzen gehandelt habe, die den Abgesandten Macht und Ausdehnung des Imperiums vor Augen führen sollten. Auf diese Weise hätten sie nicht nur Kenntnisse über die entlegenen Reichsteile, sondern auch über deren Baugedanken gewinnen können. Die Villenanlage sei gleichsam eine dauernde Architekturausstellung gewesen, mit der Hadrian dem befriedeten Imperium neue, zivilisierende Aufgaben zugedacht habe.
Natürlich schließt diese Auffassung die Sammelleidenschaft nicht aus; vielmehr erweitert sie den persönlichen Impuls ins Politische.

PALESTRINA. Im Grunde hatten wir den Umweg Thomas Manns wegen unternommen. Aber dann doch zunächst hinauf zum Palazzo Barberini. Inmitten der halbkreisförmigen Treppenanlage, die zum Palast führt, steht, wie versehentlich hingestellt, ein steinerner Brunnen. Angeblich liegt er über der Quelle, die einst das Zentrum einer weitläufigen, über dem ganzen Stadtberg errichteten, durch Treppen und Rampen verbundenen Tempelkonstruktion war. Auf den alten Grundmauern haben die Colonna und später, als der Besitz wechselte, die Barberini den gegenwärtigen Palast errichtet.

Die Verwendung der antiken Fundamente mag die Ursache für die ebenso auffällige wie befremdlich wirkende Placierung des Brunnens sein. Doch als habe man das eigene Ungeschick noch hervorheben wollen, hat der Bauherr rechts und links davon zwei Säulen aufgestellt und durch ein volutengeschmücktes Gesims verbunden. Näher liegt daher die Überlegung, daß der bauliche Willkürakt nicht ohne Absicht erfolgte.

Denn von der Rundtreppe her, beim Blick über die weite Ebene, erhält der Betrachter mit wechselndem Standort unablässig neue Bildausschnitte. Was von der Höhe aus eigentlich nur Naturpanorama ist, die mittelpunktlose Weite der Campagna mit den Erhebungen im Hintergrund, gewinnt, sobald es in das Rahmenwerk des Brunnens gerät, einen gleichsam komponierten Charakter. Schon die bloße, von Menschenhand geschaffene Einfassung, so ist daraus zu lernen, entfernt die Natur aus sich selbst und nähert sie der Kunst an.

Es ist kaum zu bezweifeln, daß die Colonna oder Barberini, die den scheinbar störenden Brunnenaufbau errichteten, von solchen Wirkungen Kenntnis hatten. Und vielleicht knüpften sie dabei sogar an jenen Statius an, der die Natur als menschenfeindlich empfand und sie durch die Kunst zu unterwerfen suchte. Spätere Zeiten haben im Bildausschnitt vorwiegend eine Metapher für die begrenzte, immer nur bruchstückhaft erfaßbare Wirklichkeit gesehen.

PALESTRINA. Die enge, vom Dom her ansteigende Gasse heißt heute Via Thomas Mann. Auf halber Höhe stößt sie auf die Via della Fontana. Dort stand die Casa Pastina-Bernardini, wo der Dichter, zusammen mit seinem Bruder Heinrich, den Sommer 1895 verbrachte und zwei Jahre später, bei einem neuerlichen Italien-Aufenthalt, die Arbeit an den »Buddenbrooks« begann.

Wir sprachen über die Merkwürdigkeit, daß er ausgerechnet die

Rigolettowelt aufsuchte, um das hanseatische Kaufmannsmilieu heraufzubeschwören, Schopenhauer, Nietzsche, Richard Wagner, die Probleme von Lebenserschöpfung und musikalischem Pessimismus. Als sei ihm erst in der fremden Umgebung das ausgemacht Deutsche bewußt geworden. Wir stellten uns das Bild vor, das er abgab, wenn er sich im Zweireiher, mit Stehkragen und gebürstetem Haar, steif vor lauter lübischem Befremden, durch das südländische Gewimmel bewegte.

Auch die Bücher, zu denen er vor Beginn der Arbeit, in den Wochen ruheloser Herumhockerei, griff, hatten nichts mit Italien zu tun. Kein Petrarca, Manzoni, Leopardi. Er las russische und skandinavische Schriftsteller, E.T.A. Hoffmann sowie Eckermanns Gespräche mit Goethe.

Wie sehr er zu der mediterranen Welt, gerade indem er dort lebte, Abstand gewann, zeigt auch, daß er die Teufelsvision des »Doktor Faustus« in Palestrina hatte: »Jemand sitzt im Dämmer auf dem Roßhaarsofa.« Das geht aus den »Buddenbrooks« hervor, als Christian von seiner »Qual« spricht und von den zu kurzen Nerven an seiner linken Seite: »Passieren *dir* vielleicht solche Dinge«, hält er dem Bruder entgegen, »daß, wenn du in der Dämmerung in dein Zimmer kommst, du auf deinem Sofa einen Mann sitzen siehst, der dir zunickt und dabei überhaupt gar nicht vorhanden ist?!«

Über dergleichen noch mehr. Und daß Thomas Mann rund vierzig der annähernd hundert Kapitel des Romans in Italien geschrieben hat. Das Notizbuch aus jener Zeit vermerkt sogar bereits den Schlußsatz: *»Es ist so.«* Zweiundzwanzig Jahre war er damals.

AM RANDE. Über die Frage, warum das Teufelsgespräch Adrian Leverkühns ausgerechnet in Palestrina stattfindet. Der biographische Hinweis reicht nicht aus, weil die Örtlichkeit einer Szene bei Thomas Mann immer hintergründige Motive hat und nur die Plattheit sie auf das frühe Erlebnis zurückführen kann.

Sicherlich hätte es näher gelegen, die Teufelsbegegnung in die Mauern einer mittelalterlichen deutschen Stadt zu verlegen, in eine Welt aus Fachwerkgotik, Aberglauben und unausgelüftetem Gemütsgrund. Bezeichnenderweise gibt der Teufel sich auch, wie es das Werk schließlich nahelegt, entschieden deutsch, nennt das

Deutsche seine Sprache und bemerkt, er sei zu diesem Besuch eigens »ins heidnische Ausland gekommen«.
Die überraschende Wahl hat vermutlich mit dem von Goethe herkommenden, hier parodistisch eingesetzten Mythos zu tun, daß Italien das Land der »Erneuerung« und der »seelischen Wiedergeburt« sei. Aber mehr noch mit der musikalischen Idee des »Doktor Faustus«. Bei Nietzsche, auf den die Figur Leverkühns auch zurückgeht, heißt es, »il faut méditerraniser la musique.« Und in »Jenseits von Gut und Böse« findet sich ein Gedanke, der wie eine Programmerklärung zum »Doktor Faustus« gedeutet werden kann: »Gesetzt, daß einer den Süden liebt, wie ich ihn liebe ... (der) muß, falls er von der Zukunft der Musik träumt, auch von einer Erlösung der Musik vom Norden träumen und das Vorspiel einer tieferen, mächtigeren, vielleicht böseren und geheimnisvolleren Musik in seinen Ohren haben, einer überdeutschen Musik, welche vor dem Anblick des blauen wollüstigen Meers und der mittelländischen Himmelshelle nicht verklingt, vergilbt, verblaßt, wie es alle deutsche Musik tut, einer übereuropäischen Musik, die noch vor den braunen Sonnenuntergängen der Wüste Recht behält.«
Es ist die Musik, die Leverkühn in den Ohren hat. Verschiedentlich ist im »Doktor Faustus« von der gegenromantischen Intention des Komponisten die Rede. Gegen Ende steht der Satz von der Rücknahme der 9. Symphonie.

PALESTRINA. Wir kamen auf Peter de Mendelssohn und die von ihm angefangenen, aber nie zum Abschluß gebrachten Buchprojekte. Neben der Churchill-Biographie vor allem das so überquellend einsetzende Werk über Thomas Mann, das aber schon mit dem Jahre 1918 abbricht.
Nicht ausgeschlossen, daß Mendelssohn auch hier seiner Neigung erlag, eine Sache fallenzulassen, für die er mehr Kraft und Ehrgeiz benötigte, als er aufzubringen vermochte. Noch eher aber schreckten ihn wohl die Schwierigkeiten mit der reaktionären Tendenz des Dichters, die spätestens von diesem Zeitpunkt an auf einige Jahre unübersehbar ist. In das gutmeinende Weltbild des Liberalen wollte sich ein Thomas Mann nicht fügen, der die Revolution als Narrentheater verspottete und die Demokratie als »Grauen« und alliierte

Hinterlist abtat. Erst vom Jahre 1936 an, als der Schriftsteller sich durch seinen spektakulären Brief an den Rektor der Universität Bonn öffentlich auf die Seite der Emigration schlug, wurde er wieder Mendelssohns Thomas Mann.
Die merkwürdige Neigung, für ein Leben eine Formel zu finden und die Widersprüche zu verschweigen, die es erst wirklich zum Leben bringen.

AM RANDE. Es ist, wenn es richtig ist, so: Der eigentlich Reiz kommt aus dem Unvorhergesehenen, den überraschenden Wendungen und Korrekturen, zu denen der Blick immer wieder gezwungen wird. Die Widersprüche, die alle vorgefaßten Einsichten über den Haufen werfen, sind die Glücksmomente des Biographen. Gelingen oder Mißlingen hängt davon ab, ob er sich selber diesen Irritationen aussetzen und alle Zweifel in einem niemals unentschiedenen Urteil aufheben kann.
Wer das zu vermeiden sucht, wird bei der Darstellung eines Lebens Mühe haben. Die Verehrung schreibt Legenden, Biographien schreibt die Ungewißheit. Das ist die Schwierigkeit der Historiker, die sich den Monstren oder bloßen Greuelfiguren der Geschichte zuwenden: sie müssen den eigenen Zweifel bestärken, auch wo das moralische Empfinden längst darüber hinaus ist, und sich zum Unvermuteten überreden, selbst wenn das Schreckbild noch so verfestigt scheint.
Auch sie kommen ohne die zumindest fiktive Verlockung durch das Unvorhergesehene nicht aus, sofern sie ein Leben verstehbar machen und nicht einen Popanz errichten wollen. Zwar gibt es für die Beschäftigung mit fremdem und abstoßendem Lebensstoff immer auch tiefere Motive. Aber sie liegen weit vor dem Entschluß zur Anstrengung des Schreibens.

NOCH ZUM VORIGEN. Das Geschehen jeden Augenblicks überall auf der Welt ist nichts anderes als eine Masse treibenden Schutts. Erst was die Historiker daraus hervorholen und weitergeben, wird zur Geschichte. Ein Vorgang aus Zufall und kaum überbietbarer Willkür, der den großen Begriff schwerlich verdient.

GROTTAFERRATA. T. hatte heute eine Auseinandersetzung mit dem Hotelier über eine Bagatelle. Als sie zu seinen Ungunsten ausging, war er aber doch, wie er meinte, überaus zufrieden. Denn er habe einen Anlaß gehabt, sich zu erregen.

In seiner belehrenden Art sagte er, so habe er sich die Dinge zurechtgelegt: Glück und Unglück der Menschen, alles, was sie im Leben antreibt, komme aus einem einzigen Motiv: dem Bedürfnis nach Emotion. Die Liebe komme daher und der Haß, der Machthunger, die Besitzgier und der Neid. Nur in den Augenblicken der Erregung spürten wir uns ganz und nicht verloren im Banalen, das so demütigend ist.

TIVOLI. Am Vormittag zur Villa d'Este, deren Ruhm schwer begreiflich scheint und die nur ein kastenförmiges Bauwerk ist, dessen Frontseite, von einem zweigeschossigen Vorbau abgesehen, keine gliedernden Elemente aufweist.

Aber allen Erfindungsreichtum haben Bauherr und Architekt auf die in den dahinterliegenden Hang gebaute, durch Terrassen abgesetzte Parkanlage und auf die Wasserkünste verwendet, die aus der Villa das bestaunte Hauptwerk manieristischer Gartenkultur gemacht haben. Je weiter man über Treppen und schräg verlaufende Rampen, vorbei an Quermauern, Tempeln und Grotten in die unteren Teile der Anlage kommt, desto mehr wird die Fassade des Hauses zum bloßen architektonischen Prospekt, der die Bühne eines ingeniös veranstalteten Natur- und Kunstschauspiels begrenzt.

Auf die Apotheose des Wassers und der Fruchtbarkeit, die mit der Anlage gemeint war, deutet die gesamte skulpturale Statisterie, an der man vorüberkommt: die römische Wölfin, die Diana von Ephesus, Sphingen, aus deren Leibern Wasserstrahlen springen, Pomonen und Satyrn. Das Figurenwerk ist um laufende Teiche, Grotten, Laubengänge oder Fischbecken plaziert, die jenes eintönig sprudelnde Dauergeräusch verbreiten, das Liszt sinfonisch übersetzt und doch nicht ganz aus seiner Monotonie erlöst hat. Die Brunnen sind so dicht mit Moos und grünen Flechten bewachsen, daß die bildhauerische Idee längst unkenntlich geworden ist. Die symbolische Vereinigung von Kunst und Natur, die den Erbauern vorschwebte, ist im Fortgang der Zeit sichtlich aus dem Gleichgewicht geraten. Unwillkürlich denkt man an Rousseaus Formel von der »unüberwindbaren Natur«, die uns oft so anachronistisch anmutet.

Unterdessen offenbart die Natur aber doch Zeichen von Erschöpfung. Die hohen, viele Jahrhunderte alten Zypressen zeigen an den Stämmen Wucherungen und offene Stellen. Verschiedentlich hat die Krankheit die Bäume schon entlaubt, einzelne Äste brechen aus dem geschlossenen Umriß heraus und stehen kahl ins Leere. Das Wasser in den Becken und Kaskaden ist von seifig grauer Farbe, als ob es sich um Industrieabwässer handelte. Überflüssigerweise machen Hinweisschilder darauf aufmerksam, daß das Wasser nicht trinkbar sei.

Der Blick von der Südterrasse geht über eine Ebene, die in Zeugnissen der Vergangenheit als die mythenbevölkerte römische Campagna figuriert und heute ein zersiedeltes Industriegelände ist. Seine aufdringliche Häßlichkeit mildert sich weiter im Hintergrund, wo die Silhouette Roms im Dunst an den Himmel stößt.

AM RANDE. »Die Menschheit stammt aus einem Garten«, schrieb Rudolf Borchardt. »Das meiste, was ihr seit ihrem Ursprunge zugestoßen ist, hängt mit Vorgängen zusammen, die sich als Gartenfrevel bezeichnen lassen ... Ein Garten ist etwas, woraus man nur hat vertrieben werden können, denn wie sonst hätte man ihn je verlassen?«

OLEVANO. Das Phantasiebild trog. Die romantischen Maler haben die kleine Ortschaft ins Poetische entrückt. Die Vorstellung verbindet das Bergdorf, das zu den legendären Plätzen der deutschen Kunstgeschichte zählt, mit dichtgewachsenen Wäldern, einer Umgebung von Abgeschiedenheit und Stille: »O mein Olevano«, wie Wilhelm Waiblinger schrieb. Doch obwohl die Ortschaft in ihrem alten Teil von allen gröberen Eingriffen verschont blieb, wirkt sie seltsam geheimnislos und ohne jenen Zug archaischer Intimität, den sie auf den Bildern besitzt. Im Hintergrund Höhenzüge, die wie gewaltige Aufschüttungen von kleingeschlagenem Geröll aussehen.

Die Altstadt mit ihren verbogenen Gassen und Treppen scheint wie von Riesenhand ineinandergeschoben. Alles winklig, lichtlos und steil. Ein paar Kinder lärmten in einem tunnelartigen Durchgang. Die wenigen Dorfbewohner, die auf der Piazza herumstanden, konnten den Eindruck der Verlorenheit, der über dem Ort lag, so wenig mindern wie das atemlose Gewimmer der Musik, das von unten, aus einem Lastwagen an der Piazza San Rocco, kam. Häuser aus grauem Bruchstein, nur wenige blasse Farben. Scharf davon abgehoben das Schwarz einiger Pinien, die über eine Mauer ragen.
Niemand wußte mehr, daß vor rund zweihundert Jahren, nachdem Joseph Anton Koch den Ort ausfindig gemacht hatte, eine Malerkolonie aus Deutschland in Olevano eingefallen war. Schick, Nerly, Rumohr und Schnorr von Carolsfeld, Rohden, Fohr, Catel, Reinhold und andere hatten hier für kürzere oder längere Dauer gelebt, auf dem Friedhof liegt Franz Horny begraben. Alle Ortschaften Latiums haben ihre umkämpfte, meist blutige Vergangenheit: Olevano ist auf andere Weise in die Geschichte geraten. Doch war es nur ein Zwischenspiel, bald wieder aus der Erinnerung.
Die berühmte Serpentara, der durch einen Eichenwald führende Felsenweg nach Bellegra, den die sogenannten Deutsch-Römer mit Hirten und biblischen Gestalten bevölkerten, ist heute Teilstück eines Straßennetzes. Vom einstigen Baumbestand stehen nur noch Reste.
Der Kellner des Cafés wußte von deutschen Malern zu berichten, die vor Jahren nach Olevano kamen. Die Herumstehenden erboten sich, einige zurückgelassene Arbeiten herbeizubringen: abstrakte Kompositionen mit meist zerrissenen Formen, die sich offenbar dennoch als späte Huldigung an die linearen Exaltationen Joseph Anton Kochs und seines Kreises verstehen.

OLEVANO. Draußen, vor dem Ort, die Casa Baldi, in der Horny starb. Jetzt ist das Anwesen eine Außenstelle der Villa Massimo, und Anfang der siebziger Jahre wohnte eine Zeitlang Rolf Dieter Brinkmann dort, nur zusammen mit seinen Ängsten, seinem Horror, seiner Einsamkeit. In der Erinnerung sind seine Aufzeichnungen beherrscht von imaginären Schrecken und einem Gehör für

die nicht endende Todesmelodie überall. Unvergeßlich die Suada seines Hasses auf das »Drecksland Italien«, das er nur von Kellnern und Friseuren bevölkert sah, dazu von Autofriedhöfen, Schrottplätzen und antiken Trümmern zugedeckt: »Und ich sage mir, so ist das, den Rücken kehren, bloß keine Touristensehnsucht und Ansprüche und Verklärungen, Schrott, so ist es.«
Aber womöglich war er doch, glaubwürdiger als jeder andere aus seiner Generation, ein Nachfahre der früheren Romantiker. Was ihn von jenen trennte, war weniger der Ekel vor der Welt, als vielmehr die wütende Gereiztheit, mit der er ihm Ausdruck gab, der Mangel an Form und Pietät. Der Zerstörungsfuror, der selbst vor der eigenen Prosa nicht haltmachte. Aus ihrem bewußtlosen Heimweh konnten die Vorgänger sich noch in eine Traumwelt flüchten, das seine endete nirgendwo. Am auffallendsten kommt sein romantisches Wesen in den immer wiederkehrenden Beschreibungen von Wolkenformationen zum Vorschein, dem obsessiven Starren auf die ziehenden weißen oder schmutziggrauen Luftgebilde. In ihrer Unruhe, dem Getriebensein der trügerischen Ballungen vor ungeheurer Leere erkannte er etwas von sich selber.

NACHTRAG. »Saß soeben einige Augenblicke still«, schrieb Brinkmann in einem Brief aus Olevano, »ohne mich zu rühren, ohne zu schreiben, tippen, und hörte zu: windiges Heulen rundum, ziemlich scharf, vermischt mit blättrigem Geraschel, über Steine, auch wieder ein zackendes Klappern, hatte noch eine Sonnenblende zu schließen vergessen, und dann ist wieder Stille, und in der Stille fühlt man nur sich selbst anwesend, ein wenig zweifelnd, ob das auch gut ist, so in der Stille bewegungslos dazusitzen, von Windgeheule umgeben, in einer Dezember-Kälte, durch die entfernt Straßenlichter blitzen.«
Dann aber das: Während einer Diskussion in der Berliner Akademie der Künste sagte Brinkmann zu einem Anwesenden, er sei todunglücklich, keine Maschinenpistole bei sich zu haben; sie sei das einzige Mittel, einen Kritiker seiner Art zum Verstummen zu bringen.

NOCH ZUM VORIGEN. Erschreckender schien mir aber immer, was Robert Jungk erzählte: Wie nach dem Kriege in der Schweiz ein fortschrittlicher Schriftstellerverband gegründet wurde, und Hans Mayer zu der Weigerung Jungks, der Gruppe beizutreten, mit Schärfe bemerkte: »Sie werden wir auch noch an die Wand stellen.«
Mit diesem Wort stellte Mayer sich in die Tradition der stalinistischen Intellektuellenverfolgungen. Inzwischen hat er aber sein Herz für die Außenseiter entdeckt.

GROTTAFERRATA. Morgens die Jäger im Gelände. Dann und wann ein aufstiebender Schwarm, aus dem einige Vögel plötzlich wie ein Stein herausfallen, andere mit kollerigen Bewegungen zu Boden taumeln. Erst danach das helle, scharfe Geräusch der Schüsse. Einmal lief ein Hund vorbei, den noch immer zuckenden Plunder im Maul.

OLEVANO. Weit über tausend deutsche Künstler haben zwischen 1810 und 1850 in und um Rom gelebt, und Olevano war nicht nur einer ihrer Vorzugsplätze, sondern auch ein Dauermotiv ihrer Kunst. Wie die Zypressen der Villa d'Este, der Sibyllentempel über der Schlucht von Tivoli oder Vittoria Caldoni aus Albano.
Bei allen Unterschieden der Herkunft und des Ausdruckswillens verbanden die Deutsch-Römer einige gemeinsame Züge. Am auffallendsten, daß ihnen die Antike nichts mehr bedeutete. Als 1816 Goethes »Italienische Reise« erschien, lasen sie das Buch mit fassungsloser Enttäuschung. Denn es beschrieb Erfahrungen, die für sie weit hinter der Zeit lagen, und ihrer Unruhe, ihrer Ratlosigkeit über den Weitergang der Kunstdinge nirgendwo gerecht wurden. Sie waren nicht in das Rom Winckelmanns, sondern in das Rom Raffaels gekommen, und ihre Absicht war, Raffaels Kühle und Reinheit mit Dürerscher Tiefe zu verbinden. Auf neue Weise träumten sie den alten Kunsttraum von der Versöhnung der Gegensätze, von Süd und Nord, Sulamith und Maria, Italia und Germania, wie er auf Bildwerken Pforrs und Overbecks programmatisch beschworen wurde. Die treffendste Bemerkung über sie stammt von Goethe, der über Overbeck und Cornelius sagte, was von der Richtung im gan-

zen gilt: »Der Fall tritt in der Kunstgeschichte zum erstenmal ein, daß bedeutende Talente Lust haben, sich rückwärts zu bilden, in den Schoß der Mutter zurückzukehren und so eine neue Kunstepoche zu begründen.«

Dabei erfaßten die Deutsch-Römer sicherlich weit genauer als ihr Kritiker das beginnende Dilemma der Kunst: ihre auseinandertreibende Tendenz, den Einbruch von Willkür und romantischer Subjektivität. Aber es war ein hilfloser Gedanke, diesem Prozeß durch einen Akt spiritueller Neubegründung entgegenzuwirken. Unter den mythischen Himmel der Campagna, deren Ebenen so lange von Göttern und Halbgöttern belebt waren, stellten sie jetzt Bauern und Wäscherinnen, und wo bis dahin Pan geherrscht hatte, zogen nun fromme Pilger ein oder die Heilige Familie selber.

Es hatte weniger mit dem erbaulichen Charakter dieser Bilderfindungen zu tun, daß die Künstler vom römischen Volksmund bald unterschiedslos und spottweise als »Nazarener« bezeichnet wurden. Vielmehr zielte die Benennung auf das Erlöserhafte ihrer Erscheinung, die Kutten und Sandalen sowie überhaupt die hervorgekehrte Ungepflegtheit im Äußeren, auf die sich das professionelle deutsche Kulturmenschentum bis heute viel zugute hält. Zugleich richtete sich der Begriff aber auch auf das Sektiererische ihrer Auffassungen und ihre asketische Lebensweise. Einige von ihnen bewohnten als eine Art Malerorden das ehemalige Kloster S. Isidoro, wo sie in Mönchszellen schliefen, gemeinsam im Refektorium malten und eine Form christlicher Bruderschaft vorlebten, die sich nicht zuletzt politisch, als Widerspruch gegen die verweltlichte »Brüderlichkeit« der Französischen Revolution, verstand. Die urbanen französischen Künstler in Rom meinten das gleiche, wenn sie die von Überheblichkeit und Weltengram erfüllten deutschen Maler »les tragédiens allemands« nannten.

So oft die Künstler sich in der Stadt aufhielten, war ihr Treffpunkt seit den zwanziger Jahren vor allem das Caffè Greco in der Via Condotti. Felix Mendelssohn-Bartholdy hat in einem Brief an seine Familie geschrieben: »Es sind furchtbare Leute, wenn man sie in ihrem Caffè Greco sieht. Das ist ein kleines, finsteres Zimmer. Da sitzen sie auf den Bänken herum, mit den breiten Hüten auf, große Schlächterhunde neben sich, Hals, Backen, das ganze Gesicht mit

Haaren zugedeckt, machen einen entsetzlichen Qualm und sagen einander Grobheiten ...«

NOCH DAZU. Man denkt dennoch nicht ohne Rührung an diese religiös ergriffenen Künstler, die andächtig waren, auch wo sie ein Waldstück, eine Familienszene oder eine Vedute malten. Alle waren sie, wie es in einem Gedicht von Rückert heißt, mehr oder minder »der Welt abhanden gekommen«. Vor einer Zeit der aufkommenden Industrialisierung, der sozialen und politischen Spannungen suchten sie Zuflucht in einer Ideenkunst, die weniger Vitalität als Gedankenanstrengung verrät und in der Rückkehr zu den Ursprüngen bei lauter erborgten Gesten endete. Raffaels Klarheit verwandelte sich unter ihren Händen in altarbildhafte Starre und Dürers Gemütstiefe in Sentiment. Im Grunde galt für sie, was Ludwig I. von Bayern über Cornelius gesagt hat: daß er nicht malen könne. Mit ihren übergangslosen Konturen, dem Mangel an Atmosphäre sowie überhaupt der Vorherrschaft der Linie über die Farbe, wirken viele ihrer Gemälde wie nachträglich kolorierte Zeichnungen.
Im Zeichnerischen lag denn auch ihr Genie, und wo das Sujet frei von aller Inbrunst und Seelenlast war, überragen ihre Arbeiten sogar das meiste aus der Epoche. Manche dieser Akte, Baumstudien oder Porträts erreichen eine Vollkommenheit, die den Vergleich mit dem bedeutendsten Zeichner der Zeit, mit Jean Auguste Dominique Ingres, mühelos aushalten. Gerade was ihren großen Bildentwürfen so im Wege stand: die Ehrfurcht und pedantische Frömmigkeit vor den Erscheinungen, kam den absichtsloseren Arbeiten zugute.

AM RANDE. Der künstlerische Gewinn dieser generationenlangen Romreisen bleibt zweifelhaft. Wieviel weiter gelangten Sisley oder Monet, als sie vor die Tore von Paris gingen. Doch sie sahen die Wirklichkeit, nicht Gedanken.
Bei Stefan George heißt es, die Deutschen seien nach Italien gegangen, »um zu der tiefe das licht zu finden«. Aber von den Deutsch-Römern hat kaum einer das Licht gefunden, fast alle wurden nur noch schwerer, germanisch grüblerischer, als sie ohne-

hin waren. Am deutlichsten wird das bei Feuerbach und Böcklin, auch bei dem unglücklichen Marées. Womöglich wußten Runge und Caspar David Friedrich, warum sie sich weigerten, nach Italien zu fahren. Zu den seltenen Ausnahmen zählen Blechen und später Beckmann.

SUBIACO. Auf der Terrasse, hoch über dem grünen, durch eine Schlucht stürzenden Anio, sprach mich ein Mönch an, der zu seiner Kutte eine Arbeitermütze trug und einen Regenschirm bei sich hatte. Er sei mir schon einige Zeit gefolgt, begann er, und frage sich, aus welchem Land ich käme. Auf meine Antwort hin sah er einen Augenblick lang, als müsse er seine Gedanken ordnen, ins Leere und sagte dann auf deutsch: »Ah, Deutschland! Das kenne ich. In Deutschland bin ich gewesen. Ich habe mich viel mit diesem Land beschäftigt.« Und nach einer Pause: »Aber ich habe Deutschland vergessen. Zum Glück.« Während ich noch überlegte, was er damit sagen wollte, kam er nahe an mich heran und fuhr eindringlich, in fast beschwörendem Tonfall fort: »Ich habe meine Sünden vergessen. Ich habe die deutsche Philosophie vergessen. Das ist alles vorbei. Gewesen vor langer Zeit. Auch Friedrich Barbarossa ist gewesen. Sie wissen, wer Friedrich Barbarossa war? Als ich Deutschland vergaß, habe ich auch Friedrich Barbarossa vergessen.«
Aus dem anschließenden Gespräch war zu erfahren, daß er viele Jahre Philosophie gelehrt und einige Bücher verfaßt hatte, vor allem zu philosophischen und historischen Themen, darunter eines über den Stauferkaiser. Nachfahren Barbarossas, bemerkte er, lebten noch ganz in der Nähe von Subiaco. Vielleicht wolle ich sie besuchen? Doch noch ehe ich antworten konnte, sagte er: »Es ist schon spät. Ich muß gehen. Wir werden uns wiedersehen. Zweifeln Sie nicht!« Und indem er mir wieder so nahe rückte, daß ich fürchten mußte, über die Brüstung gedrückt zu werden, setzte er mit einer leidenschaftlichen Verneinungsgeste hinzu: »Aber nicht hier!« Dann trat er einen Schritt zurück und stieß auf etwas lächerliche Weise seinen Schirm in die Höhe: »Dort im Jenseits, mein Herr. Da werden wir uns wiedersehen!« Im Abgehen drehte er sich noch einmal um: »Dann wollen wir miteinander reden. Aber

nicht über die deutsche Philosophie, die des Teufels ist. Eher über Friedrich Barbarossa!«

GROTTAFERRATA. Was sich auf der Fahrt durch die römische Campagna am stärksten aufdrängt, sind die Bilder ihrer Zerstörung. Bis dicht an die Gegenwart endete sie unmittelbar vor den Toren Roms, und einzelne Ausläufer drangen sogar in die Stadtbezirke ein, wo auf dem Forum, dem Campo Vaccino, die Kühe weideten. Heute ist die Randzone mit einem Ring von Wohntürmen und Industrieanlagen inkrustriert, dazwischen auch Großplantagen. Die Felder sind vielfach durch riesige Plastikbahnen abgedeckt, die das Licht blind und mit erloschenem Glitzern zurückwerfen.
Dann aber ausgedehnte Partien, in denen die Landschaft ihren schwermütigen Charakter bewahrt hat. Weite Horizonte mit einer in allem Wechsel immer ernsten und großen Szenerie. Wildnisartige Gebiete, durch die sich Erdeinbrüche ziehen, flache Hügel, die wie Sandaufschüttungen wirken und auf denen Gras und Disteln wachsen. Auf den nackten Abstürzen treten die geologischen Schichten in gelben und grauen Streifen hervor, mit verbranntem Mattgold und Schwarz als beherrschenden Grundtönen.
Alles bildet sich in harten Umrissen ab, selbst der schwache Dunst, der über der Ebene liegt, läßt die reliefartigen Konturen nicht verschwimmen. Die Durchsichtigkeit der Luft treibt alle Linien ins Plastische. Vereinzelt ein tiefrotes Bauernhaus, die Reste eines Aquädukts und hier und da die schwarzbraunen Stümpfe verwitterter Türme. Sooft man die Fahrt unterbricht, meint man jene Stille zu hören, die in alten Reisebüchern »episch« heißt. Der Geruch von Minze überall. Im Hintergrund baumlose Höhenzüge. Nur im Süden das Blau der Albaner Berge, durch das sich zusehends das Betongrau der Castelli Romani frißt. Am Horizont, in silbrigen Reflexen, das Meer.
Noch kann man begreifen, warum die Campagna, seit ihrer Entdeckung im Barock, als geschichtsloses Arkadien gesehen wurde. Zwar sind die Hirten abgezogen, Pan und die Nymphen auch. Aber auf kleiner werdendem Terrain spürt man noch etwas vom Schweigen und Stillstand der Zeit, der zum Begriff des Mythischen gehört.

AM RANDE. Die »römische Landschaft« war durch die Jahrhunderte ein Vorzugsmotiv der europäischen Malerei, lange vor Joseph Anton Koch haben Adam Elsheimer und Claude Lorrain es entdeckt. Und auch für das noch ältere Sujet, die »ideale Landschaft«, haben die Künstler sich ihre Eingebungen immer wieder aus der zeitlosen Natur der Campagna geholt. Der eintönig vielfältige Charakter des Geländes, das Ebenen, Hügel und Schluchten, Wald und Wasser nahe beieinander zeigte, hat den verschiedenen Spielformen dieses Motivs, der heroischen, pastoralen oder feierlichen Variante, zum Vorbild gedient.

MARINO. Angesichts der unaufhaltsamen Zerstörung der Campagna kam mir in Erinnerung, was William Cobbett von einem englischen Gutsbesitzer berichtet. Um den Park seines Anwesens in Kent hatte er Schilder aufgestellt, auf denen die Worte standen: »Paradise Place. Hier sind Schußanlagen und Fangeisen ausgelegt.«

MARINO. Zum Abendessen mit den Freunden in einem Gartenrestaurant. Kurzes, heftiges Farbenspiel eines Sonnenuntergangs, der die Hügelkette ringsum in Glut setzt und die hochgelegenen Häuser leuchtend aus dem rasch in der Schwärze versinkenden Grund hebt. Als die Sonne gleich darauf hinter der Kammlinie im Westen verschwindet, brechen ihre Strahlen sich rot und glimmend in den Fensterscheiben.
Währenddessen gingen auch die Lichter über den Tischen an. Daß die Dunkelheit hereinbricht, ist eine sprachliche Wendung, deren Sinn man erst im Süden begreift.

MARINO. Als S. die Verheerungen der Campagna beklagte, erwiderte einer am Tisch, das sei nur ein ästhetisches Argument. Und gerade ästhetisch habe die Landschaft ausgespielt. Weder in der modernen Kunst noch bei Dichtern und Schriftstellern zähle sie, wie in aller Zeit davor, zu den großen Themen. Solche Einbußen deuteten immer auf tieferliegende Veränderungen. Wo die Kunst Entdeckungen mache, folge die Wirklichkeit nach. Bei den Verlusten sei es ebenso.

GROTTAFERRATA. Kurz vor Mitternacht zurück ins Hotel. Als wir vom Anulare auf die Via Appia Nuova bogen, tauchte nach kurzer Fahrt am Straßenrand das Geflacker kleiner Feuerstellen auf. Vor hohem Buschwerk schattenhafte Bewegungen. Wenn die vorüberfahrenden Wagen die Lichter aufblendeten, waren sekundenlang die Frauen zu sehen und das im Scheinwerferkegel weißliche Fleisch. Ein junges Mädchen öffnete vor einem haltenden Fahrzeug den Mantel, unter dem es fast nichts trug, und versuchte sich dabei in Verführungsposen. Als der Wagen davonfuhr, fiel alles in die Schwärze zurück, und erst nach einigen Augenblicken nahm man wieder die schattenhafte Unruhe um die Glut wahr.
Im Herbst, erzählte T., sobald die Nächte kühler werden, oder auch im Frühjahr, entzünden die Frauen an den Ausfallstraßen rund um Rom mit Teer oder Holzkohle gefüllte Tonnen gegen die Kälte. Meist sind sie in Gruppen. Nur einmal kamen wir an einer einzelnen Frau vorbei, die auf einem Mauerstück saß und sich, über die Tonne gebeugt, am Feuer wärmte, das Gesicht und die Brust rot im Widerschein.
Guttuso hat diese römische Szene in einer Serie von Bildern dargestellt. Im Gespräch sagte er, der malerische Reiz des Motivs habe ihn immer gefesselt. Aber mehr noch die Anklage gegen den Zusammenhang von Sex, Kapitalismus und Verelendung. Vielleicht zählen deshalb diese Arbeiten zum schwächeren Teil seines Œuvres. Denn weniges ist in der Kunst schwieriger als der Aufschrei der Kunst. Um zu ergreifen, darf man selber nicht ergriffen sein, und die Empörung verlangt eine Kälte, die weitab von allen Opfern ist.
Der Satz, daß Dichten immer auch Verrat sei, gilt für die Kunst im ganzen. Das kann man an Goya erkennen, der ein Verräter hohen Ranges war; aber an Guttuso, der es nicht war, auch.

AM RANDE. Kleist ließ einen Maler an seinen Sohn schreiben, fromme Empfindungen trügen zu einem frommen Bilde gar nichts bei, und es helfe nichts, vor der Arbeit an einem Marienbild das Abendmahl zu nehmen. Vielmehr sei die Sache »mit einer gemeinen, aber übrigens rechtschaffenen Lust an dem Spiel ... völlig abgemacht«.

AUS DEN NOTIZEN. Die Villa Renato Guttusos lag auf parkähnlichem Gelände, am Abhang eines Hügels außerhalb von Velate, und man erreichte sie über einen weitgeschwungenen, von alten Bäumen gesäumten Weg. Wenn der Wagen auf der Terrasse hielt, trat ein weißbehandschuhter Diener an den Schlag und half den Ankommenden heraus. Über knirschenden Kies ging man auf ein herrschaftliches Gebäude zu, in dessen geöffnetem Portal jedesmal der Maestro selber mit ausgebreiteten Armen wartete.
Natürlich inszenierte er sich, und etwas Künstler-Bombast war immer dabei. Aber dieses zeremoniöse Wesen war zugleich vermenschlicht durch jene mediterrane Lebensart, die so viele Schwächen erträglich und sogar einnehmend macht. Er besaß Mitgefühl, Herzlichkeit und Leidenschaft. Eine unverwechselbare Mischung aus Ruhe und Gespanntheit. Die Villa ebenso wie die Wohnung in Rom, das Porzellan und das Silber bei Tisch, der Sekretär an seiner Seite und die Dienerschaft: dieser ganze, beredt ausgebreitete Aufwand verriet den Stolz eines Mannes, der sich aus kleinen Verhältnissen zu einem erfolgreichen Künstler und zum kommunistischen Senator hochgebracht hatte. An eine Wand seines Ateliers, das im unteren Teil des Geländes lag und früher der Reitstall gewesen war, hatte Guttuso mit Kohle geschrieben: »Es gibt keine faulen Meisterwerke«. Bisweilen fragte ich mich, ob er Skrupel habe. Denn während das trainiert herumeilende Personal das Essen vorlegte und den Wein reichte, sprach er häufig über die Unterdrückung der Massen und die Befreiungsbewegungen in der Dritten Welt.

NOCH ZUM VORIGEN. Immer wieder setzt ein Lebenskünstlertum in Erstaunen, das auf so virtuose wie unverlegene Weise eine linke Ideologie mit einer großbürgerlichen Praxis verbindet. Für Hans Werner Henze im nahen Marino gilt ähnliches. Man kann darin so etwas wie den idealen Standort sehen. Er macht sich die Vorlieben des Zeitgeistes zunutze, der nach humaner Rhetorik verlangt; gleichzeitig bringt er die Fragen des Gewissens mit dem Bedürfnis nach den Annehmlichkeiten des Lebens aufs glücklichste zur Übereinstimmung. Solange Elend und Not in der Welt herrschen, sucht man nach Abhilfe. Am aussichtsreichsten auf persönlichem Feld. Jedenfalls ist es ein Anfang. Charity begins at home.

GROTTAFERRATA. Nachts holte mich der Hahn aus dem Schlaf, der auf dem Nachbargrundstück sein Revier hat. Die Hennen ließen sich durch ihn nicht stören. In den immer wieder eintretenden Pausen machten sie sich kurz und mit gutturalen Schlafgeräuschen vernehmbar, ehe der Hahn wieder einsetzte. Ich stellte ihn mir vor, wie er sich mit geschlossenen Augen und vibrierend geblähtem Hals hochreckte und seinen einsamen Schrei ausstieß.
Als ich beim Frühstück auf der Terrasse davon erzählte, meinte S., Ernst Jünger würde den Vorgang vermutlich mit dem Satz begleiten: Der Kundige mag daran ermessen, daß Leidenschaft stets mit Blindheit einhergeht. Zumal, könnte man hinzufügen, wenn sie zur falschen Zeit kommt. - Morgen nach Rom.

GROTTAFERRATA. Am Vormittag die Straße zum Markt hinunter. Unterwegs sprach uns ein alter Mann mit dicker, kreisrunder Drahtbrille an, deren Bügel durch Heftpflaster zusammengehalten wurden und der trotz der Hitze einen schweren Wollschal um den Hals geschlungen hatte. Immer wieder drängte er heran und sprach flüsternd von etruskischen Grabbeigaben, die ganz in der Nähe, hinter der Kirchenmauer, zu besichtigen seien. Erst als wir am Markt anlangten, wurden wir ihn los.
Noch einmal über Jünger. Die starrsinnige Vorliebe für historisch abgesunkene Welten, aus denen er sich die Begriffe leiht. Wie er in Paris aus Kelchen und Pokalen trinkt, statt aus Gläsern, und die Welt der Besatzungsoffiziere ins Römische stilisiert, wo er mit Prokonsuln Umgang hat und in einer Art Ritterrunde diniert. Das ist um so auffälliger, als er seine prägenden Erfahrungen aus dem Materialkrieg bezog, dem Krieg in anonymer Form, in dem die technische Überlegenheit weit mehr entschied als jene militärischen Tugenden, die in den alten Begriffen noch einmal beschworen wurden. Im buchstäblichen wie im übertragenen Sinn verschwand der einzelne in Gräben und Unterständen, und die größere Gefahr kam von ganz unritterlichen Schrapnells. Auch hier hat man es, wie in der neueren Welt so oft, mit einer Flucht zu tun. Als sei die eigene Zeit immer die falsche Zeit.
Aus dem Lärm und Geschiebe der Gegend um den Markt in abgelegene Straßen, die im Schatten hoher Bäume lagen. Auf dem Pfla-

ster blasse, unruhige Lichtflecken. Wir kamen an einer Mauer mit reich vergittertem Tor vorbei, auf dessen Pfosten Terrakotta-Nachbildungen des Römischen Adlers hockten. Auch Unternehmer, Filmschauspieler oder Gewerkschaftsfunktionäre haben womöglich ihre Vorlieben für abgetane Zeiten.

Wir sprachen auch über Jüngers Neigung, aus meist einfachen, aber geheimnisvollen Erscheinungen einen generalisierenden Gedanken abzuleiten. Nach der Beschreibung eines gesprenkelten Kiesels oder des zarten Rippenwerks eines Libellenflügels fährt er gern fort: Der Betrachtende gelangt zu dem Schluß, daß in Erscheinungen wie diesen ein allgemeines Muster der Dinge erkennbar wird. Oder es heißt: Wie denn überhaupt zu sagen ist, daß …

Diese Erweiterungsformeln geben zahlreichen Überlegungen Jüngers die bedeutende Note. Der Autor sieht das Einzelne als Symbol einer verborgenen Ordnung der Dinge, eines »noch unsichtbaren Gesamtplans«, wie es einmal heißt. Zwar springt mitunter ins Auge, daß die scheinbar so zwingenden Konklusionen die Sache verfehlen oder nur halbwegs treffen. Und doch nehmen noch die Fehlschlüsse des Verfassers die Leser für sich ein. Das hat nicht nur damit zu tun, daß ihnen die Beschreibung eines Fruchtstempels oder der Seitenpanzerung eines Käfers nie als das bloß eigenbrötlerische Interesse eines Naturkundigen erscheint. Vielmehr wissen sie sich in ein besonderes Vertrauen gezogen und mit einem Blick ins Getriebe der geheimen Mechanismen belohnt, die dem verworrenen Bild der Welt erst Zusammenhang geben.

Wie denn überhaupt zu sagen ist, daß das Bedürfnis, im Chaos der Erscheinungen ein noch unaufgedecktes Gesetz zu erkennen, so elementar ist, daß es auch Trügerisches in Kauf nimmt. Am Ende könnte dieses Bedürfnis selber sogar jener Geheimschlüssel sein, dem vermeintlich die Suche gilt.

GROTTAFERRATA. Wir kamen an einem Innenhof vorüber, in dessen Schatten eine lebensgroße Marmorstatue stand. Zwischen die Schultern, wo sich einst der Kopf befand, war ein Kübel mit einer Efeupflanze gestellt, deren Blattwerk bis auf den Boden fiel und die Figur in eine grüne Toga hüllte. Wie auf einem Bild von Magritte.

VIERTE ETAPPE

Die verschwundene Grabplatte

Römische Fragmente

VOR DER ABFAHRT. Es gab immer sehr unterschiedliche Empfindungen vor der Einfahrt nach Rom. Natürlich herrschten Ungeduld und hochgespannte Erwartungen vor. Ecco la città und das Tedeum. Aber manche erschraken auch, wenn Rom am Horizont auftauchte, und C. G. Jung fuhr auf vielen Reisen an der Stadt vorbei, weil er sich der Gewalt ihrer Eindrücke nicht gewachsen glaubte.

AUF DER FAHRT. Wir brachen am frühen Morgen auf, kurz nach sechs. Überraschend die vielen dunklen, ins Blaue spielenden Töne auf der Strecke, wie sonst nur im Nachmittagslicht. Der seltsam nächtliche Charakter der Landschaft, selbst unter der Sonne. Terre des morts: vielleicht hatte der Eindruck der Campagna die Metapher hervorgebracht.

KURZ VOR ROM. Wir kamen an einer Bushaltestelle vorbei, an der ein Mann wartete, der einen blauen Arbeitsanzug trug und eine Kunststofftasche umgehängt hatte. Er stand da, mit der Stirn gegen den Pfosten gestützt und hatte die Hände vors Gesicht gelegt. Wir hielten und fragten, ob wir ihm helfen könnten. Er winkte ab und rief ärgerlich herüber, daß wir weiterfahren sollten. Als wir uns umsahen, hielt er wieder, in einer Geste der Ausweglosigkeit, die Hände vor sein Gesicht.

ROM. Durch die Jahrhunderte war das Bild ganz unverändert geblieben: hinter dem riesigen Ziegelwerk der Aurelianischen Mauer die Ewige Stadt, mehr Tempel, Kirchen und Paläste als Wohnhäuser, und doch, in Verfall und Ohnmacht, die Hauptstadt der Welt. So, als fast geschlossenen Platz, haben Goten und deutsche Kaiser, Luther, Montaigne, Goethe und Stendhal sowie noch die Reisenden im ersten Viertel dieses Jahrhunderts die Stadt bei

der Ankunft vor sich gesehen. Tutto passa, Roma resta. Und sobald sie durch einen der sechzehn Torbögen kamen, sahen sie sich unweigerlich von nie gekannten Gefühlsschaudern erfaßt. Für Generationen war der Schritt durch die Mauer ein Akt der Initiation, dem sie verwandelnde Kraft zutrauten.
Das alles kann der Ankommende von heute nur noch im historisierenden Gefühl, nicht mehr dagegen mit dem Auge wahrnehmen. Wenn er, wie meist, von Norden her nach Rom einfährt, verläßt er bei Settebagni, einige dreißig Kilometer vor der Stadt, die Autobahn. Und nach einer langwierigen Fahrt durch heruntergekommene Vorstadtviertel, vorbei an Werkstätten und verwahrlosten Kleinbetrieben, gerät er in anfangs armselige, allmählich bessere Wohnquartiere, ehe er unversehens, nach dem Durchqueren einer Zufahrt, entdeckt, daß er in der Stadt und auf der Via Veneto ist.

NOCH DAZU. Die nach uns kommen, werden nicht mehr sehen, was wir noch sahen - das war eine Wendung, die schon im 19. Jahrhundert aufkam. Sie irrte sich aber über das Tempo der Weltveränderung und sah die Zukunft näher, als sie war. Immerhin gab der Irrtum dem Glück eine Frist. Inzwischen ist die Zukunft Gegenwart geworden.

ROM. Wir fuhren von Süden, durch die Porta Ardeatina, in die Stadt ein, später an den Caracalla-Thermen vorbei und zwischen Palatin und Coelius zum Colosseum. Ich hatte mitunter nach einem Platz gesucht, von dem sich die sieben Hügel, das Gründungsgebiet der vorantiken Stadt, mit einem Blick erfassen ließen. Aber die meisten Erhebungen sind nur noch als Ahnung da, auch sind es mindestens neun; nur der Mythos hat, wie bei den alten Königen, so auch bei den Hügeln, die magische Siebenzahl verlangt. Die Zeit hat sie seit langem mehr oder weniger eingeebnet.
Da war, einmal jedenfalls, schon in ferner Vergangenheit die Zukunft Gegenwart geworden.

ROM. Vom Hotel hinüber ins Caffè Greco, wo wir uns von T. trennten. Das Caffè war vor einiger Zeit von den Gesundheitsbehörden für wenige Tage geschlossen worden. Aber der Kellner zeig-

te sich noch immer empört und sprach von »jenen Tagen des Todes« und von der »Trauer der Welt«.
Anschließend mit S. durch die Straßen. Besuche in der Via Margutta, später zur Piazza del Popolo. Der dröhnende Verkehr nach wie vor, trotz aller Beschränkungen. Als wir den Corso hinuntersahen, standen zwischen den Häuserfronten, über den Köpfen der Tausenden, die auf der ganzen Breite der Straße flanierten, bläuliche, träge quellende Abgaswolken. Die Brunnenfigur in der Via del Babuino, deren Glieder schon vor Jahren als Stümpfe ins Leere standen, ist weiter geschrumpft und nicht viel mehr als ein schwarzer, konturloser Klotz, auf dem der erneuerte Kopf wie eine dumme, weiße Totenmaske sitzt. Auf den Beckenrand hatten Passanten ein paar Blumen gelegt, wie auf einen Grabstein.

ROM. S. sagte, daß die Stadt zur Zeit von Madame de Staël oder Mommsen vermutlich nicht viel anders ausgesehen habe als heute, lasse man das Gebiet zwischen Forum und Caracalla-Thermen beiseite, wo die Steppe begann. Überall das Nebeneinander von Kirchen und Wohnhäusern, von Palästen, Werkstätten und stillen Innenhöfen, in denen Säulen und fleckige Statuen zwischen Blumenkübeln stehen. Dann die gewundenen, lichtlosen Gassen mit dem Pflaster aus schwarzem Lavastein, die sich plötzlich auf einen Platz öffnen, wo das immer neue Spektakel der Fassaden einsetzt mit den rostfarbenen Fronten und den kalkigweißen, aber vom Regen streifig gewordenen Wappen über der Einfahrt.

ROM. Beim Herumlaufen stößt man ständig auf die riesigen grünen Planen, die, seit Jahren schon, einzelne Gebäude, Tempel oder ganze Straßenfluchten abdecken, ohne daß man wüßte, was dahinter geschieht. Auch die Trajanssäule und der Titusbogen sind noch immer von Gerüsten zugestellt, desgleichen die Säule des Marc Aurel. Wiederholt steht man vor gesperrten oder mit rohen Brettern vernagelten Zugängen. Vom Reiterstandbild des Marc Aurel, das sich seit Jahren bei den Restauratoren befindet, sagte einer der Wärter auf dem Kapitol, es werde nie zurückkehren. Als sie es wegschafften, habe er darin ein Zeichen gesehen. Als nächstes werde der Senatorenpalast einstürzen.

ROM. Tatsächlich sei die Situation hoffnungslos, sagte L., den ich am Nachmittag in der Bar der Via della Croce traf. Eine Liste der schon halb zerstörten Denkmäler würde Seiten um Seiten füllen. Sie beginne beim Colosseum und dem Tempel des Saturn auf dem Forum, und sie ende noch lange nicht mit Berninis traurigem Elefanten vor Santa Maria sopra Minerva. Man könne Gebäude schließen oder wenigstens verhängen und sogar Straßen sperren, nicht aber ganze Viertel. Eine Stadt sei kein Museum. Auf dem Kapitol befinde sich noch immer das römische Standesamt, wo die Leute sich trauen ließen. Sie wollten auch, daß es so bleibe.
Carlo Giulio Argan habe gesagt: Entweder Autos oder Altertümer. Das sei jedoch eine falsche Alternative. Denn wenn man die Autos vertreibe, schaffe man nur Platz für noch riesigere Touristenschwärme. Das mache nichts besser, sondern ersetze nur ein Unglück durch ein größeres.
»Da haben Sie das Dilemma«, sagte er. Und deshalb werde der Zerstörungsprozeß weitergehen. Alle Eingriffe könnten ihn nur verlangsamen. Der Augenblick sei nahe, wo Rom nicht mehr Rom sein wird. »Wir können schon den schwarzen Streifen am Horizont sehen.«

ROM. Mit Cesare, der im Hotel wartete, über das Gespräch. Aber er machte nur eine geringschätzige Geste. Auffällig an der Stadt sei vor allem ihre Gleichgültigkeit. Sie sei eine Eigenschaft Roms, weniger der Römer. Jeder, der hierherkomme, nehme eine blasierte Passivität an. Er sprach vom römischen »Genie der Indolenz«. Zwei Jahrtausende im Auf und Ab der Geschichte, von Neros »Goldenem Haus« bis zu der Zeit, als innerhalb der Aurelianischen Mauer die Wüste war, hätten Rom zu dieser ungeheuren Teilnahmslosigkeit erzogen: Alles sei nur Kommen und Gehen, das Neue nur das Alte in anderer Verkleidung. Sicherlich mache L. sich Sorgen. Und die Leute hörten ihm geduldig zu. Aber die römische Geduld sei nur ein Ausdruck äußerster Unerreichbarkeit.

AM RANDE. Der Schmerz über das Zerfallende oder schon Verlorene hat einen benennbaren Grund. In die Metropolen der Welt reist man der Gegenwart wegen, in sachlichen oder persönli-

chen Interessen. Nach Rom dagegen fährt man, um die Vorstellung des Vergangenen durch Anschauung zu beleben. Wer dafür unempfänglich ist, kann sich die Reise schenken.
Insofern ist New York das eigentliche Gegenbild zu Rom: die Stadt, die ein Stück Zukunft sichtbar macht. Rom wird durch jedes Schwinden von Vergangenheit gemindert. Zu den Reizen New Yorks gehört, daß es sich in allen Wiederbegegnungen verändert zeigt. Hat man es einige Jahre nicht gesehen, bietet es sich an jeder Straßenecke neu und anders dar.

ROM. Beim Schritt hinaus auf die Dachterrasse nahe der Piazza del Popolo gingen in den Straßen gerade die Lichter an, und wir konnten das linke Tiberufer, die Kuppeln, Türme und erhellten Plätze von den Gärten der Villa Borghese bis hin zum Palatin mit einem Blick übersehen.
Der Lärm der Gäste schwoll jedesmal an, wenn der Hausdiener die Tür öffnete. Von der Terrasse her waren die kleinen Entzückensschreie bei der Begrüßung zu hören, die Ausrufe von Überraschung, Jubel, Wiedersehensglück, die aber durchweg nur die Rhetorik der Empfindung ausdrückten, nicht die Empfindung selber. Die Worte an sich bedeuteten nichts, sondern waren lediglich die gekonnt gesetzten Auftrittssignale, nicht anders als später, wenn die Eingetroffenen nach draußen kamen und sich in Gruppen zusammenfanden, wo jeder, zugleich mit jedem anderen, auf jeden anderen einsprach. Alles war Spiel, schönes Theater, und das wirkliche Glück lag darin, überhaupt auf der Bühne zu sein.
Von den Gästen trug fast jeder einen klingenden, ins Lange auslaufenden Titel, der aber wenig verriet. Zwei höhere Beamte waren da, ein Liegenschaftsverwalter, ein Anwalt, ein Geistlicher, ein Direttore. Unter den Frauen wieder jener Typus der älteren Dame, dem man auf römischen Gesellschaften häufig begegnet: die pferdegesichtige Contessa mit der tiefen Stimme, die aus langen Spitzen Zigaretten raucht und schon vor dem Essen Cognac verlangt. Neben ihr der elegante alte Herr im hellen Leinenanzug und mit leuchtendrotem Kavalierstuch, der kaum ein Wort spricht, aber nie von ihrer Seite weicht. Schließlich einige jüngere Leute, darunter Valerie Brooks, die T. gern »ausgefallen« nannte, vielleicht weil

sie mit jenem britischen Eigensinn, der Launen zum Rang von Lebensinhalten erhebt, Rom zu ihrer Sache gemacht hatte. Im Gespräch wußte sie genau die Stelle zu beschreiben, wo Cäsar seinen Mördern erlegen war und Marc Anton ihm die Totenrede gehalten hatte, wie die Subkonstruktionen beschaffen waren, die auf dem sumpfigen Gelände hinter dem Forum die Steinmassen des Colosseums trugen, und welche Quellen des Appennin noch immer welche Brunnen der Stadt versorgten. Sie trug ein lilafarbenes Kleid und dazu Strümpfe mit aufgestickten Blumen.
Bei Tisch kam das Gespräch auf den immer noch schwierigen Übergang Italiens in die Gegenwart, auf die Wanderungsbewegung aus dem Süden in die Industriebezirke des Nordens. Jeder kannte Beispiele für den Bruch in den Lebensgewohnheiten, die Ratlosigkeit vor dem Neuen. Alle äußerten Besorgnis vor den sozialen Sprengwirkungen, die sich einstellen würden, wenn die Arbeitslosen von Fiat oder Italsider mit ihren veränderten Ansprüchen und Denkweisen ins archaische Kalabrien zurückkehrten. Ganze Regionen seien lange unvorbereitet gewesen auf die Modernität, die oft wie ein Schlag kam, obwohl bereits der Faschismus das Land über die Schwelle gestoßen habe. Die Widersetzlichkeit gegenüber dem Kommenden als Schwäche, aber auch als Stärke.
Später über die Sitzung des Faschistischen Großrats in der Nacht zum 25. Juli 1943, die den Sturz Mussolinis einleitete. Der Geistliche berichtete über das Ränkespiel, das der Zusammenkunft vorausging, und die melodramatischen Begleitumstände. Erinnerungen an die großen Renaissanceintrigen. Federzoni und andere waren am Morgen zur Beichte gegangen, Grandi, das Haupt der Verschwörer, hatte zwei Handgranaten in der Hosentasche, von denen er eine, als die Situation kritisch wurde, an de Vecchi weitergab. Denn anders, als lange Zeit behauptet, habe sich Mussolini durchaus nicht apathisch gezeigt und auch nicht jene Mischung aus Selbstmitleid und Zynismus erkennen lassen, die ihm später nachgesagt wurde. Alle solche Enthüllungen, versicherte der Direttore, folgten der alten Usurpatorenregel, daß man niemandem die Macht entreißen dürfe, ohne ihm auch die Ehre zu nehmen. In Wirklichkeit sei Mussolini gefaßt gewesen und trotz der Aussichtslosigkeit seiner Lage so eindrucksvoll im Auftreten, daß mehrere Verschwörer schwankend

wurden und erst in einer Sitzungspause für seinen Sturz zurückgewonnen werden konnten. Der Anwalt berichtete, daß Mussolini später, angesichts der herabsetzenden Reden der Sitzungsteilnehmer, gesagt habe, jeder folge seinem eigenen Begriff von Würde.

Unüberhörbar war die Achtung, mit der sie über Grandi sprachen, dessen vierzig Jahre nach den Ereignissen erschienenes Erinnerungswerk offensichtlich das Bild der Vorgänge verändert hat. Im Gegensatz zu den übrigen Verschwörern habe er ein uneigennütziges politisches Konzept gehabt, das die Wiederherstellung der Verfassung, eine Regierung ohne Beteiligung der Faschisten und den unverzüglichen Bündniswechsel, hinüber auf die Seite der Alliierten, vorsah. Die andern, einschließlich des Königs, hätten nur an ihre Haut gedacht, an persönliche Interessen und vielleicht sogar schon wieder, dem ältesten aller italienischen Instinkte folgend, an ein bißchen Beute.

Bezeichnenderweise nahmen sie Grandi auch als einzigen vom Vorwurf des Verrats aus, obwohl er der Antreiber gewesen und am unnachgiebigsten zum Bruch entschlossen war. Und natürlich seien nicht die Italiener, sondern die Deutschen verraten worden, Cianos Versuch, die Dinge umzukehren, sei nur ein Advokatentrick gewesen; seine Rede habe denn auch nicht den geringsten Eindruck auf die Versammelten gemacht. In der Entscheidung, vor der sie standen, sei es um Schaden oder Nutzen gegangen, und sie hätten sich für den Nutzen entschieden. Dafür, sagte der Geistliche, ließen sich übrigens auch moralische Gründe ins Feld führen, keine schwächeren vielleicht als für die Treue, die den Deutschen immer in den Sinn komme, wo von Moral und Politik die Rede sei.

Die Engländerin mit den geblümten Strümpfen war während des Essens an einem der anderen Tische placiert. Aber sie hatte einiges von der Unterhaltung mitbekommen und fragte beim Aufbruch, ob wir wüßten, daß Caligula, als er ermordet wurde, im Stürzen gerufen habe, er lebe noch! Sie habe bei unserem Gespräch denken müssen, den Satz könne jede Figur der Geschichte in Anspruch nehmen, sofern sie sich nur entschlossen auf die Seite des Verbrechens schlage.

AM RANDE. Eine bemerkenswerte Äußerung Mussolinis, gegen Ende seines Lebens, blieb mir in Erinnerung: »Die Diktatoren haben keine Wahl: Sie können nicht langsam fallen. Sie müssen stürzen.«

ROM. Nächtlicher Spaziergang den Corso hinunter. Wir sprachen über die ungleich entspanntere Weise, in der die Italiener von jenen Jahren reden. »Quel che fu non è« - was war, ist nicht, heißt eine toskanische Redensart, in der die Weigerung anklingt, sich das Leben vom Gewesenen verdüstern zu lassen. Aber natürlich gibt es noch andere Gründe für diese Gelassenheit. Darunter auch solche, die mit dem höheren Grad an zivilisierter Form zu tun haben. Dabei hat Grandi von der »kannibalischen Passion« gesprochen, die Italien im Blick auf die Vergangenheit erfülle. Aber diese Passion bleibt doch der deutsche Sonderfall.
Der Abstand zu den eigenen Erinnerungen hat indessen eine Kehrseite. Wir kamen auf die selbstverständliche Weise, in der zahlreiche Italiener erst vom Sozialismus zum Faschismus, und dann, den Weg wieder zurück, vom Faschismus zu irgendwelchen Formen sozialistischer oder kommunistischer Parteinahme fanden. Die verwirrenden Biographien, auf die man in früheren Jahren so oft gestoßen war und die sich jetzt verlieren. Noch Renzo de Felices These, daß der italienische Faschismus, im Gegensatz zum Nationalsozialismus, originär linke Ideen verfolgt habe, knüpft an diese Erfahrung an. Wir hatten darüber vor Zeiten eine Auseinandersetzung. Richtig ist aber, daß Mussolini nie so radikal wie Hitler mit den Traditionen und humanen Überlieferungen Europas brach, zu denen für ihn stets auch ein sozialistischer Gedankenbestand rechnete. Und sicherlich hätte er für einen solchen Bruch, sollte er ihn je beabsichtigt haben, weit weniger Anhang gefunden als Hitler.
Wir nannten einige Gründe dafür. Dazu zählt, daß Italien das tiefsitzende, missionarisch aufgeladene Ressentiment gegen Europa nie gekannt hat, das es in Deutschland gab und unter verändertem Vorzeichen noch immer gibt; ferner das, trotz aller Abstriche, höhere Maß an humaner Substanz; auch die stärkere Verhaftung im Wirklichen, mit der die italienische Unfähigkeit zusammenhängt, sich der Herrschaft abstrakter Vokabeln zu beugen, die als

»i begriffi« häufig ironisiert werden; schließlich die Skepsis als dominierendes Lebensgefühl.

NOCH DAZU. Dann aber auch, daß sich der Spielcharakter aller Politik, ihr Täuschungswesen, jedem Italiener unverlierbar eingeprägt hat. Die Überlebensregeln »in der Welt, wie sie ist« sind in der ersten Hälfte des 16. Jahrhunderts von Francesco Guicciardini formuliert worden, der im Laufe seines Lebens den unterschiedlichsten, oft sogar verfeindeten Seiten hingebungsvoll gedient hat und dabei immer der blieb, der er war: als Gesandter der Republik Florenz am spanischen Hof, als Gouverneur, Vizekönig und Generalleutnant in päpstlichen Diensten oder auch als Gefolgsmann der Medici. Keinem der jeweiligen Herren hat er mehr als seine Fähigkeiten zur Verfügung gestellt, niemandem je seine Überzeugungen geopfert. »Meine Position unter mehreren Päpsten«, schrieb er, »hat mich gezwungen, die Mehrung ihrer Macht um meines eigenen Wohls willen anzustreben. Wäre dies nicht gewesen, hätte ich Martin Luther wie mich selbst geliebt.« Die Aufdeckung der innersten Gedanken, versicherte er, das Recht der Selbstentblößung, sei ein seltenes Privileg. Es stehe ausschließlich den Heiligen zu, den großen Herren sowie den Ausländern und den Verrückten.
Der einfache Mann dagegen verläßt sich in einer Welt, die ihm unablässig Meinungen abverlangt und Gewissensentscheidungen von ihm fordert, wo es nur um Fragen des Interesses geht, auf einen schrankenlosen Opportunismus. Er leistet jeden Treueschwur, wenn auch mit gekreuzten Fingern. Er läßt sich von den Starken in Anspruch nehmen, solange kein Stärkerer das Feld betritt, und gibt nie mehr als Lippenbekenntnisse preis. Das ist der stumme Vorbehalt der Schwachen. Er ist moralisch sicherlich verwerflich, doch kehrt er die Machtverhältnisse in der Welt um. Denn er macht die Unterlegenen unbesiegbar. Er ist, in allen Akten der Erniedrigung, ihre geheime Rache und ihr Triumph.
Mit annähernd diesen Worten, auch mit dem Ton einer kaum verhohlenen Bewunderung, hatte mir vor Jahr und Tag einmal Luigi Barzini den »Guicciardinismus« erläutert. Er meinte, seine Spuren seien im politischen Verhalten der Italiener bis heute anzutreffen. Ohne diese Maximen hätten die Menschen die Wechselfälle einer

verworrenen Geschichte kaum bestehen können. Fast hatte ich den Eindruck, als gewinne Messer Guicciardinis Idee der politischen Heuchelei in Barzinis Augen die Würde eines Menschenrechts: der Mitläufer, die Hundeseele als Held aller Zeiten, vor dessen Täuschungskünsten die Macht der Mächtigen zunichte wird.

AM RANDE. Ich habe leider versäumt, Barzini zu fragen, wie er selber die Wechselfälle der Geschichte bestanden habe. Denn er ist den Empfehlungen Guicciardinis nicht gefolgt.

ROM. Nachts ein heftiges Unwetter. Am Morgen, als wir das Hotel verließen, zogen die letzten Wolken ab. In den Straßen Pfützen und lehmig sprudelnde Rinnsale. Vor den Geschäften schlug man das Wasser aus den Markisen und öffnete Türen und Fenster. Im Weitergehen waren manchmal regenblinkende Dächer zu sehen und der Dampf, der über ihnen hochstieg.
An der Piazza Venezia kamen mir, wie immer, die Männer in den Regenmänteln und mit den spitzen Schirmen in den Sinn, die während der Jahre des Faschismus den Platz bevölkert hatten. Merkwürdig zivilistische Maskerade, die vermutlich aber wohlüberlegt war. Da nahezu jedermann diese Dinge besaß, konnte niemand seines Nebenmannes sicher sein, und alle lebten im Bewußtsein der Allgegenwärtigkeit des Geheimdienstes.

ROM. Das alte, immer neue Gefühl aus Hohn und Bestürzung über das Monumento Vittorio Emanuele. Zu allem Unglück, sagte S., widerstehe der Kalkstein aus Brescia der Zeit und nehme keine Alterspatina an. Aus der Straße hinter uns drängte eine amerikanische Reisegesellschaft auf den Platz und man hörte plötzlich eine Frauenstimme: »Oh, that really beats Sacré Cœur!«
Ich erwähnte H., der während seiner amerikanischen Jahre einmal durch Italien gereist war und mir bei der Rückkehr versichert hatte, das Monument sei das einzige Zeugnis einer groß gedachten, befreiten Architektur in Europa. Ihm hafte nichts von den Engstirnigkeiten an, die ihm den alten Kontinent so unerträglich machten. Als er davorstand, habe er sich zum einzigen Mal während seiner Reise in Europa heimisch gefühlt.

AM RANDE. Der deutsche Provinznarr in Rom: das ist Günter Eich, der in einem Gedicht schrieb, die Stadt enthalte zu wenig Welt. Und dann die kostbare Zeile, die seine tiefste Sehnsucht verrät: »Keine Möglichkeit für Steingärten.«

ROM. Was sich, auch jenseits des Monumento Vittorio Emanuele, beim Gang durch die Straßen am stärksten aufdrängt, sind die gewaltigen Maße und Verhältnisse überall. Vermutlich würden sie weit überwältigender zur Geltung kommen, wenn sich das Bild der Stadt nicht lange zum festen Prospekt verdichtet hätte, in dem alles seinen Platz hat. Sie fallen nicht nur an den einzelnen Denkmälern auf, an Colosseum, Pantheon, Engelsburg oder Fontana di Trevi, von denen jedes alle vergleichbaren Bauten oder Anlagen schon in den Proportionen hinter sich läßt. Vielmehr ist auch die Stadt im ganzen von weiträumigem, die Teile inszenatorisch steigerndem Zuschnitt. Die Kunsthistoriker führen diesen Eindruck nicht zuletzt auf die zahlreichen Achsen zurück, die das Häusergewirr durchschneiden und gleichsam öffnen, so daß das Große die Möglichkeit hat, sich in Fluchten und Durchbrüchen auch groß zu zeigen.
Das monumentale, alles ins Grandiose treibende Wesen gehört von früh an zum Charakter Roms und hat auch den Schlaf der Jahrhunderte überdauert. Selbst im Niedergang seit Romulus Augustulus, als die Bevölkerungszahl so rasch zu sinken begann, daß die Hügel bald verlassen lagen und die zurückgebliebenen, schließlich nur noch nach Zehntausenden zählenden Bewohner sich im Tiberbogen zusammendrängten, hat die Stadt an ihrer Rolle als Metropole festgehalten. Nie fällt der Schatten eines Zweifels über sie. Unerschüttert läßt sie das Auf und Ab der Weltverhältnisse an sich vorüberziehen, nichts kann ihr Bewußtsein eines überzeitlichen Auftrags wanken machen. Kaum, daß sie darum kämpft.
Statt dessen erdenkt sich Rom, in aller Misere, Projekte von absurder Anmaßung. Die Päpste von Nikolaus V. im 14. Jahrhundert bis hin zu Sixtus V. im 16. Jahrhundert haben die zum Wallfahrtsort heruntergekommene, oft hilflos auf ihre geistliche Macht pochende Stadt durch langgezogene Diagonalen oder fächerförmig ausstrahlende Sternpunkte aufgeschlossen und ihr ein Straßennetz gegeben,

das bis dicht an die Gegenwart den ständig wachsenden Bedürfnissen genügte.
Dabei ist das Große in Rom nie allein um seiner selbst willen groß. Die einzige europäische Stadt von ähnlich imperialem Anspruch, das Paris des 19. Jahrhunderts, offenbart in seinen geweiteten, oft ins Beziehungslose reichenden Abmessungen, was hier vermieden ist. Denn immer und wie mühelos ist in Rom selbst das Kolossalische in Zusammenhänge eingebunden, die es zwar stützen, aber auch begrenzen und seine Wirkungen steigern, ohne daß sie sich verselbständigen. Das verleiht der Stadt die einzigartige Intimität selbst im Riesenhaften, und nur das Monumento Vittorio Emanuele fällt da heraus. All die Säulenspaliere, die theatralischen Treppenanlagen und Fassadenwerke, die anderswo so leicht zum Begriff der »Herrschaftsarchitektur« verleiten, fügen sich in Rom ins Menschenmäßige und deuten auf eine Herrschaft von hohen Begriffen, die aber dennoch Nähe zum Beherrschten hält.

NOCH DAZU. Wie Rom das Bewußtsein, zur Herrschaft auserwählt zu sein, über seinen Untergang hinweg bewahrte: Als das Imperium zerbrach, spiritualisierte es seinen Anspruch, indem es ihn mit dem Auserwähltheitsgedanken des jüdischen Christentums verband. Nach einem Wort von Thomas Hobbes verkörperte »das Papsttum nichts anderes als den Geist des abgeschiedenen Römischen Reiches, der gekrönt auf dessen Grab sitzt«. Aus der römischen Staatsverwaltung übernahm es Begriffe wie Präfektur, Vikariat oder Diözese, und wie die Kaiser nannten die Päpste sich »Pontifex Maximus«. Giuliano della Rovere ging noch einen Schritt weiter, als er, nach der Wahl zum Papst, in der Nachfolge Julius Caesars den Namen Julius II. annahm.

AM RANDE. Das nie verlorene Bewußtsein Roms von seiner Weltrolle hatte womöglich auch mit den noch überall sichtbaren Zeugnissen der Vergangenheit zu tun, selbst wenn vieles davon nur in Trümmern stand. »We build our buildings and then they build us.«

NOCH ZUM VORIGEN. Mitunter aber kommen die großen Planungen allein aus dem großen Gedanken, der sich gegen die Armseligkeit der Verhältnisse stellt. St. Petersburg entstand so, als Signal des Modernisierungswillens in schwer zugänglichem Gelände erbaut, über vierzig Inseln, die durch Brücken, Prachtstraßen und Plätze zur glanzvollen Kapitale verbunden wurden. Fast noch verblüffender der imperiale, die spätere Weltrolle vorwegnehmende oder sogar überbietende Entwurf, den Washington und Jefferson am Potomac verwirklichten, wo nichts als ein morastiges Siedlerdorf lag, doch nun Capitol Hill und Pennsylvania Avenue aus dem Boden wuchsen mit all den Palastbauten sendungsbewußter Pflanzer. Ähnlich das Forum Fridericianum, das im heruntergekommenen, bedrängten Preußen als Demonstration gegen die Mühsal der Wirklichkeit erdacht wurde.

ROM. Auf Seitenwegen in die Gegend um die Via de' Coronari, die in früheren Jahren zum Besuchspunkt jeder Romreise gehört hatte. Doch hat jetzt dort der teure Trödel sein Quartier, so daß wir bald wieder umkehrten.
Unweit davon aber noch immer die zur Straße hin offenen Werkstätten. Feuchte Gewölbe, vollgestopft mit alten, rätselhaften Maschinen, mit kuriosen Ersatzteilen, Haushaltsgerät von gestern und Antiquitäten. Vor den Türen oft alte Leute, die den ganzen Tag auf einem einfachen Holzstuhl sitzen, die Männer stützen den Kopf auf den Stock zwischen den Knien, die Frauen haben die schwer gewordenen Beine hochgelegt.
In einer der Straßen Franco Caprievi, der von einem Rahmentischler hinter der Piazza Navona kam. Er war alt geworden, und von der Mischung aus scharfem Witz und Melancholie, die den Zyniker ausmacht, schien nur noch die Melancholie zurückgeblieben. Er klagte, Rom werde unerträglich, das ganze Jahr über, von Winter zu Winter, sei Saison, es gebe keine Ruhepausen mehr.
Als wir am Palazzo Braschi vorüberkamen, war es aber, als fände er zum Ton früherer Jahre zurück. Vor dem Eingang des Gebäudes erzählte er die Geschichte des Herzogs von Braschi-Onesti. In den Jahren nach der Französischen Revolution habe es vor dem Palast eine Zusammenrottung gegeben. Der Pöbel habe den Kopf des

Herzogs verlangt und begonnen, das Tor, das wir vor uns sähen, zu berennen. Als die Empörung auf dem Höhepunkt war, seien plötzlich die Flügeltüren aufgesprungen, und im Eingang habe der Herzog in großer Uniform gestanden, umgeben von einer Schar betreßter Diener mit schweren Körben. Durch ein Nicken des Kopfes habe er ihnen, kaum daß Stille war, bedeutet, auf den Platz hinauszutreten, und die Diener hätten Gold- und Silberstücke aus den Körben genommen und mit vollen Händen unter die Leute geworfen. Einen Augenblick lang herrschte Verwirrung, doch dann brach der Tumult los. Und während die Menge zu Boden stürzte und jeder im Kampf mit jedem versuchte, so viele Münzen wie möglich an sich zu reißen, sei der Herzog die Stufen heruntergeschritten und habe, eine Peitsche in jeder Hand, wortlos nach allen Seiten Hiebe ausgeteilt, bis der Platz leer war. Dann sei er in den Palast zurückgegangen und habe das Tor ins Schloß fallen lassen.
»Ecce homo!« schloß Caprievi seine Erzählung, und auf den scharf gewordenen Zügen erschien ein Lächeln. Das gelte übrigens für beide Seiten, nicht nur für den Pöbel, der immer gierig und feige sei. Sondern auch für die Mächtigen, die, wie die Geschichte lehre, nicht zu aller Zeit gierig und feige waren, es aber heute meistens sind.

ROM. Wir blieben zum Essen zusammen und gingen ins »Mastrostefano« an der Piazza. Gespräch über Zurückliegendes, die Jahre seither und gemeinsame Bekannte. Kurz bevor wir aufbrachen, kam eine Gruppe Ordensschwestern mit einem Zug geschädigter und entstellter Kinder über den Platz. Es waren autistische Kinder dabei und Kinder mit grauenhaften Mißbildungen. Fast alle blickten aufmerksam und fragend um sich, aber es war, als nähmen sie die Dinge kaum wahr und lächelten in sich hinein.
Die Umstehenden blieben stehen und verstummten, sobald der Zug näher kam. Auf den Mienen konnte man Mitleid und fromme Scheu erkennen. Einige bekreuzigten sich, und ein paar Jugendliche versuchten, die Kranken zu berühren.
»Auch ›Ecce homo‹!«, sagte ich zu unserem Freund, als die Gruppe vorüber war. Er nickte und erwiderte, daß er den Tadel, den meine Bemerkung enthalte, nicht annähme. Wie alle seine Landsleute

empfinde er eine religiöse Ehrfurcht vor solchen Geschöpfen. Sie lebten in einem Zwischenreich zur anderen Welt, und niemand könne wissen, was es mit ihnen für eine Bewandtnis habe. Vielleicht verkörperten sie die heimliche Wahrheit über den Menschen, der so oder ähnlich aussehen müßte, wenn Wesen und Erscheinung sich entsprächen. Die Laune des Schöpfers habe dem Menschen eine Gestalt gegeben, der er nicht gerecht werde, und Spottgeburten seien eigentlich nicht jene, sondern wir.

ROM. Bei Einbruch der Dämmerung am Palatin. In einer Mauernische hockten ein paar Jugendliche um ein Radiogerät, aus dem die Übertragung eines Fußballspiels kam. Die überschnappende Stimme des Reporters und das Schreien und Stöhnen der Masse hallten durch das leere Gemäuer und über die ausgestorben liegende Straße hinweg. Gegen den wolkenbedeckten Nachthimmel stand auf der ganzen Strecke, auch als es dunkel war, das tiefere Schwarz der Zypressen. Dahinter die Stadt mit rötlich angestrahlten Kuppeln, Türmen und Denkmälern.

ROM. Nach der Rückkehr ins Hotel weiter in Harald Kellers »Kunstlandschaften«, das Kapitel über Rom. Die Stadt selber, bemerkt er, habe kaum Künstler von Rang hervorgebracht, und auch die Campagna rundum sei, anders als die Toskana für Florenz oder die Terraferma für Venedig, als Hinterland ohne Bedeutung geblieben. Vielmehr habe die Stadt die Talente, die als Architekten, Bildhauer oder Maler ihr Gesicht prägten, von überall her angezogen.
Es ist womöglich der erstaunlichste Beweis für den nie erschütterten, über alle Bedrängnisse bewahrten Sendungswillen Roms, daß diese Künstler, sobald sie die Stadt betraten, ihren eigenen Ausdruck fallenließen und unbewußt die »römische Manier« annahmen. Sie ist als ästhetische Idee nie formuliert worden. Aber jeder schien zu wissen, daß sie der Stil einer klassischen, aus dem Volumen entwickelten oder zum Monumentalen drängenden Hochkunst war. Immer war es mehr die Kraft als die Verfeinerung, was dieser Ort den Künstlern aufnötigte, mehr die Fläche als das Ornament, mehr die Schwerkraft als das Spiel mit ihr.

Überhaupt erwies sich Rom, durch die Zeiten, nicht als Stadt der frühen oder späten Stile, stets waren es die Hochphasen, in denen es sich instinktiv wiedererkannte. Aus eben diesem Grund hat es sich so beharrlich gegen die Gotik gesperrt und besitzt außer Santa Maria sopra Minerva keinen gotischen Kirchenbau, und selbst bei diesem einen hat man es mit einer ratlosen, sich eher ins Breite dehnenden statt ins Hohe streckenden Kopie zu tun. Nicht anders verhält es sich mit der Frührenaissance. Der Ausbruch an Genie, der damals ganz Italien überwältigte und abgelegene Fürstenhöfe zu glanzvoll aufblühenden Kunstzentren machte, ist an Rom nahezu vorübergegangen. Es war, als habe die Stadt für die spirituellen, oft entrückten Wirkungen dieser Kunst keinen Sinn.
Mit der Hochrenaissance aber ändert sich wie mit einem Schlage das Bild. Im gleichen Augenblick, in dem die Tendenz der Zeit auf den klassischen Ausdruck zielt und der Epochenstil mit der römischen Gravitas zur Deckung gelangt, zieht die Stadt magnetisch die Künstler an. Alle Namen von Bedeutung sind auf Jahre hin in Rom versammelt. Auch wer aus gänzlich andersartigen Schulen und Verhältnissen kommt, unterwirft sich dem lokalen Ausdruckswillen. Am auffälligsten läßt sich das an Caravaggio verfolgen, der mit dem Wechsel nach Rom an Farbigkeit einbüßt, was er an großer Form gewinnt, die römische Monumentalität aber sogleich wieder abwirft, als er nach Neapel weiterzieht.

ROM. Der steinige Charakter der Stadt, vor allem in ihren Plätzen. Nur Pflaster und weiße Brunnen oder Balustraden vor ockerfarbenen Fassaden. Kein Baum, oft nicht einmal eine Andeutung von Grün. Wie auf den Bildern de Chiricos, insbesondere am Nachmittag, wenn die Schatten einfallen.
Darüber mit G., den ich in der Nähe des Quirinals traf und zur Piazza Colonna begleitete. Er mokierte sich über die »Manie für das Grüne« unter den Nordeuropäern. Sie sei, ebenso wie die Klage um sterbende Wälder, barbarisches Erbe, ein Affekt von Waldbewohnern, in denen das Mißtrauen gegen die urbane Lebensform noch immer vorherrsche. Der Stadthaß der Deutschen, der sie zu Erfindern der entkernten und durchgrünten Städte gemacht und das Bild der Welt verunstaltet hat. Niemand könne bestreiten, meinte

er, daß die Stadt, der Idee nach, gegen die Natur entworfen und ihr überlegen sei. Unter Berufung auf einen geistreichen Kopf meinte er scherzhaft: »Oder wollen Sie in Abrede stellen, daß der Erbauer des Palazzo Farnese ein größerer Künstler war als jener, der die verrückten Alpen und die Campagna geschaffen hat?« Später mit Carlo. Verabredung auf Montag nächster Woche.

ROM. Die Fahrt durch die Vorstädte Roms, wie heute auf der Via Tiburtina, gleicht einer Fahrt durch moderne Unterweltlandschaften. Eine menschenleere Öde aus Beton, Staub und Hitze. Neben Hochhäusern Wellblechbaracken, vor denen mitunter ein alter, mit einer Plane abgedeckter Chevrolet steht; Abfallhalden, Hühnerställe, Kleinwerkstätten. Erdlöcher, aus denen schwelender Gestank kommt, eine Kuh vor einem Müllhaufen. Und so weiter.
Ich verwarf diese Notizen von unterwegs. Unlust, das Gesehene im einzelnen zu beschreiben. Vielleicht, weil man damit unvermeidlich auf die Seite der Lakrimisten gerät.

ROM. Alberto Moravia im Gespräch: »Das wunderbare alte Rom ist klein, auf engstem Raum stößt man auf so viele Zeugnisse der Geschichte und der Kunst wie an keinem anderen Ort der Welt. Bis zur Mitte des Jahrhunderts blieb die Balance zwischen der historischen und der neuen Stadt gewahrt, selbst der Faschismus hat noch das Gewicht des Gewachsenen respektiert. Dann haben Spekulation und Wildwuchs riesige Vorstädte entstehen lassen, die wüster und häßlicher sind als jede Stadt im Mittleren Osten. Die Verheerungen sind deshalb schlimmer als anderswo in Italien, weil Rom vitaler ist und Vitalität immer Zerstörung bedeutet. Und weil die Römer Barbaren sind, ehrbare und gemütlose Barbaren seit eh und je. Nirgendwo gibt es so viel Sinn für Schönheit und nirgendwo so viel Verachtung dafür.«

NOCH DAZU. Moravias Bemerkungen sind aber auf den ästhetischen Gesichtspunkt beschränkt. Der Ring trostloser Vorstädte ist durchsetzt von kleinen und mittleren Betrieben, und an jeder Straßenkreuzung stehen Dutzende von Hinweisschildern zu Firmen und Lagerhäusern.

Italien zählte im 19. Jahrhundert zu den Habenichtsen der Welt. Es verfügte über keine der Ressourcen, die während der ersten industriellen Revolution die Voraussetzung von Fortschritt und Wohlstand waren, sei es Kohle, Erz oder Öl. Auch als koloniale Macht kam es zu spät, um sich, wie andere benachteiligte Länder, durch Eroberungen außerhalb Europas schadlos zu halten. Aufstieg oder Rückfall der Völker waren zu jener Zeit zum größeren Teil von den Launen der Natur vorentschieden.
Insofern rückt die gegenwärtige industrielle Revolution die Dinge wieder zurecht. Die Abhängigkeit von den Bodenschätzen verliert zunehmend an Bedeutung, und inzwischen kommt es weniger darauf an, was die Erde hergibt, als was die Menschen, auch bei engstem Raum, darauf anzustellen wissen. Das heißt, daß die Ausgangsbedingungen wieder vergleichbar werden und die Völker selber, mehr als bisher, die Bestimmung ihres Schicksals in die eigene Hand bekommen. Der Anachronismus von Erscheinungen wie Mussolini und auch Hitler, die nicht zuletzt als Wortführer der Schlechtweggekommenen zur Herrschaft gelangten, zeigt sich auch darin, daß sie, ganz in gestrigen Vorstellungen befangen, die Zukunft ihrer Nationen vor allem im Raumgewinn sahen. Sie ahnten nicht, daß sie in einer großen Zeitenwende standen, wo die Quadratkilometer bedeutungslos und die natürlichen gleichsam durch die technologischen Ressourcen eines Landes ersetzt wurden. Rom ist heute eine der umsatzstärksten Produktionsstätten Italiens, und das Land selber der vierte Industriestaat der Welt.

ROM. Carlo Madernas berühmte Fassade von S. Susanna ragt weit über den Baukörper des Kirchenschiffs hinaus und täuscht eine Größe vor, die der eher bescheidene Bau nicht besitzt. Vom Pincio oder Monte Mario aus kann man wahrnehmen, daß sich an zahlreichen weiteren Kirchen, vor allem des Barock, das gleiche Blendwerk wiederholt. Gemauerte Stützen oder einfaches Gestänge sichern die ins Leere stehende Wand.
Zu den Maximen der Nachkriegsarchitektur gehörte die Auffassung, daß ein Bauwerk nicht betrügen dürfe. Mit diesem Argument rechtfertigte man die Nacktheit des Baustoffs, die dann zur Würde des Sichtbetons hochgeredet wurde. Doch offenbarte man damit weni-

ger die Ehrlichkeit von Konstruktion und Material als die eigene Unkenntnis der Baugeschichte. Die Architektur war immer die Kunst des schönen Betrugs.

ROM. Abends bei Caprievi. Die kalte Pracht römischer Wohnungen. An den Wänden, vor grauen Seidentapeten, riesige Veduten von Rom, Florenz und Wien. Ein Capriccio, das berühmte Bauten Palladios um die Rialtobrücke gruppiert. Gegenüber dem Eßtisch, der mit geschwärztem Silber, Kristall und bunten Porzellanen eingedeckt war, ein barockes Memento mori. Viel samtiges Rot und Gold.
Bei Tisch über die Ursachen des Erfolges so vieler Zeitungen. Durcheinander von Meinungen. Die Zeitungen seien zum Signal sozialer Zugehörigkeit geworden. Sie würden mehr gekauft und öffentlich getragen als gelesen. Trotz unablässig steigender Auflagen seien die Leute unzureichend informiert. Wie immer, bringe der Überfluß nur neue Formen des Mangels hervor.
Caprievi hatte, wie häufig, das letzte Wort. Der Erfolg der Zeitungen zeige, sagte er, daß die italienische Gesellschaft die Rückstände des Faschismus abgestreift habe und auf dem Weg zu demokratischen Verhältnissen sei: »Alle reden durcheinander; aber keiner hat was zu sagen!«

NOCH DAZU. Unter den Gästen auch wieder der Mann mit jedem und keinem Beruf. P. wurde als Schriftsteller vorgestellt, war aber auch als Schauspieler oder sogar Koproduzent in Cinecittà sowie als Gelegenheitskapitän auf einer Yacht tätig, und einigen Äußerungen war zu entnehmen, daß er von Zeit zu Zeit Grundstücke vermittelte und mit Antiquitäten handelte. Aber er war gewandt und besaß jene beiden Voraussetzungen, die, wie C. behauptete, in Italien zum Erfolg gehören: einflußreiche Freunde oder richtiger Namen von Leuten, mit denen man, gelegentlichen Andeutungen nach, vertrauliche Einverständnisse teilte, sowie den Mut zum eleganten Gemeinplatz. Einen Film, meinte C., dürfe man nicht anders als »incantabile« oder »complicato« nennen, auch »eccezionale« leiste immer gute Dienste, ein Gemälde sei »sublime« oder ganz einfach »bellissimo«, eine Komposition »stu-

penda« oder »noiosissima« und so fort. Das italienische Gesellschaftsgespräch beruhe auf wenigen austauschbaren Formeln, wer darüber hinausgehe, gerate in den Ruf des Langweilers.
Ich widersprach unter Hinweis auf meine eigenen Erfahrungen. Aber C. erwiderte, die hätte ich im Süden gemacht, der die Regeln der Konvention nicht beherrsche. Als wir später über die Umweltverschmutzung und ihre Schäden sprachen und einer der Gäste unter Berufung auf einen Politiker pathetisch meinte, bald werde man die Augen nicht mehr zum Sehen, sondern zum Weinen brauchen, tadelte C., er solle nicht originell sein.

NOCH ZUM VORIGEN. Eine andere Äußerung ging an diesem Abend aber ungetadelt durch. Zum Aberglauben in seinem Lande bemerkte einer der Anwesenden, die Italiener unterschieden sich auch dadurch von den Deutschen, daß sie nur den Teufel fürchteten und sonst nichts auf der Welt.

ROM. Auf dem Rückweg vorbei an der Via dei Soldati. Ich erzählte S. von meinem Besuch bei Mario Praz. Jeder, mit dem ich damals zusammengekommen war, hatte dringend davon abgeraten, und auf den Mienen war stets ein Ausdruck der Beklemmung erschienen. Alle wußten im übrigen, wer gemeint war, wenn ich vom »innominabile« sprach.
Und jeder hatte seine Geschichte über ihn. Wo immer Praz aufgetreten war, hatten Frauen Sturzgeburten erlitten und Kronleuchter sich von der Decke gelöst. Einmal waren, als er einen Raum betrat, von den Uhren die Zeiger abgefallen, ein anderes Mal die Fenster aufgesprungen und ein Windstoß hatte alle Kerzen gelöscht. Conte Capponi berichtete von einem Kongreß in Venedig, bei dem P. als angesehener Wissenschaftler zu dem Begrüßungskomité gehört hatte, das eine Gruppe englischer Professoren auf den Stufen eines Palazzo am Canale Grande erwartete, als plötzlich, wie von unsichtbarer Hand, die bis auf wenige Meter herangekommene Gondel kenterte. Und Montanelli erzählte, er habe Mitte der siebziger Jahre, bei der Gründung des »Giornale«, einen Eröffnungsbeitrag mit dem »innominabile« verabredet, um dem abergläubischen Gerede ein Ende zu machen. Doch als der Artikel gesetzt war, schmolz das

Blei, und man habe den Text erst in der zweiten Nummer der Zeitung veröffentlichen können.
Mir kam ein zwergenhaft wirkender Mann entgegen, dessen eines Auge etwas geweitet nach außen stand, und dies mochte der Grund dafür sein, daß alle Welt ihm den bösen Blick nachsagte. Seine Wohnung machte den Eindruck eines prunkvollen Dachbodens. Sie war überladen mit den Schätzen einer lebenslangen, besessenen Sammlertätigkeit, zwischen denen der kleine Mann sich, trotz eines nachschleppenden Fußes, mit turnender Behendigkeit bewegte. Jedes Zimmer hatte einen eigenen Namen und war vollgestopft mit durcheinanderstehenden Möbeln, vor allem aus der Zeit des Empire. Viele Büsten von Philosophen, Komponisten, Königen und allerlei vergessenem Adel. An den Wänden Gemälde von Proud'hon, Girodet-Trioson und Winterhalter sowie von namenlosen Meistern, ferner Wachsreliefs, Miniaturen, Seidenbilder und Musikinstrumente, darunter mehrere Lyren und Serpentins. Die eingebauten Bücherschränke enthielten kostbare Erstausgaben und in einem von ihnen waren in gläsernen Kästen historische Festszenerien nachgestellt, die durch einen Mechanismus von innen beleuchtet werden konnten. Auf einer Chiffonière mit mehreren hundert Mustern aller Marmorsteine, die man im zaristischen Rußland gebrochen hatte, standen die Skulpturen eines Edelmanns und eines Fräuleins, die zur einen Hälfte in blühender Schönheit, zur anderen dagegen als Skelett modelliert waren. An abgelegener Stelle hing eine der Vorzeichnungen Stielers zu seinem berühmten Goetheporträt, die den Dichter bei aller geheimrätlichen Würde mit einer Lebendigkeit festhielt, wie sie keine der anderen Arbeiten aufweist.
Die wenigsten Räume hatten elektrisches Licht. Als es zu dunkeln begann, ging P. zwischen den vergoldeten Genien, Nymphen und Göttinnen im Raum umher und zündete die schwarzen Kerzen an, die sie über ihren Köpfen hielten. In einem Buch hat er die Wohnung und die Werke beschrieben, die darin zusammengetragen waren, doch täuschte die Darstellung eine Ordnung vor, die nichts mit der labyrinthischen Wirklichkeit zu tun hatte.
Der Eindruck war, als wähle er seine Worte sorgfältig. Von früh an habe ihn der Gedanke beschäftigt, wieviel nur geschaffen scheine,

um zu verschwinden. Damit sei er nie zurechtgekommen, er halte das für das Ur-Paradox schlechthin, und vielleicht komme sein Sammeltrieb aus unbewußter Auflehnung gegen diesen Aberwitz. Natürlich ließen sich noch andere Motive dafür nennen. Er habe sich oft des Satzes erinnert, daß alle Leidenschaft aus verweigertem oder in Frage gestelltem Verlangen resultiere. So könnte es auch die Gegenwart sein, die ihn zu seiner Vorliebe geführt habe. Denn sie bringe keine kunstvollen, sondern nur triviale Häßlichkeiten hervor.

Später über sein Buch zur Romantik. Auch über Ricarda Huch, das Salome-Motiv bei Oscar Wilde und Richard Strauss sowie über Rudolf Borchardt. Er meinte, er wisse nicht viel über die Deutschen, weil deren romantisches Genie ganz in die Philosophie eingegangen sei, und davon verstehe er zu wenig. Das philosophische Denken habe alle deutsche Phantastik aufgebraucht, an der es in der Literatur dann gefehlt habe. Immerhin hätten die Deutschen in der Musik jene Verrücktheit und Diabolik bewiesen, aus der die Meisterwerke kämen. Was er an ihnen bewundere, könne man auf die Formel bringen, daß sie im Denken fast immer recht hätten und im Leben fast immer unrecht. Es überwältige ihn, wie sie den Gedanken, trotz aller Rückschläge, stets aufs neue gegen die Wirklichkeit stellten. Im Grunde seien sie das Volk des »Don Quijote« viel eher als des »Faust«. Oft habe er sich gefragt, was Goethe überhaupt mit den Deutschen zu tun habe. Er wirke absurd in dieser Nation. Seine Lust am Lebendigen und an dessen Erscheinungen, sein Wirklichkeitssinn und die Idee des Maßes empfinde er als widerdeutsch bis zum Exzeß. Während er redete, beobachtete ich, wie eines seiner Hosenbeine nach oben rutschte, so daß man die Wade sehen konnte, auf der die Haut tiefbraun und brandig wie bei einem seiner Halbskelette gespannt war.

Am Ende noch einmal über Musik. Dämonisierungen Mozarts, Schuberts und, mit besseren Gründen, Wagners. Über Ravels »La valse« sagte er, das Stück sei eine verzerrte Huldigung an das Glück des 19. Jahrhunderts, ausgedrückt von jemandem, der die Schrecken des darauffolgenden schon erkannt habe und sich doch von der unwiderstehlichen Macht des Dreivierteltakts in diese Schrecken hineingerissen sehe.

Später Aufbruch. Mit übertreibender, fast unterwürfig anmutender Höflichkeit begleitete P. mich zum Ausgang. Bevor seine Haushälterin die Tür schloß, sah ich ihn noch einmal im Dunkel des Flures stehen. Die Maske chinesischer Höflichkeit war ganz abgefallen. Statt dessen sah er mit müdem, fast widerwilligem Ausdruck vor sich hin.

AM RANDE. T., in dessen Appartement an der Piazza di Spagna ich damals wohnte, war ein urbaner Mailänder, gebildet und weit herumgekommen. Als ich ihm von dem Besuch in der Via dei Soldati berichtete, war er gerade beim Essen. Schon nach wenigen Worten erstarrte er. Dann schob er den Teller beiseite, stand wortlos auf und verließ hastig das Haus. Erst nach Stunden kam er zurück. Ohne den »innominabile« zu erwähnen, sprach er von den Ahnungslosigkeiten der Gescheiten und den Bewandtnissen der vierten Dimension. Eine unheilvolle Rolle in den Weltbegebenheiten spiele die Londoner Tutenchamun-Ausstellung von 1972. Man tue falsch daran, solche Dinge nicht ernst zu nehmen.

ROM. Als wir die Via Condotti heraufgingen, fielen uns wieder die mehrfach verschobenen Fluchtlinien der Treppenanlage über der Piazza di Spagna auf: die des Obelisken und der Fassade von Trinità dei Monti, auch die doppelte Unterbrechung des Stufenfalls durch die eingeschalteten Terrassen. Aber diese Störungen sind offenbar gewollt und mehr ein Spiel mit dem Ernst des symmetrischen Prinzips. Es gibt ja die erstrebte, aber nie ganz erreichte Vollkommenheit, die durchaus ihren Reiz haben kann: etwa bei den norddeutschen Möbeltischlern des späten 18. Jahrhunderts, wo die Absicht unverkennbar ist, dem französischen Vorbild gleichzukommen, und gerade das Zurückbleiben, der nie überwundene Abstand zwischen Ehrgeiz und Gelingen eine Art rührenden Zaubers hervorruft. An der Spanischen Treppe dagegen ist ein Raffinement am Werk, das die eigene Virtuosität ironisch einsetzt und in der willentlich riskierten Verfehlung des Vollkommenen eine höhere Vollkommenheit erreicht.
Auch im Literarischen gibt es dieses Spiel mit der Perfektion. Ernst Jünger im Gespräch: Es sei gar nicht so schwierig, eine Seite makel-

loser Prosa zu schreiben. Größere Meisterschaft verlange es, anschließend durch kaum merkliche Brüche und scheinbar flüchtige Wendungen den Sätzen jene Mühelosigkeit zu geben, die sie erst wirklich vollkommen machten.

ROM. Im Park der Villa Doria Pamphili, der bis vor einigen Jahren im Besitz der Familie war und dann, als städtisches Anwesen, der Öffentlichkeit zugänglich wurde, sind Brunnen und Bänke zerstört und den Statuen die Köpfe abgeschlagen. C. schob alles auf die Touristen. Das Sprichwort sage, was die Barbaren verschont hätten, sei den Barberini zum Opfer gefallen; aber was den Barberini entging, werde nun von den neuen Barbaren zugrunde gerichtet.
Doch ist Rom immer achtlos mit den Kunstschätzen umgegangen, die in ihm angehäuft waren. Harald Keller führt das darauf zurück, daß die Künstler, die in Rom tätig waren, nicht aus Rom kamen und ihre Werke den Launen der Päpste entstammten. Die Künstler waren Fremde, die kamen oder gingen. Und in den Beglückungen der Römer über neue Bauten oder Bildwerke sei immer etwas von der Geringschätzung dessen zu spüren gewesen, der von der Willkür beschenkt wird. Das ist vielleicht auch der tiefere Grund dafür, daß es bis heute so schwerfällt, der fortschreitenden Zerstörung wirksam zu begegnen.

ROM. Auch in den Nebenstraßen, die man als menschenleer in Erinnerung hat, drängen sich unterdessen die Besucher: die Innenbezirke werden ein ausgedehntes Freilichtmuseum. Anders als früher, so meint man wahrzunehmen, gilt das Interesse nicht mehr so sehr den Stilen und Ablagerungen der Kunstepochen. Viele reisen offenbar nicht nach Rom, um einzelne Bauwerke oder legendäre Gemälde zu erleben. Und auch die Stadt stellt weniger Kunstwerke als vielmehr sich selber aus.
Vor einer Werkstatt mit düsteren, von Alter und Ruß starrenden Wänden, vor denen Schränke, Kommoden und Stühle übereinandergestapelt waren, stand eine Schulklasse aus Ferrara und hörte dem Lehrer zu, der über die Lebensbedingungen der römischen Handwerker einst und jetzt sprach. Auch einige vorüberkommende

Touristen blieben stehen und an ihren Mienen war abzulesen, wie ihnen mit einem Male der Reiz des Ärmlichen, Verschimmelten aufging und daß sie dergleichen plötzlich wichtiger fanden als den Palazzo Borghese oder die Villa Madama. Die Neigung zur Historisierung des Alltäglichen mit der einhergehenden Vorliebe für das Triviale hat inzwischen das breite Publikum erreicht. Aber man fragt sich, warum die Leute nach Rom fahren, wenn sie sehen wollen, was in Ferrara oder Bottrop auch zu sehen ist.

ROM. Abends in der »Fontanella«, wo wir in den späten sechziger Jahren öfters waren. Über die Abende dort, wenn im hinteren Zimmer die Tische zur Tafel zusammengestellt waren, an der sich die großen und mittleren Zelebritäten jener Zeit einfanden: Schriftsteller, Maler und manchmal Politiker, eine Gesellschaft von Comme-il-fauten Leuten, wie man in Berlin ironisch sagte, und meist war es Guttuso, der den Gastgeber machte. Ein oder das andere Mal war Moravia da, der wie ein preußischer General aus einem französischen Film der dreißiger Jahre auftrat, ferner der melancholisch sanfte Clerici, Carlo Levi, Balthus sowie, in pharaonenhafter Würde, der alte Toninelli. Am eindrucksvollsten war immer Ungaretti. Schon wenn er zur Tür hereinkam, ebbte einen Augenblick lang der Lärm der Stimmen ab, als spüre jeder, daß da nicht nur ein bedeutender Dichter den Raum betrat, sondern gleichsam die Dichtung selber in einer ihrer erzväterischen Erscheinungsformen.

Der Eindruck stand im auffallenden Gegensatz zum äußeren Bild: ein Achtzigjähriger im unsäglich fleckigen Anzug, der aufmerksam von Gast zu Gast ging, mit jedem ein paar Worte wechselte, ehe er sich in greisenhafter Umständlichkeit zu Tisch setzte, wo er dann, während des Essens, mit den Wichtigtuereien der übrigen seine Scherze trieb, bis ihm am Ende das Himbeereis, wie vorher alles andere schon, das Kinn hinunterlief - der aber doch in jedem Augenblick alles verkörperte, was die italienische Literatur des Jahrhunderts an lyrischem Ingenium hervorgebracht hat. Immer war er mehr, als er zu erkennen gab, und gerade der Kontrast zwischen der Gebrechlichkeit des Äußeren und dem Rang der Person machte diese Begegnungen unvergeßlich.

Wir sprachen über den Unterschied zu den deutschen Schriftstellern, mit denen man im Lauf von Jahren zusammengetroffen war. Fast nie hatte man den Eindruck von Menschen, die mehr als eine interessante Kunstanstrengung oder einen etwas groß geratenen moralischen Anspruch repräsentierten und die wie Ungaretti für alles standen, was man früher den Geist der Literatur genannt hätte. Vielleicht war es die entschiedene, oft gegen die eigenen Vorlieben vollzogene Absage ans Gewesene, die hinter eigentlich jedem von ihnen so gut wie nichts sichtbar werden ließ; oder nur das eigene Werk, das immer zu wenig ist. Kein Herkommen jedenfalls, keinen befestigten Traditionszusammenhang, der erst die Strecke aufdeckt, die eine Epoche im Drängen zu sich selbst zurücklegen muß.

ROM. Unterdessen scheint es manchen Schriftstellern zu dämmern, daß Launen und turbulente Gewissensnöte allein für ihre Hervorbringungen nicht ausreichen. Sondern daß die Anknüpfungen ans Vorhandene, über alle Zeitbrüche hinweg, unerläßlich sind und nichts Bestand hat, was nicht durchsetzt ist von Erinnerung.

ROM. Auf dem Weg ins Hotel die Überlegung, morgen, vor der Abreise von S., ein Museum zu besuchen, die Farnesina oder ein paar Säle im Vatikan. Doch winkte S. ab. Er zitierte einen Brief Fontanes an seine Tochter, wonach das größere Reisevergnügen in Italien auf den Straßen zu finden sei. Die Museen zeigten auf ermüdenden Fluchten immer nur Himmelfahrten rechts und Höllenstürze links. Auch scheue er das Gedränge in den Räumen mit all den Gruppenführungen ahnungsloser Guides vor ahnungslosen Gaffern. Die Gespensterwelt des Kulturbetriebs.
In der Tat gleichen die Museen mehr und mehr Leichenschauhäusern, die der Ursprungsform auch darin entsprechen, daß es nur noch um mechanische Identifizierungen geht. Die Korridore mit den Bilderstafetten als die Comics für gehobene Bedürfnisse, mit den Hinweistafeln als Sprechblasen. Jedenfalls keine Anstrengung des Besitzes mehr, der immer auch Mühe ist und mehr mit aufgewendeter Kraft als mit verwalterischer Muße zu tun hat. Darin kann man zugleich die Ursache dafür sehen, daß alle Tradition so schwer zu behaupten ist. Das Neue dagegen, das die Energie des

Gedankens und der Phantasie für sich in Anspruch nimmt, ist öfter, als die meisten glauben, bloße Bequemlichkeit.
Dann auf Umwegen zur Piazza del Quirinale und von dort zurück zum Hotel. Die verödeten Seitenstraßen mit den im Mondlicht schartig hervortretenden Fassaden, deren unregelmäßige Fluchtlinien den gewachsenen Charakter der Stadt verraten, das befremdende Doppelwesen von gebauter Natur. Die vorspringenden Dächer werfen tiefe Schatten auf die Mauern. Piranesis Düsternisse. Auf dem Pflaster Bahnen aus gebleichtem Licht.
S. meinte, er begreife, warum der Spaziergang durch das nächtliche Rom zu den großen Themen nicht nur der Reiseliteratur zähle. Die Magie der Kulisse, der sich das historische Empfinden gern ausliefere, wirke ungleich stärker als am Tage. Oder es werde der Phantasie leichter, sie zu beleben. Zugleich trete bei Nacht das Unerfaßbare geschichtlicher Plätze deutlicher ins Bewußtsein. In Wirklichkeit redeten die Steine nicht. Sie gäben nur Echos.
Weiter durch dunkle, mit Autos vollgestellte Gassen, die von einem Eckhaus am Ende her durch eine Glühbirne matt erleuchtet waren. Herabgelassene Rolläden und Menschenleere. Nur aus einem Restaurant, etwas abseits, kam lautes Durcheinandergejohle, das sich später zu einer Art Gesang ordnete: »For he's a jolly good fellow.« Danach wieder nichts als der Hall der eigenen Stimmen und die Atmosphäre aus Fremdheit und Stille, in die von weiter her der Lärm des Verkehrs drang. An einer Hauswand, in einer Nische, ein plätschernder Brunnen, in dem ein Champagnerkorken schwamm. Plötzlich die gleißende Helle der Fontana di Trevi. Grandioses Brunnentheater, unreell und märchenhaft wie aller Barock. Der Kühnheit Berninis, der die Anlage für einen Platz von kleinsten Abmessungen entwarf, entspricht die Kühnheit des Brunnengedankens: die Priesterkönige auf dem Stuhl Petri in der Nachfolge der heidnischen Gottkaiser als Spender von Wasser und Fruchtbarkeit. Im Scheinwerferlicht wirken die grünlichen, glatt und blinkend über all die Leiber und Kunstfelsen niedergehenden Sturzbäche der Acqua Vergine noch eisiger als am Tage. Im Näherkommen das blasse Zucken von Blitzlichtern. Einige späte Passanten fotografierten einen Modefotografen, der dabei war, Modelle in eingefrorenen Posen zu fotografieren.

ROM. Am Vormittag noch einmal durch die Straßen. Trajansforum, Capitol, Marcellus-Theater. Unwillkürlich orientiert man sich an solchen Namen und Plätzen. Dann ein Stück weit den Tiber entlang. Über den Abend bei C. und die Bemerkung eines der Gäste, die Vergangenheit erpresse Rom wie keine andere Stadt.
Das war nicht immer so. Jede Epoche verzehrte vielmehr die voraufgegangene und benutzte das Gewesene als Stoff für die eigenen Absichten und Formerfindungen. Dieser rücksichtslose, aber produktive Umgang mit dem Überkommenen hat vieles Einzelne zerstört, doch das Ganze lebendig erhalten. Das antike Rom war der Steinbruch der Stadt, die gegen Ende des Mittelalters aus dem Marasmus der Jahrhunderte neu erstand, diese ging im Rom der Renaissance unter, und das Rom der Renaissance wiederum wurde umgebaut und verblendet vom barocken Rom. Das geschah ohne viel Bedenken, es war verehrungslos, aber jede Zeit nahm und gab sich auf diese Weise ihr eigenes Recht. Es zeugte von Kraft und kultureller Manie. Die Sakralisierung des Gewesenen ist immer auch ein Zeichen dafür, daß die Vitalität einer Epoche abnimmt. Der Einbruch des Historischen in der zweiten Hälfte des 18. Jahrhunderts zerstörte die Unbefangenheit gegenüber dem Vergangenen und lähmte die schöpferische Energie. Alle Abstiegsepochen beginnen mit dem Mächtigwerden des Geschichtlichen. Wer nur erhalten will, ist schon am Ende.
Es könnte aber sein, daß der oft überspannte Bewahrungswille der Gegenwart noch ein anderes Motiv hat. Vielleicht kommt doch eine Ahnung auf, daß die Moderne aller Vergangenheit gegenüber einen qualitativen Sprung bedeutet. Wie auf Schritt und Tritt zu beobachten ist, lassen sich die Baureste der Antike sowie die Hinterlassenschaften von Renaissance und Barock nur schwer oder gar nicht mit den Stahl- und Glaskonstruktionen unserer Zeit zusammenfügen. Immer bleibt ein Bruch. Erinnerung an die Bank in Syrakus, zu Beginn der Reise. Dergleichen macht deutlich, daß die Gegenwart, auch wo sie zu formalen Anlehnungen neigt, nicht mehr in der Tradition steht. Keine Rücksichtnahme der Architekten, kein stufenweiser Übergang von einer Aluminiumfassade zu ihrer gewachsenen Umgebung kann die Unvereinbarkeit des einen mit dem anderen vergessen machen.

Selbst wenn es weiter nichts wäre als die neuen Materialien, würde doch offenbar, daß die Vergangenheit nicht mehr fortgesetzt wird und weniger eine Stilvorstellung als ein Abschnitt der Geschichte ans Ende kommt.

AM RANDE. Eigentümliches Parallelogramm der historischen Kräfte: Der Gedanke, das Vergangene festhalten und im Bewußtsein wie in der Wirklichkeit bewahren zu müssen, gewinnt im gleichen Augenblick Macht, in dem die Menschheit die Eroberung der Zukunft als ihre Sache begreift. Der Utopie als der literarischen Figur vorwärtsdrängender Erwartungen entspricht die Elegie als Ausdruck von Skepsis und Vergänglichkeitsdauer.

ROM. Nach der Abreise von S. zum Aventin, der im Altertum ein plebejisches Quartier mit hohen Wohnhäusern war, wie man sie noch in Ostia sehen kann. Im Mittelalter lagen dort einige verschlafene Klöster, S. Sabina, S. Alessio, S. Prisca, umgeben von grünen Wildnissen und Gärten. Etwas von der einstigen Abgeschiedenheit hat das Viertel bis heute bewahrt.
Hinter Mauern mit wappengeschmückten Einfahrten wurde zwischen Zedern oder Pinien manchmal ein Fassadenstück oder eine Dachbalustrade sichtbar, die sich antikisch gebärdeten, aber erkennbar aus der ersten Hälfte dieses Jahrhunderts stammten. Die Straßen waren menschenleer, nur ein Polizeifahrzeug fuhr langsam vorbei. Vor der Villa Malta, durch deren Schlüsselloch die Kuppel der Peterskirche als Vignette zu sehen ist, war gerade eine Reisegruppe eingetroffen, so daß ich mir den berühmten Blick schenkte. Auf der anderen Seite, in der Bodensenke, der Circus Maximus, und dahinter, im verstrüppten, von Steineichen, Zypressen und Lorbeer durchsetzten Parkgelände, die Ruinenhöhlen des Palatin, wie zerfressen vom Rost der Jahrhunderte.

NOCH ZUM VORIGEN. Die sonderbare Vorstellung, daß Italien ein Land fröhlicher Menschen sei. Die Figuren, die seine Geschichte bestimmen, bilden statt dessen eine Galerie düsterer, getrieben wirkender Gewaltmenschen, für die es allenfalls in Spanien die Gegenstücke gibt: Cosimo Medici und Savonarola, die Borgias und

Machiavelli, die venezianischen Dogen und die herrischen Stadttyrannen, ferner eine Reihe cäsarischer Päpste von Bonifaz VIII. Caetani bis zu Julius II. della Rovere, und hinter ihnen allen die Heerhaufen der Condottieri. Vom scharfen, pessimistischen Schnitt dieser Gesichter ist merkwürdigerweise nichts in die Vorstellung vom italienischen Typus eingegangen. Arlecchino, Brighella und Colombina, die Kunstfiguren der Commedia dell'arte, auch einige Buffopartien der Opernliteratur, haben das Schreckenspersonal der Wirklichkeit ganz verdrängt.

AM RANDE. *Die* Italiener, sagte Canessa, gibt es natürlich nicht. Was es gibt, sind Mißtrauen, Verschlossenheit, Melancholie und Kälte, die in jedem Italiener stecken, wenn auch verborgen unter umgänglichen oder sogar liebenswürdigen Formen. Die Fröhlichkeit will nur gefallen, sie ist die populäre Abart der Schmeichelei. Und beide, Fröhlichkeit wie Schmeichelei, haben mit der Kunst der Täuschung zu tun.

AM RANDE. Der Reichtum, sagte Canessa auch, habe in Italien eine magische Aura und wecke mehr Bewunderung als Neid. Ressentiments entstünden nur dort, wo der Reichtum sich mit Geiz verbinde. Die Vorstellung sei, daß der Reiche, der seine Schätze heimlich aufhäuft, die Armen um ihren gerechten Anteil betrüge und nur der Verschwender ein Herz habe.

ROM. Am Nachmittag bei drückender Hitze zum Vatikan. Es gibt kaum einen neueren Beobachter, der Mussolini nicht den Vorwurf machte, den sogenannten Borgo, das Gewirr der alten Häuser vor dem Peterplatz, abgerissen zu haben. Statt der Überwältigung, die sich bis dahin beim unvermuteten Schritt aus der Enge der Gassen auf den riesigen Platz eingestellt habe, gebe die Via della Conciliazione schon von der Engelsburg her den Blick auf eine Promenade frei, an deren Ende ein Platz ohne Tiefe und ein Kirchenbau ohne Erhabenheit lägen.
Vielleicht ist das Urteil aber voreilig. Erinnerung an meinen Vater, der auf seinen Reisen noch den Borgo und später die breite Prachtstraße sah, die Mussolini zum Gedenken an die Lateranverträge

angelegt hat. Er jedenfalls war sich der Einbuße, von der so einhellig die Rede ist, nie ganz sicher. Zwar empfand er den Reiz, der sich aus dem Kontrast von labyrinthischer Beengtheit und jener plötzlichen Weite ergab, aus der sich die Peterskirche mit der Macht einer Erscheinung erhob. Aber etwas von der Unlauterkeit eines prahlerischen Überraschungseffekts war für ihn immer dabei, und er fragte sich, ob der Durchbruch nicht die souveränere, auch städtebaulich angemessene Lösung gebracht habe.
Bei den Kunsthistorikern ist nachzulesen, daß die Idee eines von der Engelsburg herkommenden Straßenzugs mit Petersplatz und Peterskirche als Abschluß alle päpstlichen Bauherren seit der Renaissance beschäftigt hat. Wer die toten Fassaden der Via della Conciliazione betrachtet, wird bedauern, daß diese Absichten so spät verwirklicht wurden; und daß ihnen einige bedeutende Bauten, darunter der Palazzo Caprini mit dem Atelier Raffaels, zum Opfer fielen.

AM RANDE. Aus Goethes »Italienischer Reise«: »Wenn man so eine Existenz ansieht, die zweitausend Jahre und darüber alt ist, durch den Wechsel der Zeiten so mannigfaltig und vom Grund aus verändert, und doch noch derselbe Boden, derselbe Berg, ja oft dieselbe Säule und Mauer, und im Volke noch die Spuren des alten Charakters, so wird man ein Mitgenosse der großen Ratschlüsse des Schicksals …«

ROM. Auf dem Petersplatz die Betriebsamkeit eines jeden Tages: Pilgerhaufen, sanft angetrieben von jungen Kanonikern in schwarzen Soutanen, Japaner, die aus ihren Bussen klettern und sich rudelweise auf Motivsuche machen, Amerikanerinnen mit bunten Hüten, auf denen »Rome« oder »Italy« steht und die aussehen, als absolvierten sie das Damenprogramm eines Rotariertreffens. Dazwischen Verkäufer, Fotografen, Taubenschwärme und Kinder. Eine Nonne mit einer Schulklasse, die vierzehnjährigen Mädchen fast alle geschminkt. Am Obelisken kommt im Eilschritt ein Zug von dreißig oder vierzig Priestern vorbei, die Aktentaschen unter dem Arm tragen und die Tellerhüte festhalten.
Noch einmal zur Klage über den Abbruch des Borgo. Dahinter steht

nicht nur das Bedürfnis, die Peterskirche plötzlicher, sondern zugleich auch gewaltiger vor sich zu haben als im Fluchtpunkt am Ende der Via della Conciliazione. Den Einwand, daß der Bau kleiner erscheine, als er in Wahrheit ist, haben schon in früherer Zeit viele Reisende erhoben. Weder von außen noch von innen bringe er seine Proportionen hinreichend zur Geltung. Vielmehr schlage allenthalben die Absicht durch, das Gewaltige in überschaubare Einheiten aufzulösen, angefangen von Madernas Front, die das Wandmassiv durch Säulen und Pilaster, Vor- und Rücksprünge gleichsam zerlegt, bis zu dem durch Seitenkapellen und perspektivische Brechungen im Übermaß gegliederten Innern.
Es war aber auch hier offenbar nichts anderes als die alte römische Baumaxime, wonach das Große nicht kolossalisch wirken dürfe. Genauer sogar: daß das Kolossalische niemals groß wirken könne. Bezeichnenderweise haben die Reisenden vor allem des 19. und beginnenden 20. Jahrhunderts das verschenkte Riesenmaß der Peterskirche beklagt. Das kaiserliche Rom dagegen hat das Colosseum in einer Bodensenke errichtet.

ROM Von den Fenstern der Vatikanischen Museen fällt der Blick immer wieder in die dahinterliegenden Gärten, und im ersten Augenblick meint man, ein Stück bewahrter, wenn auch gesteigerter Natur unmittelbar neben dem Ausdruck höchsten Kunstwillens zu sehen: gewaltige Pinien, feierliche Zypressen, Zedern, Kastanien. Dann aber, im Weitergehen und aus anderen Fenstern, entdeckt man, daß die Gartenanlage selber ein Produkt höchster Kunst ist. Jeder Ausschnitt ist nach ästhetischen Gesichtspunkten arrangiert, jede Perspektive ebenso berechnet wie die Nah- und Fernwirkungen. Nur scheinbar sind die Bäume und blühenden Gewächse dem Stein entgegengesetzt, in dessen Schatten sie stehen. Wie die Baumeister sich den Travertin aus den am Horizont aufsteigenden Bergen als Rohstoff holten, um ihn nach ihren Entwürfen übereinanderzuschichten, so bedienten sie sich der heimischen Gehölze, um sie mit gleichem Anspruch im Gelände zu gruppieren. Die Natur war nur das Reservoir, aus dem sie die Gärten erbauten.
Denn der Garten war niemals in die Stadt geholte Natur, sondern auf die Natur angewendete Architektur: Spiel, Geist, Geometrie,

Schönheit. Darin liegt auch der Unterschied zu den englischen Landschaftsparks, die durchweg die Natur bewahren und nur ordnend eingreifen wollen. Der italienische Garten dagegen verneint die Natur und schafft sie als Kunstwerk neu.
Die Idee des Gartens als des auf die Spitze getriebenen Gegenentwurfs zur Natur wird an allen römischen Parks sichtbar. Es ist die Vorstellung, daß Arkadien ein Traum ist, der einmal, vor aller Zeit, im Garten Eden wirklich war. Das steht auch hinter der biblischen Wendung, daß Gott die ersten Menschen aus dem Paradies verstieß. Der Garten ist der leidenschaftliche Versuch, diese Verstoßung rückgängig zu machen. Nie geht es um anderes oder Geringeres als die Wiedergewinnung des Verlorenen Paradieses.

ROM. In den Stanzen des Vatikans, vor den Fresken, wieder die Doppelempfindung von Fremdheit und Nähe. Viele behaupten, es gäbe keinen Zugang mehr zu Raffael, der vierhundert Jahre lang als Maßstab alles Schönen gefeiert und wie kein anderer Künstler nachgeahmt, abgewandelt und erforscht worden ist. Die lähmende Wirkung der Unangefochtenheit. Zu viel Epigonentum staut sich zwischen ihm und der Gegenwart.
Raffaels Spuren reichen bis in den Akademismus und die Salonkunst des 19. Jahrhunderts und fallen von dort als trivialisierende Schatten auf das Vorbild zurück. Er bleibt das Beispiel für die Entwertung eines Künstlers durch seine Nachfolger. Malraux' Urteil, daß Raffael ihm nichts bedeute, gilt für die Gegenwart im ganzen. Auf Max Ernsts berühmtem »Rendez-vous der Freunde« von 1922 erscheint er noch einmal, wenn auch als Figur des Abschieds.
Dagegen die Erinnerung an viele frühe Eindrücke. Die Madonnenbildnisse, die Galateen, Heliodore und Renaissanceporträts, die für die bürgerliche Welt den Begriff von Schönheit und Menschengröße verkörperten, an dem sie in den Schocks der Modernität so zähe festhielt. Im Arbeitszimmer zu Hause gab es einen Druck der »Disputà«, und zwischen den Bücherschränken von Dr. Meier, den ich an den Samstagen besuchte, bis er eines Tages im Sommer 1942 nicht mehr da war, hing hinter einer fleckigen Glasscheibe der Stich Raimondis nach der »Schule von Athen«. Solche Reminiszenzen sind ein Argument für Raffael, das zwar nur biographisches Gewicht

hat. Aber es zählt noch. Erst für unsere Söhne wird es nichts mehr bedeuten.

AM RANDE. Der letzte Besuch in diesen Räumen liegt lange zurück. Damals mit A., der dreizehn Jahre alt war. Vielleicht dachte er nicht nur an Widerspruch, als er die Fresken langweilig nannte und die Figuren hingestellt. Gegen Raffael spielte er das Bild des polnischen Historienmalers Jan Matejko aus, der Ende des 19. Jahrhunderts für den vorderen Raum ein Bild von der Befreiung Wiens durch Sobieski gemalt hat. Routinierte Schlachtenmalerei mit schnauzbärtigen Kriegern, flatternden Standarten und einem symbolhaltigen Regenbogen, der von Wien bis zum Wavel weit im Hintergrund reicht. Ich richtete nichts aus mit dem Versuch, zu erklären, warum Raffael der ungleich bedeutendere Maler sei. Wie vermittelt man die Größe großer Kunst? Was macht sie groß? Wieviel Kunstverstand ist erforderlich, um Kunst zu verstehen?

ROM. Wir standen unmittelbar unter dem Deckenfeld mit der Erschaffung Adams, und es war, als sei ein Vorhang weggenommen. Der Überzug aus Staub, Leim und Ruß, der die Fresken Michelangelos eingedunkelt und ein Bild umdüsterter Monumentalität erzeugt hat, ist verschwunden, und zum Vorschein kommen Farben von strahlender, wenn auch oft kalter Intensität. Beim Schritt über ein paar Stufen auf das von Michelangelo entworfene und von den Restauratoren nachgebaute Gerüst gingen wir unter einem der Ignudi hindurch, den um die biblischen Szenen gruppierten nackten Jünglingsfiguren, und einen Augenblick lang glaubte man seinen Augen nicht zu trauen. Die rosige und fast aufdringlich fleischfarbene, von Schatten und Reflexen belebte Sinnlichkeit des Körpers, die sich etwas weiter in der Gestalt Adams wiederholt, setzt alles außer Kraft, was man wußte.

Zum ersten Mal erkennt man, daß Michelangelo nicht nur das »Genie des disegno«, der emphatischen Linie, war und ein Verächter der Farbe, die er, wie man gelernt hatte, allenfalls als dekorative Zutat billigte. Vielmehr offenbart das nahe Davorstehen auch seine modellierende, mit weichen Übergängen und Zwischentönen operierende Malkunst. Die Stirnfalten und durchleuchteten Partien im

Gesicht Gottvaters, manche malerischen Abstufungen im Ausdruck der in seinem Mantel geborgenen, die herangeführte Eva begleitenden Putten oder schließlich das nach rechts oben hin sich allmählich steigernde und dann fast ausbrechende Glanzlicht auf der Stirn Adams sind von einem bislang verborgenen Nuancenreichtum. Auch treten die Propheten und Sibyllen aus ihrer emblematischen Erstarrung, die Räume hinter ihnen beleben sich durch suggestive Schatten, und einige der Figuren, die man eher als Typus sah, gewinnen unversehens Individualität und sogar psychologisierende Eigenart, die aber dem Betrachter vom Grund der Kapelle aus, rund fünfundzwanzig Meter tiefer, verschlossen bleiben muß. Überraschend auch, wie oft Michelangelo den zuvor in den Verputz eines Tagewerks eingeritzten Umriß einer Figur während des Malvorgangs verläßt und sich beispielsweise in der Ausführung von Bein und Fuß Adams vom Entwurf freimacht.
Die wirkliche Entdeckung aber, die das jahrhundertelang vorherrschende Bild vom ersten »monochromen« Künstler und seiner asketischen Farbgebung radikal umstößt, sind die Figuren in den Lünetten. Bei Roboam und Abias, die zur Rechten die Erschaffungsszene begrenzen, treten Orange, Grün und Gelb hervor, anderswo sind es Lachsrosa, Violett und Stahlblau, die schrill und dissonant gegeneinandergesetzt sind und auf den vorgebauschten Gewandfalten fast übergangslos in aggressives Weiß umschlagen, das die Nachbarfarbe nur noch im Widerschein bewahrt. Kaum je ist die Farbe lediglich als dienendes Kolorit eingesetzt, vielmehr behauptet sie sich als eigenes Element, die reine Widernatur, kühn und exzentrisch, und man begreift das Erschrecken der Restauratoren, als diese Dinge ans Licht kamen.
Verständlich wird aber auch der Schock der Kunsthistoriker, die von einer alten, durch die Generationen kanonisierten Auffassung Abschied nehmen müssen. Die Vorstellung von der entrückten Heroenwelt Michelangelos und dem romantischen Helldunkel, aus dem er selbst, zusammen mit seinen Übermenschen, als eine Art titanischer Bruder Rembrandts hervortrat, ist nicht nur ins Wanken geraten, sondern überholt. Zugleich damit kommt manches vom dämonistischen Geraune ans Ende, das Michelangelo umgab: er wird heller, faßlicher und womöglich noch größer.

Einer der Restauratoren meinte, daß es vor allem der Widerstand gegen das unvermutete, in gedankenreichen Studien verfestigte Michelangelo-Bild sei, das der Kontroverse über die Restauration zugrunde liege und die Gegenseite dazu gebracht habe, von »Fruchteis-Farben« und »the worst kind of Kitsch« zu reden. Zu den Überraschungen, die man unterdessen zu gewärtigen habe, zähle, daß ausgerechnet einige amerikanische Pop-Künstler gegen die wiederhergestellte Farbigkeit der Fresken protestiert haben. Vor dem Computer berichtete er, daß man die Abfolge der einzelnen Tagewerke inzwischen exakt bestimmen könne. Bei der Erschaffungsszene habe Michelangelo zunächst den Kopf Adams in die Mitte des Deckenfeldes gesetzt, dann Brust und Rumpf, und, von dort aus weitermalend, sei allmählich das Gesamtbild entstanden. Auf seinem Gerät konnte er jede Abweichung zwischen der Vorzeichnung und dem fertigen Werk sichtbar machen. Auch gab der Computer Auskunft über den Erhaltungszustand der einzelnen Partien, über besonders empfindliche oder verlorene Stellen und anderes mehr.

Vom Gerüst aus konnte man zum benachbarten Deckenfeld hinübersehen, das die Teilung von Land und Wasser aus der Schöpfungsgeschichte darstellt. Die Farben waren so tief in kaum noch unterscheidbarem Dunkelbraun versunken, daß der Bildgedanke fast nicht mehr erkennbar war. Zur Dramatik des Erlebnisses, dachte ich, zählt dessen Unwiederholbarkeit: die nur jetzt gebotene Möglichkeit des Vergleichs. Sie bleibt allen denen vorenthalten, die in einigen Jahren, wenn der ehrwürdige und nun von manchen so leidenschaftlich verteidigte Schmutz der Jahrhunderte im Ganzen entfernt ist, die Kapelle besuchen werden.

ROM. Die ungeheure Überspannung der Sixtinischen Kapelle. Mehr als alle Kunstgröße drängt sich immer wieder auf, daß hier das Menschenmögliche an seine äußerste Grenze getrieben ist. Etwas davon offenbart das Selbstbildnis Michelangelos auf dem Hautsack, den der Bartholomäus des Jüngsten Gerichts in der Faust hält. Es ist die Grimasse eines von der Kunst Zerstörten.

Inzwischen haben sich die Dinge umgekehrt. Die Kunst zerstört vieles, nur die Künstler selber nicht. Dennoch will keiner auf sei-

nen Anteil Unglück verzichten, die Aura des Leidens zählt seit der Romantik zu dem Bild, das die Künstler von sich haben. Die Schmerzensmann-Pose. Aber die Werke drücken nichts davon aus.
Dieser Widerspruch ist nur durch Zynismus zu überbrücken. Und vielleicht ist es dies, was der modernen Kunst so viel Glaubwürdigkeit entzieht. Denn der radikale Subjektivismus, auf dem sie beharrt, verlangt Authentizität, oder es bleibt nur die dekorative Geste. Auf der Suche nach Ausnahmen kam ich nur auf wenige Namen. Fast alle, mit denen man zusammentraf, waren so schonungslos mit der Welt wie nachsichtig mit sich selbst. Das Publikum, von den gleichen bourgeoisen Vorstellungen geprägt wie die Künstler, spielt die Partie längst mit. Mir fiel die Nachbarin aus Salzburg ein, die sich nach einem Klavierabend Alfred Brendels an mich gewandt hatte: »Es sollte nicht erlaubt sein, daß sich ein Mensch für die Kunst so zugrunde richtet.«

AM RANDE. Am Camposanto dei Tedeschi, dem deutschen Friedhof neben der Peterskirche, steht, daß Karl der Große die Anlage errichtet habe. Aber noch beeindruckender, auch doppelsinniger, die Worte über dem Eingang: »Teutones in pace.«

ZUM VORIGEN. Noch zu Lebzeiten Michelangelos erhielt Daniele da Volterra von Paul IV. den Auftrag, die anstößigen Stellen an den Figuren der Sixtinischen Kapelle zu übermalen. Religiöse Motive und Entblößung vertrügen sich nicht, meinten der Papst und seine Ratgeber in der Kurie.
Es gibt eine Episode aus der Präsidentenzeit de Gaulles, die den Konflikt treffender und auch geistreicher löst. Einen anhaltenden Streit im Kabinett, ob Goyas »Nackte Maya« auf einer Briefmarke abgebildet werden solle oder nicht, beendete der Präsident mit der Frage, ob es sich bei dem Bild um Kunst handle. Als jeder zustimmte, entschied er trocken: »Dann ist die Sache leicht. Wenn es ein Kunstwerk ist, ist es keine nackte Frau.«

NOCH DAZU. Der Satz gilt übrigens auch umgekehrt. In dem Maß, in dem die Nacktheit auf einem Kunstwerk als Nacktheit hervortritt, verringert sich dessen Rang.

ROM. Fahrt zum protestantischen Friedhof an der Cestius-Pyramide, wo Shelleys Asche beigesetzt wurde, und Keats unter einer namenlosen Grabplatte liegt, auf der die Worte stehen: »Here lies one whose name was writ in water.« Die Gräber im älteren Teil sind ohne Einfriedung und liegen regellos im hohen Gras zerstreut, als seien die Toten eilig verscharrt worden. Auch Carstens, Carl Philipp Fohr, Waiblinger und Hans von Marées sind hier begraben, ferner die Humboldt-Kinder, Henriette Hertz und Gottfried Semper. Auf dem Grabstein Gramscis nur die Inschrift »Cinera Antonii Gramsci«, die Pasolini als Titel einer Gedichtsammlung übernahm.
Und dann August Goethe, der 1830, wenige Tage nach seiner Ankunft in Rom starb: auch im Tod nichts anderes als der Sohn. Nicht einmal sein Vorname ist auf dem Grabmal genannt, sondern lediglich: »Goethe filius. Patri Antevertens« – Goethes Sohn, dem Vater vorausgehend. Die erschreckend lakonische Bemerkung des Dichters, als er die Nachricht vom Ableben Augusts erhielt: »Non ignoravi me mortalem genuisse« – Immer war mir bewußt, einen Sterblichen gezeugt zu haben.
Auf dem Stein für einen österreichischen Offizier nichts von Schlachtenruhm und Auszeichnungen. Statt dessen eine Inschrift, die aufs kürzeste das ganze Sentiment des 19. Jahrhunderts heraufruft: »Gefühlvoller Geiger und Gatte.« Überall im Gebüsch und auf den terrassenförmig verlaufenden Wegen herumstreunende Katzen. Im Hintergrund das blendende Weiß der Cestius-Pyramide, das scharfkantig ein Stück aus dem tiefblauen Himmel schneidet.

AM RANDE. Auf dem Rückweg die Überlegung, worauf die besondere Anziehung solcher Ausländerfriedhöfe zurückzuführen ist. Unter den Besuchern waren neben Deutschen und Engländern auch Franzosen gewesen, einige Holländer und Skandinavier. Ich fragte mich, was die Namen auf den Gräbern ihnen bedeuten mochten, Keats und Shelley vielleicht ausgenommen, und ob sie mehr als ein Hörensagen waren.
Unwillkürlich denkt man vor Grabstätten im anderen Land nicht nur an die Vergänglichkeit, wie sie jeder Friedhof in Erinnerung ruft. Sondern auch an Unglück, Exil und zerstörte Hoffnungen. Ob-

wohl gar nicht ausgemacht ist, daß die Toten nicht dort starben, wo sie glücklich waren. Man sagt »in fremder Erde«, die aber womöglich gerade die eigene war.

ROM. Noch immer die Handwerker im Lichthof des Hotels. Sie haben Mützen aus Zeitungspapier auf dem Kopf, und ihre Stimmen hallen den engen Schacht herauf.
In der Post ein Telegramm, das zur Teilnahme an einer historischen Diskussion auffordert. Die damnatio memoriae, die Auslöschung der Erinnerung, vollzieht sich in neuartiger Form. Nicht das Schweigen ist die Strafe für das Verdammenswürdige, sondern das Totreden.

ROM. Mir fiel wieder der gesammelte Ernst vieler Römer beim Essen auf. Als sei es eine Verrichtung, die alle Hingabe verlangt und keine Ablenkung duldet.
Wie jedesmal dröhnte das Restaurant vom Lärm der Stimmen, dem Geklapper der Teller und Bestecke, und am langen Tisch weiter hinten war eine Auseinandersetzung im Gange. Aber dazwischen, einzeln oder zu zweit, immer wieder Gäste, die von alledem keine Notiz zu nehmen scheinen. Manchmal sieht einer auf, abwesend und mit leerem Blick, der sich erst wieder belebt, wenn er den Abacchio auf seinem Teller für den nächsten Bissen zurechtschiebt.

OSTIA. Bei Carlo S., der in den Pinienwäldern hinter dem Ufer ein ausgedehntes Anwesen besitzt. Spaziergang ans Meer. Bunt bemalte Kabinen, dazwischen der Unrat des Wochenendes und Angeschwemmtes, das sich in dunklen Streifen am Strand hinzog und im Entfernten verlor. Nur wenige Menschen.
Über Sizilien und seine Freunde dort. Er fahre nur noch selten auf die Insel, meinte er. Sie verändere nicht nur ihr Gesicht, sondern verliere es auch. Sie werde italienisch oder, genauer, amerikanisch. Orangenplantagen und kokette Sommersiedlungen, es wolle ihm nicht in den Kopf. Das stolze Sizilien, sagte er kopfschüttelnd, und sprach von den Demütigungen des Fortschritts.

WEITER IN OSTIA. Für den Abend hatte Carlo den Marchese Lucifero d'Aprigliano eingeladen, der jener uralten Familie entstammt, von der man mir in Crotone erzählt hatte, sie leite ihren Namen von den pythagoreischen Lichtkulten her.

Aus seiner Ankunft machte der Marchese einen Auftritt. Kaum dem Auto entstiegen, warf er mit zurückgedrückten Schultern die Arme auseinander und rief: »Amici!«. Mit einer ausladenden Geste zog er den Strohhut und kam dann, unausgesetzt redend, um den Wagen herum auf die Wartenden zu. Er war in der zweiten Hälfte der Siebziger und zur Fülle neigend, doch führte er die statiöse Figur gleichsam elegant vor sich her. Auffällig die singende und dabei schneidende Stimme, mit der er sprach. In der einen Hand balancierte er ein Ebenholzstöckchen mit Elfenbeinknauf, von dem er gleich nach den ersten Worten sagte, einer seiner Vorfahren habe ihn vor ein paar hundert Jahren geschnitzt. Der Knauf zeigte einen Greisenkopf, dessen runder Schädel vom Gebrauch blankgescheuert war.

»Lucifero«, sagte er bei der Begrüßung, und man hatte den Eindruck, der alte Herr mache sich ein Vergnügen aus der Doppeldeutigkeit seines Namens. Er trug einen spitz zulaufenden und bis zum Krawattenknopf reichenden Bart, der so steif gekämmt war, daß er bei jedem Zurückwerfen des Kopfes damit in der Luft zu stochern schien. Die Augen unter den schwarzen Brauen nahmen mitunter einen stechenden Ausdruck an, das kurze graue Haar war an den Seiten über der Stirn etwas höher geschnitten, so daß der Eindruck zweier Höcker entstand, und alles zusammen gab der Erscheinung einen Stich ins Schweflige, der aber zugleich auch dessen Parodie enthielt. Er sprach ein gewähltes, etwas altmodisches Deutsch, dessen österreichische Farbe er nicht nur auf seine Mutter, sondern auch auf seine Studienjahre in Wien zurückführte, wo er noch Sigmund Freud begegnet war. Zu seiner Person sagte er, er habe im Leben immer nur getan, was ihm Vergnügen bereitete, so daß man ihn als vollkommenen Dilettanten bezeichnen könne.

Vom einen kam er zum anderen, geistreich, etwas überwach und, wo er pathetisch wurde, die eigene Rhetorik durch eine ironische Wendung dämpfend. Als man sich setzte, hatte er schon einiges zur Familiengeschichte erzählt, zu seiner Biographie, über die Verhältnisse in Kalabrien und dessen Unterschiede zu Sizilien. Inzwischen war er bei den Deutschen, sprach über Mommsen und Spengler, in denen sich für ihn der deutsche Typus am deutlichsten verkörpere, nämlich asketische Gründlichkeit auf der einen, und apokalyptische Träumerei auf der anderen Seite. Beidem müsse man nur noch die Musik hinzufügen, meinte er, dann habe man das Grundmuster. Schon war er bei Bach, ohne den die deutsche Musik, und eigentlich alle Musik seither, kaum vorstellbar sei. Haydn, Beethoven, Schubert und die anderen kämen von ihm her. Dennoch sei Bach nur ein großartiger Fundamentenbauer gewesen, und mitunter, wenn er sich bei den Goldberg-Variationen oder selbst bei den Brandenburgischen Konzerten so verzweifelt langweile, frage er sich, ob Bach mehr als ein technisches Genie gewesen sei, eine Art Daimler der Musik, welchen Vergleich er auch deshalb für treffend halte, weil er ständig das wunderbar gleichmäßige Pochen der Kolben zu hören glaube. Darüber ließ er sich zum ersten Mal in eine Auseinandersetzung verwickeln. Schließlich: Er liebe die Übertreibungen und deshalb auch die Fassaden; vor den Fundamentenbauern ziehe er nur den Hut.

Die Köchin öffnete die Doppeltür zum Speisezimmer, und der Marchese sprach jetzt über Italien. Verschiedenheit der Rassen und Kulturen. Die Ethnologie des Landes werde am besten mit dem deutschen Wort »Flickenteppich« beschrieben. Darin müsse man auch den Grund dafür sehen, daß jeder Italiener, viel mehr als ein Deutscher, vom Bewußtsein seiner regionalen Herkunft geprägt sei. In Kalabrien herrschten griechische, anderwärts etruskische, keltische oder langobardische Erbteile vor. Auch spanische und französische. Er beschrieb die Gegenwart als Verschmelzungsprozeß. An seinem Ende würden die Italiener sicherlich eine Nation sein. Aber niemals ein Volk. Er selber komme, wenn er nach Spanien reise, nur in ein anderes Zuhause, in der Lombardei oder im Piemont dagegen sei er in einer fremden Welt. Die Scheidelinie im Süden von Rom. Die Mailänder sagten, dort beginne Afrika, Leute wie er dagegen behaupteten, nach Norden blickend, dort ende die Kultur.

Später über die italienische Binnenwanderung, die so viele Millionen Menschen in Bewegung gesetzt habe und vielleicht doch die innere Einigung Italiens herbeiführen werde. Der Marchese widersprach. Was da vor sich gehe, sei das Gegenteil einer Einigung, nämlich die Vendetta für Garibaldis Eroberungszug, durch den der Süden überwältigt worden sei. Jetzt erobere der Süden den Norden und verschaffe sich Genugtuung für Jahrhunderte arroganter Verachtung. Die Geschichte komme wieder ins Lot. Die meisten Positionen mit hohem politischem oder sozialem Prestige seien inzwischen in den Händen von Süditalienern, fast alle Gerichtspräsidenten und die Mehrzahl der hohen Beamten oder Offiziere stammten aus dem Mezzogiorno. Denn sie besäßen, was den Menschen im Norden fehle: einen Machtinstinkt, hinter dem ein unbändiger Aufstiegswille wirksam sei.

Nach dem Essen, wieder auf der Terrasse, kam der Marchese auf die Weltmachtrolle des alten Rom, auf das Corpus iuris und die Päpste, unablässig die Zeiten und die Räume wechselnd, wie es seinem ahasverischen Temperament entsprach. Aus seinen Bemerkungen: Das 19. Jahrhundert sei das romantische Jahrhundert schlechthin gewesen, alle seine großen Erscheinungen kämen von da her: Cavour, Stendhal, Wagner, Bismarck oder Napoleon III. »Und Karl Marx natürlich«, fügte er hinzu, »mein Gott, was für ein verrückter romantischer Kopf!« Oder: Eine Institution, eine Sitte von einiger Dauer seien schon deshalb für ihn verehrungswürdig, weil sie alt seien. Stärkere Gründe brauche er nicht. Denn wie hätten sie alt werden können ohne jene Größe und Überredungskraft, die eine Sache braucht, um dem Zweifel zu widerstehen? Über die Vorlesungen Sigmund Freuds sagte er, sie hätten ihn durch sprachlichen Glanz mehr beeindruckt als durch ihren Inhalt.

Auf die Frage, was er als seine bestimmende Lebenserfahrung ansehe, erwiderte Lucifero ohne langes Besinnen: »Das Bewußtsein, unvergänglich zu sein.« Die Aristokratie des Südens habe in den Katastrophen der Geschichte eine unvergleichliche Kunst des Ausharrens entwickelt. »Wir überleben alles.« Einer seiner Vorfahren, ein berühmter Freigeist, sei 1799 in Crotone vor den Stufen seines Palazzos auf Anordnung des Kardinals Ruffo erschossen worden. Schon kurze Zeit später habe man den Namen des Offiziers nicht mehr ausfindig machen können, der das Exekutionskommando befehligte. Und von Kardinal Ruffo wüßten auch nur noch wenige.

Seine Familie dagegen habe sich, wie die Geschichte wisse, mit eigenen Galeeren an der Schlacht von Lepanto beteiligt, und zwei seiner Vorfahren hätten Franz I. bei Pavia gefangengenommen. Und die Luciferos seien noch immer da.
Im Parlament, erzählte er, habe ihn ein sozialistischer Abgeordneter einmal »Genosse« genannt. Er habe ihn unterbrochen und gefragt, ob ihm überhaupt bewußt sei, was es bedeute, ein Lucifero zu sein. Auf die verlegene Antwort, daß wir schließlich alle Menschen seien, habe er erwidert: Er, der Marchese Lucifero d'Aprigliano, wisse, wer seine Vorfahren seien, eine lange Ahnenreihe zurück bis vor die Zeitenwende. Der ehrenwerte Abgeordnete dagegen könne allenfalls zwei oder drei Generationen überblicken. Er habe nichts hinter sich. Wer einer alten Familie entstamme, denke in Geschlechtern, tausend Tote redeten immer mit, ein gewaltiger Chor von Stimmen, der nichts gemein habe mit dem Geschnatter an einer Familientafel. Mit den Massimos, die von Quintus Fabius Maximus abstammten, streite er darüber, welche Familie die ältere sei.
Während L. noch über dieses und jenes sprach, die Überlegung, aus welcher anderen Welt seine Vorstellungen kamen; daß aber dies zugleich ihren Reiz ausmachte. Zu den Einbußen der Gegenwart zählt, daß sie den Glücksfall fremden Denkens nicht mehr empfindet. Kultur als Prinzip der Verschiedenheit gegen die Barbarei des Einhelligen. Als Lucifero aufbrach, forderte er mich auf, ihn zu besuchen.

ROM. Nachmittags mit Valerie B. am Forum und zu den Caracalla-Thermen. Wir trafen uns bei den dickhalsigen Marmorfiguren mit den übergroßen Köpfen, die Michelangelo am Ende der Treppe zum Campidoglio aufgestellt hat. Diesmal ein Kostüm mit grünen Karos, dazu gelbe Strümpfe. Sonderbarer Widerspruch zwischen Extravaganz im Äußeren und dem Wesen, das ernst war und etwas lehrerinnenhaft.
Zunächst über die Merkwürdigkeit, daß der Renaissancemensch Michelangelo den Platz mit dem Rücken zum Forum Romanum entwarf. Dann über Cola di Rienzo, der an der nebenan gelegenen Treppe zur Kirche Ara Coeli, der Hinrichtungsstätte des Mittelalters, von jenem Pöbel umgebracht wurde, der ihm über Jahre zu-

gejubelt hatte. Auch Dante und Petrarca hätten Rienzo als Befreier und Wiederbegründer der römischen Republik gefeiert. Ein verspäteter Tribun, der noch einmal den Traum vom Herrschaftsanspruch der Stadt über die Welt träumte. Urbs supra orbem.
Die immer wiederkehrende Verführung durch große Vergangenheiten. Dazu der Satz von Paul Valéry, die Geschichte sei das gefährlichste Gebräu, welches das Laboratorium des menschlichen Gehirns hervorgebracht hat. Rund sechshundert Jahre später hat der Riesenschatten Roms noch einmal die Geister erregt und verwirrt, und wieder mit ähnlichem Ausgang. Schon Cola di Rienzos Leichnam ist kopfüber an den Füßen aufgehängt und dann an der Piazza San Marcello zur Schau gestellt worden.
Auf dem Forum viele Einzelheiten: wohin jene überwachsene Marmorschwelle geführt, was es mit der Ahnenmaske auf sich hatte, die Cäsar an den Iden des März, vor dem Weg in den Senat, zögern ließ, und wo noch immer die Quelle der Juturna aus dem Boden komme. Auch über den Börsenbetrieb im alten Rom und wie die Kurse in der Basilika Julia festgestellt wurden. Alles mit der seltsamen Emphase, die aus dem Wissen kommt.
Im Weitergehen, angesichts immer neuer Zahlen, Namen und Maßangaben, flüchtige Verstimmung bei dem Einwurf, daß die Fakten noch nichts bedeuteten; ihre Kenntnis sei nur die Voraussetzung, und alles wirkliche Fragen beginne jenseits davon. So kamen wir auf die Katzen von Rom. An der Brüstung zur Via dei Fori Imperiali stand eine alte Frau, die aus einem durchnäßten Papier die von allen Seiten herankommenden Tiere fütterte und einzelne von ihnen mit Namen rief. Über die närrische Liebe der Römer zu den Katzen, in denen sie sich womöglich auf unverfängliche Weise selbst bewundern: ihren Stolz, ihr einzelgängerisches Wesen und ihre Lust am Nichtstun.
Später, beim Gang durchs Colosseum: Für das antike Rom sei der Tod kein von äußerstem Grauen erfüllter Einschnitt gewesen. Dazu habe ihn erst das Christentum gemacht, das ihn mit dem Ernst des bevorstehenden Gerichts und den Bildern von ewiger Verdammnis aufgeladen habe. Um so größere Bedeutung sei dem Sterbenkönnen zugekommen. Das Colosseum habe nicht zuletzt als Bühne für die Kunst des Sterbens gedient.

Aber viel eher war es für die Kaiser eines der Instrumente zur Sicherung ihrer Herrschaft. Wir sprachen über den Machtverstand der Imperatoren, ihre Kälte und den Pessimismus ihres Menschenbildes. Selbst die schwächlichen Figuren wie Caligula, Galba und andere machten darin keine Ausnahme. Von den übrigen unterschieden sie sich vor allem durch das Unvermögen, ihre Einsichten in Politik umzusetzen. Die Instinkte der Masse, wußten sie alle, verlangten stets nach Gewalt und Annehmlichkeiten. Nur wer damit umzugehen verstehe, habe vom Volk nichts zu fürchten. Dem Gewaltbedürfnis trugen die Spiele Rechnung, dem Trägheitsverlangen die Thermen.
Nie wieder, meinte meine Begleiterin beim Gang über das Ruinenfeld mit den hohen Gewölben, den Pfeilern und Mosaikfußböden, bis auf die Gegenwart nicht, habe die Menschheit solche »Kathedralen der Selbstverwöhnung« errichtet.

AM RANDE. Die Thermen waren zugleich Stätten der Unterhaltung und des geselligen Müßiggangs. Ihre Bedeutung für die Genußvorstellungen der Kaiserzeit geht aus einem Epigramm Martials hervor, in dem die Vergnügungen des Menschen genannt werden: Promenaden, Bücher und Wettspiele, Säulenhallen, Schatten, Jungfrauen, Thermen.

ROM. Die Magie der Ruine tritt nirgendwo so stark ins Bewußtsein wie in den geborstenen, vom Grün überwucherten Caracalla-Thermen, auch in Tivoli nicht. Man begreift, warum das 18. Jahrhundert sich davon verzaubern ließ. Anknüpfungspunkte waren die Antikenbegeisterung und der Gedanke von der Allmacht der Natur, in die der gebaute Stein zurückbröckelt.

NOCH DAZU. »Man muß einen Palast erst einstürzen lassen, wenn er ein Gegenstand des Interesses werden soll.« Die Bemerkung Diderots ist bald als Metapher verstanden worden, die für die geschichtlichen Mächte ebenso gilt wie für die Menschen.

ROM. Nach dem Verlassen der Caracalla-Thermen ein Stück weit die Aurelianische Mauer entlang. Über die Frage, welche Ver-

änderungen in den Machtverhältnissen zur Anlage der Befestigung geführt haben, die von den gleichen Kaisern errichtet wurde, die den Limes bauten. Oder welcher Wandel im Bewußtsein eingetreten war, daß das mächtige Rom sich plötzlich für verwundbar hielt.
Danach in eine Bar mit Blick auf S. Giovanni in Laterano.
Die große Stunde Roms, erzählte Valerie B., komme am Ende eines Tages. Oft gehe sie auf den Pincio, um das noch immer eindrucksvollste Schauspiel zu betrachten, das die Stadt zu bieten habe: Wenn die Sonne dabei sei, an den Horizont zu stoßen und aus dem abgebleichten Grau der Dächer und Fassaden die verdeckten Rottöne heraushole, bis alles in ein unwirklich rosafarbenes Licht gehüllt scheine.
Unterdessen fielen die Häuserfronten ringsum schon ins Halbdunkel. Nur die riesenhaften Giebelfiguren über S. Giovanni lagen noch im Gegenlicht. Dann, mit dem Blasserwerden des Himmels, verloren sie zusehends an plastischer Tiefe, wurden umrißhafter, linearer, bis nur noch ihre Silhouette sichtbar war, die barock und spukhaft gegen den Nachthimmel stand.

ROM. Das Rom von früher sei nicht mehr, meinte G., als wir über den Campo de' Fiori zur Via Giulia gingen; das festliche, sprühende, vulgäre und gutmütige Rom habe sich in wenigen Jahren verflüchtigt. Doch so viel der alte Marktplatz von seiner anarchischen Lebendigkeit eingebüßt hat, weckt er noch immer die Erinnerung an das, was war: noch sind die schreienden Verkäufer unter ihren Schirmen da, die Kleinlieferanten, Kistenschlepper, Austräger und die Massen der Besucher. Und noch gibt es das Kleintheater des Kaufens und Verkaufens mit dem Mienenspiel des Prüfens, des Erschreckens, sogar des Hohns über die Preise, und zuletzt erst, schon im Weggehen, der Befriedigung. Gesichter wie bei Fellini.
Am Rande des Marktbetriebs, neben den Kleiderbuden, sitzen die Kartenspieler, Trödler warten vor schluchtartigen Läden, es gibt Buchstände und neuerdings auch Boutiquen. In einem Billardsaal, aus dessen Wänden die Büsten von Kardinälen hervorstehen, sind die Tische leer, ein paar alte Männer hocken schweigend auf den Stühlen vor der Wand. Schon am Nachmittag, sagte G., wenn die Händler abgezogen sind, ändere sich das Bild. Dann rückten die

jungen Leute mit den langen Haaren an, etwas später auch die Drogensüchtigen und die Dealer, an denen das Viertel zugrunde gegangen sei, mehr als an den Bauspekulanten, die auch dazu beigetragen hätten, die Bewohner zu vertreiben. Die Zahl der Stände auf dem Markt nehme noch immer ab, in dreißig Jahren sei ein Drittel übriggeblieben.

ROM. Am frühen Abend mit G. hinaus nach Ostia, wo er in einem Restaurant verabredet war, das seit einiger Zeit von sich reden machte. Der Zugang führte über ein paar brüchige Stufen, an deren Seiten das Unkraut hinaufkroch. Im Innern aber Chrom und Kupfer, gedeckte Tische und das Dekor der Vorspeisen. Der Wirt war ein kleiner runder Mann, der sich in seiner Beflissenheit nach jedem Satz die Serviette über die Schulter warf und zu seinen Empfehlungen die Fingerspitzen küßte. Der komische Effekt, der immer eintritt, wenn ein Typus seine äußerste Steigerung erfährt.
G. über das Bild von Josef Albers, das er erworben hat. Ich erzählte von dem Besuch in New Haven und wie der alte, verwirrte Mann sich und sein Werk vor dem Besucher gefeiert hatte. Von seiner unvermittelten Tirade gegen Lenin, der geglaubt habe, er verkörpere das revolutionäre Prinzip und die Idee der Gleichheit. Doch der eigentliche Revolutionär des Jahrhunderts sei kein anderer als er, Josef Albers, und nichts auf der Welt demonstriere den Triumph der Gleichheit so rein wie seine Quadrate, auch wenn die geringfügigen Verschiebungen der beiden inneren Vierecke darauf deuteten, daß Idee und Wirklichkeit noch nicht zur Deckung gelangt seien und die Vollendung weiter ausstehe. So daß sich seine Werke auch als Manifeste lesen ließen, ein verschlüsseltes »An Alle!«. Und mehr von dieser Art.
Weniger die absurde Selbstüberschätzung des Mannes war so bemerkenswert. Vielmehr ging mir damals auf, daß die zeitgenössische Kunst immer der Worte und Auslegungen bedarf, um sich zu erklären. Joseph Beuys wußte, warum er gegen Ende seines Lebens, als ihm zu gleicher Zeit ein Augenleiden und eine Kehlkopferkrankung zu schaffen machten, im kleinen Kreise äußerte, er wolle, vor die Wahl gestellt, lieber blind als stumm sein.
Als B. kam, hatte sich das Lokal längst gefüllt, und die Kellner

drängten sich mühsam durch die engbesetzten Tische. Seine Angewohnheit, jede Äußerung mit einem nachdenklichen »Mbò« zu beginnen und sich, nach einer kurzen Pause, in kaum verständlicher Geschwindigkeit atemlos zu reden. Die noch hochstehende Sonne fiel unterdessen hinter den milchigen Vorhang über dem Meer. Fernes Gewittergrollen, begleitet von ein paar Windstößen, die auf dem Platz den Sand und von überall her Zusammengewehtes hochwirbelten.
Beim Aufbruch hatte sich das Wetter beruhigt. In der Dunkelheit hinunter zum Ufer, vorbei an schwarzen Strauchgespinsten. Das Meer mit weiten, schlaftrunkenen Bewegungen.

ROM. Bei den Arbeiten zur Rettung der Baudenkmäler ist man auf Schutzfilme gestoßen, die offenbar schon im Altertum und auch später, womöglich bis zu Beginn der neueren Zeit, aufgetragen wurden und deren Kenntnis dann verlorenging. Man vermutet, es habe sich um eine Mischung aus gelöschtem Kalk und organischen Substanzen gehandelt, deren Formel noch gesucht wird.
Allem Anschein nach waren sich schon jene Zeiten der Schutzbedürftigkeit der Monumente bewußt. Das deckt sich mit jüngsten wissenschaftlichen Befunden, wonach nicht allein chemische und physikalische Prozesse, die vor allem aus der Luftverschmutzung herrühren, die Zerstörung vorantreiben, sondern auch Mikroorganismen, die zum Stickstoffkreislauf in der Natur beitragen.

ROM. Die Episode der touristischen Erledigung einer Sehenswürdigkeit: Um die Mittagszeit, bei halbwegs leeren Straßen, fuhr ein Reisebus vom Capitol her vor das Monumento Vittorio Emanuele. Als der Wagen hielt, zückten die Insassen, wie auf ein Kommando hin, ihre Kameras, um das Denkmal zu fotografieren. Einen Augenblick lang verschwanden die Gesichter hinter den schwarzen Apparaten, so daß die Leute aussahen wie kleine, aufgereihte Monstren aus der Familie Polyphems. Dann fuhr der Bus wieder an, wendete in scharfem Bogen, und der Vorgang wiederholte sich für die auf der Gegenseite Sitzenden.

ROM. Anruf von Valerie B. Sie hat am Wochenende bei Freunden in den Bergen östlich von Rom den ehemaligen General von N. getroffen, der sich nach dem Krieg in jener Gegend niedergelassen hat und dort einsiedlerisch einen Hof bewohnt. Auf die Frage, ob er ein Zusammentreffen mit mir wünsche, habe er geantwortet, er werde augenblicklich schießen, falls sich einer seiner früheren Landsleute in die Nähe wage.

ROM. Die Menge, die sich durch die Ladenstraßen und Gassen zur Piazza di Spagna schiebt, hat das alte, kleine Leben aus dem Quartier verdrängt. Die Maßschneider und Schuhmacher, die Pasticcerien und Kramläden von einst sind verschwunden. In den oberen Stockwerken hat man Kleinwohnungen zu Luxusapartments vereinigt. Im Erdgeschoß reiht sich ein Schaufenster an das andere. Nur noch rund fünf Prozent der Bevölkerung wohnen in diesem Teil der Stadt. Das alte Rom verwandelt sich in eine einzige Boutique. Die Waren, die ausgestellt werden, kommen aus aller Welt: Uhren von Seiko, Taschen von Gucci, Regenmäntel von Burberry oder Pullover von Missoni und Cardin. Nur das Dekor ist noch römisch.
Überraschend, daß kaum jemand von all den Jugendlichen und Omnibusreisenden, die sich durch die Straßen drängen, die Geschäfte betritt. Die Masse genießt sich selber. Und die glitzernden Ausstellungen in den Fenstern dienen ihr lediglich als Kulisse. Als genüge den Leuten das internationale Flair von Dingen, die unerschwinglich, extravagant und schön sind. Das Viertel ist attraktiver als je zuvor. Aber seinen Charakter hat es verloren.

AM RANDE. Im Gespräch erinnerte G. an die »deutsche Sentenz«, daß Genie Fleiß sei. Aber vielleicht spiegelt der Satz nur die deutsche Inspirationsmühe. Seine Widerlegung durch Rossini, dessen Biographie lehrt, daß Genie auch Spiel und bloße Laune sein kann.

ROM. Brief von H. voller Grämlichkeiten gegen Rom. Er habe sich in der Stadt nie wohl gefühlt, vor allem vermutlich, weil von überall her dieser Druck auf ihm lastete, von Monument zu Monu-

ment zu laufen und von Kirche zu Kirche, um all die Devotionalien der Kulturbürger zu bewundern, die Gemälde, die Säulenspaliere und das ewige Glanz und Gloria großer Kunst. Aber er habe Marmor immer verabscheut, Gips ebenso, die Heiligen langweilten ihn und Weihrauch mache ihn sogar krank. Warum also, habe er sich gefragt, glücklich in Rom? Auch die vornehmen Spazierdamen in der Gegend um den Corso seien ihm immer etwas zu vornehm und zu kühl erschienen, die Taxis zu eng, die Verkäufer zu arrogant und die Restaurants zu laut.
Im Grunde habe jeder, der aus Rom zurückkam, seine Eindrücke geteilt, die meinen dürften kaum andere sein. Er sehe noch die Kette überfüllter Busse auf Goethes Corso vor sich und sei dann jedesmal in die Via Margutta geflüchtet, um auf und ab zu promenieren, die Ruhe und die Glyzinien an der Akademiemauer genießend. Am gräßlichsten die Mopeds, vor denen er selbst im Park der Villa Borghese vergeblich Zuflucht gesucht habe. Er glaube übrigens, der alte Tiergarten sei schöner gewesen. Beeindruckt habe ihn nur die Selbstverständlichkeit, mit der sich die Römer inmitten des Uralten bewegten.

ROM. Morgens auf dem Pincio. Das Licht von Rom. Auffallend seine Härte, die stets die Linien hervorholt und scharfe Ränder zeichnet. Keine Übergänge. Kalt und unsentimental vor schönen Panoramen. Das vollkommene Abbild des römischen Charakters.

ROM. Vor dem Quirinal. Während eines Dreivierteljahrhunderts war der Sommerpalast der Päpste, den Gregor XIII. 1574 über dem Hügel errichten ließ, auf dem, der Sage nach, Romulus geboren wurde, die Residenz der italienischen Könige; jetzt ist das Gebäude der Amtssitz des Präsidenten der Republik. Die Volksabstimmung von 1946 über den Fortbestand der Monarchie war ein Ereignis, das die Leidenschaften Italiens tief aufwühlte und noch einmal die Spaltung zwischen dem Norden und dem Süden sichtbar machte.
Nur wenige Jahrzehnte später fällt die Vorstellung schwer, daß über dieser Frage fast die Nation zerbrach. So erinnerungslos wie in Wien, Berlin oder München, wo jahrtausendalte Dynastien über

Nacht von der Bildfläche verschwanden, ist die Geschichte auch über das Haus Savoyen hinweggegangen. Niemand vermißt auch nur die einstigen Herrscherhäuser, und der republikanische Gedanke ist unterdessen, hier wie dort, selbstverständlich geworden. Nicht einmal ihr Schatten reicht bis in die Gegenwart. Nur bei Hochzeiten oder Todesfällen in den noch regierenden Häusern tauchen die Nachfahren gelegentlich als Statisten auf.

AM RANDE. Im Magazin des »Corriere« ein Interview mit Vittorio Emanuele, dem Sohn des letzten Königs. Er sagt, der sehnlichste Wunsch seines vierzehn Jahre alten Sohnes sei es, einmal Italien zu sehen. Aber mit der Abschaffung der Dynastie hat man deren männliche Angehörige für alle Zeit des Landes verwiesen. Das Haus Savoyen wollte nicht den Krieg und wollte ihn schon gar nicht an der Seite Deutschlands. Der war Sache des umjubelten Diktators. Aber nach glanzlosen Kriegen sind die Völker vergeßlich.

ROM. Mittags bei Fabrizio, der mir einige neue Bilder zeigen wollte. Ein aufgeschossener, lederner Engländer mit rotem Gesicht war auch da. Vor einem barocken Schlachtenbild machte F. auf szenische Details und die Brillanz der Malweise aufmerksam, doch war er unglücklich über das Sujet. Solche Darstellungen ließen sich schwer verkaufen. Vielleicht, meinte er, weil die Italiener den Heroismus für eine dumme Tugend hielten, vor der man sich, wie übrigens im Falle der meisten Tugenden, nur durch Schlauheit bewahren könne. Während des Essens bedienten uns zwei junge Thailänderinnen.
Schon in Neapel hatte man, als das Gespräch auf die Deutschen kam, Dürers Porträt von Oswald Krell erwähnt. Zu meiner Verwunderung war jetzt wiederum die Rede davon. In dem Bild aus der Alten Pinakothek scheinen viele unserer Nachbarn weniger den Lindauer Kaufmann als den Typus des Deutschen überhaupt zu sehen. Auch dem Engländer war es bekannt. Er erwähnte die weichen, ungeprägten Züge des Dargestellten, seine fast mediale Empfindsamkeit dicht an der Schwelle zur Hysterie, die einhergehe mit einem beunruhigenden Fanatismus. F. sprach von einer Mischung aus Korrektheit, Aberwitz und Melancholie.

Ein Mensch wie er, sagte ich, könnte das Wort »Trauerarbeit« erfunden haben. Ich konnte es aber nicht übersetzen, jedenfalls verstand es keiner am Tisch. Auch die Umschreibung half nicht weiter.

ROM. Heute Nachmittag mit François nach Trastevere. Lichtlose Gassen, die Mauern wie vom Aussatz befallen, an den Häusern Wäscheleinen. Erinnerungen an Neapel, an Lärm, Schmutz und Vitalität. Auch wieder das gellende Schreien der Frauen. Doch im ganzen wirkt alles ernster, weniger farbig. Am buntesten noch die Plakate an den Hauswänden, die Filme oder Rockkonzerte anpreisen, seltener, auch eintöniger, die Aufrufe oder Mitteilungen der politischen Parteien. An der Piazza Sidney Sonnino ein besetztes Haus mit der Aufschrift: »Non usciremo mai!« In den leeren Fenstern sitzen lebensgroße Puppen aus Papiermaché.
Weiter im Innern enge, von Müllsäcken verstopfte Gassen und stallähnliche Behausungen. Geruch von Abwässern, Urin, Armut. Mehr Hunde als Katzen. Aber auch, über alle sozialen Unterschiede hinweg, die Atmosphäre dörflicher Nähe, obwohl in den Nachkriegsjahren, als Künstler, Schriftsteller und Manager den Reiz der Vorstadt entdeckten, fast sechzig Prozent der ursprünglichen Bewohner Trastevere verließen. Der Dialekt, der auf der rechten Tiberseite gesprochen werde, meinte François, sei dem Lateinischen näher als dem Italienischen, und die Bewohner hielten sich für das Urvolk Roms. Zahllose Trattorien. Von einzelnen Häuserzeilen behauptete er, sie seien seit dem 5. oder 6. Jahrhundert ununterbrochen bewohnt.
Besuch in S. Maria in Trastevere, der ersten Kirche der Madonnenverehrung. Wir sprachen über die Frömmigkeit, die sich in Gold und bunten Farben ausdrückt. Vor einer ausgestellten Ikone lagen, noch im Einwickelpapier, einige Blumensträuße. In der Apsis ein Mosaik des thronenden Christus, der seinen Arm um Maria legt.

NOCH DAZU. Über die Lebenskunst der Römer. François hatte im Laufe der Jahre vor allem drei Maximen ausfindig gemacht: Es gibt Verrücktheiten, die man nicht aufhalten kann. Dann: Man muß die Verhängnisse vergessen, die immer gewaltig sind, und das

Glück auskosten, das klein ist. Schließlich: Die Dummheiten, in die sich die Menschen verrennen, soll man verstehen, vielleicht belächeln, aber nicht verdammen.

ROM. Das Restaurant, in das François mich führte, kannte ich von früher. Damals war es ein einfaches Vorstadtlokal mit fleckigen Tischen und bevölkert von den Handwerkern und Arbeitern aus der Nachbarschaft. Dann waren einige Leute auf die Idee gekommen, nach einer Ausstellungseröffnung oder einem Theaterbesuch dorthin zu gehen, und ich fragte mich, was sie darauf gebracht hatte. Und ob sie überhaupt empfanden, wie sie in ihren Blazern oder dunklen Anzügen auf die Umsitzenden wirken mußten, deren Lokal dies seit alters war?
Inzwischen ist das Restaurant der neuen Klientel angepaßt. Die Räume sind erweitert, Kolonnen von Tischen aufgestellt, die bis in einen Gartenhof reichen, sauberes Tafelzeug überall und an jedem Platz vier Gläser. Nur die Bewohner aus der Umgebung haben sich davongemacht. Die Verwandlung ist so weit fortgeschritten, daß der Wirt, um den Ruf des einfachen Lokals zu wahren, die Atmosphäre von einst künstlich wiederherzustellen versucht. Er hat einen Durchblick in die Küche geöffnet, Sägemehl auf den Fußboden gestreut und läßt den *Barolo Riserva* in abgefüllten Literflaschen ohne Etikett servieren.

NOCH DAZU. François' Mißgelauntheit über die italienische Küche und ihr gleichbleibendes Ritual mit Pasta zu Beginn und Zuppa inglese am Ende. Wer davon abweiche, werde als Exzentriker betrachtet. Rom sei die einzige Metropole der Welt ohne renommiertes französisches Restaurant, und nicht einmal die ostasiatische Küche habe sich gegen den gastronomischen Hochmut, der im Grunde das ganze Land beherrscht, durchsetzen können.
Überhaupt habe er in seinen römischen Jahren begriffen, daß die Italiener das selbstzufriedene Volk schlechthin seien und ohne Neugier auf Fremdes. Seit dem 18. Jahrhundert sei das Land erstarrt im Bestehenden. Als hätten die Hervorbringungen von Renaissance und Barock alle Kraft der Imagination erschöpft.
Am europäischen Dialog jedenfalls habe Italien seither nicht mehr

teilgenommen. In der Philosophie kein Montesquieu, kein Rousseau, kein Kant, von Hegel und Marx ganz zu schweigen. In der Literatur habe sich, seit Dante und Petrarca, die Wüste öder Ehebruchskomödien ausgebreitet. Goldoni gelte als Genie und Manzoni mehr als Balzac, den aber niemand kenne. Kurzum: die Italiener seien sich selbst genug. Meinen Widerspruch ließ er nicht gelten. Selbst die Museen spiegelten die italienische Teilnahmslosigkeit an der übrigen Welt. Kein Goya, kein Ingres, kein Monet. Erst in der Gegenwart, glaube er manchmal, kehre das Land in die Welt der anderen zurück.

AUS DEN NOTIZEN. Ein Restaurant wie dieses war es auch gewesen, in das uns Guttuso geführt hatte, beim letzten Zusammentreffen, Anfang der achtziger Jahre. Anders als sonst schien er an diesem Abend depressiv, auch kaum zum Reden bereit.
Ohne Unterlaß rauchend, einen Whisky vor sich, den er auch zum Essen trank, schwieg er sogar noch, als irgendwer am Tisch die Frage aufwarf, worauf es zurückzuführen sei, daß die beiden großen Epochentendenzen, der sozialrevolutionäre Gedanke und die moderne Kunst, nie wirklich zusammengefunden hätten. Nur für die kurze Phase nach der Oktoberrevolution sei es anders gewesen, als Chagall die Bäume in den Parks von Witebsk blau und rot übermalte oder Malewitsch und die anderen die Metaphern einer vernunftgelenkten Zukunft in geometrische Konstruktionen übersetzten. Ein Zwischenspiel, und dann nichts mehr. Keine wechselseitige Inspiration, keine Steigerungen am jeweils anderen. Wo immer sich die modernen Künstler dem revolutionären Gedanken näherten, seien bloß rhetorische Verbindungen oder Akte der Selbstverleugnung zustande gekommen. Das einzige, von den Siegelbewahrern der Revolution gebilligte Werk Picassos, die Friedenstaube, sei gerade keine kühne Abstraktion gewesen, sondern ein schwerbäuchiges Federtier, das vor einem Regenbogen emporflattere. Es herrschte spürbare Betretenheit am Tisch, und erst spät hatten einige widersprochen. Womöglich aus Höflichkeit hatten sie Guttuso selber ins Feld geführt und andere Namen genannt, wenn auch nicht viele.
Guttuso hatte alles angehört, doch schien er mit eigenen Gedanken

beschäftigt. Als das Gespräch lauter geworden war, hatte er eingegriffen und den Freund gebeten, fortzufahren. Dadurch offenbar ermutigt, war der Aufgeforderte noch weitergegangen. Er frage sich, hatte er gesagt, ob nicht die moderne Sozialidee, selbst in ihrer demokratischen Form, eine lähmende Wirkung auf die Kunst ausübe. Skandinavien habe im 19. und beginnenden 20. Jahrhundert eine Vielzahl von Begabungen und neurotisch interessanten Geistern hervorgebracht, einige von ihnen nähmen sich wie eine Spielart aus slawischer Zerrissenheit und deutscher Spekulationsleidenschaft aus. Er hatte dafür Kierkegaard, Munch und Knut Hamsun genannt, Strindberg, Ibsen und noch andere. Nach dem Zweiten Weltkrieg sei Skandinavien dann zum Ursprungsgebiet des modernen Sozialstaats geworden, und niemand könne übersehen, daß seine produktive Kraft zur gleichen Zeit fast gänzlich erloschen sei. Das könne Zufall sein, vielleicht aber auch Folge. Wenn alle Probleme auf gesellschaftliche Mißstände zurückgeführt würden, erledigten sich mit den Mißständen auch die Probleme; oder man habe es mit dem Fehlverhalten einzelner zu tun, das durch geduldige Gesprächstherapie zu lösen sei. Strenggenommen ende damit aber die Möglichkeit zumindest von Literatur, vielleicht sogar von Kunst überhaupt.

Darüber längere Auseinandersetzungen. Bis schließlich Guttuso bemerkte, das sei einer der Gegenstände, wo die Frage interessanter sei als die Antwort. Dann war er auf Persönliches gekommen. Zum Erstaunen aller sprach er von fehlgeschlagenen Hoffnungen und von Irrtümern. Seine Generation habe nicht einfach leben und arbeiten können. Den größeren Teil ihrer Kraft hätten sie gebraucht, um ihr Tun zu rechtfertigen.

Die Umstände seien übermächtig gewesen. Aber man hätte sich nicht entziehen können. Picasso sei einfach seinen Weg gegangen, eine Naturkraft. Manchmal sei er sich wie ein Stück Papier vorgekommen, auf das die Zeit ihre Forderungen schrieb. Er habe sie mit Leidenschaft befolgt und immer im Bewußtsein des Richtigen und Notwendigen. Er glaube noch heute, daß es das Richtige und Notwendige gewesen sei. Zugleich kämen aber die Zweifel.

Taedium vitae, hatte er später bemerkt. Wir sollten, was er da sage, nicht zu ernst nehmen. Aber die Anstrengungen hätten ihn mitgenommen. Man könne sich auch auf dem scheinbar leichteren Weg aufreiben. Er fühle sich zwanzig Jahre älter, als er sei. Zu seinen Lieblingsideen habe stets die Vorstellung des Gesprächs über die Zeitgrenzen hinweg gehört. Er glaube nicht an die Unsterblichkeit der Seele. Aber er wolle gern mit van Gogh reden, auch mit Dürer, Cézanne und ein paar anderen.

AM RANDE. Alberto Moravia im Gespräch: Guttuso sei vom sizilianischen Komplex beherrscht gewesen, immer der Erste und Stärkste sein zu müssen und habe in der Malerei ein Mittel dafür gefunden. »Er war sehr menschlich und liebte das Leben. Vielleicht liebte er es sogar zu sehr, um der große Maler zu sein, der er sein wollte. Aber mit ein paar Bildern war er es wirklich.«
Auch Moravia sagte, er sei sehr müde.

ROM. Vormittags zum Thermenmuseum. Die Plastik des alten Rom wirkt zunächst, über alle Perioden hinweg, wie die Plastik eines schlichten Erobervolkes. Anders als in der Dichtung lassen sich kaum Entwicklungen zur Verfeinerung der Themen und der Ausdrucksformen entdecken. Immer wieder Kaiser, Soldaten und die knochigen Gesichter der Staatsbeamten, dann und wann mit einer Frau an ihrer Seite, die sich wie das Abbild einer Tugendgöttin ausnimmt, wenn auch vom Leben gezeichnet, das jener erspart blieb. Und immer wieder Feldzüge, Beute und Selbstverherrlichung wie auf der Trajanssäule oder dem Titusbogen.
Dennoch lag in dieser thematischen Beschränkung kein Unvermögen. Vielmehr drückte sich die römische Gesetzesunterworfenheit auch in der Plastik aus, die, anders als die Dichtung, Staatskunst war. Von manchen Kaiserbildnissen abgesehen, begegnet man auch keinen Idealporträts, sondern überaus persönlichen, sprechenden Gesichtern. Erst bei genauerem Zusehen verflüchtigen sich die individuellen Züge und zum Vorschein kommen Physiognomien, die hinter aller Nüchternheit und Selbstbeherrschung stumm bleiben.
Solange Rom überpersönliche Zwecke verfolgte, mußte es dieser Typus und seine kristalline Strenge sein, von dem es sich ein Bild machte. Hinzu kommt, daß die römische Plastik fast durchweg

Bestandteil gebauter Anlagen war und vor Wänden oder in Nischen aufgestellt wurde. Darin drückt sich der andersartige, in größeren Zusammenhängen denkende Charakter der Römer aus, ihre organisierende Kraft, die den Griechen fehlte. Deren Plastik bleibt stets Einzelfigur, die den Menschen nachbildet und in Triumph, Schmerz, Glück und Schrecken ins Allgemeine steigert. In jeder griechischen Skulptur, meinte B. A. heute, stecke gleichsam eine bewegliche Gliederpuppe; jede römische dagegen verkörpere ein Prinzip.

ROM. Zu den römischen Gesichtern. Was am meisten ins Auge fällt, ist die Verbindung von klassischer Norm und Individualität. Auch wer von allem Italienüberschwang frei ist, fühlt sich bei den Arbeitern im Innenhof des Hotels an Gladiatorenprofile erinnert, und die Gesichter unter den Marktständen in der Via Mario de' Fiori scheinen wie von der Trajanssäule abgenommen.
Merkwürdig, wie sich der Typus über die Jahrhunderte, trotz aller Verfallsepochen und Überlagerungen durch Zuwanderer, erhalten hat. Man verliert sich leicht im Bodenlosen, wenn man auch darin, wie in so vielem schwer Erklärbarem, die prägende Kraft der Stadt am Werke sieht. Es ist keineswegs der südliche Menschenschlag an sich, der in diesen Gesichtern zum Vorschein kommt. Der ist in Neapel oder Mailand auch zu Hause. Aber an den römischen Köpfen entdeckt man mehr Kontur, die Linien haben mehr Festigkeit und sogar Härte.
Es sind vor allem drei Erscheinungen, die den Eindruck bestimmen. Zunächst die Patriarchen. Männer mit kurzgeschorenen, eisengrauen Haaren und asketischen Zügen, die den republikanischen Porträtbüsten im Thermenmuseum am nächsten kommen. Stets korrekt gekleidet und nicht ohne steifen Abstand zu dem, was alle Welt ist, meint man, noch immer gegenwärtige Verkörperungen des misanthropischen, in tausend Pflichten und Besorgnissen aufgezehrten altrömischen Beamten vor sich zu haben.
Daneben fällt vor allem der bäuerliche Typus auf. Männer mit runden Schädeln und niedriger Stirn, deren Derbheit etwas von der Energie sichtbar macht, die sie treibt, Machtwillen, Ehrgeiz, aber auch jene genießerischen Bedürfnisse, die man einem Menschen als

»Erfahrung« gutschreibt. Im Gespräch mit ihresgleichen, das sie meist gedämpft und mit zur Seite gerichtetem Blick führen, denkt man sie sich unwillkürlich als Mitwisser dunkler Einverständnisse, die Affären auslösen und Personen von Einfluß zu Fall bringen können.

Und schließlich die älteren Damen mit den kameenhaft geschnittenen Gesichtern und den geblauten Haaren, deren Erscheinung Lebensklugheit, Kühle und Autorität ausstrahlt. Zwischen Piazza di Spagna und Corso sieht man sie oft zu zweit, aristokratische Bürgerlichkeit, die anderswo längst aus dem Straßenbild verschwunden ist, aber in Rom und in Italien noch, farsi vedere, sich mehr als anderswo zeigt.

Was auch jenseits dieser Figurengalerie ganz fehlt, sind die unfertigen und teigigen Gesichter, die im nördlichen Europa so häufig sind. Es scheint, als breche das Leben nichts ab, sondern bringe jeden Charakter zu seinem abschließenden Ausdruck: den Mißtrauischen in jeder Faser zerfurcht, den Eitlen glatt und selbstgefällig über die Grenze hinaus, den Vulgären widerwärtig bis zur Charge. Immer ist es der Typus, zu dem sich der einzelne entwickelt, und manchmal hat man den Eindruck, er finde die Form gleichsam vor, die er nur ausfüllt. Schon an den jungen, noch unentwickelten Physiognomien der sogenannten »vitelloni« läßt sich erkennen, welcher Zug schließlich vorherrschen wird. Oder es tritt eine junge Frau im Waschkleid aus der Tür eines Hauses, und während sie sich auf den Weg macht, gewahrt man, daß jene Schönheit der italienischen Malerschulen seit Raffael, die manchmal so leer und künstlich scheint, in Wahrheit von der Straße kommt.

ROM. Nachmittags bei Lucifero im Süden vor der Stadt. Das Haus liegt hinter hohen Mauern, und die mechanische Eisentür öffnet sich auf einen kleinen Vorhof. Der Marchese führte mich in einen Raum mit schweren Erbstücken, Büchern und Familienbildnissen. Zu diesem und jenem Stück erzählte er Anekdotisches. Beim Umhergehen folgte, in geringem Abstand, die Marchesa mit jener Mischung aus Unterordnung und Bestimmtheit, der man in italienischen Häusern oft begegnet. In einem Drahtkäfig ein Papagei, der sich nicht beruhigen ließ und immer wieder flatternd, mit

dem trockenen Geräusch seiner steifen Federn, gegen das Gitter sprang.
Wiederum, wie schon in Ostia, die Aufgeladenheit im Gespräch. Übergangslos von einem Thema zum anderen wechselnd, sprach der Marchese von den Jahren, in denen er eine Figur der politischen Szene gewesen war. Die lange Freundschaft mit Carlo Schmid. Er habe ihn hochgeachtet, trotz dieses sonderbaren Irrglaubens, nichts zu sein, wenn er nicht etwas war. Dabei sei Carlo Schmid sehr viel gewesen, doch habe er sich nicht vertraut. Darauf sei auch der unselige Entschluß zurückzuführen, im Alter seine Erinnerungen zu schreiben. In Wahrheit sei kein Memoirenwerk daraus geworden, sondern nur die Geschichte von Herrn Schmid.
Lope de Vega habe die schöne Wendung gefunden, daß das Leben ein Traum sei. Wer sein Erlebtes aufschreibe, müsse bereit sein, diesen Traum zu erzählen und wie er damit scheiterte oder erfolgreich war. Das sei ein schreckliches Vorhaben, meinte der Marchese, und man dürfe dabei weder sich selbst noch Freunde oder Loyalitäten schonen. Alle Kraft zur Indiskretion sei dazu nötig. Er selber besitze diese Kraft nicht. De Gasperi habe ihm einmal einen Eilbrief geschickt, in dem ungeheuerliche Dinge standen. Ihr Bekanntwerden hätte zweifellos eine Staatskrise nach sich gezogen. Und obwohl er beim Eintreffen des Briefes gerade, wie man im Süden sage, *à cheval* gewesen sei, habe er sich augenblicklich auf den Weg gemacht, um das Schreiben zurückzubringen. »Denn der Ministerpräsident hätte meine Diskretion, auf die er baute, nur als die Schwäche verstehen können, die sie politisch auch ist. Das durfte nicht sein.« Der Verfasser einer Autobiographie, der zur Rücksicht neigt, müsse entweder überaus bedeutend sein, ein Weltbeweger, oder es würde daraus immer nur der Lebensbericht von Herrn Schmid oder Schmidt.
Beim Tee wieder der Papagei, der seiner Eifersucht inzwischen nicht mehr kreischend Luft machte, sondern auf andere Weise versuchte, die Aufmerksamkeit des Tisches zu erregen. Irgendwer hatte ihm »O du lieber Augustin« beigebracht, aber er brach die Liedzeile jeweils vor der letzten Silbe ab, sei es, weil er sie vergessen hatte, sei es, weil er die lästige Wirkung einer unvollendeten Musikphrase kannte und sich davon stärkere Beachtung versprach.

Der Marchese war unterdessen bei der Nachkriegsordnung sowie dem Ost-West-Gegensatz und meinte, der Zweite Weltkrieg habe ein kaum beachtetes, aber säkulares Ergebnis gehabt: zum ersten Mal seit Jahrhunderten gebe es eine deutliche ethnische, politische und ideologische Grenze zwischen Deutschland und Rußland, und das heiße notwendigerweise Gegensatz und Konflikt. Er wisse, daß viele das nicht wahrhaben wollten, und die Deutschen selber hätten sich lange Zeit einiges auf ihre vermittelnde Rolle zwischen Ost und West zugute gehalten. Aber Vermittlung bedeute stets, etwas vom Wesen jedes der Gegner in sich aufzunehmen. Für ihn kämen alle bedrohlichen Züge der deutschen Politik aus deren asiatischen Aneignungen. Seit 1945 sei das zu Ende.

Er verkenne nicht, was Deutschland alles verloren habe. Landschaften von großem Zauber, den Stolz auf eine kulturelle Tradition, sogar ein Stück von seinem Charakter. Aber die außerdeutsche Welt sei glücklich darüber. Deshalb die Unruhe über die Versuche, die alte Mittlerrolle wiederzuerlangen. Trotz aller Gegensätze zwischen Sozialdemokraten und Kommunisten betrachte er den Sozialismus als den eigentlichen Anknüpfungspunkt für diese Politik. Dahinter wirke die alte Sehnsucht nach Vereinigung des Getrennten. Brandt und Bahr seien sentimentale Sozialisten und sentimentale Nationalisten. Sie behaupteten zwar, sie hätten aus der Vergangenheit gelernt. Aber die wirkliche Lektion der Geschichte, das, was erst hinter ihrem Grollen hörbar werde, sei ihnen entgangen. Zum Glück versuchten sie das philosophisch wie politisch Unmögliche, nämlich zum zweiten Mal in den gleichen Fluß zu steigen.

Dann über die modernen Diktaturen als die Staatsform, die dem Menschen der Gegenwart am wirksamsten gerecht werde. Mussolini, Hitler oder Stalin, jeder von ihnen sei populär gewesen. Wer anderes behaupte, beschreibe seinen Standort, nicht die Realität. Die parlamentarische Demokratie mit ihrer Privilegierung von Minderheiten, der institutionalisierten Toleranz und ihren Freiheitsgarantien sei ein zwar hochherziges, aber aussichtsloses Unternehmen gegen die Natur des Menschen. Diese Natur verlange Geborgenheit, Fürsorge und hilflose Feinde, kurz das, was die Diktaturen bieten, gleichgültig unter welchem Zeichen. Gegenwärtig sei die Linke im Vorteil, weil sie die wichtigste Voraussetzung jeder

erobernden Idee besitze: sie könne eine Zukunft erfinden. Aber die Dinge seien im Umbruch. Bald würde, wie er fürchte, die Rechte wieder zum Zuge kommen.
Später, nach umständlichen Erkundigungen, erzählte ich von meinem Besuch bei Mario Praz. Einen Augenblick lang der Eindruck, L. sei irritiert. Doch sagte er, in seiner Gegenwart könne man ungehindert über dergleichen reden, und verwies auf die traditionelle Freigeisterei seiner Vorfahren. Aber etwas stiller wirkte der sonst vor lauter Selbstsicherheit gleichsam dröhnende Mann doch. Schließlich meinte er, Italien stecke tief im Aberglauben bis heute, es sei voller Dämonen- und Gespensterwahn: »Dieses Land«, sagte er mit seiner hohen, schneidenden Stimme, »der Ursprung aller Kultur, reich wie kein anderes an großartigen Zeugnissen der Verfeinerung im Denken wie in der Kunst – und alles nur ein bißchen Tünche auf Mienen, die gleich wieder in Verzückung geraten und wie eh und je um den Pfahl tanzen werden.«
Zum Abendessen gingen wir in einen kleinen, angrenzenden Raum. Noch bevor man sich setzte, dozierte der Marchese über Nero, den er einen der bedeutendsten römischen Kaiser nannte, einen Koloß der Epoche. Nero sei nicht ein Brandstifter gewesen, sondern der Erfinder der Urbanistik. Später sprach er über die Politik und ihre Charaktere. Am verheerendsten seien die Autodidakten. Sie überschätzten die Gedanken und verachteten die Realität. Die Buchstabengläubigkeit nannte er den Ursprung des Radikalismus in jeder Form. Der Musterfall dafür sei Hitler: das Gehirn vollgestopft mit verrückten Ideen, habe er vor jedem Unfug in der subalternen Ehrfurcht des Autodidakten verharrt, bis er lostobte und alles zusammenschlug. Er sei »ein Erdbeben in der Bibliothek« gewesen.
Beim Aufbruch wieder der Papagei. Und wieder ohne die letzte Silbe. Schon an der Tür angelangt, bat der Marchese mich, den Ring zu berühren, den er am linken Finger trug. »Der Mondstein da«, sagte er, »besitzt Kräfte gegen jeden Teufelsspuk. Der wird Sie beschützen.«

AM RANDE. Lucifero hatte geklagt, es seien die römischen Päpste gewesen, die das Land um die Aufklärung betrogen hätten. Aber niemand wird um das ihm wirklich Zugehörige betrogen.

Vielleicht sind Rom und Italien auch deshalb zum religiösen Mittelpunkt der Christenheit geworden, weil sie so unausrottbar an böse Geister und deren Machinationen glauben.

ROM. Am Nachmittag bei großer Hitze mit Cesare zum Grabmal des Augustus. Der Tiber war nach dem Regen angeschwollen mit schmutziggelb schäumendem Wasser. Wir gingen die Via della Scrofa hinunter zum Pantheon. Der Himmel war von jenem seidigen Blau, das paradoxerweise zu den kühlen Farben zählt.
C. nannte das Pantheon das vollkommenste Bauwerk der Geschichte. Aber eine Begründung dafür habe er nicht. Sie finde sich auch in keinem der Bücher, die er kenne. Vielleicht, weil sich das wirklich Große allen Gründen entziehe.
Einige suchten wir dennoch zusammen. Zum Beispiel, daß in der Vorderansicht nur drei geometrische Figuren hervortreten: Säule, Dreieck und Bogen. Die Überwältigungen durch das Einfache. Allen Kunstverstand habe der unbekannte Baumeister in den Maßen und Verhältnissen verborgen. Auch sind in keinem anderen Bauwerk die Elemente dessen, was die Antike war, ähnlich bruchlos vereint: Kuppel und Säulen, Gewölbe und Figur, griechischer Glanz und römische Lakonie. C. wies auf die Ansicht vieler Kunsthistoriker hin, daß die Verbindung nicht gelungen sei, fragte aber, wo sie einleuchtender in Erscheinung trete.
Der Platz vor dem Pantheon war bis in die neuere Zeit der Treffpunkt der Viehtreiber und Händler aus der Campagna. Ein Rest davon hat sich erhalten. Noch immer stehen, vor allem um die Bar auf der gegenüberliegenden Seite, ältere Männer in Gruppen zusammen. Knochige Konturen unter abgetragenen, dunklen Anzügen. Die meisten schweigend, als stünden sie nach einer Beerdigung zusammen und zusehends abgedrängt von den Touristenscharen, die inzwischen laut und bunt den Platz beherrschen.

ROM. Fahrt hinaus nach Ardea zu M. Kurz hinter der Stadt die Fosse Ardeatine mit dem Mahnmal für die 335 Geiseln, die im März 1944 als Vergeltung für das Attentat einer italienischen Widerstandsgruppe in den Sandhügeln der Campagna erschossen wurden. Befremdend das Pathos solcher Gedenkstätten, das noch ganz dem 19. Jahrhundert entstammt. Es macht Leute zu Helden, die keine waren oder sein wollten und nur Ohnmacht und Empörung empfanden angesichts des Zufalls, der sie aus Millionen anderen herausgeholt hatte. Tatsächlich wissen wir mehr als frühere Zeiten über den absurden Tod, dem auch solche Verklärungsversuche zu keinem Sinn verhelfen.

Bewegender als die schwere, auf niedrige Pfosten gestellte Betonplatte oder die bronzene Figurengruppe wirken denn auch die kümmerlichen, emaillierten Fotos auf den Granitsteinen. Vor den Grabstätten an der Wand brennende Lichter. Davor Besucher von überall her. Eine Jugendgruppe aus Turin, eine französische Delegation um eine mitgebrachte Trikolore, alte Männer mit Orden und verblichenen Schärpen. Hinter dem Lorbeergebüsch, in einiger Entfernung, der Rundturm vom Grabmal der Cecilia Metella.

AUF DER WEITERFAHRT. Ich dachte, als wir an den Katakomben der Via Appia Antica und dem Grabmal des Romulus vorbeikamen, daß Rom auch ein einziges Gräberfeld sei und in keiner anderen Stadt die Präsenz des Todes so ins Bewußtsein trete wie hier. Überall Totenmäler, Sarkophage, Beinhäuser. Die Wände der Kirchen oft dicht bestückt mit Gedenktafeln und die Krypten gepflastert mit Grabplatten. Die beiden beherrschenden Bauwerke der Stadt, die Engelsburg und das Colosseum, sind nichts anderes als Epitaphe in Stein, der Petersdom, wie eigentlich jede bedeutendere Andachtsstätte in Rom, eine Kirche über Gräbern, und selbst das Forum war ursprünglich ein Bestattungsort.

Als überwältigende Metapher für Tod, Sterben und Vergänglichkeit ist die Stadt auch immer wieder beschrieben worden, Hippolyte Taine empfand beim Gang durch ihre Straßen »das Grauen und die Größe eines Grabes«. Und auch der Dauerdisput über den Untergang des antiken Rom ist nichts anderes als eine nicht endende Variation über das Todesthema.

NOCH DAZU. Die Reisenden des 19. Jahrhunderts wurden auf diesen Charakter der Stadt auf ganz buchstäbliche Weise eingestimmt. Grillparzer berichtet, wie er, als Rom näher rückte, an Dutzenden von Straßengalgen vorüberkam, an denen Wegelagerer gehenkt wurden, die sich auf den Zufahrtswegen herumtrieben. Ein Spalier von Kadavern, die im Wind schwankten und Majestät und Elend des Todes vor Augen führten.

ROM. Auf dem Rückweg von Ardea Fahrt ans nahegelegene Meer. Unter den Pinien war alles voll von Fahrzeugen, viele Wohnwagen. Einige hatten die Türen geöffnet, aus denen lärmende Musik kam, die sich mit den lärmenden Rhythmen vom Strand her vermengte. Um Buden und Kabinen das Gewühl der Leiber, die sich so dicht drängten, daß kaum ein Stück des hartgetretenen dunklen Sandes zu sehen war.
Nur etwa alle dreißig Meter waren kreisförmige Stellen ausgespart. Dort standen schwarze Tonnen, die bis zum Rand mit Abfall gefüllt waren, und auch um sie herum häuften sich Flaschen, Konservendosen, Pappbecher und Plastikmüll. Groteske, in aller Schäbigkeit pathetisch wirkende Denkmäler der Zivilisation. Einige Hunde kamen und machten sich im Herumliegenden zu schaffen.

ROM. An der Via degli Staderari ist eine annähernd fünf Meter breite ägyptische Brunnenschale aufgestellt worden, die in einem einzigen Stück aus rötlichem Granit geschlagen und erst unlängst bei Straßenarbeiten gefunden wurde. Unter Sant'Agnese an der Piazza Navona lagen im alten Rom die Bordelle. Das Pantheon, wenige Schritte nach der anderen Richtung, stand in antiker Zeit auf einer Bodenerhebung. Heute liegt es in einer Senke, zu der die Piazza della Rotonda abfällt.
Die rund sechs Meter, die sich der Grund ringsum gehoben hat, bergen den Schutt der Städte, die Rom gewesen sind. Immer wieder Bauten über Grotten, Katakomben und Kellern, die im Einsturz die unteren Gelasse zuschütteten, später als Fundament oder Steinbruch für neue Bauten verwendet wurden, ehe auch diese zerfielen, vom Wind der Geschichte eingeebnet wurden und wiederum anderen Bauten Platz machten. Ich stellte mir die Topographien der zugestampften Schichten vor, die Stockwerke, die sich ineinanderdrückten. Und das ständig wechselnde Liniengewirr der Straßen und Plätze, auch wie viele feste Punkte sich durch zweieinhalb Jahrtausende wohl finden ließen.

Schließlich die Menschen, die, Ebene für Ebene, diese Quartiere belebt hatten, auch sie schon über unterirdischem Grund, aber dann selber zugedeckt und ihre Häuser zum Souterrain der Nachfahren geworden, steif und langgestreckt daliegend unter Tempeln oder den Bögen, durch die sie gegangen waren, Sieger und Besiegte, jetzt alles stygische Welt, und nur manchmal brachte der Zufall ein Überbleibsel ans Licht wie jene Schale aus der Via degli Staderari.

ROM. Seit nahezu einer Woche, nach jeweils glühender Hitze am Tage, abends, bei Einbruch der Dunkelheit, anhaltende Gewitter. Die von Blitzen erfüllte und von den ohne Unterlaß herumjagenden Ambulanzen durchgellte römische Nacht. Man könnte glauben, die Rettungswagen gehörten konkurrierenden Unternehmen an, die gegeneinander um die Wette fahren.

ROM. Die Gerüste um die Säulen des Trajan und des Marc Aurel sollen demnächst fallen. Ich erinnerte mich an die Aufregung, die vor Jahren bei der Feststellung geherrscht hatte, daß sich die zweihundert Meter langen, szenischen Marmorfriese in Gips verwandelten und Schicht um Schicht vom Regen weggewaschen wurden. Kopfschüttelnd standen die Menschen vor den mehligen Flekken auf dem Pflaster. Im Jahre 1162 bedrohte der römische Senat jeden mit der Todesstrafe, der es wagen würde, die Säulen anzutasten.

AM RANDE. »The grandeur that was Rome.« Die Gedichtzeile Edgar Allan Poes hat ihren Sinn verändert.

ROM. Noch einmal zum Forum. Von der Piazza Venezia bis weit hinter die Stufen zum Capitol standen in Doppelreihen die Busse. Oben, auf dem Campidoglio, herrschte das Gewoge eines Jahrmarkts, und auch auf dem Forum war es nicht anders: ein Massenauftrieb aus allen Ländern, in immer neuen Gruppen herandrängend und von besorgten Reiseleitern angeführt. Einige suchten ihre Leute mit Megaphonen zusammenzuhalten, andere reckten Wimpel in die Höhe, auf denen Köln stand oder Pescara, Oslo, Clermont-Ferrand. In dem Verkehrslärm, der von der Via dei

Fori Imperiali herüberkam, waren die Fremdenführer kaum zu verstehen, viele Reisende lasen, andere fotografierten das tausendfach Abgebildete, suchten Getränke oder paßten sich die Kopfbedeckung an, die sie aus ihren Taschentüchern geknotet hatten.
Was hätten sie auch verstehen sollen? In der Via del Babuino war das Gemälde eines französischen Malers aus dem frühen 19. Jahrhundert ausgestellt, auf dem das Forum zu sehen war: Vorn rechts die Säulen des Saturntempels, aus überwachsenem Schutt herausstehend, links der Bogen des Septimius Severus, der bis zur Höhe der beiden seitlichen Durchgänge im Sand begraben war, und dahinter, begrenzt vom Colosseum, eine hügelige Wildnis, bedeckt mit Säulentrommeln, Steinquadern und herumliegendem Gebälk, aus dem vereinzelt graues Buschwerk wuchs. Auch ein paar Figuren verloren sich als Farbpunkte auf der gelbbraunen Fläche, einige exerzierende Soldaten, ein Mönch und im Vordergrund ein Bettler, der die Arme gegen den Betrachter ausstreckte.
Solche Bilder haben über die Jahrhunderte die Einbildungskraft erregt. Gerade als Ort der Verwüstung, als Stätte zerschlagener und durcheinandergeworfener Ruinen mitsamt den brüchigen Hütten, die sich an antike Mauerreste schmiegten, oder Tempeln, die als Kirchen dienten, hat das Forum wie kein anderer Platz Stimmungen der Vergänglichkeit und der historischen Trauer geweckt. Und fast unvermeidlich erstand dahinter das Bild des antiken Forums, die Mitte der alten Welt, symbolisiert im Milliarium aureum, dem goldenen Meilenstein, von dem aus alle Entfernungen bis zum Rande der damaligen Welt gemessen wurden, dazu belebte Plätze, Marmor und Travertin, und im Umkreis die Massenquartiere mit den seit Augustus siebenstöckigen Wohnhäusern und einer Einwohnerzahl, die mehr als zehnmal größer war als die um 1800. Die Vorstellung drängte die Frage auf, von welcher größeren Macht jenes mächtige Rom zu Fall gebracht worden war, von dem die Völker geglaubt hatten, es werde niemals untergehen.
Dieser in die Augen fallende Widerspruch hat das Nachdenken über Verfall und Ende Roms immer neu in Gang gesetzt. Es ist die Empfindung Heinrich Füsslis, als er die Figur zeichnete, die sinnend zu dem Trümmerstück einer antiken Riesenstatue aufblickt: Metapher für eine Gegenwart von unscheinbarem Zuschnitt vor den Erinne-

rungsresten einer monumentalen Vergangenheit. Und von einem ähnlichen Eindruck überwältigt, hat Edward Gibbon den Entschluß gefaßt, den Untergang Roms in einem umfassenden Geschichtswerk darzustellen: »Der erste Gedanke, den Niedergang und Fall der Stadt Rom zu schreiben, durchfuhr mich am 15. Oktober 1767, als ich, in Nachdenken versunken, zwischen den Ruinen des Capitols saß und die Barfüßermönche im Tempel des Jupiter die Vesper singen hörte.«

Dem beiläufigen Erlebnis der monoton respondierenden Stimmen in einer der großen Kultstätten des Altertums entnahm Gibbon den Ausgangspunkt einer welthistorischen Konzeption: die Geschichte vom Sterben eines bewunderten, politisch wie zivilisatorisch überlegenen Reiches, von dessen Größe ein paar ergreifende Trümmer zeugten, und vom Triumph der Gegenmacht, die sich im Bild derber, unansehnlicher Mönche verkörperte. »Während der Zeit, da dieser große Staatskörper durch offenbare Gewalt angegriffen oder durch langsamen Verfall untergraben wurde, verschaffte eine reine und demütige Religion sich allmählich in die Gemüter der Menschen Eingang, wuchs in der Stille und Dunkelheit auf, bekam durch den Widerstand neue Kraft und richtete endlich die siegende Fahne des Kreuzes auf den Ruinen des Capitoliums auf.« Diese Gegenüberstellung hat den tragischen Grundton angeschlagen, der das Werk beherrscht, die Geschichte »des größten vielleicht und grauenvollsten Schauspiels der Menschengeschichte«.

Gibbons kritische Wendung gegen das Christentum entsprach dem Geist der Aufklärung. Aber nicht anders als er haben alle, die in den Jahrtausend-Disput über den Untergang Roms eingriffen, vorher oder nachher, das eigene Epochenbewußtsein auf das vergangene Geschehen projiziert. Rom war der Modellfall für Aufstieg, Höhe und Niedergang der Mächte: eine Geschichte aus mythischem Dämmer hervorgehend, belebt durch einen unerhörten Reichtum an Figuren, mit Beispielen für Charakterstärke, Irrtum und Schuld von hoher Einprägsamkeit, ein Lehrstück auch für die Herausbildung politischer und gesellschaftlicher Strukturen, deren Bild über allen Bruch der Kontinuitäten hinweg noch die Gegenwart bestimmt – und dann aber das Ächzen in den Fugen, die ersten Anzeichen von Überdehnung und Erschöpfung, das Rumoren innen und außen mit dem allmählichen Erwachen der Gegenkräfte und wie sie sich wechselseitig stärken und die Dinge vorantreiben, bis die Konflikte zur Lähmung aller in allem führen und das Reich, als suche es nun das Ende, dem Zusammenbruch entgegengedrängt: das hat, als welthistorisches Drama, ebensoviel poetische Überredungsmacht wie wissenschaftlichen Reiz entfaltet und überdies der spekulativen Leidenschaft grenzenlose Spielräume eröffnet.

In diesen Spielräumen drängen sich die Erklärungsversuche. Man hat den Untergang des Imperiums auf den Einbruch von Germanen oder Arabern zurückgeführt, auf das Christentum, auf die Griechen sowie überhaupt auf die Mischung der Kulturen und der Rassen, auch auf naturgegebene Alterungs- und Dekadenzprozesse, und mit der Spezialisierung der Wissenschaften sind zunehmend neue Ursachen ausfindig gemacht worden, angefangen von der Schwächung des römischen Bauerntums durch die Sklavenwirtschaft und die Bodenerschöpfung über den Niedergang der städtischen Lebensform bis hin zu klimatischen Veränderungen oder gar der schleichenden Bleivergiftung durch das römische Leitungswasser.

Wie jede Zeit ihre Erfahrungen oder Krisenängste in das Katastrophenpanorama hineininterpretierte, haben insbesondere neuere Deutungsansätze erwiesen. Guglielmo Ferrero beispielsweise hat aus dem Erlebnis erschütterter Staatsautorität während des Ersten Weltkriegs die Entmachtung des römischen Senats als entscheidende Ursache für das Ende des Reiches angesehen, M. Rostovtzeff, angesichts der russischen Revolution, der Zersetzung und Überwältigung der höheren Klassen durch die niederen den Vorrang eingeräumt, während A. Piganiol unter dem Eindruck der Niederlage Frankreichs im Zweiten Weltkrieg alle früher vertretenen Dekadenzvorstellungen verwarf und im »Barbarentum« das ausschlaggebende Faktum sah: »Die römische Kultur ist nicht eines natürlichen Todes gestorben. Sie ist ermordet worden.« In jüngster Zeit sind schließlich Umweltprobleme sowie das Überhandnehmen »alternativer« Lebensformen als unterminierende, den Staatskörper zerstörende Faktoren beschrieben worden.

Wenn es die Aufgabe des Historikers ist, Schatten in Licht zu verwandeln, dann fallen die Lichter auf diese Untergangsgeschichte aus sehr gegensätzlichen Richtungen, und nicht selten tauchen dabei vermeintlich aufgehellte Zonen in neues Dunkel. Wie immer bei der Bewertung historischer Vorgänge kann keine Erklärung zureichend sein, die einzelne Bedingungen zur alles entscheidenden Ursache erhebt. Stets ist es eine Vielzahl von Gründen, die geschichtliche Prozesse von so überragendem Gewicht wie dem Aufstieg oder Fall von Reichen in Gang setzt. Womöglich ist die Größe selber das Problem, weil ihre Erhaltung immer mehr Kräfte bindet, die anderswo fehlen; als hätten auch Kunstgebilde, wie es die großen Imperien sind, ihre Statik und ein Maß, das in der Überdehnung das Menschenmögliche mißachtet, so daß Auflösung und Selbstzerstörung unvermeidbar werden. Bei Gibbon, der an die zwanzig zum Niedergang treibende und den Zusammenbruch bewirkende Faktoren anführt, von denen dem Christentum, wie er meinte, nur die ausschlaggebende Bedeutung zukam, heißt es in einer zusammenfassenden Bemerkung: »Die Kräfte, die zum Sturz drängten, vervielfältigten sich mit den Eroberungen. Und als die Zeit oder der Zufall die künstlichen Stützen hinwegnahmen, gab der staunenswerte Bau dem Druck des eigenen Gewichts nach und brach in sich zusammen.«

Das ungeheure Stimmendurcheinander hat aber doch einen gemeinsamen Ausgangsgedanken: die Überzeugung nämlich, daß der Untergang Roms eine Tragödie war. Fast immer schlägt, stärker oder verhaltener, bei aller gelehrten Nüchternheit ein Ton der Trauer, oft der Fassungslosigkeit durch, und vielfach scheinen die Werke geschrieben, um über die Erforschung der Ursachen einen Sinn im widersinnig Scheinenden zu entdecken. Zwar hat Rom seine Herrschaft über die Welt durch Krieg und Eroberung errungen, und seine Geschichte ist voll von blutigen und düsteren Vorgängen. Aber dagegen stehen seine zivilisierenden Leistungen, und die *Pax romana* war mehr als ein bloßer Begriff, nur fünfundzwanzig Legionen, rund 100.000 Soldaten, sicherten lange Zeit das Riesenreich, dessen Grenzen vom Schwarzen Meer bis nach Britannien reichten und von Spanien quer durch Nordafrika bis Palästina und Kleinasien.

Dieser Doppelcharakter der römischen Macht ist immer gesehen worden. Hegel schrieb, Rom habe, indem es die abstrakte Staatsidee ausbildete und die geistige, bunte, konkrete Individualität dem Allgemeinen aufopferte, der Welt zwar »das Herz gebrochen«; aber im Recht habe es zugleich dieser Allgemeinheit gegenüber die Persönlichkeit erschaffen und damit den Boden bereitet, auf welchem »eine neue Seite der Weltgeschichte« aufgehen konnte. Eine ähnliche, wenn auch charakteristisch verlagerte Überlegung findet sich bei Stendhal: »Was auch meine Vernunft sagen mag«, notierte er, »die Erinnerung an die Römer rührt mich tief«, und Theodor Mommsens »Lob des guten Regiments« der Kaiserzeit drückt die gleiche Empfindung einer Schuldigkeit aus, die weit über das bloß Historische hinausgeht und einen Katalog von Werten und Begriffen im Auge hat, Recht, Staatlichkeit und Gesittung, die Rom der Welt vermacht hat.

»Die Führung des Weltregiments«, steht bei Mommsen, »ist selten so lange in geordneter Folge verblieben, und die festen Verwaltungsnormen, wie sie Caesar und Augustus ihren Nachfolgern vorzeichneten, haben sich im Ganzen mit merkwürdiger Festigkeit behauptet, trotz allem Wechsel der Dynastien und der Dynasten ... Das römische Kaiserreich ... hat in seinem Kreise, den die, welche ihm angehörten, nicht mit Unrecht als die Welt empfanden, den Frieden und das Gedeihen der vielen vereinigten Nationen länger und vollständiger gehegt, als es irgendeiner anderen Vormacht je gelungen ist. In den Ackerstädten Afrikas, in den Winzerheimstätten an der Mosel, in den blühenden Ortschaften der lykischen Gebirge und des syrischen Wüstenrandes ist die Arbeit der Kaiserzeit zu suchen und auch zu finden. Noch heute gibt es manche Landschaft des Orients wie des Okzidents, für welche die Kaiserzeit den an sich sehr bescheidenen, aber doch vorher wie nachher nie erreichten Höhepunkt des guten Regiments bezeichnet; und wenn einmal ein Engel des Herrn die Bilanz aufmachen sollte, ob das von Severus Antoninus beherrschte Gebiet damals oder heute mit größerem Verstande und mit größerer Humanität regiert worden ist, ob Gesittung und Völkerglück im Allgemeinen seitdem vorwärts- oder zurückgegangen sind, so ist es sehr zweifelhaft, ob der Spruch zugunsten der Gegenwart ausfallen würde.«

Betrauert wie Rom jedenfalls ist kein Weltreich je aus der Geschichte gegangen. Und in allen Denkbemühungen über das, was seine Größe ausmachte und seinen Untergang herbeiführte, schien immer eine Ahnung davon aufgehoben, daß dies unwiederholbar sei: ein Imperium, das zwar die Völker unterworfen, sie aber niemals nur als Objekt, Beute und Trophäe eigenen Ruhms betrachtet hatte, so daß sie sich bald weniger von Rom erobert, als durch Rom ausgedrückt sahen. Von Augustus wird gesagt, er habe auf dem Sterbebett, im Blick auf die humanisierenden Leistungen Roms sowie auf das schöne Schauspiel, das die Stadt der Welt geboten hatte, die Völker zum Beifall aufgefordert: Plaudite, gentes! Wie, um sich daran zu halten, begehen noch heute Städte und ganze Nationen überall in Europa ihre Unterwerfung durch Rom und die Eingliederung in den römischen Herrschaftsbereich mit zahlreichen Feiern, als zählten sie sich erst von diesem Zeitpunkt an zur Welt: die Eroberten rühmen sich des Eroberers. Der englische Historiker John Julius Norwich hat kürzlich, anläßlich der zweitausend Jahre zurückliegenden Eroberung Britanniens durch Rom, geschrieben: »Die Römer brachten uns die Zivilisation. Es war ein Geschenk, das wir nie zurückerstatten können.«

Eben damit hat es zu tun, daß der Untergang Ägyptens, der mesopotamischen Reiche oder der arabischen Macht in soviel geringerem Maße das Denken und kaum das Gefühl mobilisiert hat. Groß waren jene Reiche auch, und auch alt und mächtig genug, um im Zerfall das Staunen darüber wachzurufen, daß soviel Dauer enden kann; und der Glanz, den das hunderttorige Theben, das Bagdad Harun-al-Raschids und die Wunderwelt der Kalifen verbreiteten, war ungleich märchenhafter und die Phantasie entzündender als die immer etwas kühle und auf Wirkungen bedachte Prachtentfaltung Roms. Dennoch sieht man jene anderen Mächte, Babylon und Ninive, Ekbatana mit dem siebenfachen Mauerring und das schimmernde Persepolis heraufkommen, sich ausdehnen und wieder abtreten wie auf einer Schattenbühne, und selbst Karthago bleibt nur ein Name, der aus Eigenem nichts in Bewegung setzt und lediglich als Gegenspieler Roms das Interesse gewinnt.

Rom selber dagegen bleibt einzigartig, und seine Geschichte erscheint vielen Völkern bis in die Gegenwart als Vorgeschichte ihrer eigenen. Auf dem Forum war eine Gruppe jüngerer Engländer zu sehen, die nahe dem Dioskuren-Tempel mit Hilfe einer Planskizze und eines Zollstocks die Stelle ausfindig machte, wo Marc Anton die Rede an der Leiche Cäsars gehalten hat. Einige Besucher standen dabei und belustigten sich über soviel Eifer.

Mit dem Maß des Wissens, heißt es, schwinde die Empfindungsfähigkeit, und eine Redensart stellt die tote Kenntnis gegen das lebendige Gefühl. Aber viel eher verhält es sich so, daß erst die Kenntnis den Weg zum Empfinden freimacht. Wer kaum etwas von Cäsar weiß, nichts von Marc Anton und auch von Shakespeare nichts, wird an der genannten Stelle in der Tat außer einem Halbrund aus dunklem Tuffstein und einem Rest von Backsteingemäuer nichts entdecken. Weshalb auch der mit den Bussen herbeigerollte Tourist um den Wimpel von Köln oder Clermont-Ferrand ein anderer Besucher ist als jener, der mit Erinnerungen vor solchen Plätzen steht. Weniger als die Menschenmassen, die unablässig über die Via Sacra geschleusten Touristenströme, zerstört deren Ahnungslosigkeit die alten Stätten.

Alles redet davon, daß die Säulen bröckeln, Mauern und Bögen zerbrechen. Mir drängte sich statt dessen die Frage auf, ob ein großer Geschichtszusammenhang schon zu Ende geht, wenn die Steine verwittern, oder nicht erst dann, wenn sie den Vorbeikommenden nichts mehr bedeuten, selbst wo sie noch sichtbar stehen. Vielleicht, so schien mir im Gedränge auf dem Forum, inmitten des Ausflugsbetriebs, ist das Nichtmehrwissen der eigentliche Untergang Roms. Dann fände die jahrhundertelang erforschte und im Streit erörterte Frage, wann er sich ereignet habe, jetzt eine Antwort.

AM RANDE. »Ich wage zu behaupten, daß die ganze Geschichte nichts wert wäre, wenn die Römer nicht existiert hätten.« Der Satz Rankes bringt auf die kürzeste Formel, in welchem Maß Rom durch die Jahrhunderte Vorbild und zugleich Modellfall gewesen ist.

ROM. Manchmal liefert die Anschauung historische Einsichten nach, die man zuvor weit umständlicher aus den Texten erschloß.

Auf dem Rückweg vom Forum vorbei am Palazzo Venezia und an dem unscheinbaren Balkon, von dem Mussolini seine Pronunciamentos verkündet und sich in die Geschichte wie in den Untergang hineingeredet hat. Sein größter Augenblick kam, als er nach der Eroberung Äthiopiens das wiedererstandene Imperium ausrief und eine neue Zeitrechnung begründete. Verschiedentlich, wie auf der Piazza S. Andrea della Valle, stößt man auf Bauten aus jener Zeit, die neben dem Anno Domini auch das Jahr des neuen Kalenders nennen.

Die Vergangenheit und ihre Bilder waren es, die Mussolini mit unwiderstehlicher Macht beherrschten. Wohin er von seinem Balkon aus blickte, traten ihm ihre Trümmer vor Augen: Forum, Kapitol und die Hügel des alten Rom mit ihren ehrfurchtgebietenden Ablagerungen, alles große Geschichte. Dahin wollte er zurück. Deshalb hat er es stets abgelehnt, sich einen eigenen, neuen Amtssitz zu errichten. Natürlich schwebte auch ihm, wie allen Diktatoren, die Selbstverewigung durch Bauten vor, die die Welt bestaunen sollte, wenn sie sich 1942 zur Weltausstellung in Rom einfand. Aber sie sollten außerhalb der Stadt liegen und die Zeugnisse der Vergangenheit nicht beeinträchtigen. So ist er mit EUR der Begründer dessen geworden, wofür man später den Begriff der Satellitenstadt gefunden hat.

Das alles wirft, aus anderem Winkel, noch einmal Licht auf das Mißverständnis, das die beiden Diktatoren bei ihrem Bündnis leitete. Gemeinsam war das Vordergründige: erhobene Arme, Marschkolonnen, martialische Erhitztheit; der imperiale Anspruch gegen die Welt. Doch Mussolini träumte sich in die Vergangenheit zurück, Hitler dagegen aus aller Vergangenheit heraus. Während der eine das Werk der Cäsaren fortsetzen wollte und dabei zwangsläufig auf deren zivilisatorischen Ehrgeiz kam, suchte der andere die Versäumnisse von tausend Jahren aufzuholen und einen Staat zu begründen, wie es ihn nie gegeben hatte. Deshalb lag ihm auch jeder Gedanke an eine historische Rechtfertigung seiner Eroberungen fern. Die »Göttin der Geschichte«, auf die er sich gelegentlich berief, war nichts anderes als ein blutiger Popanz aus der Dschungelwelt.

Nichts verband Hitler mit der Vergangenheit, immer dachte er von leeren, geschichtslosen Flächen aus oder darauf zu. Nicht einmal die Bauten des Zurückliegenden bedeuteten ihm etwas. Er werde

nicht die geräumten Gehäuse der Fürsten beziehen, äußerte er zum Neubau der Reichskanzlei, dem ein Jahr später schon der Entwurf eines riesenhaften Führerpalasts folgte. Den Planungen, in deren Mittelpunkt der Bau stand, sollten große Teile des historischen Berlin geopfert werden.
Bisweilen sind es nur Geringfügigkeiten, die einen Unterschied ausmachen. Aber sie können unendliche Distanzen verdecken.

ROM. Am Fuß der Spanischen Treppe hat nur noch ein einzelner Blumenhändler jene Gestelle aufgebaut, die seit alters zum Bild der Anlage gehörten. Die übrigen sind von Jugendlichen vertrieben, die am Morgen auf den Stufen sitzen, am Abend von dort aus in die untergehende Sonne starren, viele mit dem immer gleichen, nach innen gerichteten Blick und dem Zucken der Schultern zu den Rhythmen ihrer Walkmen. Wenn es Nacht ist, sitzen sie immer noch da und zucken und träumen. Einige liegen auf ihren Rucksäcken und schlafen. Etwas weiter oben, auf den Podesten, sind schwarze Tücher ausgelegt, auf denen billiges orientalisches Schmuckwerk angeboten wird, Ohrgehänge und Armreifen aus Silberblech, Ketten mit Glas oder Halbedelstein. Daneben hocken abgerissene junge Leute, wie man sie vor dem gleichen Trödel auch in Mailand, Paris oder Berlin sehen kann und die unterdessen zum Bild der Großstädte gehören. Die Apathie der Herumsitzenden nahm sich östlich aus und fremd in dieser Umgebung.
»Kamelgeruch liegt über Europa«, sagt eine der Figuren im »Seidenen Schuh« von Paul Claudel.

ROM. Rechts neben der Spanischen Treppe das Haus, in dem Keats gestorben ist, eine Tür weiter hat de Chirico gewohnt. Die Wohnung war, sooft man zu ihm kam, voll von Besuchern, die sich meist nur zu Beginn an den Maestro hielten, dann aber, abseits, seine Frau ins Gespräch zu ziehen suchten, eine kleine Person, die aus Draht gemacht schien und kühl beobachtete, wie ihr Gegenüber aus der lauten Kunstbegeisterung in einen gedämpften Geschäftston überwechselte, halblaut rechnete und Summen nannte, bis schließlich die Schecks über den Tisch geschoben wurden. De Chirico selber ging währenddessen unbeteiligt und mit einer Miene mürrischen Stolzes herum, als habe er längst erkannt, daß die Gäste, der Enthusiasmus und das Zahlengeflüster nur die letzten Demütigungen des Ruhms seien. Manchmal stand er auch allein, mit einem Zug von Resignation und Verachtung, unter all den Menschen, ein melancholischer Patriarch, der nur noch Distanz suchte und erwartete. Was er mitunter, wenn er zu einer der Gruppen trat, einwarf, war geistreich und bitter, und nur, wenn von Nietzsche und der Zeit in München oder von den Fälschungen seines Frühwerks die Rede war, wurde er lebhaft. Fast täglich sah man ihn zu jener Zeit an einem der kleinen Marmortische im Caffè Greco, auch dort mit dem leeren Raum um sich, und manchmal schien es, er suche diesen belebten Ort gerade auf, um vom Leben keine Notiz zu nehmen, es vielmehr hochmütig zu ignorieren. Unablässig malte er damals kleine Studienbilder nach alten Meistern, er bevorzugte Dürer, Rubens, Chardin, Géricault und Renoir, verzweifelt bemüht, dem Geheimnis ihrer Technik auf die Spur zu kommen, von dem er sich die Rettung der Kunst versprach.

Wie fast alle Künstler der Moderne war er kein großer Maler, aber ein Erfinder großer Bildinhalte, keiner kam ihm darin gleich. Die menschenleeren Plätze mit den toten Fassaden und den scharf einfallenden Schlagschatten sind ebenso suggestive Metaphern der neuen Welt wie die Schneiderpuppen und verschnürten Bälge, die sich trauernd über die Ruinen in ihrem Schoß beugen und darauf verweisen, wie sprachlos der Mensch vor den Trümmern des Gewesenen ist.

Die Kunst der großen Bilderfindung verließ ihn bis ins hohe Alter nicht, als er sich von den frühen Arbeiten lange entfernt und nur noch mit dem Spott der Kritiker zu tun hatte. Auf einem späten Bild mit dem Titel »Die Heimkehr des Odysseus« rudert eine Figur auf einem kleinen Boot durch die Wasserlache in einem Zimmer, das sie in Wirklichkeit nie verlassen hat, vorbei an einem Schrank, einem Stuhl, einem Armsessel: die unvergeßliche Metapher dafür, daß alle Aufbrüche den Menschen nicht aus seiner Welt herausführen und er immer eingesperrt bleibt, wo er herkam.

AM RANDE. Der merkwürdige Bruch im Werk de Chiricos, schon mit rund dreißig Jahren vollzogen, den niemand bisher entschlüsselt hat. Auf einem der früheren Selbstbildnisse steht der Satz: »Et quid amabo nisi quod aenigma est?« Was soll ich lieben, wenn nicht das Rätsel?

ROM. Abends bei Quilici, auf der anderen Seite des Tibers. Wenige Gäste. An den Wänden des Eingangsraums vier riesige männliche Karyatiden, gemalt im Stil der dreißiger Jahre und mit der unverwechselbaren Virtuosität der Leere, die jene Epoche kennzeichnet. Ich sprach einige Zeit mit M., dessen Film gerade erfolgreich war. Über Cinecittà und neue Märkte sowie über Fellinis »Dolce Vita«, in dem ein Lebensgefühl ausgedrückt wurde, das der Phantasie zu entspringen schien, in dem aber viele sich wiedererkannten und dem sie dann jahrelang, vor allem auf der Via Veneto, verzweifelt nachzuleben versuchten: es war noch einmal, am Beispiel Roms, der alte Italienmythos von der Leichtigkeit des Daseins, aber nun nicht von einem Nordeuropäer geträumt, sondern von einem Italiener aus der Kleinstadt, der mit der gleichen Verzauberung wie einst die Deutschen oder die Engländer diesem ausschweifenden, frivolen, glücklichen Leben und seiner schönen Leere erlag. Es dauerte ein paar Jahre, dann kam die Ernüchterung, und die Via Veneto ist unterdessen längst wieder in vornehmer Langeweile erstarrt. Zu den wirklichen Verhängnissen zählen die Märchen, die in Erfüllung gehen.

Später, bei Tisch, wandte sich das Gespräch den anhaltenden Schwierigkeiten der italienischen Literatur mit der traditionellen Rhetorik zu. Die großen Worte und die schönen Wendungen: »umanità«, »patriotismo« und »lo spirito universale«, die durchweg emphatisch und unscharf sind, jedenfalls das Konkrete und die Widersprüche des Wirklichen zu oft verschwimmen lassen. Der »stile di parole« überwältige immer wieder den »stile di cose«. Die Worte seien geradezu ein Mittel, sich jeder Festlegung zu entziehen. Jedenfalls in der Kunstsprache, die von der Umgangssprache immer scharf getrennt war. Benedetto Croce, auch in literarischen Dingen eine Instanz, habe noch Pirandello und Italo Svevo verworfen, weil sie die »Worte« nicht beherrschten. Erst jetzt mache sich die Literatur frei von seinem Diktat.

Dahinter steht die italienische Neigung zur Draperie, die unablässig

Ornamente hervorbringt und das Bestehende nur erträgt, sofern Fassaden oder Blendwerk dessen Unansehnlichkeit verbergen. Das gleiche Dekorationsgenie, das in der Architektur wie in der bildenden Kunst so Einzigartiges zustande gebracht hat und neuerdings im Design oder in der Mode bestimmend ist, stehe der literarischen Erfassung der Welt im Wege. Die Wirklichkeit werde immer in schönen Schein verwandelt, und um diesen Bedürfnissen zu genügen, meinte M., sei am Ende sogar weniger die Kunst des Schriftstellers als die des Buchbinders erforderlich.

ROM. Nach dem Regen war der Wagen, als ich wieder auf die Straße kam, rötlichgelb gefleckt. Q. sagte, das sei der Wüstenstaub, der aus der Sahara komme.

NOCH ZUM VORIGEN. Der Überlegenheit der Italiener in den dekorativen Fertigkeiten entspricht ihre Befähigung als Zauberer, Illusionisten und Geisterbeschwörer. Auch als Liebhaber. Denn auf allen diesen Gebieten geht es um Täuschungskünste. Cagliostro, Casanova und Rastelli sind Namen dafür.
Für einen Italiener, hatte Luigi Barzini gesagt, sei die Wirklichkeit immer kränkend oder zumindest langweilig, und erst die Form und der schöne Schein könne ihn mit ihr versöhnen. Daß der Mensch in der Welt sei, um aus dem Leben ein Kunstwerk zu machen, glaubten alle. Und wenn es gelinge, habe sogar der Himmel ein Einsehen. Er zitierte Casanova, der ein Italiener wie kaum ein anderer und überzeugt gewesen sei, wer den Schein wahre, sündige nicht: »Peccato nascosto non offende.«
Ganz anders die Deutschen, die immer davon geträumt hätten, Kunst und Leben zu vereinigen, und damit nur ihre romantische Weltfremdheit bewiesen. Tatsächlich sei es weit einleuchtender, beides zu trennen, alles Außerkünstlerische aus dem Leben zu verbannen und den Schein entschlossen für die Wirklichkeit zu nehmen. Denn der Schein trüge nie, er sei geradezu die Sache selbst auf höherer Ebene. Deshalb die Vorliebe der Italiener für die Imitation, die gerade nicht mit dem Original wetteifern wolle, sondern es zu übertreffen suche. Bei den Marmorsäulen vieler italienischer Kirchen habe man es oft nur mit übermaltem Stuck zu tun, und be-

sonders begehrt seien lange Zeit jene Muster gewesen, die in der Natur nicht vorkommen. Denn die Kunst müsse mehr sein als die Natur, oder sie sei entbehrlich.

AUS DEN NOTIZEN. Bei einem meiner Besuche in der Via Cassia, Anfang der achtziger Jahre, sagte Barzini auch, Herrschaft und Verbrechernatur Hitlers seien inzwischen ausführlich untersucht. Aber eine ihrer Folgen sei nie bemerkt worden und doch von unerhörter Bedeutung. Denn erstmals in der überschaubaren Geschichte gebe es jetzt die Erscheinung des dummen Juden. Verstreut über alle Welt, hätten die Juden sich stets scharfsinniger, geschickter, auch erfindungsreicher zeigen müssen als die Menschen, unter denen sie lebten. Nur so seien sie der Mißgunst der Verhältnisse gewachsen gewesen. Zugleich hätten sie sichtbar gemacht, daß die Vernunft eine Möglichkeit sei, das Leiden an der Welt zu mildern.
Allen diesen Bedingungen jüdischer Existenz habe Hitler ein Ende gemacht. Nun hätten die Juden ihren Staat und lebten fast überall hinter einer Schutzmauer von Mitgefühl und Nachsicht. Das könne nicht ohne Folgen bleiben. Bald würden sie nicht mehr, wie George Bernard Shaw gesagt hat, genauso sein wie alle anderen Menschen, nur ein bißchen mehr so. Sondern nur noch wie alle anderen. Insofern sei Hitler auch die Katastrophe der jüdischen Überlegenheit gewesen. Barzini knüpfte daran die Hoffnung auf das Ende des Antisemitismus.

ROM. Anruf von W. Er erzählt von seinem bevorstehenden 60. Geburtstag; daß er, um den Zudringlichkeiten des Anlasses zu entgehen, nach Griechenland fahren und an diesem Tag auf den Olymp steigen werde.

ROM. Noch einmal durch die alten Stadtteile hinter der Via delle Botteghe Oscure, von dort zum Palazzo Spada mit Caravaggios Innenhof und zur Cancelleria. Gassen mit modrigen Fassaden und aufgebrochenem Pflaster, die kleineren Häuser haben mitunter dahintergesetzte Aufbauten, Quertrakte, spätere Durchbrüche und Höfe mit steilen Treppen. Unablässig überschnittene Fluchtlinien,

die von der Willkür des Gewachsenen sprechen, das keine Regelwidrigkeiten kennt.
In den Fenstern, auch zwischen einst feierlichen Häuserfronten, Leinen mit bunter Wäsche. Am Schildkrötenbrunnen wusch ein alter Mann seine Hemden und Strümpfe, auf dem Beckenrand lag die Scherbe eines Spiegels und daneben sein Rasierzeug. Hin und wieder griff er in den Streit ein, den zwei andere alte Männer in seinem Rücken austrugen, beide waren, trotz drückender Schwüle, in dicken Mänteln, und einer hatte eine Strickmütze über die Ohren und tief ins Gesicht gezogen. Die immer noch anzutreffenden, wenn auch seltener werdenden Genrebilder von Rom. Sooft ein Fenster zur Straße hin offenstand, fiel der Blick in Wohnhöhlen, deren Finsternis von Krügen mit getrockneten Wiesenblumen aufgehellt war, von porzellangesichtigen Heiligenfiguren, Familienfotos mit einem Rosenkranz, Nippsachen. Auf einer geschwärzten Loggia standen Oleanderkübel und zu Pyramiden getürmte Blumentöpfe.
Aber stets der Eindruck, die Stadt behaupte selbst in solchen Vierteln eine schwer beschreibbare Würde. Was damit gemeint ist, wird in den neuen Randstädten sichtbar. Vielleicht, weil dort die Vergangenheit fehlt, deren Aura alles mildert, und nur die Gegenwart sich in verkommenen Bildern aufdrängt.

ROM. Noch nach Wochen hat man, wohin man kommt, Mühe mit der Fülle der Namen und Begebenheiten. Nirgends aber so wie auf der Engelsburg. Sie war Mausoleum und Festung, Kerker und Hinrichtungsstätte und ruft die widersprüchlichsten Erinnerungen herauf. Namen von Cäsaren und machthungrigen oder zufluchtsuchenden Päpsten, von Liebenden, Insurgenten, Ketzern und Kriminellen. Eine wunderliche Geisterversammlung.
An den Kardinal und gefürchteten Condottiere Giovanni Vitelleschi gedacht und an Benvenuto Cellini, an Alexander VI. Borgia, Beatrice Cenci und Giordano Bruno. Und natürlich an Theodor Fontane, der seine Vorliebe für »historische Mordplätze« gestand: »Fast die einzige Passion, von der ich das sagen kann.«

ROM. An der Piazza Ungheria, als eine ältliche Matrone über die Straße kam, gefolgt von einem Rudel ausgelassener junger Leute, die sie wie eine Schleppe hinter sich herzog. Sie war unsäglich dick und feierlich und bewegte sich mit schaukelnder Umständlichkeit. Bei jedem Schritt zitterten die Spitzen, mit denen das weiße, bis zu den Knöcheln herabfallende Kleid besetzt war. Auch der Sonnenschirm, den einer ihrer Begleiter über sie hielt, war mit einem weißen Seidenstoff bespannt. Um den Hals und die Handgelenke hatte sie Modeschmuck gehängt, den man, als sie vorüberging, bei jeder Bewegung klirren hörte. Auf dem Kopf trug sie eine feuerrote Perücke, um die Augen waren grünliche Schatten gelegt, und mit einem bunten Seidentuch fächelte sie sich im Gehen etwas Luft zu. Man sagte mir später, sie werde »La Roma« genannt.

ROM. Nachmittags auf der Dachterrasse bei Canessa. Er sagte, er liebe Rom, aber nicht die Römer. Die Fremden blieben Fremde, und die meisten wollten es so. Das Elend rühre daher, daß die Stadt ein selbstbewußtes Bürgertum nie gekannt habe und damit kein unabhängiges Denken und kein Verantwortungsgefühl. Das enge Durcheinander von Klerus, schwarzer Aristokratie und Volk habe sie geprägt, und obwohl sich die Dinge längst geändert hätten, seien die Folgen bis heute spürbar. Man müsse nur auf eine römische Gesellschaft gehen, um das zu erkennen. Die Leere in den Köpfen, wie sie unter feudalen Verhältnissen gedeihe, die soziale Eifersucht, die Domestiken-Mentalität hinter hochmütigen Mienen und die Klatschsucht: dergleichen sei römisch. Wo ein paar Römer zusammenkämen, schwirre die Luft von Kolportagen, und man könne geradezu greifen, wie Vermutungen im Handumdrehen zu Gewißheiten werden und unbedachte Gesten zu Zeichen lasterhaften Einvernehmens. Alles verkürze sich auf die paar Fragen: »Wer mit wem, wer gegen wen, wer hinter wem?« Die unzulängliche Stadtverwaltung, die Rom immer gehabt habe, sei das Abbild ihrer Bewohner.

ROM. Einige Schriftsteller haben unter dem Titel »Contro Roma« unlängst ein Buch veröffentlicht, in dem sie, jeder auf seine Weise, die Unerträglichkeit Roms beschreiben: die Verkommenheit, den Lärm und den Verfall, das Chaos auf den Straßen, die Unpersönlichkeit in den menschlichen Beziehungen, die Gier und Taubheit der Stadt; das aber doch, auf jeder Seite, zu einer Rechtfertigung des Entschlusses wird, in Rom zu leben.

ROM. Gestern abend mit Clerici. Von seiner Wohnung gingen wir später in ein nahegelegenes Restaurant. Wenn man einen Begriff suche, der das Wesen Roms erfaßt, sagte er, so falle ihm »ambiguità« ein, was soviel heißt wie Doppelsinn oder Zweideutigkeit. Der Begriff habe sogar ein ehrwürdiges Herkommen, denn die römische Gottheit vor allen anderen sei Janus gewesen. Was Roms Physiognomie ausmache, habe mit Widersprüchen zu tun. Jene berühmten Wege, die alle in die Stadt führten, hätten die unterschiedlichsten Menschengattungen dorthin gebracht, alle die durchgezeichneten Individualitäten Italiens: piemontesischen Ernst und neapolitanische Anarchie, den Rigorismus der Florentiner, die Sanftheit Umbriens und natürlich französische, spanische, deutsche Einflüsse. Rom habe die Gegensätze zwar versöhnt, aber immer bestehen lassen, so daß das Schwere weniger schwer erschien, das Erhabene liebenswürdig, die Schwäche begreiflich und was man sonst noch nennen wolle.

Das sei einmal so gewesen, meinte Cesare, dem ich heute davon erzählte. Aber unterdessen habe Rom keine Physiognomie mehr, nicht anders als jede Stadt, die zu schnell gewachsen sei und die sozialen Strukturen von früher weder bewahren noch neue entwikkeln konnte. Am Ende des Krieges hätten in Rom eine Million Menschen gelebt, heute über drei Millionen, vielleicht auch vier, niemand kenne die Zahlen, schon das sei bezeichnend. Er wisse nicht einmal, was dieses »Rom« eigentlich sei, von dem wir gesprochen hätten: die innere Stadt mit ihren 200.000 Menschen und den unübersehbaren Touristenschwärmen könne nicht gemeint sein, und die sogenannten Borgate, die heruntergekommenen Randbezirke, samt den Millionen der dort Hausenden seien bestimmt nicht gemeint. Wovon also sei die Rede gewesen?

Früher, sagte er, habe man es leicht gehabt, Rom zu lieben. Heute mache es Mühe, die Gründe zusammenzufinden. Rom sei kein Ort für Freundschaften mehr wie bis in die sechziger Jahre, kein Ort

mehr für das Herumlaufen und Herumsitzen, das Treiben und Sichtreibenlassen. Die »douceur de vivre«, klagte er, hier sei sie gewesen, nirgendwo so wie in Rom, sie hätten es gewußt und sie sei ihnen doch verlorengegangen.
Inzwischen habe sich die Stadt in eine nervöse Metropole verwandelt, eine von Menschen verstopfte Wüste, wie Argan gern sage, deren Aufgeregtheit aber stets den Eindruck erwecke, ins Leere zu laufen. Vielleicht ist es nicht nur die Ängstlichkeit eines alten Mannes, sondern mehr noch die fremdartige Hektik der Stadt, die Moravia neulich sagen ließ, er traue sich nur noch nachts auf die Straße.

AM RANDE. An Clericis »ambiguità« mußte ich denken, als ich in S. Maria della Vittoria Berninis Heilige Theresa sah. Das Werk stellt die Schauer mystischer Erfahrung so sehr als Aufruhr der Sinne dar, daß man sich unwillkürlich fragt, ob jenes Erbeben auf der Marmorwolke nicht ebensogut profane Ursachen haben könne. Der Präsident de Brosses notierte, als er die Skulptur sah, mit der Skepsis des Weltkundigen: »Wenn das die himmlische Liebe ist, dann kenne ich sie auch. Ihr kann man schon auf dieser Welt in Fleisch und Blut begegnen.«

ROM. Im Aufgang des Hauses an der Piazza Navona, in dem Montanelli wohnt, hing früher ein Kupferstich, der den Platz um 1750 zeigt. Die auffälligste Änderung in den zurückliegenden zweieinhalb Jahrhunderten waren einige Balkons, die unterdessen entfernt wurden. Wer aus einem Lande kommt, wo Zerstörung und Abriß die Bausubstanz ganzer Stadtviertel beseitigt haben und die Diktatur des Zeitgeistes für ihre wechselnden Parolen immer Gehorsam findet, steht fast erschrocken vor so viel Beharrungskraft.

AM RANDE. Bei Montaigne, in dem Essay »Von der Schonung des Willens«, die Stelle: »Ich hatte nur zu bewahren und zu erhalten, und das ist ein stilles und unscheinbares Werk. Die Neuerung dagegen ist ein ruhmvolles Tun. Doch sie ist uns in einer Zeit untersagt, in der wir von Neuerungen zu Boden gedrückt sind und kaum wissen, wie wir uns ihrer erwehren sollen. Sich des Handelns zu enthalten ist oft ebenso verdienstvoll wie das Handeln, auch wenn es weniger im Lichte steht.«

Der Gedanke ist, daß eine Kultur nur ein begrenztes Maß an Veränderungen ertragen kann. In Zeiten beschleunigter Lebensbewegung kommt es eher darauf an, das Hergebrachte zu erhalten, statt zu demolieren. Das ist es, was die Anwälte des dauernden Wandels zu wenig bedenken. Zwar ist die Umformung der sozialen, künstlerischen und kulturellen Normen notwendig, damit die Gesellschaft nicht versteinere. Aber solche Prozesse können vorangetrieben oder verlangsamt werden, und die bessere Einsicht ist vermutlich, daß die Gegenwart eine hinhaltende Gangart verlangt. Sonst zerbrechen im Vorandrängen auch jene emotionalen Bindungen ans Vergangene, denen die Gesellschaft wie der einzelne den Halt verdanken. Mitunter ist die Tradition Fortschritt genug.

Der Anachronismus jener progressiven Kulturgesinnung, die eine wachsende Gefolgschaft findet, ist im unzureichenden Bewußtsein begründet, daß die Absagen an die Tradition am Ende doch einer Fortschrittsidee entstammen, deren Verhängnisse sie zugleich beklagt. Es steckt ein unauflösbarer Widerspruch darin, vor allem der Wirtschaftsgesellschaft als Neuerungssucht vorzuwerfen, was man sich selber auf kulturellem Gebiet als kreative Unruhe zugute hält. Der neue Konservatismus macht sich zum Fürsprecher sterbender Wälder, reiner Gewässer und einer Ernährung nach Altväterart; zugleich zerstört er jedoch mit seinem Veränderungsdrang die kulturellen Grundlagen, die dafür stehen. Wer diese Zusammenhänge erfaßt, kommt um die Einsicht kaum herum, daß kein aufgeteiltes Gefahrenbewußtsein weit genug ins Kommende blickt.

ROM. Noch einmal auf dem Gerüst der Sixtinischen Kapelle, wo die Arbeiten inzwischen ein Deckenfeld weitergerückt sind. Der Eindruck so überwältigend wie beim ersten Mal. Im neuen Teilstück mit der Trennung von Land und Wasser sind derzeit zwei Ignudi gesäubert, ferner drei verteilt liegende Partien von je fünfzig Zentimetern im Quadrat. Der stechende Kontrast zum rauchigen Graubraun ringsum macht fast noch stärker als beim vorausgegangenen Besuch sichtbar, daß man der Entdeckung eines Kontinents der Kunst beiwohnt. Clerici sagte, er habe nur noch den Wunsch, so lange zu leben, bis auch das Jüngste Gericht wiederhergestellt sei.

ROM. An einer Hauswand nahe dem Hotel hat sich ein Jugendlicher niedergelassen. Manchmal scheint er zu schlafen, dann wieder spricht er rasch und halblaut vor sich hin. Auf dem Pflaster vor ihm steht eine Pappschachtel mit einigen Hundertlirestücken, die er von Zeit zu Zeit den Passanten entgegenstreckt. Auf dem Schild vor seiner Brust die Worte: »Per partire!« Eine Zeile darunter: »Tired of Rome!«

ROM. Auf der Piazza Navona, deren Bazarcharakter sich durch Schausteller, fliegende Händler und Schnellzeichner Mal für Mal verstärkt, stieß ich auf K. Er war in Begleitung seiner Frau, die überschwenglich von den »délices de Rome« redete, doch gleich darauf über die Unzulänglichkeiten der Verkehrsmittel und der Post, die Überfüllung in den Museen und die Unsauberkeit der Hotels Klage führte.
Es war alles, wie sie sagte. Und weiter im Süden konnte man in Hotels geraten, die noch unsauberer waren, dazu Hitze, Armut, entvölkerte Landstriche, und S. hatte unterwegs, kurz hinter Neapel, gefragt, warum man dergleichen überhaupt auf sich nehme. Und was so viele Reisende unbeirrt nach Italien treibe, wo der Zusammenstoß mit der Wirklichkeit fast immer in Ernüchterung ende. Wir sind keineswegs mehr, wie der romantische Lord Byron, überzeugt, daß der Trieb zum Reisen, neben dem Ehrgeiz, die mächtigste aller menschlichen Leidenschaften sei.
Ich gab die Frage jetzt an K. weiter, der einiges über den deutschen Mythos Italien sagte, der wie alle Mythen nicht zu enttäuschen sei, und auch von dem Doppelgefühl aus Dünkel und Bewunderung sprach, das dieses Land dem Reisenden biete. Doch schon nach wenigen Sätzen warf seine Frau ein: »Mein Gott, bist du deutsch!«

NOCH ZUM VORIGEN. Nachdem wir uns getrennt hatten, fragte ich mich, in welcher anderen Nation auf der Welt Übereinstimmung mit dem eigenen Charakter als Vorwurf gilt. Die Deutschen sind sich selber eine Peinlichkeit und waren es sich womöglich auch früher schon. Fast jeder Reisebericht vermerkt den Horror vor den Landsleuten, und Goethe äußerte zu Boisserée, die »Italienische Reise« drücke auch seinen »Haß gegen das Deutsche« aus. Sichtlich hat sich dieser Affekt noch verstärkt. Max Beckmann beispielsweise galt in Deutschland bis in die sechziger Jahre als roh und grobianisch. Erst auf dem Umweg über eine Londoner Ausstellung hat er sich vom deutschen Selbstverdacht befreit. Den Expressionisten erging es ähnlich.

NOCH ZUM VORIGEN. Die nicht zu Ende gebrachte Antwort K.s. Auch ein Mythos kann enttäuscht werden, und oft zerbricht er in Italien an der Wirklichkeit. Tacitus wunderte sich, als er Roms Nachbarn im Norden beschrieb, wie fremd ihnen der Gedanke der Schönheit sei und wie wenig entwickelt ihr Sinn für Form und Dekor. Heute ist der Reisende versucht, die Überlegung umzukehren und zu fragen, warum die Verheerungen der Moderne in Italien so viel auffälliger als in anderen Ländern hervortreten.

Zwar sind die Zerstörungen überall groß, und vermutlich sind sie ein Teil des Preises, der für den Übergang in die Gegenwart entrichtet werden muß. Aber nirgendwo werden sie gleichgültiger hingenommen als in dem Land, das sich, soweit man zurücksehen kann, durch einen untrüglichen Instinkt für das Schöne auszeichnete und noch in weltvergessenen Orten wie Spello, Subiaco, Vigevano und ungezählten anderen, Straßen, Plätze und ganze Stadtbilder wie Kunstwerke aufführte. Mir kamen, als Gegenbilder, die Elendsviertel an der Via Tiburtina in Erinnerung. Auch Borgate wie San Lorenzo oder Ponte Mammolo.

Es ist nicht nur der über Jahre hin schleichende, sich nun überstürzende Zerstörungsprozeß durch Beton, Müll und Schadstoffe, der die Abschiedsempfindungen wachruft, denen man in Rom so schwer entkommt. Sondern auch der Verdacht, der Mensch habe das elementare Verschönerungsbedürfnis eingebüßt, das er einst besaß, und jene nun plötzlich sichtbar werdenden Verunstaltungen rückten nur ins Bewußtsein, was schon lange ist. Verfolgt von solchen Ängsten, untröstlich über das Ende der schönen alten Welt, hat Pier Paolo Pasolini vom »anthropologischen Mord« des Menschen an sich selber gesprochen.

Es ist alles noch da. Die riesigen Pinien im Park der Villa Medici, die Wasserspiele auf der Piazza Navona und auf der Piazza Mattei, die überwältigende Ruhe der Renaissance-Fassaden, auch der Zauber schweigender Innenhöfe, und selbst Berninis Elefant vor S. Maria sopra Minerva trägt noch den Obelisken. Aber dem Tritonen vor der Villa Borghese ist der Kopf weggebrochen, antike Statuen sind über und über mit Graffiti, mit Grußbotschaften und bunten Liebesschwüren beschmiert, und nicht nur den alten Kustoden auf dem Kapitol treibt die Sorge, daß der Senatorenpalast einstürzen könnte. Die Frage hört nicht auf, wie lange noch. Rolf Dieter Brinkmann schrieb nicht ohne Hohn, der Begriff der »Ewigen Stadt« sei auch nur eine Phrase, und jene Ewigkeit, die da beschworen werde, sei bloß eine Zeiteinheit gewesen, die jetzt zu Ende geht.

Solange Rom besteht, hat es die Sehnsucht nach Rom gegeben. Unter den Motiven stand immer das Bedürfnis obenan, aus Bruchstücken ein Bild des Gewesenen zu gewinnen. Nicht, weil es die schöne alte Welt war, die Pasolini verklärt hat, sondern weil das Vergangene zu den Lebensbedingungen jeder Gegenwart zählt. Der schwarze Streifen am Horizont, von dem L. gesprochen hatte, würde sicherlich, käme er höher, mehr verdunkeln als die sentimentalen Vorlieben einiger weniger.

NACHTRAG. Später aber die Überlegung, daß die Klage schon immer zu Rom gehört und durch die Umweltzerstörungen nur populäre Verbreitung gewonnen hat. Die Nordeuropäer haben in der Ruinenstadt, wie in Italien überhaupt, häufig die »joy of grief« gesucht, von der Mommsen in einem Brief nach Hause schrieb, und darin einen der Hauptgenüsse der Reise in den Süden gesehen. Bevor der saure Regen kam, ist die Trauer über Rom für einige Jahre in den Elendsvierteln befriedigt worden, und den Leuten bedeutete die Prostitution auf der Via Appia und das Rauschgift am Campo de' Fiori mehr als S. Carlino oder der Palazzo Farnese. Da konnten sie über neue Formen der Verrottung klagen. Heute greifen sie wieder aufs Hergebrachte zurück.

Das ist womöglich auch die Ursache für die Ungerührtheit der Römer angesichts der Besorgnisse von allen Seiten: als mache es ihnen Schwierigkeiten, mehr darin zu sehen als die lange bekannten Verfallsklagen. Schmerzbewegt wollte man in der Stadt schon immer scheinen. Als Byron sich in Rom von Thorwaldsen porträtieren ließ und schließlich das fertige Werk sah, rief er enttäuscht aus: »Good Lord! Sehe ich wirklich nicht unglücklicher aus?«

AUS DEN NOTIZEN. Ich ging noch einmal die Aufzeichnungen durch und stellte einiges von dem zusammen, was ich im Lauf der Zeit gesammelt, aber nicht verwendet hatte. Äußerungen von Don Calicchio bis zu Canessa. Zwar alles aus dem Zusammenhang gerissen und ein Stimmengewirr. Aber aneinandergereiht zu einem Stück des permanenten Redens der Italiener über sich selbst.

»Wir Italiener sind Individualisten. Wir sind nicht Individualisten, sondern besessene Egoisten. Wir sind Verächter der Gleichheit, die ein Hirngespinst ist. Ich glaube, daß die Welt aus Unterschieden besteht. Natürlich versucht jeder, auf Kosten des anderen zurechtzukommen, auf wessen Kosten denn sonst? Stets läuft es darauf hinaus, daß man entweder den Erpresser oder den Bittsteller macht, nur die Bezeichnungen dafür wechseln: Direktor, Bürgermeister, Bischof, oder Angestellter, Sekretär, Arbeitsloser. Alles dreht sich um Macht. Wer kein Ansehen hat, den bellen nicht einmal die Hunde an. Es gibt ein unübersetzbares sizilianisches Sprichwort: Cummari è megghin che futtiri!

Wir Italiener trauen den großen, anonymen Institutionen nicht über den Weg. Der Staat ist ein abstraktes Ungeheuer. Die Macht muß sich in Personen verkörpern. Gesetze sind Herausforderungen für die Schlauheit. Phantastischer Gedanke, vom Staat Gerechtigkeit zu erwarten. Ich halte mich an Freunde. Man muß Freunde oben und unten haben, für die großen wie die kleinen Dinge. Selber ist man auch, in den Beziehungsnetzen anderer, ein Freund für große und kleine Bedürfnisse.

Anderswo zerbricht man sich die Köpfe über ein Problem, das in Italien nicht existiert: die Entfremdung. Alles ist persönlich. Selbst der Weg zum Bäcker oder zum Drogisten ist ein sozialer Akt. Wichtiger als der Einkauf ist das Reden und das Hören. Wir Italiener fürchten die Stille und lieben den Lärm. Wo der Mensch sich nicht bemerkbar macht, ist das Grauen. Unsere Geschichte ist anekdotisch. Strukturgeschichte langweilt uns. Die italienische Geschichte ist ein einziges Familiendrama.

Wo soll man fischen, wenn nicht im Trüben? Uns stört das Durcheinander nicht, auch wenn wir uns darüber empören. Die Unübersichtlichkeit ermöglicht die Protektion, das Spiel mit den Privilegien, die verschwiegenen Freundschaftsdienste. Am Ende gewinnen alle. Ich liebe die Unordnung. Nur in der Unordnung kann man sein Glück machen. Sie erschwert die Kontrolle, begünstigt die Freiheit und erlaubt die öffentliche Anklage, die immer dem privaten Nutzen dient.

Wir Italiener sind Skeptiker, wir mißtrauen allem und glauben an keine Zusagen und Beteuerungen. Wir zweifeln nicht, daß gleiche Interessen wie die Rosen sind und ihre Zeit haben. Alles ist unberechenbar. Es gibt keinen festen Grund. Als ich zum ersten Mal das Wort »Sicherheitspartnerschaft« hörte, dachte ich, darauf muß man erst mal kommen. Ich hielt das Ganze für einen unglaublichen Trick; dann merkte ich, daß es nur eine unglaubliche Dummheit war.

In dem berühmten Handbuch von Monsignore Chitarella über ein verbreitetes Kartenspiel steht als Regel eins: Versuche stets, deinem Gegner in die Karten zu sehen. Wir bewundern die scharfsinnigen Betrüger. Wir durchschauen sie und spenden ihnen Applaus.

Die Italiener sind Meister der Improvisation. Wir rechnen immer mit dem Unvorhersehbaren. Wir halten nichts von Theorien und großen Entwürfen. Eine Professorennation wie die deutsche ist in Theorien vernarrt. Wir sind praktische Leute. *Non faccia il tedesco!* ist die Ermahnung, das Wichtige vom Unwichtigen zu unterscheiden. Die Deutschen kommen mit der Wirklichkeit nicht zurecht, weil die Wirklichkeit das Unvorhersehbare ist.

Die Nordeuropäer glauben, im Süden sei das Leben einfacher, menschlicher, sogar unschuldiger. In Wahrheit ist es komplizierter und grausamer. Die Italiener haben immer auf den höhnischen Kopf gewartet, der das Mißverständnis aufdecken könnte. Die Italiener warten überhaupt nicht, denn sie lieben solche Mißverständnisse, weil sie Vorteile bringen.

Kein Italiener verspürt die Sehnsucht nach dem Ausland. Dem berühmten Zauber Italiens sind wir wie niemand sonst erlegen. Wir

haben im Lauf der Jahrhunderte in vielen Künsten exzelliert. Unser größtes Kunstwerk ist eine verrückte und eigentlich abschreckende Lebensform, in der die Menschen dennoch glücklich sind.
Die Italiener sind der Meinung, daß alle Welt ebenso denkt wie sie. Sie glauben, daß andere Völker nur andere Formen der Verschleierung anwenden. Wir beneiden die Nordeuropäer um die Gabe der Unaufrichtigkeit. Wir sind verwirrt, wenn wir entdecken, daß sie es aufrichtig meinen.
Es ist ein unnützer Gedanke, die Menschen ändern zu wollen.«

AM RANDE. Was auch noch zum Bild Roms gehört und wozu ich nicht kam: Die bei Nacht grün angestrahlten Zypressen zwischen Trinità dei Monti und dem Borghese-Park, an denen junge Leute im Auto mit aufgedrehten Lautsprechern und hochjagenden Motoren vorbeirasen; das immer wieder beobachtete Auskosten aller Empfindungen, noch mehr der Verzweiflung als des Glücks; die aufdringlichen Zigeunerinnen vor S. Maria Maggiore mit den goldenen Schneidezähnen; die römischen Dachgärten. Auch die schweratmende, dicke Frau an der Bushaltestelle, die mit dem Bleistift eine Zeitungsumfrage beantwortete: »Sei tu una donna esplosiva?«; die Morgenkühle in den Straßen. Und anderes auch.

ROM. Erste Vorbereitungen zur Abreise. Geriet beim Ordnen des Gepäcks an die »Italienische Reise« und las noch einmal einige Seiten, sowohl aus der Urschrift als auch aus der späteren, sonor erweiterten Altersfassung.
Das Buch gehört, wie man wiederholt bemerkt hat, nicht in die Reihe der literarischen Reiseberichte. Dazu ist es zu sehr auf die eigene Person und ihre Vorlieben beschränkt, zu nachlässig in der Beschreibung des Wirklichen. Viel eher steht es in der Tradition der großen Krisenschriften, und die Philologen haben in Begriffen wie »Selbsterkenntnis« und »Wiedergeburt« das durchgehend hervortretende Leitmotiv gefunden. Im Grunde handelt es sich um einen Entwicklungsroman in der Gestalt eines Reisebuchs.
Schon beim flüchtigen Blättern wird einem bewußt, daß Goethe vermutlich der letzte große Dichter war, der eine geistige und eine existentielle Wahrnehmung zusammenführen und die eine an der

jeweils anderen steigern konnte. Die Erfahrung der womöglich ersten erfüllten Liebe seines Lebens verknüpfte er mit dem Erleben der Ursprünglichkeit und Einfachheit der antiken Welt.
Kein Reisender kam seither um die Einsicht herum, daß diese Verschränkung der Erlebnisebenen unwiederholbar ist. Natürlich hat das vor allem mit dem Rang Goethes zu tun. Aber auch mit Verhältnissen, die nur noch mittelbare Erfahrungen ermöglichen. Alles Reisen läuft inzwischen auf unterschiedliche Formen des Vorbeifahrens hinaus.

AM RANDE. In dem Band auch ein Brief Goethes an Carl August: »Auf alle Weise seh ich aber, wie schwer es ist, ein Land zu beurteilen, der Fremde kann es nicht und der Einwohner schwer. Und dann ist der Mensch so einseitig, daß ein so großer und mannigfältiger Gegenstand von ihm nicht wohl begriffen werden kann.« Diejenigen, heißt es weiter, die er gesprochen habe, hätten im einzelnen fast alle recht gehabt, im Ganzen, wie ihm scheine, fast keiner.

NOCH DAZU. Goethe versicherte später, er sei nie mehr ganz glücklich gewesen, seit er über den Ponte Molle nach Norden fuhr. Vom Vater hatte er noch gesagt, er sei, seit er in Italien war, nie mehr ganz unglücklich gewesen. Die beiden Bemerkungen bringen zwei verschiedene Lebensstimmungen zum Vorschein: beim Vater der Gedanke eines Gewinns, beim Sohn die Empfindung eines Verlusts. Denn inzwischen war das Glück als Anspruch entdeckt worden. Solche gesellschaftlichen Wandlungen drücken sich auch in unscheinbaren sprachlichen Verschiebungen aus.

ROM. In die steinernen Fliesen von S. Maria del Popolo sind zahlreiche Grabplatten eingelassen, unter denen vor Zeiten Kleriker, Gelehrte und fromme Wohltäter bestattet wurden. Die Schritte der Kirchenbesucher haben das flache Linienwerk der Reliefs abgetreten und nur die tieferen Gravuren übriggelassen: die Umrisse einer Figur, einzelne Gewandfalten, ein Wappen, einen Lorbeerkranz. Manche Gestalten sind ganz in den Stein zurückgegangen. Aber anderswo sind noch die Augenhöhlen sichtbar, groß und geschwärzt vom Staub der Zeiten, hohe Stirnen, der schmale Strich der Lippen, eine Mitra, ein Buch. Als zeige sich im Verschwinden, nachdem die individuellen Züge ausgelöscht sind, noch einmal der Typus und was ihn groß machte.

UNTERWEGS. Abschied von der Stadt. Während der Wagen die Via Salaria hinauf durch die Sabiner Berge fuhr, ließ ich das Zurückliegende in kurzen Bildern noch einmal vorüberziehen. Es ist nicht zutreffend, daß jede Abreise der andern gleicht. Man verläßt Rom nicht wie Barcelona oder Amsterdam und sogar Sizilien anders als die Provence. Auf der Straße nach Fara Sabina versuchte ich, für den Unterschied die Worte zu finden. Doch in dem hochgelegenen Ort mit dem weiten, vom Soracte beherrschten Blick über Latium drängten sich neue Eindrücke auf, so daß das Vorhaben, auch später, niemals zustande kam.

NACHTRAG. Am Abend vor der Abreise, beim Ordnen der Bücher, hatte ich auch in den Aufzeichnungen Stendhals geblättert. Darin der Gedanke: Das eigentliche Vergnügen einer Reise sei das Erstaunen bei der Rückkehr. Selbst den nichtssagenden Dingen und Menschen werde, wenn man ihnen nach längerer Abwesenheit wiederbegegne, unversehens ein Wert zuteil.

NACHWORT

Sizilische Fluchten

Unter den Büchern von Joachim Fest ist dieses, »Im Gegenlicht«, die Ausnahme. Vielleicht ist es nicht sein wichtigstes, wenn man an »Hitler« denkt und an den »Staatsstreich«, jene von Trauer grundierte Ode an den deutschen Widerstand; oder an den »Untergang«, in dem die letzten Wochen im Berliner Führerbunker geschildert werden – präzise und kalt bis ans Herz. Aber dies ist sein schönstes Buch. Sein leichtestes. Sein liebstes womöglich.

Das wäre nicht verwunderlich, denn es ist das Buch, in dem der Historiker unserer Untergänge und nationalen Selbsterforschung sich selbst nach Süden entläßt und es sich gestattet, Schriftsteller zu sein, sonst gar nichts. Einen italienischen Sommer lang läßt Sisyphos ab vom harten deutschen Stein, tritt aus der Zwölfjahreskammer und reist. Ins Weite. Ins Land, wo die Dinge blühn. Wo sie im Gegenlicht stehen dürfen, einfach so, und nicht unter Beobachtung, unter Verdacht.

Halt. Gleich hier müssen wir uns ermahnen, nicht romantisch zu werden. Worüber reden wir denn? Über das Italien der Goethezeit doch nicht, und nicht über Goethes menschliche kleine Fluchten aus dem allzumenschlichen kleinen Fürstenstaat Weimar. Nicht einmal mehr über das Italien der Fellinizeit reden wir. Auch das sind schon Bilder aus einer Welt von gestern. Man muß sich beeilen, der Sand rinnt aus. Am Beginn dieser italienischen Reise steht das Gewahrwerden eines Verlustes, der in vollem Gange ist.

Im Jahre 1977 ist Joachim Fest bei Freunden in Südfrankreich eingeladen, in einem Ort im Landesinnern unweit von St. Tropez. Einem seiner Söhne schlägt er vor, ihn zu begleiten, der springt aber ab, zum Glück für die Leser, denn die kleine Desertion läßt die Italien-Reise und das Buch darüber in den Augen des Vaters um so dringlicher erscheinen. Fest ist zuletzt zehn Jahre zuvor in St. Tropez gewesen, und was er nun sieht auf der Fahrt vom Flughafen Nizza an der berühmten

Küste entlang, kondensiert zu dem Gedanken: Europa ist dabei, kaputtzugehen. Es verschwindet. Heere von Architekten und Touristen arbeiten daran. Eigentlich ist es schon verschwunden.

Die Fahrt entlang der Côte d'Azur erschien Fest, wie er sich heute erinnert, als eine einzige Fahrt durch Beton. Was die mediterrane Welt einmal war, sagte er dem Sohn, wirst du nie mehr wissen. Aus dieser melancholischen Einsicht entstand die Idee zur großen italienischen Tour – einer letzten. Und einen Titel gab es auch schon, der das ausdrückte. »Lauter Abschiede« sollte das Buch ursprünglich heißen. Abschiede von jenem Europa, das heute – noch ein Vierteljahrhundert später – von revolutionär gesinnten Politikern verächtlich das »alte« genannt wird.

Hilft denn das Reisen noch? Ist seine Zeit nicht vorbei? Muß der Reisende nicht damit rechnen, am ersehnten Ziel all das wiederzufinden, was er sicher nicht sucht, ja, was er flieht: die immer gleiche, omnipräsente Welt aus Pizza con irgendwas und Albergo dell' Autobahn und das bestens vertraute Leisure-wear-Publikum, das sich genau dort pudelwohl fühlt – den ganzen globalen Betriebsausflug rund um die Uhr? So kann man das sehen und zu Hause bleiben. Aber man sollte den durchaus berechtigten Kulturpessimismus nicht ins Schrullige treiben. Man darf noch reisen, man muß es sogar. Und sei es nur, um den Zeiger eine zögernde Stunde anzuhalten. Noch einmal festzuhalten, was dabei ist zu verschwinden, unwiederbringlich. Für Söhne und sonstige Leser, die es nicht mehr kennenlernen werden, nicht weil sie Ignoranten wären, sondern weil sie nicht die Chance hatten, es zu sehen, als es noch lebendig war. Ein Nabokovscher Anfang: Sprich, Erinnerung, sprich! Ein starker Anfang. Uranfang allen Erzählens.

Offenbar war es nötig, diese Reise allein zu unternehmen, sie selbst scheint darauf gedrungen zu haben, denn wieder sprang ein möglicher Reisegefährte ab: Joachim Fests damaliger Verleger, bei dem das Buch dann gut zehn Jahre später erschien. Wolf Jobst Siedler hatte sich anfangs für den Plan begeistert, gemeinsam wollte man durch Italien ziehen, aber Siedler sagte ab, und Fest brach ohne ihn auf. Immer wieder übrigens, der eine italienische Sommer waren in Wirklichkeit viele. Zehn Jahre lang, von 1977 bis in den Herbst 1987, fuhr Fest nach Sizilien, durch Süditalien, nach Neapel und Rom.

Das Buch beginnt nicht mit einer langen Annäherung von Norden her – eine Dramaturgie, die zwangsläufig eine Steigerung zu größerer Intensität hin nach sich gezogen und den Süden schließlich als eine Art Erfüllung gefeiert hätte. Nein, Fest macht es nicht wie Goethe. Er beginnt am fremdesten, beinahe afrikanischen Punkt, er nähert sich Italien vom sizilianischen Rande her. Und die Volte gelingt. Sizilien ist der größte und härteste, der fremdeste und ebendarum so faszinierende Brocken im Buch, es verdient den ersten, unverbrauchtesten Blick. »Im Gegenlicht« verdankt ihm sein grandioses erstes Kapitel.

Ein strenges, verschlossenes, ja herrisches Land ist das, keineswegs süßlich, wie es die Italo-Schlager der fünfziger Jahre den Deutschen versprachen. Bei Fest gibt es dieses süße Italien gar nicht. Man könnte das erste und längste Kapitel herausnehmen und »Die sizilische Reise« nennen, es wäre stark genug, für sich zu bestehen. Es ist ein Buch der Bilder:

»Die schäbige Bar am Ortseingang führte, nach einem dunklen Vorratsraum, in eines jener Restaurants mit gefliestem Fußboden, deren reichgedeckte Tische eine Gesellschaft zu erwarten schienen. Aber meine Aufmerksamkeit zog eine alte Frau auf sich, die in rabenhaftem Schwarz vor der Hauswand auf der gegenüberliegenden Straßenseite saß. Den Körper vornübergebeugt, stützte sie sich mit der einen Hand auf ihren Stock, in der anderen hielt sie das Ende einer Schnur, an der eine Ziege mit schwarzen Zitzen angebunden war. Sooft das Tier an der Leine zerrte, drehte sie den Kopf kurz zur Seite und musterte mißtrauisch die Lage. Von Zeit zu Zeit holte sie tief Luft, wobei die Wangen weit in die zahnlose Mundhöhle zurücktraten und der winzige Körper sich unter der Anstrengung ein wenig aufrichtete. Dann erschien zwischen den Lippen eine widerwärtig rosa Blase aus Bubble-Gum, die bald das ganze Gesicht verdeckte. Sooft die Blase lautlos zerplatzte, meckerte die Alte vergnügt vor sich hin und stieß mit dem Handballen die über das Kinn hängenden Gummifetzen in den Mund zurück.«

Man muß reisen, um solche Bilder zu sehen. Man muß allein sein. Bereit, einen solchen Moment aufzunehmen wie ein staubtrockener Krug. Der gefüllte Krug ist Literatur. Nur sie hält, was sie verspricht. Die Säulen und die Paläste und die Städte mit ihren alten Namen tun das nicht, noch weniger die Nachfahren ihrer Erbauer. Und heiß ist es dort unten im Süden, es lärmt und stinkt.

Dann aber, in der Hitze so eines trägen, schroffen sizilianischen Tages, schweift der Blick ab und sieht die Alte von Marsala. Oder die römische Villa im Dickicht. Oder den ganz unscheinbaren Herrn am Rand der Straße, den nichts als das unterwürfige Gebaren aller anderen als *uomo di rispetto* ausweist. Oder jene Tür in einem Mietshaus in Palermo, an ihr steht nur ein knapper Name, ein einzelnes Wort, doch der vollständige Name dessen, der hinter ihr wohnt und sie gleich öffnen wird, enthält die aristokratischen Anklänge, die Heiraten und den Schlachtenlärm von Jahrhunderten.

»Er hatte zur Schicht der Großgrundbesitzer gehört, war vor Jahren enteignet worden und hauste nun, beengt von alten Möbeln und Erinnerungsstücken, in diesem Neubau unweit vom Zentrum der Stadt, ein ›Leopard‹ in der Etagenwohnung.« Fest stellt auch ihm die Frage, was Sizilien von andern Gegenden Europas unterscheide. »Wir wissen noch, was Schicksal ist«, antwortet er.

Leoparden. Rabenhafte Alte. Nachtschattenwesen einer Unterwelt, von der man nicht sicher sein kann, ob sie Mythos ist oder Realität. Irgendwann, wenn es ihnen gefällt, erscheinen sie. Fremd und nah in unabweisbarer Konkretheit. Beunruhigend. Abstoßend. Anrührend. Wir hören auf, dem Treiben um uns her einfach nur zuzuschauen, und sehen plötzlich das Land, die Zeit, das Zittern der Dinge, wie sie sind, wenn sie sich unbeobachtet fühlen.

Auch eine Landschaft ist so ein scheues Ding; im fahlen Mondlicht oder unter einem erbarmungslosen Mittag. »Auf gewundenen, nur streckenweise asphaltierten Wegen, eine riesige Staubfahne aufwirbelnd, gelangte ich bald in jene Landschaft aus Armut, Durst und sonnengreller Düsternis, die so viel zum Bild pathetischer Schwermut beiträgt, das die Vorstellung mit dem Begriff Sizilien verbindet. In den Farben herrschen die grauen und sandigen Töne vor, und nur die oft schädelförmig gerundeten Bergkuppen sind von dunklen Moosflechten und flacher, verbrannter Macchia wie mit Blattern und Narben übersät.« Eine Landschaft so zu beschreiben, daß der Geist des Landes sich einen Moment lang zeigt - der afrikanische Charakter des inneren Sizilien, wie Fest sagt -, das ist die Kunst, und er beherrscht sie. Immer wieder bietet das Buch Miniaturen wie diese.

Es ist so unbestreitbar wie schwer zu erklären, daß das Reisen dem, der unterwegs ist, eine besondere Hellsicht verleiht: die Gabe, Bilder zu sehen. All diese ahasverisch irrlichternden Figuren aus lauter Welten von gestern, all die wunderlichen Dottores und melancholischen Adeligen, hausend an den Grenzen des Jetzt, in einer Sphäre höheren (oder nur clownesken?) Wissens, von dessen vornehmer (oder bloß operettenhafter?) Darbietung sich der Leser gar nicht losreißen mag.

Unmerklich sind wir in den letzten Absätzen in eine Sprache geglitten, die wir irgendwoher kennen. Es ist die Sprache der Utopie. In seinem Traktat über das Ende der Utopie (schon wieder ein Ende) hat der Historiker und politische Mensch Fest ihr die Tür gewiesen. Und in der Tat, im Politischen hat Madame, ob rot, ob braun, nur Unheil über die Völker gebracht. An diesem Urteil ist nicht zu rütteln.

Aber auch Reisen ist Utopie. Niemand würde reisen, keiner käme auf die Idee, Leib und Leben, mindestens jedoch sein seelisches Gleichgewicht aufs Spiel zu setzen oder Durchfall zu riskieren, triebe ihn nicht Sehnsucht. Und so zieht es den einen in nie betretene neue Welten und den anderen zu den Stätten der Alten. Der eine sucht das nie beschriebene Maßlose, der andere das Maßstabgebende, schon oft Beschriebene: Abenteurer und Klassizist. Kolumbus und Goethe. Der Seeweg nach Indien, der Ausweg aus Weimar. Wie aber jede ernsthafte Reise nach Utopia geht, so ist die Nostalgie die Utopie des Konservativen, es sind ferne Verwandte. So wie es ist, soll es nicht bleiben, sagt die eine. Die andere sagt: Einst war es besser, als es ist. Manchmal, in revolutionären Nächten, gehen sie Hand in Hand. Dann klingt aus den Märschen der neuen Zeit ein altes Lied heraus.

Reisen ist die harmlosere Form der Utopie. Einiges spricht dafür, daß die – heute weithin vergessene – deutsche Reiseliteratur das späte und dann auch nicht allzu lange Ausschwärmen der Deutschen in die Kolonien kompensieren sollte, bis weit in die zwanziger Jahre des letzten Jahrhunderts hinein. Den Hang zu Safaris und Entdeckerfahrten findet man im späten 19. Jahrhundert in ganz Europa, aber die Deutschen traten damals eher mit Gelehrten und Forschungsreisenden und schreibenden Abenteurern hervor als mit Generälen im Tropenhelm. Ein deutscher Sonderweg, und nicht der schlechteste.

Fest zitiert einige der Formeln, die bei großen europäischen Italien-Reisenden in Gebrauch waren. Ort, wo die Sünden vergeben werden. Der Süden als der Tod von allem. Der Süden ist also nicht nur der Baedeker-Süden, er ist da, wo Erlösung wartet. Befreiung, weltlich gesprochen. Und eine Befreiung ist doch auch diese jüngste große Italienreise gewesen – eine zeitweilige von der neuen deutschen Ideologie.

Wie schwer es ist, das deutsche Selbstgespräch zum Schweigen zu bringen, beweisen all die Einfälle und Ausfälle zu heimischen Ärgernissen, gleichsam beiseite gesprochen am Rande dieser Italienfahrt. Am härtesten trifft der Verdacht, jenes fortgesetzte deutsche Selbstanklagewesen und Aufarbeiten (ein Wort aus der Möbelbranche) habe weniger mit Moral zu tun als mit dem Versuch »einer auf vielen Gebieten unproduktiv gewordenen Nation«, wenigstens durch Hitler und dessen Monstrosität einige Aufmerksamkeit zu erregen.

Auch jene auffällige Begabung zum Reisen und zur Reiseliteratur hat die große deutsche Zeitenwende, hat Hitler nicht überlebt. Vor einigen Jahren, es war Anfang der Neunziger und das russische Ostpreußen seit kurzem wieder zugänglich, traf ich in Königsberg eine Dame, fast ein Menschenleben lang hatte sie den Tag herbeigesehnt, an dem sie ihre Heimat wiedersehen dürfte. Nun war er da. Sie saß im Taxi, ein junger Russe fuhr sie durch die alten Alleen, es waren nur noch wenige Kilometer bis zu der kleinen Stadt, in der sie ihre Kindheit verbracht und aus der sie weggejagt worden war. Mit jedem Dorf, durch das sie kam, wurde sie unruhiger und zweifelnder, und dann, beinahe in letzter Minute, bat sie den Fahrer, umzukehren. Sie fuhr zurück nach Königsberg und heim nach Deutschland. Sie handelte klüger als Orpheus. Sie gab ihren Augen nicht nach, verbat es sich im letzten Moment, hinzusehen – noch einmal, nur ein einziges Mal. Ihr Blick war während dieser langersehnten Taxifahrt auf lauter fremde Heimaten gefallen. Ihre, das war ihr klar geworden unterwegs, würde sie auf immer verlieren, führe sie jetzt weiter. Am Boden des Abgrunds, in den sie nicht schauen wollte, liegt die deutsche Reiseliteratur begraben. Und noch einiges mehr. Fest selbst hat in seinem Essay »Wanderungen des deutschen Sonderbewußtseins« gezeigt, wie ortlos – ortlos gefallen – altkonservative deutsche Träume und Ideen sind.

Der Osten. Immer wieder hat beim Lesen dieses Buches ein innerer Kameraschwenk eingesetzt: vom harten Licht sizilianischer Schroffheiten weit, weit hinüber zu den Sepiatönen jenes untergegangenen Ostens. Vom Kastell zur Ordensburg. Von der sirrenden Lethargie der Macchia zu jener unterm weiten, fahlen Himmel. Die Welt des Südens, wie Fest sie beschreibt, sie ist so wenig süßlich wie jene des Ostens –

hart und karg und stumm und undurchdringlich für den Fremden. »Das Schweigen des Südens« - die Hand des Autors tastet daran entlang, wie auf der Suche nach dem verborgenen Druckpunkt, der, endlich gefunden, die Geheimtür aufspringen läßt.

Das Verschwinden ist ein deutsches Thema geworden. Es hat den Impuls zu Fests Reise gegeben, und bis zum Schluß hält das Buch diesen Ton. Nicht nur seine Erzählung - auch seine Dramaturgie ist eine des Verschwindens. Beginnend mit der großen Sizilienerzählung, dem eigentlichen Hauptstück, durchstreift es, kaum merklich flüchtiger werdend, die anderen südlichen Gegenden, um am Ende in immer kürzeren römischen Fragmenten zu verwehen wie ein unvollendeter Satz in einem langen Gedankenstrich. Oder besser: in Punkten - sich kaum lösen könnend, immer und immer noch einmal sich umwendend nach dem geliebten Land, bis zur letzten Seite.

Joachim Fests historische Werke, so elegant sie sind, sind Arbeiten. Die Absicht des Autors ist darauf gerichtet, aus all dem Material etwas Gültiges zu schaffen, ein Werk eben, ein möglichst konzentriertes Porträt der gegebenen Zeit und ihrer Figuren. Seine italienische Reise, so gebildet sie auch ist, bleibt - eine Reise. Die Absichten des Autors sind schweifender, streunender, sie müssen den Karren nationaler Selbsterkenntnis nicht bergan ziehen, sie sind freigelassen im Süden. Das Sammeln ist nicht lästige Vorarbeit, sondern schöner Selbstzweck. Es ist etwas anderes, ob einer über viele Jahre den Stoff zum Buch über Hitler zusammenträgt oder sich abends in diesem und jenem Hotel eine halbe oder eine dreiviertel Stunde hinsetzt, um Reisenotizen zu machen und morgen abend wieder und so fort.

Dies Buch ist so frei, und das heißt in gewisser Weise so absichtslos, wie dieses Land sein könnte, hätte es nicht die allzu bekannten Koffer in Berlin, die mit den Jahrzehnten seltsamerweise immer schwerer zu werden scheinen statt leichter, weil es mit dem Abstand der Generationen wohl immer schwieriger wird, Erinnerung zu verflüssigen. Wenn sie langsam zu Stalaktitenfeldern zu versteinern droht und am Ende nur mehr nach Tonnen wiegt - dann hilft reisen. Dann hilft es, ein Buch zu schreiben. Oder eines zu lesen wie dieses.

Berlin, im November 2003
Wolfgang Büscher

2. Auflage September 2006
Copyright der Neuausgabe

Der Text ist 1988 erstmals im
Wolf Jobst Siedler Verlag, Berlin, erschienen;
das Nachwort wurde von Wolfgang Büscher eigens
für die vorliegende Neuausgabe verfaßt.

Druck und Bindung Clausen & Bosse, Leck
Printed in Germany
ISBN 13: 978 3 498 02092 7
ISBN 10: 3 498 02092 7

ITALIA
in suos STATVS
divisa et ex pro-
totypo de l'ISLIANO
desumta
Elementis insuper Geogra-
phiæ Schazianis accomodata.
Curantibus Homannianis
Heredibus
Cum Privil. S.C.M.
ISOLE LIPAREE Overo di VOLCANO
Gia EOLIE.
Golfo di Gaeta
Gaeta
Golfo di Pozzuolo
Golfo di Napoli
G. di Salerno
ULTRA
ABRUZZO
CITRA
C. DI MOLISE
REGNO
TERRA DI LAVORA
CAMPAGNA DI ROMA
Sabina
ROMA
NAPOLI
Aquila
Chieti
Lanciano
Popolo
Solmona
Carapelle
Celano
Albi
Tagliacozzo
Sora
Arpino
Monte Cassino
Aquino
Venafro
Fundi
Capua
Caserta
Acerra
Nola
Aversa
M. Vesurio
Benevento
Avellino
Sarno
Nocera
Lettere
Cava
Ravello
Scala
Amalfi
Minuri
Salerno
Tramonti
Sorrento
Massa
Capri I.
Ischia I.
Prozita I.
I. Ventotie
Senonia I.
Ponsa I.
Volturno R.
Tivoli
Subiaco
Palestrina
Frascati
Paliano
Anagni
Alatri
Veroli
Segni
Velletri
Albano
Ostia
Porto
Sezza
Terracina
Ardea
Antio distrutta
Nettuno
Astura
M. Circello
Rieti
Narni
Otriculi
Viterbo
Nepi
Sutri
Palombaro
Lamentana
Isernia
Molise
Boiano
Trivento
Agnone
Alfiden
Alifi
Telese
Cerrito
Tiano
Sessa
Carinola
C. de Licosa
Castello a Mare della Brucca
C. Palinuro
Sangro R.
Guasto
Panari
Stro